21世纪高等院校应用型经管规划教材

生产与运作管理

（第3版）

Production and Operations Management

任建标◎编著

電子工業出版社
Publishing House of Electronics Industry
北京 · BEIJING

图书在版编目（CIP）数据

生产与运作管理 / 任建标编著. —3 版. —北京：电子工业出版社，2015.8
21 世纪高等院校应用型经管规划教材
ISBN 978-7-121-26827-4

Ⅰ. ①生… Ⅱ. ①任… Ⅲ. ①生产管理－高等学校－教材 Ⅳ. ①F273

中国版本图书馆 CIP 数据核字(2015)第 174200 号

策划编辑：刘露明
责任编辑：王莞朕
印　　刷：涿州市京南印刷厂
装　　订：涿州市京南印刷厂
出版发行：电子工业出版社
　　　　　北京市海淀区万寿路 173 信箱　邮编 100036
开　　本：787×1092　1/16　印张：18.75　字数：469 千字
版　　次：2006 年 1 月第 1 版
　　　　　2015 年 8 月第 3 版
印　　次：2020 年 12 月第 10 次印刷
定　　价：45.00 元

凡所购买电子工业出版社图书有缺损问题，请向购买书店调换。若书店售缺，请与本社发行部联系，联系及邮购电话：（010）88254888。
质量投诉请发邮件至 zlts@phei.com.cn，盗版侵权举报请发邮件至 dbqq@phei.com.cn。
服务热线：（010）88258888。

前　言

生产与运作管理一直是全世界企业界提高生产率的关键要素之一。要想通过生产与运作管理创造竞争优势，首先需要理解生产与运作职能如何为生产率的提高做贡献。本书的目的不仅是告诉读者企业为了创造竞争优势正在通过生产与运作管理做什么，还想要告诉读者，如何通过可以实际运用的一系列生产与运作管理的方法和工具在市场上创造竞争优势。

如果一个人在企业中的工作与企业制造产品和提供服务有关，则生产与运作管理对他而言非常重要。一线生产与运作管理人员应当能够决定如何设计、运作和改进运作系统。高级生产与运作管理人员则需要考虑如何从运作的角度确定企业的战略方向，决定应该使用什么样的技术，设施位置应该选在何处，并管理制造产品和提供服务的设施。生产与运作管理是进行人员管理和应用复杂技术的有趣组合，生产与运作管理的目的是通过提供优质产品和服务来创造财富。

本书的第一部分（第 1～3 章）为绪论，主要介绍生产与运作管理概述、生产运作战略与竞争力以及如何进行流程分析。第二部分（第 4 章）为预测，是企业进行运作系统设计的基础。第三部分（第 5～9 章）为运作系统的设计，主要介绍产品设计、生产运作系统战略决策、选址规划与分析以及质量管理。第四部分（第 10～13 章）为运作计划，主要介绍综合计划、MRP/MRP Ⅱ/ERP、准时生产制、大规模定制及作业计划。第五部分（第 14～15 章）为供应链与库存管理，主要介绍供应链管理的主要思想和库存管理的主要方法和工具。第六部分（第 16 章）为项目管理，主要介绍项目管理的主要技术方法和工具。

本书具有以下特点：

- 每章前面的“本章引例”是对每章所介绍的相关内容的一个例子，并在每章末尾给出了“引例的思考”，对案例加以总评。
- 每章后面都附有本章阅读资料。读者在掌握本章内容之后可先考虑阅读这些资料，并且回答资料所提出的一些问题。
- 专设的“管理实践”专栏用以介绍领先企业的一些创新与开拓。
- 本书配有每章的 PPT 讲义以及习题参考答案，可在电子工业出版社的华信教育资源网上查阅（www.hxedu.com.cn）。

本书力图覆盖生产与运作管理人员所面临的最新和最重要的一些问题，同时介绍相关的基本管理方法和管理工具。书中提供了很多公司的一些具体做法和成功实践。本书还力图成为一本生动有趣的读物，能够给读者的职业生涯带来帮助。

希望您能喜欢本书。

目　录

第1章

运作管理概述

本章学习目标

- 定义术语“运作管理”。
- 区分组织的三个主要职能范围并描述它们之间的相互联系。
- 概述运作管理的历史。
- 介绍运作管理的现状及发展趋势。

本章引例

中国制造如何避免被洗牌

历经20年发展，中国已然是世界工厂、全球制造业大国。据中国工业与信息化部的统计，2013年中国工业占GDP的37%，提供全国25%的就业岗位。在500余种工业产品中，水泥、发电设备、手机、计算机、彩电占全球产量的50%以上，有220多种产品产量居世界第一。中国制造业在全球的比例约为20%。

然而，面对工业4.0和工业互联网的新工业革命大潮，中国是否会丧失制造业大国的地位？在辛辛那提大学教授李杰看来，虽然目前中国是全球最大的制造业国家，却“没有真正掌握制造”。“大多数中国工厂并没有掌握制造的核心材料、设备及工艺，他们仍然停留在组装加工的阶段，缺乏原创技术、缺乏创新。”李杰说。

总体来说，中国制造仍然徘徊在价值链的底端。绝大多数工厂还处于劳动密集的“规模化流水线”的工业2.0时代，尚未踏入大规模自动化生产的工业3.0时代。“富士康在中国数十万人聚集的代工厂似乎可以被视为当前中国制造业主要形态的缩影。”德勤中国制造业主管合伙人董伟龙说，他对富士康绵延数公里的工厂厂房印象深刻。

劳动力成本的持续上升给中国制造业发展造成越来越大的压力。据统计，中国沿海地区劳动力的工资正以每年10%～20%的速度递增，“民工荒”的问题持续存在。在工厂向中国内地迁建的同时，相当一部分高度依赖劳动密集生产的外资企业，乃至一些中国本土企业，也在将工厂迁至劳动力成本更低的东南亚国家。

与此同时，让制造业重返欧美本土的呼声此起彼伏。尽管相当一部分业内人士认为“制造业回流”更多的是西方政治家们在经济危机困扰下的“一厢情愿”，“回流”目前尚未对中国经济产生重大影响，但毋庸置疑，中国过度依靠低成本的竞争方式已经走到了可持续发展的尽头。中国正处于经济结构调整、制造业升级的十字路口。

智能制造被视为制造业转型的出路，但2014年德勤发布的《从中国制造到中国智造——中国制造与应用企业调查》报告结果却并不乐观。虽然超过七成受访企业认为开发智能制造能力非常重要，但截至2012年，中国制造企业智能设备的应用比例仍低于30%，而在尚未使用智能设备的企业中，超过一半企业仍对引入智能设备持观望态度。引入智能设备的最大障碍是人力成本仍然相对低廉，同时企业内部缺乏相应配套、智能设备前期投资过高等也是束缚因素。一些企业管理者甚至感叹，对于智能化升级“现在升级现在死，现在不升将来死”。

资料来源：《福布斯》中文版，2014年10月。

思考问题

1. 中国要靠什么来发展制造业？
2. 劳动力成本是我们致胜的法宝吗？

1.1 引言

近20年来，国内外生产管理（Production Management）学界对于生产的理解逐渐深化：生产不仅指有形产品的制造，同时也包含无形产品——服务的提供。它是指将生产要素投入转换为有形产品和无形服务的产出，通过创造效用而增加附加价值的过程。最近，学术界对产品概念的最新定义又突破了有形产品与无形产品的界限，认为还应包括观念、思想等社会行为，如创意产品。

运作管理（有的书又称运营管理）是指对生产产品和（或）提供服务的活动和过程的直接管理。具体的活动请见1.2节运作管理的范围。

运作管理所要研究的是对生产产品或提供服务的过程如何进行有效的计划、组织、实施和控制。这门课程阐述的基本概念、方法和技术，不仅适用于制造业，同样也适用于服务业。

1.1.1 运作管理对企业的作用

20世纪90年代以来，由于科学技术的不断进步和经济的不断发展，尤其是互联网技术的不断成熟与应用，全球化信息网络和全球化市场经济的形成，企业面临着缩短交货期、提高产品质量、降低产品成本及对不断变化的市场做出快速反应等方面的压力。这一现象使企业界越来越认识到运作管理对于企业获取竞争优势的重大作用。归纳起来，运作管理对企业有以下四方面的作用。

1. 运作管理是一切企业（制造业、服务业）的三个主要职能之一

企业的三个主要职能分别是营销、财务和生产。企业的三个主要职能分别完成不同但又互相联系的活动，它们的相互依赖关系如图 1-1 所示。

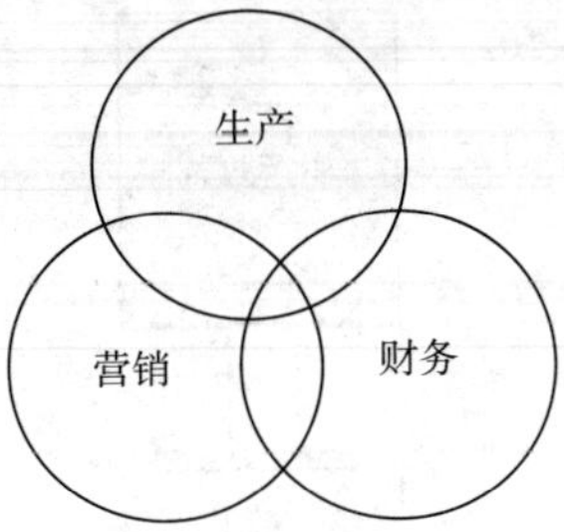

图 1-1　企业三个主要职能的相互依赖关系

企业的三个主要职能表示了生产和其他活动间的关系是密切相关和相互影响的。它们必须相互配合才能完成企业的目标，因为每个职能部门的成功不仅依赖于本部门的职能发挥，而且还依赖于这些职能的相互协调程度。例如，若生产部门不与营销部门相互配合，则营销部门推广的可能是那些低质量、高成本的产品；或者，生产部门可能会生产那些没有市场需求的产品或服务。

因此，企业要有效地参与市场的竞争，离不开这三项基本职能；而作为企业的管理人员，理解企业的主要职能是必不可少的。

2. 企业在运作管理方面的花费在销售收入中所占比例最高

在大多数行业的企业的销售收入中，花费最大的部分往往是运作管理部分。一般生产产品型企业的最主要的成本就是运作成本，包括大量的原物料成本和劳动力成本，服务业中运作管理成本的比例低于生产型企业，但是服务业中的劳动力成本比较高，也是运作管理成本的一部分。因此，企业要提高赢利能力，运作管理自然成为关注的焦点。而实际上，做好运作管理是制造业与服务业提高赢利能力的最佳途径之一。

3. 要提高生产率，必须做好运作管理

运作管理是对生产产品与提供服务的过程进行管理。生产率表示产出（产品或服务的产出）与生产过程中的投入（劳动、材料、能量及其他资源）之比，其计算公式为：

生产率=产出/投入

从本质上讲，生产率反映出资源的有效利用程度。企业管理者关心生产率是因为它直接影响企业的竞争力；政府关心生产率是因为生产率决定了一个国家的竞争力，而一个国家的竞争力与这个国家的人民的生活水平紧密相关。

要提高生产率，意味着在投入和产出之间形成有利的对比。由于投入要经过生产过程才能转化为产出（见图 1-2），因此，提高生产率就意味着改善生产过程。而改善生产过程，正是运作管理的任务。

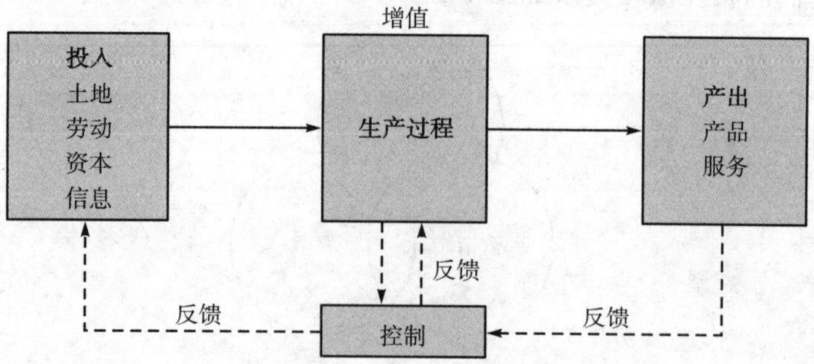

图 1-2 投入要经过生产过程才能转化为产出

4. 运作管理的水平是影响企业竞争力的主要方面

20 世纪 80 年代，许多美国本土企业发现自己的市场份额逐年下降，原因是其产品设计、成本和质量无法与国外公司抗衡。提高企业竞争力的影响因素很多，但多数专家同意这样的观点，即通过世界级的运作管理向顾客提供有竞争力的产品是主要影响因素之一。

企业之间的竞争主要体现在产品性能、质量、成本、交货期和服务方面，而这些方面的工作主要通过运作管理来实现。

对于一个运作系统缺乏竞争力的企业，管理者往往将注意力更多地集中在生产以外的竞争手段方面，这样的生产系统经常出现各种突发事件或问题，生产系统的管理层如同消防队，产品达不到所要求的功能指标，产品生产处于仅能保证最低要求的水平。而对于世界级制造系统，企业竞争战略的制定很大程度上依赖于其生产系统，生产系统的优异性能已经成为企业之间竞争的关键资源。

管理实践

工业 4.0

工业 4.0 是德国政府提出的一个高科技战略计划。该项目由德国联邦教育及研究部和联邦经济技术部联合资助，投资预计达 2 亿欧元，旨在提升制造业的智能化水平，建立具有适应性、资源效率及人因工程学的智能工厂，在商业流程及价值流程中整合客户及商业伙伴。其技术基础是网络实体系统及物联网。

工业 4.0 概念包含由集中式控制向分散式增强型控制的基本模式转变，目标是建立一个高度灵活的个性化和数字化的产品与服务的生产模式。在这种模式中，传统的行业界限将消失，并会产生各种新的活动领域和合作形式。创造新价值的过程正在发生改变，产业链分工将被重组。

工业 4.0 项目主要分为三大主题，一是“智能工厂”，重点研究智能化生产系统及过程，以及网络化分布式生产设施的实现。二是“智能生产”，主要涉及整个企业的生产物流管理、人机互动及 3D 技术在工业生产过程中的应用等。该计划将特别注重吸引中小企业参与，力图使中小企业成为新一代智能化生产技术的使用者和受益者，同时也成为先进工业生产技术的创造者和供应者。三是“智能物流”，主要通过互联网、物联网、务联网，整合物流资源，充分发挥现有物流资源供应方的效率，而需求方则能够快速获得服务匹配，得到物流支持。

德国制造业是世界上最具竞争力的制造业之一，在全球制造装备领域拥有领头羊的地位。这在很大程度上源于德国专注于创新工业科技产品的科研和开发，以及对复杂工业过程的管理。德国拥有强大的设备和车间制造工业，在世界信息技术领域拥有很高的能力水平，在嵌入式系统和自动化工程方面也有很专业的技术，这些因素共同奠定了德国在制造工程工业上的领军地位。工业 4.0 战略的实施，将使德国成为新一代工业生产技术（信息物理系统）的供应国和主导市场，会使德国在继续保持国内制造业发展的前提下再次提升全球竞争力。

资料来源：百度百科。

1.1.2　运作管理的主要任务

运作管理的任务是什么？主管运作的经理怎样才算做好了工作？根据运作管理的含义，企业运作管理部门的任务是通过合理组织生产过程，有效利用生产资源，实现以下具体目标。

1. 完成生产计划

完成生产计划，具体来说，就是为实现企业的经营目标，全面完成生产计划所规定的任务，包括完成产品的品种、质量、产量、成本和交货期等各项要求。

上述目标是运作管理最基本的目标。企业的生产计划是根据企业经营目标及市场需求制订的。只有完成生产计划中规定的各项任务，企业才可能将投入及时转化为产品，从而获得进一步发展所需的资金；否则企业的基本活动无法进入良性循环，企业的持续发展也会因为完不成生产计划而受影响。

2. 提高完成生产计划的质量

提高完成生产计划的质量，具体来说，就是不断降低物耗，降低运作成本，缩短生产周期，减少在制品，压缩占用的生产资金，提高企业的经济效益。

完成上述第一个目标只是完成了运作管理最基本的任务。若两个生产经理用不同的投入完成同样的生产计划，投入少的相比投入多的显然更好地完成了生产计划，也就是说，前者取得了更高的生产率。运作管理不仅要追求完成生产计划，还要追求提高完成生产计划的质量。这就要求运作管理者不断提高运作管理的水平和技巧。

1.2　运作管理的范围

运作管理的应用领域广泛，包括制造业和服务业的运作管理。从内容上来说，运作管理包括预测、运作系统设计、运作计划、供应链管理与库存管理，以及项目管理等。本书将在后面的章节对上述内容进行详细阐述。

1. 预测

预测是制订计划的基础。产品的生产和服务的提供都要以预测为基础。同时，企业战略与预测也密切相关。预测主要由四种类型组成：定性预测、时间序列与分析、因果联系和模拟。

2. 运作系统设计

运作系统设计包括产品设计、运作系统的战略决策、工艺选择、设施布置、选址、质量管理等。

（1）产品设计。产品设计位于生产流程的开端。对于企业来说，有效的产品设计、令顾客满意的产品设计、易于生产与组装的产品设计是至关重要的。

（2）运作系统的战略决策。是指运作系统能力的规划，目标是使企业的长期供应能力与预期长期需求水平相匹配。

（3）工艺选择。工艺选择对企业运作能力规划、设备、设施布置及工作系统设计有重要的影响，从而影响产品成本、质量、生产效率、顾客满意度等各方面，最终影响企业的竞争力。因此，工艺选择对企业组织来说具有战略意义。

（4）设施布置。设施布置和工艺类型密切相关，不同的工艺类型适合不同的布置方式，生产系统布置的关键之处也不同。例如，标准化产品的大规模生产与产品原则布置相适应，产品原则布置的关键是产品线的平衡；多品种生产与工艺原则布置相适应，工艺原则布置的关键是安排好各工作部门的相对位置，使布置满足企业生产过程的要求和流程，使各部门的工作流畅通。

（5）选址。选址对企业战略的实施具有直接影响，对企业以后的经营结果具有先天性的决定意义。影响选址的因素主要有区域因素、社区因素和地点因素。

（6）质量管理。20世纪80年代末至90年代初，随着经济的发展，全面质量管理的概念应运而生。很多知名的管理理念、方法、奖项及标准推动着质量管理的发展。质量管理大师W·爱德华·戴明（W. Edwards Deming）、菲利普·克劳斯比（Philip Crosby）等质量管理专家是质量管理方面的权威；波里奇国家质量奖是著名的质量管理奖项；国际标准化组织颁布的ISO 9000质量认证体系得到了全球的认可和企业的应用。

3. 运作计划

运作计划包括综合计划、作业计划、企业资源计划（Enterprise Resource Planning，ERP）、准时化生产及大规模定制生产等。

（1）综合计划。企业的一种中期计划，又称总体计划，是部门经理通过调整生产率、劳动力水平、存货水平、超时工作及其他可控变量，来决定满足预测需求的最好生产方式的一个计划。不管是制造企业还是服务企业，一切组织都需要综合计划。

（2）作业计划。在企业或组织内部对各项资源的使用进行时间上的选择，是建立在其他已确定决策的约束范围之内的，位于决策等级的最后。

（3）企业资源计划。从物料需求计划发展到制造资源计划，再从制造资源计划发展到新的阶段。

（4）准时化生产。以日本丰田汽车制造公司为代表的日本制造业，发展并形成了准时制这种以消除制造过程中一切浪费为宗旨的准时化生产制造管理理念，其目的在于在原材料、在制品及产成品保持最小库存的情况下进行大批量生产。

（5）大规模定制生产。以较低的成本，快速、高效地向顾客提供各种定制化的产品和服务。

4. 供应链管理与库存管理

（1）供应链管理。将位于供应链上、中、下游的供应商、分销商、零售商和消费者的物流、信息流、资金流集成起来的系统管理思想和方法，其目的是以最快的速度响应并满足多变的需求，使整体供应链的效益最大化。

（2）库存管理。库存是指一个企业所持有的一切物品和资源。库存能够保证企业平稳生产，防止缺货带来的损失。但是，库存也占有企业资金，过高的库存将造成成本的增加。此外，库存还能掩盖企业管理和生产上的问题。因此，适当的库存管理是每个企业，尤其制造企业所必须面对和解决的问题。

5. 项目管理

企业通过项目管理来进行计划、组织和控制资源，从而在规定的时间、成本和既定的技术范围内完成项目的要求，达到项目的目的。

此外，运作管理还涉及电子商务、业务流程再造等一系列与生产、服务、管理、运作有关的内容。

1.3 运作管理的历史

运作管理的历史可以从两个角度来阐述。

（1）按阶段特点，可以将运作管理的历史划分为四个阶段，如表 1-1 所示。

表 1-1　运作管理的历史阶段

阶　段	市场环境	主要问题	主要技术	出现时间
规模经济	供不应求	解决高效率生产的问题	• 科学管理 • 大量生产	20 世纪 70 年代以前
范围经济	需求出现结构性饱和	追求多品种、低成本	• 自动化 • 电子化 • 柔性化	20 世纪 70 年代初到 80 年代中期
速度经济	市场饱和，产品生命周期缩短	解决多元化生产和及时满足需求的问题	• 信息技术 • JIT（准时生产）	20 世纪 80 年代中期到 90 年代中前期
合作经济	市场需求多样化，供大于求，环保意识增强	解决个性化生产和信息共享的问题	• 知识化、网络化 • 敏捷生产 • 电子商务 • 虚拟企业	20 世纪 90 年代后期

（2）按时间顺序，可以将运作管理从 20 世纪开始到现在的历史总结为表 1-2。

表 1-2　运作管理从 20 世纪开始到现在的历史

年　代	理　论	技　术	创 始 人
20 世纪 10~20 年代	• 科学管理原理 • 工业心理学（研究疲劳对工作效果的影响） • 大量生产原理（提高生产率） • 经济批量模型	• 时间研究与工作研究 • 动作研究 • 流水生产线（运作管理的里程碑） • 订货管理的经济订货点（EOQ）、订货的间隔期和订货量	• 泰勒（美） • 吉尔布雷斯夫妇 • 亨利 · 福特 • F.W.哈里斯

续表

年　代	理　论	技　术	创 始 人
20 世纪 30 年代	• 质量管理（主要针对质量的事后控制，检查产品合格率等） • 霍桑实验	• 抽样检查和统计表 • 工作活动的抽样分析	• 罗米格 • 梅奥
20 世纪 40 年代	运筹学（主要用于解决军事问题，起源并发展于美国）	线性规划的单纯形法	• 运筹学研究小组和 Danzig
20 世纪 50~60 年代	• 运筹学进一步发展（定量分析进一步发展） • 自动化	• 仿真排队理论 • 决策理论 • 计划评审技术（PERT） • 关键路径法（CPM）	
20 世纪 70 年代	• 计算机的广泛应用 • 服务数量和质量	• 库存控制、预测、车间计划、项目管理、MRP • 服务部门的大规模生产	• 美国生产零库存协会 • 麦当劳
20 世纪 80 年代	• 制造战略 • JIT • 计算机集成制造系统（CIMS） • 约束理论	• 作为竞争武器的制造 • 看板管理 • 计算机集成制造 • 瓶颈分析和约束的优化技术	• 哈佛商学院的教师威廉·阿伯耐西、吉姆·克拉克等 • 日本丰田公司的大野耐一 • 美国的工程师组织 • 高德拉特（以色列）
20 世纪 90 年代	• 全面质量管理（在 90 年代被认同） • 企业流程再造（BPR） • 电子企业 • 供应链管理	• ISO 9000、价值工程 • 基本变化图 • 互联网、局域网 • 开发出许多软件	• 首先在日本推行，之后是美国的质量协会及国际标准化组织 • 哈默和钱皮 • 美国政府及微软公司 • SAP（德）、Oracle（美）
21 世纪初	• 电子商务 • 整合 • 柔性（进一步发展）	• 互联网 • 柔性制造单元（FMS）	• 亚马逊、e-Bay、Yahoo • 奔驰和克莱斯勒 • Hayes, Wheelwright, Collins, Schemenner

资料来源：理查德·B·蔡斯，尼古拉斯·J·阿奎拉诺，F·罗伯特·雅各布斯，《运营管理（原书第 14 版）》。

运作经典

装配流水线的发明

工业革命领域最富革命性的创造是福特式生产方式的出现。亨利·福特是人类历史上第一个汽车大王，在汽车工业的发展史上，他的大规模流水装配线带来了生产方式的革命，深深地影响了人们的生活方式。福特年轻的时候就是远近闻名的聪明技师。面对雪片般飞来的汽车订单，福特意识到原始的汽车手工组装技术和工序已不能满足需求，于是他对大批量汽车制造流水线做出了精彩的构想：大批量生产方式就像流动不息的河流一样，在正确时间涌出材料、原料，然后汇合成一股零件的河流，这条河流又以正确时间会聚成大零件的河流，当这些以正确时间流动的河流汇集到河口处时，一辆完整的汽车就诞生了。

1908 年，福特建立了世界上第一条汽车流水装配生产线，使生产一辆汽车的时间从过去的 22 小时 18 分降到 93 分，生产率提高了 20 倍。这样一来，T 型车的产量直线上升。1914 年，达到每 24 秒就出厂一辆汽车的速度，年产量高达 73 万辆。1924 年，第 1 000 万辆 T 型车正式下线，售价从最初的 800 美元降到了 290 美元，汽车开始进入美国千家万户。T 型车自从 1908 年问世以来，到 1927 年为止，在 19 年的时间里，总共生产出了 1 500 多万辆，创下了前所未有的奇迹。第一次世界大战结束以后，地球上行驶的汽车中有一半是 T 型车。福特公司成了世界上最大的汽车公司，福特本人也获得了“汽车大王”的称号。犹如第一次工业革命时期诞生了现代意义的工厂，福特的这一标准化、流水线和科学管理融为一体的现代大规模生产方式的创造，成为人类生产方式变革过程中的又一里程碑。

资料来源：《大国崛起》，中国中央电视台。

1.4　运作管理的现状及发展趋势

运作管理的思想、方法随着市场环境的变化而变化，随着技术的发展而发展。作为一种管理概念，运作管理在经历了一个世纪的发展之后，在 21 世纪的今天，面临着新的市场环境，在新技术的推动下，呈现出新的发展趋势。

1.4.1　运作管理的现状

21 世纪，全球经济一体化，市场需求呈现多样化、个性化、系统化的趋势，同时，信息技术和制造技术高度发达。随着人们意识的逐渐转变以及互联网的迅速发展和普及，电子商务环境已经形成。在这样一个宏观环境中，企业的运作管理方式也正在发生巨大的变化。

1. 信息技术高度发达

有人估计，近 30 年出现的新技术，已超过了过去 2 000 年的总和。从 20 世纪 70 年代开始，计算机技术在运作管理中得到了广泛的应用，主要体现在：作业计划中物料需求计划（MRP）及随后出现的 MRPⅡ、ERP 的应用，制造业中的计算机集成制造系统（CIMS），基于互联网的电子商务的出现及迅猛发展，包括电子采购、电子拍卖、网上商城、O2O（Online to Offline）等。科学技术的快速发展，将原有的以手工为主的制造方式改变为现在以自动化为主的制造方式，极大地提高了生产和管理的效率，促进了社会、经济的发展。

2. 产品生命周期缩短

信息技术高度发展的最重要的影响之一就是缩短了产品尤其日常消费品的生命周期。产品的生命周期始于产品的构思、设计，经过投入、成长、成熟、萎缩等阶段，最后退出市场。例如，有人对某类机电产品的生命周期做出了统计，结果如表 1-3 所示。

表 1-3　某类机电产品的生命周期

时　　间	生命周期大于 10 年	生命周期小于 5 年
20 世纪 70 年代	32%	38%
20 世纪 80 年代	15%	65%~70%

产品生命周期的缩短，直接导致对企业生产效率、对市场需求变化反应速度要求的提高。企业能否通过有效的运作管理方式，提高生产效率，提高交货速度，提高新产品开发速度，提高对市场需求变化的预测和响应能力是至关重要的。

3. 需求多样化

需求多样化这个概念对我们来说已经不陌生。在这个追求个性化的时代里，以前简单地通过大规模生产，以低成本提供无差异化的产品和服务的方式已经行不通。市场结构由卖方市场转为买方市场。随着消费者经济能力的提高、观念的更新，消费模式发生了巨大的变化。产品需求呈现分散化，需求数量逐渐由大量转为小量甚至单件，这就要求企业做出相应的应对措施。大批量生产单一品种的时代已经结束，多品种小批量的生产方式成为主流。

1.4.2　运作管理的发展趋势

1. 全面质量管理广泛应用

全面质量管理（Total Quality Management，TQM）是运作管理领域在 20 世纪 80 年代末至 90 年代初取得的突破性成就。全面质量管理方法强调持续改进，并不断为满足顾客要求努力。国际标准组织对全面质量管理的定义为："一个组织以质量为中心，以全员参与为基础，通过让顾客满意和本组织所有成员及社会受益而达到长期成功的管理途径。"

管理实践

ISO 9000 系列标准

从 20 世纪 70 年代开始，产品质量成为贸易竞争中的重要因素，质量问题得到人们越来越多的关注。1980 年，国际标准化组织（ISO）成立了"质量管理和质量保证技术委员会（TC176）"，于 1986 年 6 月 15 日正式颁布了 ISO 8402 标准，即 ISO 8402：《质量—术语》，又于 1987 年 3 月颁布了 ISO 9000 系列标准。该系列标准一经颁布，就得到了世界各国的广泛认可。我国于 1988 年将 ISO 9000 系列标准等效采用为 CB/T 10300 系列国家标准，1992 年又将其进一步等效采用为 GB/T 19000 系列标准。1994 年等效转化了修订后的 ISO 9000 系列标准，这标志着 ISO 9000 标准以国家标准的形式正式引入我国。

ISO 9000 系列标准由以下五个标准构成。

ISO 9000：《质量管理和质量保证标准——选择和使用指南》

ISO 9001：《质量体系——开发设计、制造、安装和服务的质量保证模式》

ISO 9002：《质量体系——制造和安装的质量保证模式》

ISO 9003：《质量体系——最终检验和试验的质量保证模式》

ISO 9004：《质量管理和质量体系要素指南》

2. 电子商务迅猛发展

随着信息技术的发展，20 世纪 90 年代中后期以来，电子商务日益引起人们的关注。21 世纪，电子商务更以迅猛的速度冲击着各行各业，充斥着人们的日常生活，改变了或改变着企业的商业模式。电子商务是指以信息网络技术为手段，以商品交换为中心的商务活动，也可理解为在互联网（Internet）、企业内部网（Intranet）和增值网（Value Added Network，VAN）上以电子交易方式进行交易活动和相关服务的活动，是传统商业活动各环节的电子化、网络化。

电子商务通常是指在全球各地广泛的商业贸易活动中，在互联网开放的网络环境下，基于浏览器/服务器应用方式，买卖双方不谋面地进行各种商贸活动，实现消费者的网上购物、商户之间的网上交易和在线电子支付以及各种商务活动、交易活动、金融活动和相关的综合服务活动的一种新型的商业运营模式。电子商务涵盖的范围很广，一般可分为企业对企业（Business-to-Business，B2B）、企业对消费者（Business-to-Consumer，B2C）、个人对消费者（Consumer-to-Consumer，C2C）、企业对政府（Business-to-Government）、线上对线下（Online To Offline，O2O）、商业机构对家庭（Business To Family）、供给方对需求方（Provide to Demand）、门店在线（Online to Partner，O2P）八种模式，其中主要的有企业对企业（B2B），企业对消费者（B2C）两种模式。消费者对企业（Consumer-to-Business，C2B）也开始兴起，阿里巴巴集团的创始人马云等认为它是电子商务的未来。随着国内互联网使用人数的增加，利用互联网进行网络购物并以银行卡付款的消费方式已日渐流行，市场份额也在迅速增长，电子商务模式也会层出不穷。

3. 柔性得到重视

柔性是运作管理的一个重要的战略维度。对柔性一个比较早的定义是由 Gupta & Goyal（1989 年）提出的：柔性是生产系统应对环境变化或由环境变化引起的不稳定性的能力。Cox（1989 年）的定义是：柔性是工厂对于市场变化的反应速度。Upton（1994 年）提出了一个更全面的概念：柔性是以最小的时间、成本、绩效损失来应对变化或响应变化的能力。随着需求的日益多样化，企业是否需要柔性、程度如何、现有柔性的度量、如何提高柔性等，都是所有企业必须回答的问题。

4. 流程再造普及

流程再造（Business Process Reengineering，BPR）由曾任美国麻省理工学院计算机教授的哈默（Michael Hammer）博士首次提出。他将流程再造定义为“对业务流程的基础性的重新思考和根本性的重新设计，从而对诸如成本、质量、服务和速度等重要指标做出较大的改进。”柯达公司新产品开发周期通过流程再造从 38 周降至 19 周；“蓝色巨人”IBM 通过流程再造每年节约开支 80 亿美元；波音公司通过流程再造将飞机生产周期从 13 个月减至 6 个月；中国的海尔集团也成功实施了流程再造。

管理实践

海尔的“人单合一”流程再造

海尔正在探索实践“人单合一”双赢模式，在“企业平台化、员工创客化、用户个性化”（以下简称“三化”）的战略主题指导下，搭建开放的平台生态圈体系，并将员工从命令执行者转变为创业者，为员工提供一个实现和提升自我价值的平台。

人单合一

“人”即员工，“单”是用户需求，不是狭义的订单。“人单合一”即让员工与用户融为一体。而“双赢”则体现为员工在为用户创造价值的过程中实现自身价值。人单合一双赢模式适应了互联网时代的要求，它与传统管理模式最本质的区别是：传统管理模式是以企业为中心制定的，人单合一双赢模式是以用户为中心制定的。要做到这一点，就要给一线员工最大的自主权和决策权，让他在第一时间对用户的需求做出反应。

组织创新

传统组织是一个正三角的组织，最下面是员工，上面是领导。上级向下级下达命令，下级服从上级。海尔在推进人单合一双赢模式的过程中，把组织扁平化，变成动态的网状组织，从而涌现出一个个自主创业的小微团队。以海尔的家电研发为例，原来的研发者现在是接口人，连接外部的资源。海尔现有研发接口人 1 150 多名，接进全球 5 万多名有研发资源的人员。也就是说，有很多人不是公司的在职员工，而是在线可以整合的员工。资源接口人将来的发展方向是创建小微公司，可以独立创业。

人人“创客”

人单合一双赢模式，让员工从听领导的变为听用户的，每个人在为用户创造价值的过程中决定自身价值。其本质就是要让每个人成为自己的主人，成为自己的 CEO。在开放的创新生态圈体系下，海尔推动全员转型为“创客”，并开放地整合全球“创客”及相关创新资源，利用平台的力量实现“人人创客”“人人小微”。

互联网时代分布式创新的特点为“人人创客”的发展提供了空间与可能，而海尔正在探索的正是一条将“人人创客”力量最大化的新道路。从市场结果看，这种探索与创新取得了不俗的成绩。数据显示，2013 年海尔集团实现全球营业收入 1 803 亿元，利润总额首次突破百亿大关，达到 108 亿元，同比增长 20%。

很多管理专家、商学院都在跟踪研究海尔人单合一双赢模式。战略大师、《管理大未来》的作者加里·哈默（Gary Hamel）表示，目前在全球范围内，进行类似的管理革新的企业本来就不多，取得成功的则还没有。海尔推进的自主经营体制创新是超前的，相信会取得成功。

资料来源：《第一财经日报》，2014 年 12 月 12 日。

5. 绿色制造被日益关注

在追求个性化需求的同时，人们的环保意识逐渐增强，企业也日益关注环境问题，致力于减少生产污染，追求环保，进行绿色制造。绿色制造主要由三部分组成：第一部分是产品的制造过程无污染，如不使用有害材料，节约能源；第二部分是产品使用过程中无公害；第三部分是产品报废时不污染环境。绿色制造的实现除了要依赖于企业的自觉性之外，还要依赖于企业有效的运作管理方法，使企业从事对环境负责的生产、制造和服务。

引例的思考

中国企业靠什么发展制造业？靠的是运作管理竞争力。生产系统的能力和优异性是企业的关键竞争资源，而仅仅靠低廉的劳动力水平是不够的。在生产管理领域，优秀的运作管理水平是企业提高竞争力的保障。只有充分发挥运作在管理中的职能作用，合理地组织生产过程，有效地利用生产资源，通过世界级的运作管理向顾客提供有竞争力的产品，才能实现运作管理的目标，不断降低物耗，降低运作成本，缩短生产周期，减少在制品，压缩占用的生产资金，提高企业的经济效益；才能真正发挥中国企业的优势，吸引更多的投资。

复习与讨论题

1．运作管理的作用有哪些？

2．试分别举例说明运作管理在制造型企业和服务型企业中的应用。

3．根据你现在对运作管理发展的了解，试对运作管理的发展趋势做出展望。

4．本章关于海尔的案例，对你有什么启发？

本章阅读资料

中国价格现象

“三个令美国工业极度恐慌的词：‘The China Price’。”这是 2004 年 12 月 6 日出版的美国《商业周刊》封面故事的标题。文章导语说：“中国价格意味着美国厂商要么降价 30%，要么丢失客户。从家具到网络产品，几乎任何制造业者都不能幸免。其结果是不知不觉中，美国的经济力量被大大削弱。”文章中还说，中国产品价格比美国同类产品低 30%~50%，有的甚至低于材料价。

美国《商业周刊》在 2005 年 5 月 30 日发表该刊国际版主编鲍勃·道林撰写的文章《探究“中国价格”现象》。文章说，随便挑一个对中国持批评态度的人，他的第一句话很可能就是“中国喜欢作假”，如盗版软件、仿制商品等。在一定程度上，中国确实存在作假问题。但单单“作假”不能成为中国在全球范围内都拥有竞争力的原因，而且我们很早以前就已经发现了这一情况。去年，我们决定派遣资深撰稿人、亚洲问题专家彼得·恩加迪奥和本刊驻北京首席记者德克斯特·罗伯茨前去查看隐藏在批评之后的东西。

恩加迪奥说，中国能实现低廉价格的原因不单单只是拥有技术熟练的工人和自动化技术。如果只是这些原因，中国就会变成日本的样子，只是工人工资远比日本低。中国之所以能够在全球市场上拥有巨大的竞争力，有这么几个原因：中国经济规模极为庞大，在供应方面的资源非常丰富，能够使你非常方便地从数百家厂商那里买到你所需的零部件和原材料；国内市场竞争极为激烈；厂家拥有力争去满足顾客每个愿望的热情。

罗伯茨说，在邻近上海的杭州郊区，“我遇到了一个企业家，他以前是一个快乐的农民，但现在经营着中国最成功的私营企业之一——一家汽车部件制造公司。他正在收购芝加哥附近一些经营不善的美国汽车部件生产企业。他打算将一些高端产品放到那里去生产，但主要的业务仍然放在中国。通过这种方式，他获得了他所要收购的美国公司的技术和市场”。

不可能用非常简单的答案解释清楚为什么中国拥有如此强大的竞争力。单单用“中国喜欢作假”来解释中国在这个世界上所产生的经济竞争力是说不通的。中国的这种情况甚至使一些最坚定的自由贸易主义者产生了新的怀疑。

《商业周刊》驻华盛顿资深撰稿人阿伦·伯恩斯坦在一篇文章中写道，中国的这种情况已经使得一群崇尚自由贸易的学者开始怀疑经济学界已经信奉了近200年的“比较优势理论”是否仍然适用。他们也开始怀疑，由自由贸易而产生的根本性比较优势是否能在以中国为中心的新的世界中获得同样的效果。

资料来源：根据《商业周刊》相关报道编写。

思考题

1．你是如何理解“中国价格”现象的？

2．思考“中国价格”，了解运作管理对企业的作用。

3．你觉得“中国价格”在今天已经发生了哪些变化？以后又会有哪些变化？

第 2 章 运作战略与竞争力

本章学习目标

- 了解什么是运作战略。
- 了解运作战略与企业战略的关系。
- 简述企业的竞争重点包括哪些，如何选择企业的竞争重点。
- 概述生产率的定义，掌握生产率的计算。

本章引例

业务战略与竞争优势：联想与戴尔之战

联想是中国的优秀公司，戴尔是世界级的优秀公司。联想需要全球市场，戴尔需要中国市场。联想与戴尔在这块战场上不可避免地交锋。在戴尔的本土化与联想的国际化之战中，谁是最后的赢家？

据 IDC 预测，中国将很快成为世界第二大 PC 市场。虽然预测并没有扩大中国市场的魔力，但这个预测却正中戴尔和联想的下怀，一个决心将全球霸主的目光集中在中国，一个决心以中国的霸业为依托走向世界。看来，中国注定是不可回避的战场。

联想是中国土生土长的企业，在品牌、资金、品质上都比不上戴尔，甚至对抗戴尔直销的方法就是最传统的分销。可是不能小看联想的分销系统，虽然它与其他的 PC 商采用雷同的方式，却做得最为成功。联想从代理 PC 到制造 PC，逐步形成在中国 PC 市场的霸主地位，发展为一家信息产业多元化发展的大型企业集团。它的发展离不开它的分销渠道，它与戴尔的对抗也一样离不开它的分销渠道。即使同一件事情，只要做得比别人都好，那就是强者。

戴尔的直销模式在中国还停留在模式发展阶段，而距实在的获利阶段还有一定距离。联想的分销模式是在创立之初打下的基础之上发展而来的，有根基、顺民情，已成为中国市场上一张庞大而牢固的网。戴尔模式在国外一帆风顺，而在中国有劲敌联想和国情差异，这使它的直销王国遭遇了冲击。

联想比戴尔更了解中国人见实物购物的消费习惯。联想的 1+1 专卖店里陈列着大量的实物产品，看得见、摸得着、还能试，让顾客实实在在地感受。让消费者用熟悉的方式接触产品，很容易影响消费者的购买趋向，使他们自然而然地喜欢上联想产品。

联想一直在发展国际化战略，包括收购 IBM 计算机事业部。虽然与众多国际品牌相比，联想并没有特别突出的优势，但是有中国市场作为后盾，没有后顾之忧。国际化对于联想还有一层重要的意义，就是提升品牌形象，把企业的形象提升到新的高度。

资料来源：根据 2015 年 1 月 19 日《网易财经报道》“戴尔是如何被联想打败的”改编。

思考问题

1. 联想如何形成竞争优势？其在中国成功的根本原因是什么？
2. 戴尔的竞争优势是什么？
3. 当联想遭遇戴尔，会存在什么劣势？
4. 联想在走向国际化的道路上，要向戴尔学习什么？

战略对企业具有深远影响，这种影响主要表现在战略对企业目标实现、生产率、竞争力等各方面的影响上。本章首先介绍企业战略及运作战略；然后简单阐述企业如何选择竞争重点，从而提高竞争力，在市场中取得竞争优势；最后介绍生产率这个概念。

2.1 战略

1. 企业战略

战略一词首先出现并应用于军事。在战争中，敌我环境不明，力量对比复杂，因此战略应运而生。战略应用于企业是从 20 世纪中后期开始的。管理学家对战略没有一个统一的定义，这里列举几个比较具有代表性的定义。

（1）哈佛商学院的安德鲁斯（Andrews）认为，战略决定企业的目标，并提出实现目标的方针，确定企业要从事的业务，明确企业要对社会和经济做出的贡献。

（2）迈克尔·波特（Michael Porter）在 1996 年发表的《战略是什么》一文中，将战略定义为，战略的本质就是取舍选择，即选择一套与竞争对手不同的活动，以提供独特的价值。企业的这种独特定位能够避免由于企业间的相互模仿所导致的过度竞争。

（3）明茨伯格（Henry Mintzberg）用 5P 来定义战略，即战略就是计划（Plan）、模式（Pattern）、定位（Position）、观念（Perspective）和策略（Ploy）。

对于一个企业来说，明确战略是什么，并制定有竞争力的战略是有重要价值的。

2. 运作战略

如果说企业战略是总战略，那么运作战略就是在总战略指导下起支持作用的具体战略。运作战略服从于企业战略，与之相辅相成。图 2-1 表示了运作战略与企业战略的关系。

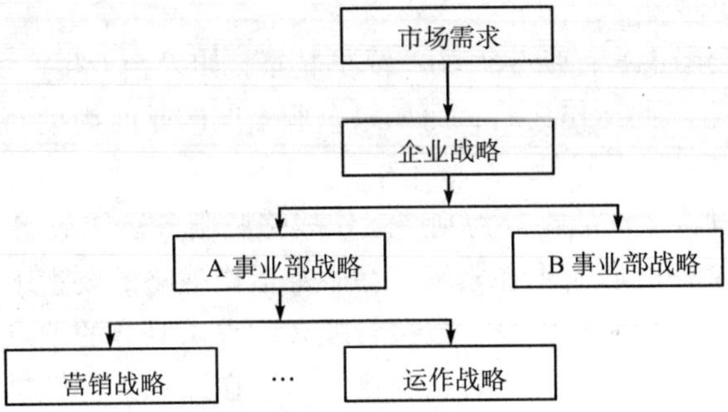

图 2-1　运作战略与企业战略的关系

（1）运作战略的含义。运作战略是指企业在构造生产或服务系统时的指导思想，以及在此思想指导下的决策和内容等。

（2）运作战略的内容。运作战略包括制定企业在运作方面各项主要政策和计划，以利用企业资源最大限度地支持企业的长期竞争战略。运作战略的内容一般包括：产品选择与设计、工艺选择、生产能力需求计划、厂址选择、设施布局、生产计划、库存管理、质量管理等，涉及从产品或服务输入到输出整个转换过程的各个方面。

1）产品选择与设计。要根据目标市场需求来确定。

2）工艺选择。是指企业生产产品或提供服务的组织方法，也就是指企业选择何种生产工序的战略决策。

3）生产能力需求计划。包括对生产数量、时间、物料需求等各方面的计划和安排。

4）厂址选择。包括总厂址的选择和各分厂、各部门位置的选择。

5）设施布局。企业按照不同的工艺布局原则安排设施的布局。

6）生产计划。包括综合计划及 MRP/MRPⅡ/ERP 等。

7）库存管理。确定库存水平、订货点、订货周期、订货方式等。

8）质量管理。包括次品的检验、预防、监督和控制。

其他方面不在这里一一介绍，本书的其他章节将有详细介绍。

（3）运作战略的目的。在企业总战略和竞争战略的指导下，帮助企业实现并维持竞争优势。

3. 运作战略的制定

（1）要考虑的因素。制定运作战略要考虑很多因素，如企业战略、市场环境、产品特征等。运作战略是否成功，主要取决于它是否支持企业战略，是否与企业战略相一致，是否具有可操作性。举一个简单的例子，当企业的竞争战略是成本领先战略时，运作战略就应该是将生产系统设计为生产品种少、工艺简单的产品的系统，以低成本生产产品，从而获得成本优势；相反，如果竞争战略是差异化战略，企业的运作系统就应该具有柔性，生产多品种、工艺复杂的产品，以快速满足不同需求，从而获得竞争优势。如果运作战略与企业战略不匹配，那么必然以失败告终。很难想象一个以成本领先为竞争战略的企业选择高柔性的生产系统。

运作战略制定的另一个关键因素是市场环境。市场需求对企业产品的生命周期、种类、数量、质量、价格、服务等各方面起决定性作用。因此，企业在制定运作战略时，必须要考虑市场环境，尤其是市场需求。

此外，企业还一定要考虑自己所生产的产品的特征。如果企业生产的是普通的功能型产品，企业往往会设计大规模生产的运作战略；而如果企业生产的是时尚创新型产品，企业往往会设计柔性的运作战略。

按照行业划分，可以将运作战略分为制造运作战略和服务运作战略。与制造运作战略相比，服务运作战略与企业总战略的联系更加紧密。在服务运作战略的要素中，厂址选择往往是最重要的。因为在服务业中，厂址往往就是直接接触顾客、提供服务的地点。此外，服务的便利性往往是服务企业能够借以获得竞争优势的核心竞争力所在。例如，最早使用计算机技术为顾客提供便捷的自动售票及其他服务的航空公司，如美国西南航空公司，就领先于竞争对手取得了竞争优势。随着服务市场的成熟，服务柔性也逐渐被人们所关注。运作系统的柔性将是很多企业服务运作战略的重中之重。

管理实践

雷军和董明珠的10亿元“赌局”

CCTV 中国经济年度人物颁奖礼素有“中国经济奥斯卡”和“经济风向标”之称，每年选出10名年度经济人物。不过在2013年，“10亿元赌局”使同样来自珠海的小米创办人兼CEO雷军和格力电器董事长兼总裁董明珠抢走了其他获奖人物的风头。

雷军和董明珠设下“赌局”，如果5年后小米的营业额击败格力的话，董明珠就输给雷军10亿元，反之则雷军输掉10亿元。一个是诞生仅3年的互联网企业，一个是有23年历史的传统工业企业；一个是“手机王子”，一个是“空调玫瑰”，这场“赌局”被看作新经济与传统经济的两种模式之争。5年后谁能赚得更多、走得更远？这一切都引发了外界的广泛关注和热烈讨论。

董明珠炮轰小米的“重营销轻售后”的经营模式，认为小米靠价格竞争，而格力不靠价格，靠技术。小米太重视营销，售后服务不佳，而格力售后服务能力强大。她认为小米这几年发展确实不错，但是是否能持久增长尚无定论。随即，雷军解释了所谓的“小米模式”：小米的赢利模式最重要的就是轻资产。第一，它没有工厂，所以它可以用世界上最好的工厂。第二，它没有渠道，没有零售店，所以可以采用互联网的电商直销模式。这样的话，没有渠道成本，没有店面成本，没有销售成本，效率更高。更重要的是第三点，因为没有工厂，没有零售店，所以它可以把注意力全部放在产品研发及与用户的交流上。所以，小米4 000名员工，2 500人在做跟用户沟通的事情，1 400人在做研发。它把自己的精力高度集中在产品研发和用户服务上。

雷军认为，用互联网的基因重新做消费电子的时代已经开始了。他谈到，小米的优势在于：第一，它跟用户群最贴近，极其强调用户体验和口碑；第二，因为它是轻模式，所以它的成长速度快；第三，并不因为是轻模式所以省略其他方面，“实际上我们有2 500人的服务团队，1 300人的7×24小时的呼叫服务，这样的服务我们下的功夫是蛮大的”。

雷军宣称，小米模式能不能战胜格力模式，得看未来5年。“5年之内，如果我们的营业额击败格力的话，董明珠董总输我1元钱就行了。”而心直口快的董明珠迅速接招并进一步将战火烧大：“第一，我告诉你不可能；第二，要赌不是1亿元，我跟你赌10亿元。因为我们有23年的基础，我们有科技创新研发的能力，而且我们保守了过去传统的模式。”

（2）制定流程。在本书中，我们更多介绍制造运作战略。制造企业的运作系统是否具有竞争力主要取决于企业的运作战略。制定制造运作战略的一般流程是：① 确定市场需求，明确目标市场。② 根据产品制造特征或其他依据，划分产品组。③ 确定每个产品组的订单资格要素和订单赢得要素。④ 根据市场需求和企业战略，确定运作系统的目标。⑤ 确定和调整运作系统中的结构化要素和非结构化要素，形成运作战略。

2.2 竞争力

2.2.1 竞争力的定义

若不是垄断企业，那么企业在市场上销售产品或提供服务，必然面对激烈的竞争，这就要求企业具有较强的竞争力。什么是竞争力？美国《产业竞争力总统委员会报告》认为，企业竞争力是指“在自由良好的市场条件下，企业能够在国际市场上提供好的产品和好的服务，同时又能提高本国人民生活水平的能力”。本质上讲，企业竞争力就是企业和企业家设计、生产和销售产品和服务的能力，以及产品和服务的价格和非价格的质量等特征比竞争对手具有更大的市场吸引力。可以说，竞争力是企业生存和发展的关键要素。

如何获得竞争力并发挥竞争优势？我们认为运作系统的有效性直接决定企业的竞争力。所谓运作系统的有效性，有人将之归纳总结为运作系统的生产率和响应性。我们在下一节中将重点介绍生产率及其对运作和竞争力的影响。响应性主要用来表示企业运作系统的柔性。一般来说，企业运作系统对市场和用户需求变化做出的反应越快，响应性越好，企业竞争力越强。进一步说，企业对需求的反应速度取决于在交货期内完成订单的速度、质量和能力。在交货期越来越短的今天，企业运作系统的响应能力变得越发重要。响应能力越强，越容易获得顾客，并提高顾客满意度，从而企业的竞争力也越强。

2.2.2 获得竞争力的要素

低成本、高质量、快速交货、准时交货、高柔性等要素都可以帮助企业获得竞争优势。然而，不是每个企业都能获得所有这些要素，而且有些要素之间本身就存在矛盾，企业几乎不可能兼得。例如，提高交货速度和提供多品种的产品，这两者就不太可能同时实现。企业要根据市场环境、产品或服务特点、顾客需求及自身的能力，做出权衡，选择不同的竞争重点。

1. 低成本

不管运作管理发展到哪个阶段，低成本总是很多企业追求的目标，成为企业竞争、运作的重点。选择低成本作为竞争重点的企业，其竞争战略一定是成本领先战略。否则，竞争重点的选择就背离了企业的战略。低成本的企业通常选择大批量生产无差异的产品，降低边际成本，追求高生产率，从而获得比竞争对手更低的成本和价格优势，形成企业竞争力。然而，低成本容易吸引新进入者，引起竞争的加剧，也同样引起价格战，从而导致恶性竞争。这一点，需要引起每个以低成本为竞争重点的企业的关注。

运作经典

美国西南航空公司的低成本运营战略

美国西南航空公司（以下简称西南航空）成立于1971年6月18日，从1973年来就持续盈利，被誉为整个民用航空界的“不老的传说”。它之所以能够在美国遍地哀鸿的民航领域中一枝独秀，持续盈利，就在于其低成本航空运营模式。

首先，西南航空提供的是中等规模城市和二级机场之间的短程、定点航线，所有航班都采用统一的波音737客机。

其次，西南航空只提供有限的乘客服务：不提供餐饮（只供应饮料与花生，较长一点的旅程则多为饼干之类的点心），无指定座位（先到先上制），无行李转运，不提供与其他航空公司的转机业务，只有限地利用旅行社。

最后，西南航空只提供不分头等或经济舱的一般票价和高峰时段的票价两种票价，同时统一同一州内的票价。这样，一方面可以不必像其他航空公司那样依赖计算机协助设计使公司航班收入最大化，简化内部流程，降低运营成本；另一方面也方便客户使用自动售票机购票，从而能够吸引更多的乘客，提高满载率和飞机利用率（客机平均每天每架起飞7.2次，每架飞机平均每天在空中飞行的时间大约为12小时），降低分摊到每个乘客的成本。

西南航空将低成本战略发挥到了极致，这使它在获得了巨大成功的同时，也被视为航空公司低成本运营模式的鼻祖，被后来者效仿。

资料来源：美国西南航空公司网站。

2. 高质量

高质量代表高可靠性，高可靠性会吸引更多的顾客，从而提高市场占有率，企业竞争力也将随之提高。质量包括两方面：产品质量和工艺质量。产品质量主要是指产品在功能上的差异，如专业自行车手使用的自行车和一般的自行车在功能上有不同的要求。企业在生产时，需要考虑受众对产品功能的实际需求，以及企业和受众对产品成本的接受能力，考虑产品的性价比问题。工艺质量更接近我们通常所理解的质量，即产品无缺陷。为了提高产品的工艺质量，就必须在生产过程中加强质量管理，对质量进行控制。

3. 快速交货

对于某些行业特别是服务行业来说，交货速度是必然的竞争重点，如快递公司、维修服务等。比竞争对手更快地为顾客提供产品或服务，将领先于竞争对手，取得竞争优势。

4. 准时交货

企业能否在合约规定的时间和地点交货，决定了企业的信誉。信誉越高的企业，市场竞争力越强。企业准时交货的能力取决于运作的准备和制造时间，而运作的准备和制造时间又与企业运作系统的组织形式、计划和控制模式密切相关。

5. 高柔性

市场对产品数量和特点的需求是波动的，对这种波动的适应和响应能力越强，企业运作系统的柔性越高，越容易获得竞争力。柔性包括运作系统的柔性和新产品开发速度。要在市场上生存和不断发展，企业必须制定相应的运作战略，规定系统柔性的程度，并制定相应的度量和控制方法。柔性还表现为企业提供不同产品的速度，主要体现在对新产品的开发速度和投产速度上。总体来说，迅速对变化做出反应是追求系统柔性的企业的竞争重点。

2.2.3　对竞争重点的选择

对竞争重点的选择，不同的学者持不同的态度。下面主要介绍两种观点。

1. 权衡的观点

权衡的观点主张将力量集中在有优势的方面，把没有优势的方面交给其他有优势的企业做。例如，我们熟悉的 OEM（贴牌生产），就是将产品的生产制造外包给其他成本更低的厂商，而自己把精力集中在新产品的研发上。通过集中优势，不断强化核心能力，从而在竞争中占有一席之地。

2. 环境决定的观点

环境决定的观点认为，企业应该随着环境和市场的不断变化，对竞争重点做出调整，适应环境变化。对环境决定持否定意见的观点认为，运作的竞争重点不能随着环境的变化而变化，否则会分散核心能力。

管理实践

克莱斯勒公司的竞争重点

企业供应链顺畅与否，直接影响企业产品的质量、成本与市场竞争力。一辆整车是由几百个不同的汽车零部件供应商按汽车价值链的次序共同生产完成的，其中一个环节出了问题会影响其他所有环节的效率。因此，现代生产企业越来越关心所谓的供应链一体化问题。企业供应链一体化是从协同的立场出发，来考虑价值创造过程中每个环节的分工合作及其利益关系问题。在利益趋同的基础上，一体化的供应链会产生最小成本、最好质量的产品，从而增强了企业在市场上的竞争力。在这方面，最典型的例子之一可能是美国的汽车制造商克莱斯勒公司在 1989 年之后进行的供应链改变。

20 世纪 80 年代，克莱斯勒与其主要竞争对手福特与通用汽车公司相比，汽车产量及利润率都不断下降。同期，以本田汽车为首的日本汽车制造商却步步为营，不断进入美国的本土市场，在美国建立自己的制造与销售基地。为此，美国克莱斯勒公司对日本本田公司进行有针对性的研究，研究的主要领域之一就是本田公司的供应链。研究结果最终导致克莱斯勒的决策层发动了一场深刻的关于供应链的改革。

1989 年，克莱斯勒开始了其供应链改革，核心模式为 SCORE——供应链成本降低计划（Supplier Cost Reduction Effort）。这个改革的几个主要内容是：减少供应商的数量，稳定供应商的利益关系，鼓励供应商更多地参与汽车生产的全过程，奖励供应商的创新活动与建议。

经过改革，1994 年，SCORE 计划的实施获得了巨大的成功，克莱斯勒形成了新的供应链。在实施开始的头两年，即 1991—1992 年，这项行动共产生了 875 个改进生产的新建议，每年降低成本约 1.7 亿美元。1994 年，供应商提供了 3 786 个新建议，降低成本 5.04 亿美元。至 1995 年年底，克莱斯勒共实施了 5 300 多个新建议，节省了 17 亿美元的开支。

改革的成果是令人信服的。改革前，克莱斯勒一辆新款汽车的研发时间平均为 234 周，改革后，缩短至 166 周；改革前，克莱斯勒 1 辆车的平均利润是 250 美元，改革后，增至 2 110 美元；改革前，克莱斯勒的资产利润率低于福特与通用汽车平均 2 个百分点，改革后，则平均高于上述两家公司 4 个百分点。

资料来源：《21 世纪经济报道》，2003 年 3 月 31 日。

2.3 生产率

1. 生产率的定义

对生产率的传统定义是产出除以投入。用公式可以表示为：

生产率=产出/投入

生产率是对一个国家、产业、企业的资源利用率进行衡量的重要指标。在运作管理中，生产率等于产出的产品或服务与运作过程中所消耗的资源之比，用于衡量企业运作的效率。产出价值与投入成本的比应该大于 1。一般来说，高生产率总是与高竞争力相伴产生的。因此，生产率也是衡量企业运作系统效率及企业市场竞争力的重要标准。从生产率的定义中，我们可以看出，提高生产率，就是提高产出和投入之比，方法是以不变的投入获得更高产出，或者在保持产出不变的前提下，减少投入的资源量。如何才能达到这样的目标？从运作的角度来看，可以通过优化运作系统来实现。

2. 生产率的评价和计算

（1）生产率的评价。生产率是一个相对的概念。通常可以通过两种方式对企业的生产率做出评价。一种是在同行业中，与其他企业的生产率相比，得到本企业的生产率地位。当然，这种方法的前提是可以得到同行业中其他企业的相关数据。另一种是按时间顺序，将企业现在的生产率水平与过去某一时间的生产率水平相比较，从而对企业生产率做出评价。这种方法的优点是数据比较容易获得，缺点是无法得出企业生产率在市场上的相对竞争力水平。

（2）生产率的计算。生产率可以根据投入是单要素还是多要素来分别计算。衡量某一种投入和产出的生产率为单要素计算；衡量一部分投入和产出的生产率为多要素计算。例如，用"产出/能源"计算出的生产率就是单要素生产率；用"产出/（劳动力+能源）"计算出的生产率就是多要素生产率。国际上度量生产率大多都基于单位劳动成本在指定的时间周期内的产出这个单要素指标。现在，美国逐渐开始应用多要素指标来度量生产率，包括投入的劳动、资本和其他非劳动性投入。资本包括土地、设备和存货；非劳动性投入主要包括原材料、能源和购买的服务。一般来说，多要素的方法能够更好地度量总的效率。

在计算企业生产率时还需要引起注意的一点是，产出和投入的单位必须统一。例如，表示价格的货币单位和表示重量的单位要转换成统一的单位，如“元”或“斤”；或者，在表示资源的投入时，一张桌子和两把椅子不能简单相加，应该按照一定的产品折算系数折算成统一的资源来表示。因此，在计算时，要注意单位的转换。

例 2-1 某自行车厂的装配车间对生产系统进行了改造。改造前，系统中有 10 个工人，劳动力成本为 10 元/人，设备成本为 80 元，每小时可以装配 200 辆自行车。改造后，系统中的工人减少为 8 个，劳动力成本依然为 10 元/人，设备成本增加到 200 元，每小时可以装配 240 辆自行车。试分别按照单要素和多要素的方法计算改造前后的生产率，并判断改造后的系统生产率是否得到了提高，哪一种方法能更客观地表示系统的生产率。

解：（1）按单要素计算（劳动生产率）。

改造前：200（辆/小时）/10 人=20 辆/（人·小时）

改造后：240（辆/小时）/8 人=30 辆/（人·小时）

改造后的生产率提高。

（2）按多要素计算。

改造前：200（辆/小时）/（10×10+80）元≈1.111 辆/（元·小时）

改造后：240（辆/小时）/（8×10+200）元≈0.857 辆/（元·小时）

改造后的生产率下降。

为什么两种方法得到的结果是相反的呢？主要因为单要素方法没有考虑生产系统改造后机器成本的上升。可见，单要素计算的方法在某些情况下是不全面的。

3. 生产率与企业战略

除了通过培训、技术升级等提高劳动生产率的方法，在一般情况下，企业提高生产率最常用的方法就是通过大规模生产，获得规模经济，降低单位产品成本。因此，高生产率通常伴随成本领先战略。采用成本领先战略的企业通常采用高生产率的专用设备和专用工艺，按对象专业化布局，从事大规模的流水线生产。但是，大规模单一品种的生产方式，其适用的前提是市场需求稳定。在当今多变的需求中，这种生产方式已经不能满足市场的生存法则，大规模定制的方式应运而生。企业如何在保证高生产率的同时，快速满足多变的个性化需求，是每个在市场中求生存、谋发展的企业必须思考和面对的问题。

管理实践

提高生产率的 12 条真理

第 1 条真理，所有的劳动都是一个过程。这似乎是显而易见的道理，但有些现代企业的管理方式表明，我们并没有真正领会这个简单的道理。如果我们不能意识到顾客和供应方之间的关系，忘记了劳动就是将进来的东西变成出去的东西，不能将劳动看作超出时间和空间概念的一个更高级的整体的一部分，那么我们就没有认识到这一条真理。

第 2 条真理，所有的过程都需要持续的分析，都有提高的可能。“我们一直都是这么做的”，这是我们最常挂在嘴边的一句话。质量证书也常常只颁发给那些遵循固有的生产过程和管理模式、不能产生竞争优势的企业。创新和根本性的提高来自不断的怀疑和不满足。

第 3 条真理，所有的过程都应有章可循。知道应该做些什么，是实现生产率目标的重要组成部分，但不是全部。必须确定每隔多长时间应该了解一次相关的数据，整个体制也应该保障这些数据能够送达相关的人员。

第 4 条真理，过程中的所有必要条件都必须落实。在可以保障目标得以实现的所有必要资源不够完备的情况下就投入工作是很不利的。

第 5 条真理，对过程的最终结果应该有所规划。曾就职于壳牌石油公司的阿里·德赫斯指出，不能只制订一个死板的计划，而要制定出一系列目标，即所谓的未来备忘录，让我们能够以灵活的方式应对随时出现的各种情况。

第 6 条真理，所有的过程都应有规划。不要等到最后才知道行不行，要对每个阶段性成果都做出规划，以便掌控整个过程。

第 7 条真理，所有的过程和制度都应按要求进行。一剂妙方就是全程跟踪监督。这不是缺乏信任的表现，而是同我们的团队分享过程与责任。一般来说，通过积极的冲突和跟踪监督可以避免不完善的东西。

第 8 条真理，所有的过程都应该接受评判和控制。已故著名企业顾问亚历山大·普劳德福特常说，没有评判就没有控制。确定所完成的工作是好还是不好，是采取决策和走向成功必不可少的条件。

第 9 条真理，所有不完善的方面都应该接受评估和控制。如果我们不对这些问题进行评估和控制，它们就永远无法避免。

第 10 条真理，出现问题的时候立即采取行动可以保障目标的实现。不要等到以后再说，一旦发现问题和偏差就立即纠正。这不仅仅是时间问题，还关系到成本和做事的习惯。

第 11 条真理，所有人员都应接受教育和培训。培训的目的是加快下属的成长。

第 12 条真理，企业的整个领导层应该作为一个团队工作。不要对令人信服的共同目标产生任何怀疑。要想将梦想变成现实，首先应该相信它是有可能实现的，要坚信自己绝对能做到超越梦想。

资料来源：弗朗西斯科·卡塞雷斯·森，《数字家庭》。

引例的思考

联想的竞争优势是通过对分销渠道的管理实现的。联想将生产商、大经销商与零售店、消费者之间的关系变成“三赢”，实现分销增值。联想在中国成功的根本原因就是联想对分销增值体系的把握。低成本的直销加上对商业客户战略性的选择构成了戴尔的比较竞争优势，而对装配与供应体系的设计与实施能力是戴尔的核心竞争力，二者的融合促成了今天戴尔的巨大成功。戴尔的竞争优势是“低成本、高品质”，而联想的竞争优势是“品牌支撑渠道”。当戴尔与联想相遇，戴尔的核心竞争力终将一点一点地将潜力发挥出来，反观联想，却可能会一点一点地丧失优势。联想要向戴尔学习的就是其建立在直销模式上的低成本配件供应与装配运作体系的实施能力。

复习与讨论题

1．哪些因素可以影响企业运作战略的制定？

2．企业应用各种各样的运作战略来帮助它们完成其生产计划。试举出几个竞争性组织可以采用的运作战略。

3．影响生产率的因素有哪些？

4．生产率是不是绝对量？为什么？

5．单要素和多要素指标有什么区别？什么情况下适合使用单要素指标？

6．一个航空公司每天提供的服务价值是 1 000 000 美元，支付给员工的工资是每天 50 000 美元，那么这个公司的生产率是多少？

本章阅读资料

LinkedIn 创始人：全球经济网络如何创造繁荣

几百年前，产业革命的时代带来了工厂、机器、能源和运输的发展，使得生产力通过协调合作获得了迅速发展。之后的信息时代，我们有了电视、收音机和计算机，我们创造的各种方式使得信息能够编码，并且快速地传播。这使得很多人都能创造信息，并且将信息融合在他们的工作之中。信息技术已经变成了企业提供产品和服务及进入市场的关键因素。

两个时代都使经济活动大规模地繁荣发展，改变了国家的财富状况，提升了劳动生产率，创造了财富和新的提供产品和服务的方式。每个时代都出现了新的技术，使得更好和更多的互动能够出现。在产业革命时代有自动机械和新能源，在信息技术时代有传播信息的新方式和新的劳动生产力。我们可以看到人的生产力、公司的生产力、国家的生产力都进行着巨大的变革。

产业革命时代通过提高运营的效率来提高生产率，信息技术时代主要通过信息知识来提高生产率，而网络时代就通过在人与人之间建立连接来提高劳动生产率。除了分享信息之外，网络还使得人们进行协调、协作，相互教学。网络时代使个人能够找到和创造最好的机会，能够帮助企业获得人才、资源、客户、产品、服务和合作伙伴。在网络时代，各国能够通过提高公司和企业劳动生产率实现繁荣。

每个时代都在前一个时代的基础上发展。网络时代需要信息技术时代，它需要信息技术才能够成功；信息技术时代需要产业革命时代，因为它需要大规模的生产技术才能够创造和消费媒体。我这里用 LinkedIn 举例来给大家讲一下网络时代，实际上像淘宝、LANB 等公司都是这样的例子。网络能够帮助你找到合适的人，也让人找到工作、了解工作，为自己的工作做好准备。

网络能够告诉你，你有什么样的技能。对于找工作来说，LinkedIn 在全球有 3 亿多个用户，他们都分别列出自己的技能；如果有人向你推荐了一个工作，你就可以找到适合你的工作。

同时，LinkedIn 还可以帮助你找到你需要的专长和资源，是不是有一些人拥有信息和技术或分销、供应资源和资金帮助你完成工作。找到专长和资源意味着你的工作速度能够更快，准确性更高，这样能够带来更好的产品和服务。

另外，LinkedIn 能够帮助人们被发掘，使个人能够作为一个商业合伙人被找到，或者作为专家被找到，这些都能提高企业的劳动生产率。

LinkedIn 还能够帮助个人提高劳动生产率，帮助他们了解哪个行业、哪个公司做得更好；他们该如何发挥自己的技能，在未来做得更好；同时他们可以和同事和朋友进行更有效的合作。

总体来说，第一，借助于 LinkedIn，企业可以找到资源专长、供应商和客户，或者让潜在的合作伙伴、供应商或未来的员工和顾客找到企业。

第二，LinkedIn 使得公司能够被连接在网络之中。公司总是在寻求人才、客户和投资者、供应商、分销商和其他的关键的生意合作伙伴，在全球经济中更是这样，寻找其他国家的资源和客户。拿中国的情况来说，中国的发展规模越来越大，需要世界各地的资源和合作伙伴进行贸易，同时还需要关键行业的人才。网络是实现这样的任务的最好的方式。今天已经有很多中国全球性企业，如百度、腾讯和阿里巴巴都用 LinkedIn 来寻找这方面的信息。

第三，网络能够帮助创业者创造新的公司和行业。他们需要人才、创新、客户、投资，还需要供应商和分销商。当他们有一个广泛的网络的时候，这些需求都很容易满足。

现在我们再看一下网络对于国家的影响。网络可以帮助国家提高 GDP 和劳动生产率。为什么可以做到这一点呢？当个人能够找到更好的工作机会，带来更好的产出，这就可以提高 GDP；如果个人的工作更好，那么这也能够提高 GDP；如果公司能够招聘和利用好的人才，也会提高 GDP；公司和个人建立起好的投资者、供应商和工作者的网络，也能够提高 GDP。这是 LinkedIn 的使命，我们使得个人、公司和国家都能够获益于这样一个网络时代。

资料来源：改编自 2014 年世界互联网大会上，LinkedIn 创始人里德•霍夫曼的《全球经济网络如何创造繁荣》主题演讲。

思考题

1．产业革命时代如何提高生产率？

2．网络如何帮助个人提高劳动生产率？

3．网络如何帮助企业提高生产率？

第 3 章 流程分析

本章学习目标

- 学会绘制流程图。
- 理解和掌握流程绩效的三个主要指标和律特法则。
- 确定流程能力和瓶颈。
- 计算流程利用率和能力利用率。
- 掌握流程分析的六步法。

本章引例

玩具小熊的生产流程

礼品店中出售的玩具小熊，由于外观可爱，加上触动式的发声效果，一直以来都是孩子们的最爱。随着儿童节的临近，订单数量一直增加，虽然制作工厂已经进行了一次大规模的扩建，但现在的生产水平仍然无法满足市场的需求。

现在，一切都是不确定的，随着需求淡旺季的变化，市场需求变得越来越难预测。玩具小熊的生产主管没有任何实质性的改进措施，只是说："保持生产的柔性。我们也许会收到5万件的生产订单，但是如果没有足够的订单，我们既要保持现有人员，又不希望面对持有巨大库存的风险。"基于这种不确定性的市场背景，工厂经理们正在寻求提高流程能力的方法，同时，这些方法的实施绝对不能以牺牲生产柔性和提高生产成本为代价。

玩具小熊通过一个混合批量流水线加工出来。6 名填充人员同时工作，把填充材料装进相应的布料中，这样就制成了小熊身体各个部位的基本形状。由于此作业部门相对分离，故每生产完 25 套小熊的部件，就将其放在一个箱子内运给下一道工序。在另一个批量作业地，8 名操作工人将整块的坯布裁剪成适当大小的布料，然后缝制成小熊的外衣。

接下来的生产流程是由 9 名工人将填充好的各个肢体部分进行塑形，如身体、头部等，然后将这些部分拼凑缝制出完整的小熊。接着，由 4 名工人为小熊粘贴好嘴巴、眼睛、鼻子和耳朵，并为它们穿好缝制的外衣。经过打扮的小熊都交给 3 名工人，他们为小熊装入预先准备好的发声装置（含有电池）。最后，经过 2 小时胶水自然晾干，小熊由 2 名包装工人放进包装袋中，并把它们装入便于运输的箱子里。

为了分析研究流程能力，经理和生产主管们对玩具小熊的各道加工工序及转移时间做了估计，估计的时间如表 3-1 所示。

表 3-1　各工序的加工时间

工　　序	加工时间（分）
填充	1.5
缝制身体	2.4
缝制外衣	1.6
粘贴五官	0.8
安装发声装置	0.75
包装	0.33

由于还有一些不可避免的间隔和休息时间，生产主管对 1 个 8 小时的班次按 7 小时计算实际工作时间。

思考问题

1. 根据生产主管的方法，1 个班次可生产多少个玩具小熊？如果 1 周生产 7 天，1 天上 3 班，那么 1 周能生产多少个小熊？哪项作业是瓶颈作业？
2. 如果所有工人按照生产主管所观察的速度工作，并且假定有充足的资源投入，那么当 1 个班次结束时各工序累计有多少在制品库存？
3. 如果生产主管要求他的工人按瓶颈作业（也就是没有在制品堆积作业）的时间完成每项作业，那么在 1 个班次中，每个工人的赋闲时间是多少？工人的时间利用率是多少？
4. 在作业流程的改进上，你能向生产主管提几条建议吗？

流程是使用资源（劳动力和资金），将投入（原材料、待服务的顾客）转换为产出（产品、已接受服务的顾客）的过程。因为环境在不断变化，市场、技术、竞争条件都在不断变化，因此运作流程也需要不断地加以改进，以适应新的要求。从这个意义上说，运作流程的分析是一项经常性的工作。本章我们讨论如何对一个现有流程进行分析，找出可以改进的地方，并加以改进。我们先介绍流程分析的一些基本概念，然后通过对本章引例的详细分析来介绍流程分析的六步法。

3.1　流程图的绘制

开始对一个运作系统进行分析的最好方法是绘制流程图。所谓流程图就是以图形的方式来描绘流程，它能帮助我们组织在案例分析或流程改善项目中收集到的信息。

为了努力理解流程的具体细节，我们可以求助于工厂的流程说明书。理解复杂流程的方法是研究物料或产品本身是如何在流程中经过的。我们要把物料或产品作为流程单位，并且要关注它们经过整个流程的过程。

为了绘出流程图，首先要聚焦于我们想要具体分析的那部分流程，也就是说，我们需要确定流程边界和适度的细节程度。流程边界的设置取决于我们研究的项目。例如，一家医院的运作中，研究病人等待时间的一个项目，我们可能会关注病人是如何等待体检的（如登记、等待时间和遭遇护士），在这个项目中，病人与医生见面时，医生要求体检的报告可能在分析边界之外。然而另一个与手术质量有关的项目可能要详细关注病人与医生见面的全过程，但是可能忽略体检的情况，或者很少会关注体检的细节。

一个流程是流程单位流过运作的过程。流程图由一系列椭圆、三角、方框、菱形和箭线等流程元素组成，如图 3-1 所示。

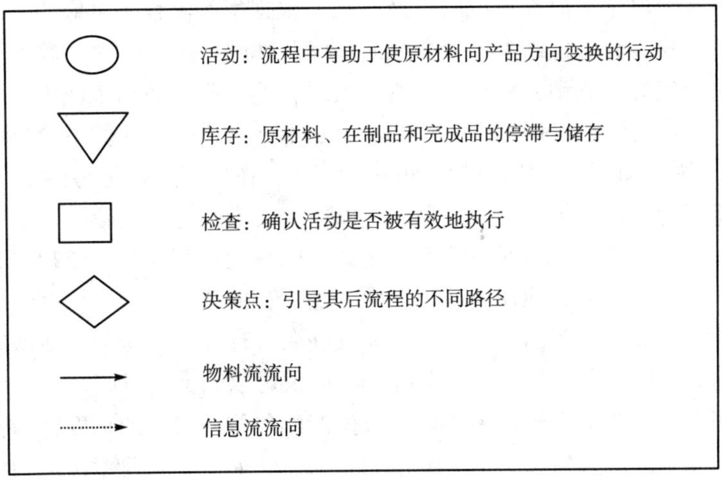

图 3-1　流程元素

（1）椭圆代表增加流程单位价值的活动。依赖于我们选择的分析程度，一个工序（椭圆）本身也可以是一个流程。

（2）三角代表库存（等待区域）。与工序不同，库存不增加价值，所以，流程单位不要在库存上浪费时间。

（3）方框表示检查。它与活动不同，活动通常指有助于使原材料向产品方向变换的行动，而检查只是确认活动是否被有效地执行。

（4）菱形表示一个决策点，在该点，不同的决策会导致其后流程的不同路径。

（5）箭线在椭圆、三角、方框或菱形之间，表示物料流（实线）和信息流（虚线），指明了流程单位经过流程的路径。如果有经过流程的不同路径的不同流程单位，不同的路径使用不同的颜色对分析是很有用的。

3.2　流程绩效的三个主要指标

总体来说，流程可以看作一个“黑箱”，它使用资源（劳动力和资金），将投入（原材料、待服务的顾客）转换为产出（产品、已接受服务的顾客），如图 3-2 所示。在分析产品和服务的生产流程时，我们首先要定义我们分析的流程单位。

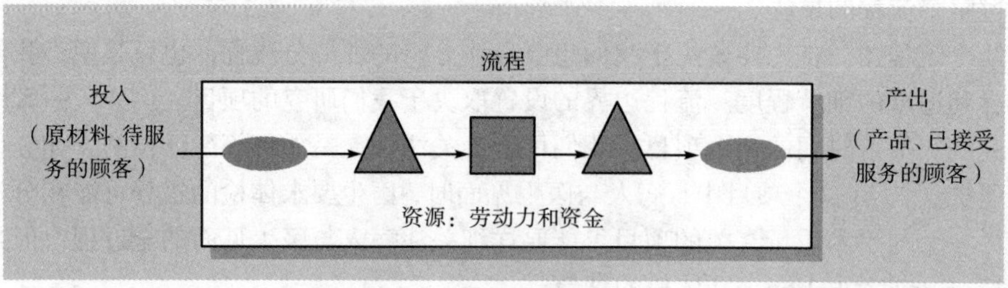

图 3-2　组织中的流程

在医院的服务流程中，我们选择病人作为流程单位；在一家汽车制造厂的组装线流程中，我们选择车辆作为流程单位。流程单位的选择一般是根据生产流程所供应的产品或服务的类型而确定的，如航班的乘客数、鱼罐头加工企业的鱼肉及啤酒厂生产的啤酒数量等。

流程单位在整个流程中流动，从投入开始，最终转换为产出而结束流程。在给流程单位下定义之后，我们接下来就可以根据流程绩效的三个基本度量指标来评估一项流程。

（1）库存。流程中累积的流程单位的数量称为库存（在生产中就是指在制品数量）。如果我们不只关注生产流程的话，举例来说，库存也可以用于表示在肯德基餐厅中所有的顾客数量。

（2）流程时间。一个流程单位通过流程所需的时间称为流程时间。流程时间包括该流程单位可能等待加工的时间，因为其他在同一道工序上的累积的流程单位（库存）也在争夺同样的资源。流程时间是一项非常重要的绩效度量，尤其在服务环境中。例如，在医院中，流程时间正是病人所关心的，它度量了从病人到达医院直到病人可以回家的时间。

（3）单位时间产出。流程生产产品（如每天生产的单位数量）的速度称为单位时间产出或生产率。流程所能达到的最大生产率称为流程的能力。例如，一家儿童医院的单位时间产出就是一天服务 600 个病人，一家汽车制造厂的单位时间产出就是一天生产 200 辆汽车。

表 3-2 给出了流程的几个例子和它们对应的流程单位、单位时间产出、库存及流程时间。

表 3-2　单位时间产出、库存及流程时间的几个例子

项　目	肯德基餐厅	香槟酒厂	EMBA 项目	联想公司
流程单位	进入餐厅的顾客	瓶装香槟	EMBA 学生	计算机
单位时间产出	一天服务 900 名顾客	每年 26 000 万瓶	每年 300 个学生	每天 5 000 台
流程时间	顾客在餐厅内的平均时间：40 分钟	在酒窖的平均时间：3.46 年	2 年	60 天
库存	餐厅中平均有 25 名顾客	90 000 万瓶	600 个学生	300 000 台

3.3　流程的律特法则

流程中的库存、单位时间产出和流程时间三者之间存在一种特殊的联系。只要测出了其中的两个指标，就可以很方便地计算出第三个指标。如果控制住了其中一个指标，那么另两个指标之间的关系就非常明确了。例如，由于流程中的库存取决于肯德基餐厅的座位数量，为了提高餐厅每天的单位时间产出，肯德基餐厅就得降低平均每个顾客在餐厅中的流程时间。揭示流程中的库存、单位时间产出和流程时间三者之间联系的规则称为“律特法则”（根据 John D. C. Little 命名）。其公式如下：

平均库存 = 平均单位时间产出 × 平均流程时间

律特法则可用于已知绩效度量的两个指标，再求另一个指标的情况。例如，如果你想找出在放射科室的病人等待做 X 光胸透所需要的时间，你可以按照以下步骤进行。

（1）如果平均库存已知，观察当天中一些随机时刻的病人库存数。假定是 7 个病人，其中 4 人在等候室，2 人已经换了房间在手术室外等候，1 人正在手术间。

（2）计算手术单的数量或显示当天接待过的病人数目的记录。这就是当日的产出。如果假定 8 小时 60 个病人，那么单位时间产出即 60/8=7.5 个病人/小时。

（3）采用律特法则计算流程时间=库存/单位时间产出=7/7.5=0.933 小时=56 分。从中得到，病人进入放射科室直到完成 X 光胸透的过程平均需要 56 分。

律特法则在任何情况下都成立。例如，律特法则不受流程单位接受服务的顺序（如先进先出和后进先出原则）的影响。律特法则也不受随机因素影响，顾客数目的变化或接受服务的时间的变化都不会对律特法则产生影响。

例 3-1　在一家小型机场的行李登记处，登记的信息表明早上 9:00—10:00，有 255 个乘客登机。此外，根据排队等候的乘客数量，机场管理人员得出等待登机的乘客平均数量是 35 人。那么，平均每位乘客需要排队等多久呢？

解：早上 9:00—10:00，有 255 个乘客登机是指 1 小时的产出为 255 个乘客，机场管理人员得出的等待登机的乘客平均数量是 35 人是指平均库存为 35 人，平均每位乘客需要排队等多久是指平均流程时间。

根据律特法则：

平均库存 = 平均单位时间产出 × 平均流程时间

得出：

平均流程时间 = 平均库存/平均单位时间产出
= 35/255
= 0.13725（小时）
= 8.24（分）

也就是说，平均每位乘客需要排队等 8.24 分。

运作经典

麦当劳流程

每个企业都有一个使命，把企业从现实带向未来的过程就是执行过程，而企业真正的执行是靠一个系统在支撑的。对于一个执行体系，企业经营最关键、最核心的元素就是流程。

简单地理解执行的过程，所包含的内容可以归为七个命题，而将七个命题归结为三大核心流程。第一个核心流程包括企业目标定位是什么，目标客户群是谁，为什么要做这件事，在什么地方做，什么时间做，这是企业的执行方向问题，是战略流程；第二个核心流程是谁是执行的主体的问题，即人员流程；第三个核心流程是怎样做的问题，即运营流程。强化执行力的关键就是做好三大核心流程。

麦当劳公司做什么事情都讲究流程。例如，打扫厕所，有手册规定操作流程分几步；选店址，有操作流程一二三四怎么做。汉堡怎么做也要讲究流程，即两片面包，1片牛肉饼，1/8盎司芝士酱，1/3盎司番茄酱，且使用1个枪来量化1/8盎司、1/3盎司。然后3片酸黄瓜、3片鲜黄瓜、20粒洋葱碎，之后进行包装等，使得全世界的麦当劳汉堡都一个味道，很好地做到了战略流程、人员流程及运营流程的标准化和专业化。

麦当劳公司的这种专业化、标准化的流程，使得其在创办50年的时候创造了一个奇迹，就是在其中的30年销售额实现了1亿倍的复制。麦当劳在世界上扩张的速度非常快，巅峰时期是每隔3小时就有一家连锁店诞生，就像复印机一样，一按就出来一家连锁店。由于其的系统性和规范性，麦当劳已经成为世界上标准化流程的代名词，即“麦当劳化”。

3.4 瓶颈和流程能力

从生产的角度来看，对企业来说最为重要的一个问题是在给定的单位时间（如1天）中能够生产多少产品或能够服务多少顾客，这个度量我们称之为流程能力（Process Capacity）。

注意，流程能力的度量就是流程能够生产的数量，而不是流程实际生产的数量。例如，当机器发生故障或其他外部事件导致流程没有生产任何东西时，流程能力是不受影响的，但是单位时间产出则降为零。

流程能力不但可以用整体流程的层面来度量，而且还可以用构成流程的个别生产设施的层面来度量。类似于我们定义的流程能力，我们定义一个生产设施的能力为生产设施在给定的单位时间里最大的产出数量。

经过了流程中所有的生产设施后，一个流程单位就完成了。整体流程能力由生产设施中能力最小的生产设施的能力决定。我们称这个生产设施为瓶颈（Bottleneck），它成为全部流程链中最弱的环节。一条链的能力就等于其最弱环节能力的大小。流程能力的计算公式如下：

$$\text{流程能力} = \min\{\text{生产设施 1 的能力}，\cdots，\text{生产设施 } n \text{ 的能力}\}$$

如果需求小于供应链能力（也就是有充足输入及流程具有足够能力），流程就按照需求的速度生产，而与流程能力无关，我们称这种情形为需求约束（Demand Constrained）。

如果需求大于供应链能力，则称流程为供应约束（Supply Constrained）。取决于产品供应的不同限制，供应约束流程要么是输入约束的，要么是能力约束的。输入约束是指流程的原料输入不足，能力约束是指瓶颈的生产能力不足。

为了理解如何找出流程的瓶颈，进而决定流程能力，我们来考虑下面的一个例子。

例 3-2 草籽娃娃通过一个混合批量流水线生产，6名填充机操作员同时工作，制成基本的球形体，并放入装载盒里，每盒25只。在另一个工作地，1名操作工人用带有塑料皮的电线制成草籽娃娃的眼镜。接下来的作业过程是一个流水线。3名塑形工人从盒子中取出球形体，制作鼻子和耳朵。在塑形工人的旁边由2名工人在球形体上制作眼睛，并把先前做好的眼镜戴在鼻子上，并且转交给 1 名工人进行涂染，然后放在晾干架上，经过 5 小时的自然晾干后，2 名包装工人进行包装。工业工程部门测定的在各个生产设施中工作的工人的单位产品的操作时间为：填充 1.5 分，制作鼻子和耳朵 0.8 分，制作眼睛 0.4 分，弯制眼镜 0.2 分，涂染 0.25 分，包装 0.33 分。一天工作 8 小时，按实际工作时间为 7 小时计算。

表 3-3 总结了每个流程步骤的能力。根据瓶颈和流程能力的定义，现在我们能够确定制作鼻子和耳朵为草籽娃娃生产流程的瓶颈。整体流程能力是每个生产设施的能力的最小值（单位都为个/天）：

$$流程能力 = \min\{1\,680, 2\,100, 1\,575, 2\,100, 1\,680, 2\,545\} = 1\,575$$

表 3-3　能力计算

流程步骤	计算（个）	能力（个/天）
填充	$6 \times (7 \times 60)/1.5=1680$	1 680
弯制眼镜	$1 \times (7 \times 60)/0.2=2100$	2 100
制作鼻子和耳朵	$3 \times (7 \times 60)/0.8=1575$	1 575
制作眼睛	$2 \times (7 \times 60)/0.4=2100$	2 100
涂染	$1 \times (7 \times 60)/0.25=1680$	1 680
包装	$2 \times (7 \times 60)/0.33=2545$	2 545
瓶颈	制作鼻子和耳朵	1 575

3.5　流程利用率与能力利用率

当除去工厂计划的设备维护和检查时间，工厂计划能获得每天 1 575 个生产能力，而客户的需求只有每天 1 500 个，因此，存在需求和潜在供应能力（流程能力）的不匹配。量化这个不匹配的常用度量指标是流程利用率，流程利用率计算公式如下：

$$流程利用率 = 单位时间产出/流程能力$$

因此，为了度量流程利用率，我们要考虑相对于流程在全速运转时能够生产的产品数量，流程真正生产了多少产品。这与开车的例子相似，你每小时开车 65 公里（单位时间产出），尽管你最快能开到 130 公里（能力），汽车也只利用了 65/130=50%的潜力。

至于草籽娃娃的例子中，相应的利用率为：

$$流程利用率 = 1500/1575 = 95\%$$

一般来说，流程没有达到 100%的利用率有多种原因。

（1）如果需求小于供应，流程一般就不能全力运转，而只是以需求的速度进行生产。

（2）如果流程的输入没有充足的供应，流程就不能全力运转。

（3）如果有一个或几个工序只有有限的能力可得性（如维修和设备故障排除），流程在运转时有可能达到全力，但是当有些工序不运转时，流程就会进入不生产任何产出的时期。

就像我们定义流程能力和单个生产设施的能力一样，我们不仅能够定义整个流程层面的利用率，还能定义单个生产设施的利用率。单个生产设施的利用率计算公式如下：

生产设施利用率 = 单位时间产出/生产设施的能力

已知瓶颈是能力最低的资源，而且通过所有生产设施的单位时间产出相同，那么瓶颈就是具有最高利用率的资源。

草籽娃娃的例子中，对应的利用率如表 3-4 所示。注意流程中的所有生产设施只有一个流程单位，而且拥有相同的单位时间产出，这个单位时间产出等于整体流程的单位时间产出，为 1 575 个/天。

表 3-4　草籽娃娃流程步骤的利用率

流程步骤	计　算	利用率（%）
填充	1 500/1 680	89
弯制眼镜	1 500/2 100	71.4
塑造鼻子和耳朵	1 500/1 575	95
制作眼睛	1 500/2 100	71.4
涂染	1 500/1 680	89.3
包装	1 500/2 545	58.9
瓶颈	1 500/1 575	95

度量生产设施利用率在资本密集的行业中最为普遍，而度量工人利用率则在劳动力密集的行业中最为普遍。给定有限需求（1 500 个/天），即使在原料供应充足的情况下，草籽娃娃生产流程的瓶颈也没能达到 100%的利用率。注意，如果有充足的市场需求和物料供应充足，在不允许有在制品库存的情况下，只有瓶颈能达到 100%的能力利用率。利用率这个绩效指标应该仔细处理，特别是大多数企业的目标是最大化利润，而不是最大化利用率。

如果草籽娃娃的瓶颈利用率为 100%，我们就能得到整体单位时间产出为 1575 个/天，对应的能力利用率水平在表 3-5 中做了总结。

表 3-5　需求无限的不允许在制品库存的草籽娃娃各流程步骤的利用率

流程步骤	计　算	利用率（%）
填充	1 575/1 680	93.75
弯制眼镜	1 575/2 100	75
塑造鼻子和耳朵	1 575/1 575	100
制作眼睛	1 575/21 000	75
涂染	1 575/1 680	93.75
包装	1 575/2 545	61.89
瓶颈	1 575/1 575	100

管理实践

一位效率专家使本田公司重获新生

设计汽车发动机的赛车专家长期以来一直支配着本田汽车公司。但是不久前，公司内部改革的引擎已经发动。工业工程师马色凯·爱维是一位效率专家，他强调减少成本，确信本田汽车公司通过将汽车生产的速度和效率提高一倍可以获得规模经济。他反对公司通过合并或兼并的方法来扩大生产规模。本田公司内部管理层的一位有影响力的高级经理认为："本田永远不必追求数量，我们可以取得与工业巨头们相当的利润，而只需要生产相当于他们一半的产量。"

爱维设定了一个很高的目标，他希望通过改装本田的组装线，使它们能够生产公司产品线上任何型号的产品，从最小的 CIVIC 到最豪华的 ACURA。他计划将本田公司的最终组装线缩短一半，减少将新产品和样车投入生产所需要的时间和资金。最后，他认为每个组装线应该有大约 20 个外线的分支，而如今每条组装线只有几个分支。这些生产线不仅可以安装发动机，而且可以实际生产发动机，目前这项工作大多是由专业化工厂进行的。本田的目标是完成发动机的生产和最终组装的同步，以使公司没有任何发动机的库存，这样可以减少资金占用。

在某些情况下，改革措施包括增加劳动力。日本铃木（Suzuki）公司的工厂拆除了一套完全自动化的发动机安装系统，取而代之的是 3 名工人和一些半自动化的生产设备。结果是，不管什么车型，该工作站都可以以标准化的方式将发动机安装到各种各样的汽车中。爱维命令将五十铃生产线上座位的安装也进行同样的改变，增加 2 名工人。他经常比其他经理早几小时，在黎明前就来到工厂，巡视是否因为设备空闲而造成浪费或是否存在不均匀的零件流。

资料来源：An Efficient Guru Refits Honda to Fight Auto Giants, The Wall Street Journal，September15, 1999.

3.6　流程分析的六步法

上面我们介绍了流程中的一些重要的概念，而在流程分析中还有很多其他的一些主要指标。虽然不同的公司、不同的业务各有不同的流程，但是流程的分析具有一般规律，可以按照下面的六步法来进行。

第 1 步　画出流程图

根据工艺的实际情况，考察流程中的原材料投入、各道加工工序及产出情况，画出流程图。

第 2 步　确定每道工序的特征

在绘制出流程图的基础上，详细收集各道工序的信息，如每道工序的机器设备数、人员安排、工序加工时间、具体运作等情况，确定每道工序的特征。

第 3 步　确定工序间的特征

工序间通过信息流和物料流进行沟通与交流。我们需要确定前后相邻的两道工序之间的转运批量和转运时间。流程的拉推方式的确定是非常关键的，它决定了信息和物料传递的方式。所谓推动（Push）方式，指每道工序都将自己生产的产品放在一个库存中，其作用是在它与紧后工序之间充当"缓冲"。这个紧后工序将从这个库存中提取产品，进行加工，然后再把它们送入下一个缓冲库存。这种方式能够降低意外事件所造成的干扰，使各道工序在不受干扰的情况下运作，从而提高它们的工作效率。但这种方式也是有代价的，库存占用大量的流动资金，加工时间较长，从而导致反应速度较慢。而拉动（Pull）方式，指每道工序的产品加工完成之后，都会"准时"而且直接地交付给下一道工序进行加工。这种方式往往通过来自顾客的订单来拉动各道工序，因而效率很高，并且反应迅速。

第4步　确定流程的瓶颈

由于流程中各道工序的流程能力没有加以平衡（实际上也不可能完美地得到平衡），所以整个流程中会存在瓶颈工序，通过分析计算各工序的流程能力，找出瓶颈工序，即产能最小的那道工序。

第5步　分析流程的产能及每道工序的效率

根据瓶颈工序来分析流程的产能，计算出流程中其他工序的赋闲时间、时间利用率，以及所形成的在制品库存等绩效考核指标。

第6步　提出流程改善的措施及建议

通过前面几步的分析，可以在找出流程中存在的问题后，针对产生的原因提出相应的解决办法和改善措施、建议。

下面我们来对章首的玩具小熊案例进行详细的分析。

第1步　画出流程图（见图3-3）

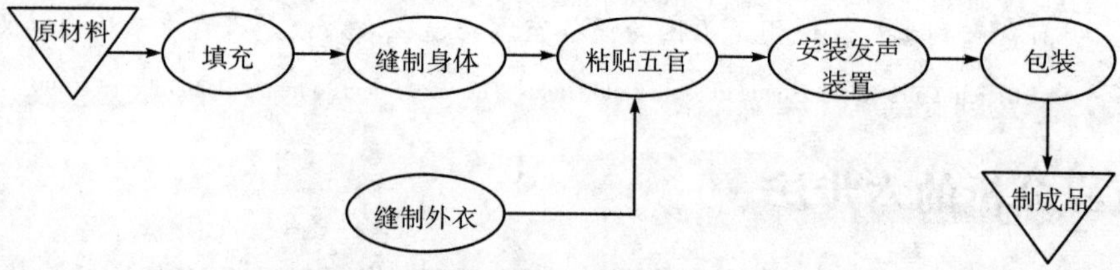

图3-3　玩具小熊粗糙流程

根据案例给出的材料，画出玩具小熊制作的流程图，这是一条以手工操作为主的生产流水线。请注意缝制外衣和填充、缝制身体两道工序是并行关系。

第2步　确定每道工序的特征（见图3-4）

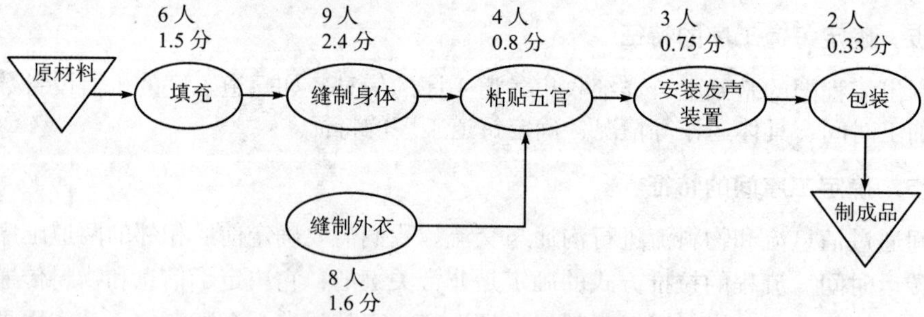

图3-4　玩具小熊带有工序特征的流程

根据案例资料可以确定工人数和工序时间。这里的时间是指1名工人完成所在那道工序的时间。例如，填充的1.5分是指工业工程部门用秒表测定平均1名工人填充1个产品的时间为1.5分[①]。

① 测定的时间是指平均时间。实际企业中，工序时间是有波动的，如设备的加工时间有长短，工人的操作时间也有长短，但这里我们做平均处理。

第 3 步　确定工序间的特征（见图 3-5）

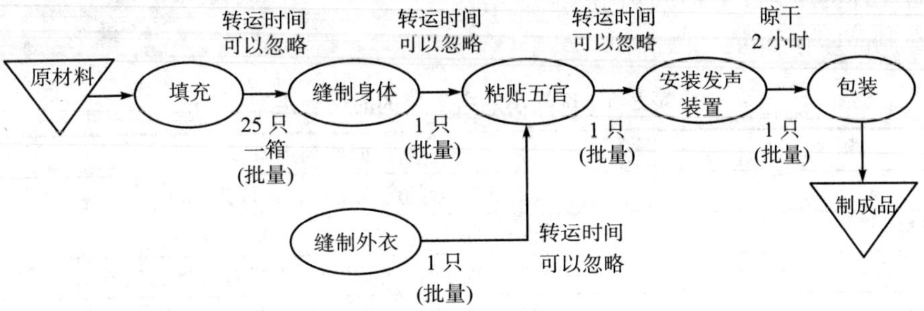

图 3-5　玩具小熊带有工序间特征的流程

在分析各道工序之间的特征时，我们首先要确定整个流程的运转方式是拉动式的还是推动式的，然后确定相邻的两道工序之间的转运批量、转运时间。由于相邻的工序所在的工作地之间的距离很近，所以产品转运时间在流程分析中可以略去。但在安装发声装置与包装之间的对小熊制品进行 2 小时的晾干为这两道工序之间的转运时间，晾干 2 小时也可以理解成从安装发声装置到包装的时间为 2 小时。转运批量除了填充与缝制身体之间为 25 只一盒外，其他工序之间都是 1 只。

本流程是一条推动式而不是拉动式的流水线。这是因为工厂是根据预测生产的，而不是根据客户的订单，从而流程之间必然存在在制品，在案例分析中这点是要注意的。

第 4 步　确定流程的瓶颈（见图 3-6）

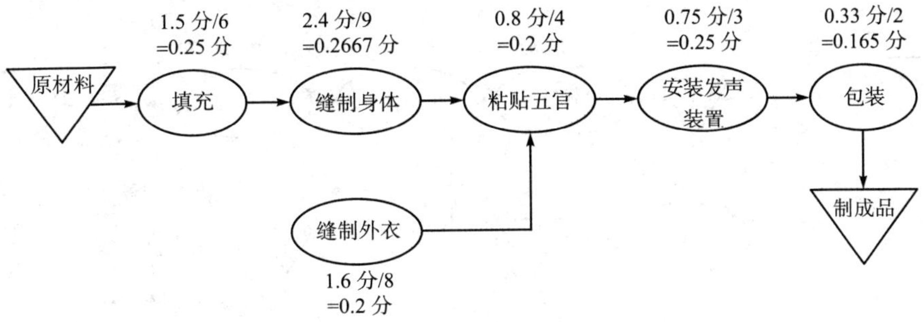

图 3-6　玩具小熊确定流程瓶颈的流程

根据前三步确定的特征，可以计算出每道工序完成单位产品的平均加工时间。结果很明显，瓶颈为缝制身体工序，因为 0.266 7 分是加工时间最长的工序，即加工速度最慢的工序；另一种方式是计算 1 小时内按照测定的工序时间，计算哪道工序做得最少，结果当然是一样的。

第 5 步　分析流程的产能及每道工序的效率（见表 3-6）

（1）工厂的日流程能力：

一天一个班次（7 小时实际工作时间）能够生产产品 $\dfrac{7\times60}{0.2667}=1575$（个）。

（2）瓶颈作业为缝制身体工序。

（3）各工序的工人工作时间利用率。

（4）在制品库存分析。

表3-6 玩具小熊各工序的时间利用率

工 序	时间利用率
填充	按照0.25分的产能生产，所以为100%
缝制身体	瓶颈工序为100%
缝制外衣	按照0.2分的产能生产，所以为100%
粘贴五官	$(0.2/0.2667)\times100\%=74.99\%$
安装发声装置	$(0.25/0.2667)\times100\%=93.74\%$
包装	$(0.165/0.2667)\times100\%=61.87\%$

由于本流程是一条推动式的流水线，所以工序之间可能会出现在制品库存。这里的在制品库存含有工艺在制品和运输在制品。

工艺在制品是由前后相邻两道工序的加工时间不一致造成的。运输在制品指从紧前工序转运到下一道工序的过程中累积的库存，如由于需要2小时晾干，在安装发声装置与包装之间累积的在制品库存。

接下来我们需要确定有在制品的工序位置。查找相邻两道工序之间产品加工时间，如果前面一道工序的单位产品加工时间比紧后的那道工序快，就有可能会出现工艺在制品库存。但是在推动系统中还需要分析瓶颈工序的具体位置对其他工序产生的影响。

根据流程图中分析的数据，工艺在制品会出现在两个位置（见图3-7）。

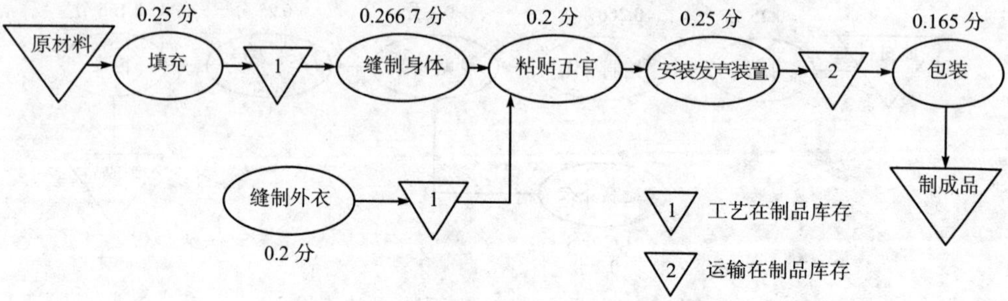

图3-7 玩具小熊确定在制品库存位置的流程

（1）填充与缝制身体之间一个班次的在制品库存为：$7\times60/0.25-1575=105$（个）

（2）缝制外衣与粘贴五官之间一个班次的在制品库存为：$7\times60/0.2-1575=525$（个）

（3）安装发声装置与包装之间一个班次的运输在制品库存为：$1575\times2/7=450$（个）

第6步 流程改善的措施及建议

流程改善的措施很多，如我们可以为瓶颈工序增加设备或为瓶颈工序增加人员，培训多能工，提高设备的效率，创建多工位共享的流水线布局（U形流水线）及平衡流水线等方式平衡各道工序的流程能力。当然还可考虑通过生产班次的调整或通过某些关键工序的加班来平衡各道工序的流程能力。

下面我们采用 U 形流水线且多工位共享的方式来改善流程绩效，其效果如图 3-8 所示。

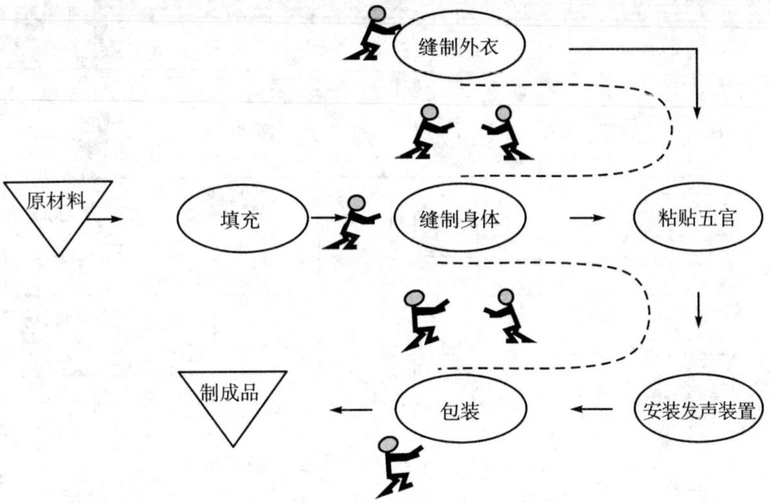

图 3-8　改善后玩具小熊的 U 形流程

围绕瓶颈工序——缝制身体，其他工序的赋闲工人可以帮助完成缝制身体这道工序工作，但需要对缝制外衣和包装工序的工人进行技能培训。

管理实践

上海小糸车灯公司的流程改进

汽车零部件企业正从一种仅注重单一市场、单一产品的层次向注重多元化市场、高技术、高品质、高附加值、低成本的层次转变，整个市场竞争日趋激烈，对产品的质量、价格、供货期遵守情况等方面的要求越来越高。

为了确保今后别克车灯具及上海大众 B5 车灯具等新产品的顺利开发生产，首要条件是要对系统管理、生产现场管理进行改善。只有对 T（技术）、Q（质量）、P（价格）、D（稳定供货）不断地强化，才能保持并强化各方面的竞争能力，才能继续保持中国车灯第一的地位。

因此，上海小糸与日本小糸联合制定了合理化改善的 3 年规划，以求用 3 年左右的时间，将上海小糸的实际管理水平提高一个层次。

为了满足市场的需求，实现更好的成品质量，更优的销售服务，更灵活、更柔性的生产方式，以及更低的生产成本这些目标，公司采用的方式是在上海小糸推行均衡化、准时化生产管理——JIT，并逐步实施看板生产管理，也就是各工序在必要的精确时间内，按必要的质量和数量，生产必要的产品，并在整个生产过程中实施精益生产（Lean Production）——去除生产过程中一切不能增值的多余无用的人员、时间、空间、物资等，从而达到尽量减少在制品库存、提高生产效率、降低生产成本、节省人力的最终目的。

公司以均衡工序生产周期、去除无增值工序、规范操作为手段，对各生产线进行了全面的解剖、分析，改善物流系统，改善生产线布局，减少搬运浪费，以工位布置和操作方法的改善减少动作的浪费。通过调整生产线布局，合并生产线，共腾出生产场地约 1700m²，为别克、大众 B5 灯具的生产创造了基础条件。同时合理设定生产节拍，配置符合生产量的生产人员，消除整个生产过程中的一切松弛点，最大限度地提高生产过程的有效性和经济性。例如，装配车间桑塔纳前照灯 AF 生产线，在改善中调整了设备布局，减少了多余的操作、物流，使生产线人员从原来的 13 人减少至 8.5 人，流程能力从原来 13 人每班 800 个上升为目前的 8.5 人每班 900 个（见图 3-9）。

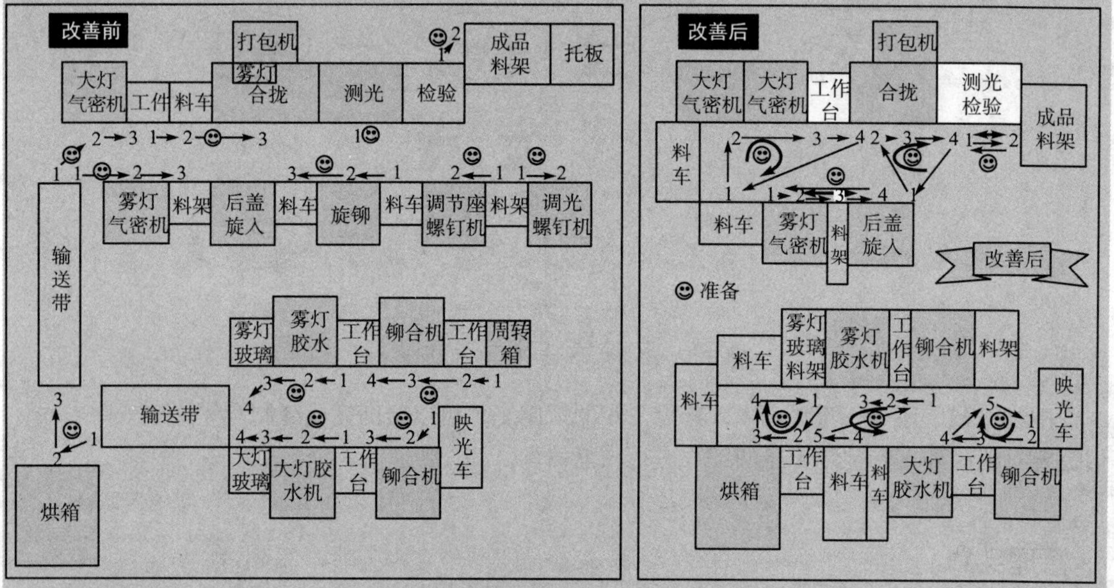

图 3-9　桑塔纳前照灯 AF 生产线的改善

复习与讨论题

1．考虑表 3-7 所示的具有三个资源的一个流程。

表 3-7　一个流程

资　源	活动时间（分/单位产品）	工人数量（人）
1	8	2
2	6	1
3	16	4

请回答：

（1）瓶颈是什么?

（2）这个流程的能力有多大?

（3）如果需求是 8 个单位产品/小时，那么单位时间产出是多少?

2．La Villa 是意大利阿尔卑斯山的一个村庄，深受很多来自瑞士、德国、奥地利和意大利的滑雪爱好者的喜爱。那儿的旅馆房间在冬天总是全部订满，平均有 1 200 名滑雪爱好者来到村庄，每个滑雪者在 La Villa 平均逗留 10 天的时间。

（1）每天到达 La Villa 的滑雪爱好者平均有多少？

（2）这个村庄里最大的一家旅馆做过一项调查，每位来到村庄的滑雪者，在当地餐馆第一天的平均消费是 50 美元，而在剩下天数每人每天平均消费 30 美元。这项调查预计，由于旅馆价格上涨，2013/2014 年冬季的旅客平均逗留时间将会减少到 5 天。那么当地餐馆的收入与 2012 年（滑雪者会逗留 10 天）相比将会变化多少百分比？假定旅馆房间全部被订满。

3．某国际酸梅公司在桶装酸梅时以每小时 150 桶的速度装到运输卡车上，并以持续不变的每小时 100 桶的速度进行处理。运输卡车在早上 6:00 到下午 2:00 的 8 小时里的到达速度是统一的。假设运输卡车足够小，使得酸梅的运输可以被看作连续的流，早上 6:00 第一辆卡车到达立刻进行卸载与处理，公司的箱柜最多可以装载 200 桶酸梅。如果一辆卡车到达而此时箱柜是满的，那么这辆卡车就必须等待，直到箱柜中有空间为止。

请回答：

（1）在任意给定的时间点，在卡车上等待处理的酸梅最多有多少桶？

（2）什么时候起卡车停止等待？

（3）什么时候箱柜变空？

（4）如果公司聘用临时工提高处理能力，那么当临时工加入工作的时候，处理速度上升至每小时 125 桶。临时工在上午 10:00 开始工作，直至卡车停止等待才结束工作。那么什么时点公司可以停止使用临时工呢？

4．法尼亚牛奶公司以固定的每小时 6 000 加仑（1 加仑=4.5 升）的速度生产牛奶。公司的客户一天内要求 100 000 加仑牛奶。这个需求在上午 6:00 到晚上 8:00 之间均匀分布。如果没有牛奶可供给，客户将会等待，直到生产出足够的牛奶满足他们的需求。

公司每天早上 8:00 开始生产，并且此时库存中有 25 000 加仑成品。每天晚上当所有需求都被满足，工厂会继续生产，直至成品库存积累到 25 000 加仑。

在解答以下问题的时候，把卡车/牛奶看作连续的流程。画一张图说明库存中有多少牛奶，一天中有多少牛奶被延迟交货。

请回答：

（1）一天中什么时点客户开始等待产品生产出来以满足他们的需求？

（2）什么时候开始客户不再需要等待？

（3）假设牛奶用卡车运输，并且每辆卡车可以装 1 250 加仑牛奶。那么等待的卡车数量最多的时刻是什么时候？

5．Mt. Kinley 是一家战略咨询公司，它的咨询人员队伍分为三级：咨询员、经理和合伙人。公司在过去 20 年一直保持不变的规模，因而错过了 20 世纪 90 年代的发展机会，不过也因此避免了在 21 世纪初经济大萧条下的公司大裁员。具体来讲，公司原有员工包括 200 名咨询员、60 名经理和 20 名合伙人。

Mt. Kinley 所在的行业竞争非常激烈。通常咨询员在工作 4 年以后，要么升为经理，要么走人，也就是被公司解雇。同样，经理在工作 6 年以后，要么升为合伙人，要么被解雇。该公司招聘了不少 MBA 毕业生做助理咨询员，而经理和合伙人都不会面临解雇的危险。合伙人可以在公司继续待 10 年（在公司一共 20 年时间）。

（1）Mt. Kinley 公司每年要招收多少新的 MBA 毕业生？

（2）在 Mt. Kinley 公司，一名新员工将来成为合伙人的概率有多大（相比 4 年或 10 年以后被解雇）？

本章阅读资料

一分钟一部车

戴夫·萨夫切兹是全球最大的汽车生产基地之一的福特公司（Ford）密苏里州堪萨斯城汽车厂的经理。

跟着萨夫切兹参观堪萨斯城汽车厂，就有一种身处流程图中的感觉，18 英亩（1 英亩=4 047 平方米）的厂区就像一个喷着蒸汽的巨型汽车生产流程演示文档。一个接一个的车间里，除了图表还是图表。在墙壁上，在一排排独立公告栏的两面，都贴满了图表，有柱状图、条形图及彩色饼形图。从员工士气指数到对某一特种螺丝的质量投诉次数，所有事项都有单独的图表。萨夫切兹笑着说："除了草的高度，我们对这里的一切都要进行量化。"

全部工作都是按图示有计划地同步进行的，这一特性贯穿整个生产系统，体现在每位员工身上。在二号区弗雷德·福德的工段，每位操作员完成一项作业的时间只有 57.5 秒。37 岁的福德是 FPS 协调员，也是卡车底盘车间轴架装配线的班组负责人，非常热爱本职工作。FPS 是福特生产系统的缩写。福德说："我们这里的缩略语不计其数，感觉就像在军队。"他领导的班组负责安装卡车的悬挂系统。

和厂里其他部门一样，二号区每项工作的每个操作步骤（如用哪只手做什么事），都详细写在操作说明表上，并且配有图示。操作说明书的开头几行通常是这样一些话："工作开始前，请先走到计算机前，打开计算机。""我要尽可能保证装配线正常运转，"福德说，"如果组里有人按铃，我就要动身去查看发生了什么事。我们组里有 11 人，在一起共事差不多有两年了。他们让我忙得简直不亦乐乎。"

福德在这里已经工作了 12 年，他说："当年我刚进车间时，看见干我这种工作的其他 3 个人都在不停地跑来跑去，汗珠子直冒，我感到很紧张。当时车间里特别嘈杂，各种物品在往来穿梭。"

萨夫切兹尽管从第一次进厂到现在已经整整 20 年了，但对当初那种同样惶恐不安的感觉仍然记忆犹新。

"我被吓着了，"他说，"说实话，那真叫人难受。你去工作的那个组里有 30 个人，而且你谁都不认识。大家都在忙着干活儿。"

萨夫切兹认为，最大的变化是明摆着的。他说："30 年前，我们根本没有机器人和计算机。"在当上经理后，他的最初印象并没有改变，工厂生产规模的庞大仍然令他敬畏不已。不过，他说，给他印象最深的是像堪萨斯城汽车厂这样的大型汽车制造厂实现进步的方式。它们就像从一开始就在《财富》500 强中榜上有名的许多公司一样，为了在当今市场上保持竞争力，一次次实现了巨大的、但往往不为人注意的飞跃。

萨夫切兹说："这已经不是亨利·福特所说的我们要把它们全都漆成黑色再装上两扇门的那

个时代了。”早就不是了。

资料来源:《财富》中文版,《一分钟一部车》。

思考题

1. 你是如何理解“除了草的高度,我们对这里的一切都要进行量化”这句话的?
2. 福特公司堪萨斯城汽车厂如何做到一分钟生产一部车?

第 4 章 预测

本章学习目标

- 掌握预测的一些基本方法、模型和步骤。
- 对于给定的企业环境，能够选用一种合适的预测模型进行预测。
- 掌握时间序列预测方法中的趋势和季节调整方法。

本章引例

沃尔玛的“市场篮子”

沃尔玛公司以其规模和能力在零售业享有盛誉，在数据库产业领域，它同样有着巨大的影响。沃尔玛公司管理着世界上最大的数据库，其容量超过 70 000 亿字节。目前，沃尔玛公司正准备应用一种新的数据分析方法来帮助公司更新店面中的库存，以便能从该套数据库系统中获取更多的价值。

以最低廉的价格从正确的货架上取出正确的货物——这就是沃尔玛公司成功的法则，而其成功在很大程度上源于公司在数据库方面数百万美元的巨额投资。对于货物信息、商店零售情况以及市场每天的变化，沃尔玛公司比其绝大多数竞争对手了解的要详细得多。

该系统所存储的数据包括销售情况、库存状况、在途货物、市场统计数据、顾客统计数据、财务业绩、退货商品及供应商绩效等。这些数据被用于决策支持的三大方面，即趋势分析、库存管理和增进对顾客的了解。数据分析能够显示出沃尔玛 3 000 多个零售分店中每家商店的“个性特征”，公司的经理们将以此为依据确定该商店的商品配置和货架陈列分布。

接下来就要对数据进行分析。沃尔玛公司开发了一套需求预测的应用程序，该程序从每家商店的每种商品着手，计算出该商品季度销售量的分布情况。这套软件系统存储了一年中售出的十万多种商品的销售数据信息，并能预测出每家商店可能需要的商品种类。

目前，沃尔玛正在进行所谓的“市场篮子”分析。公司收集的数据来源于顾客每次购买的所有商品，从而使公司能就顾客的采购模式及时间的相关性进行分析。这一数据库在网上由其各零售商店的经理和供应商们共享。

思考问题

1. 沃尔玛公司的成功法则是什么?
2. 沃尔玛公司为什么要在数据库方面进行巨额投资?
3. 沃尔玛正在进行的所谓的“市场篮子”分析是指什么?

对每个企业和每个重要的经营管理决策而言，预测都是至关重要的。它是企业制订长期计划的基础。对于企业的财务管理领域，预测为制订财务预算计划和成本控制提供了依据。营销部门也靠销售预测来进行销售网点的布设、销售人员的补充等决策。生产经营者利用预测制定周期性决策，如工艺选择、生产能力计划、设施布局，同时也用于生产计划、调度和库存等决策活动。

虽然绝对理想的预测通常是不存在的，因为商业环境中存在太多无法准确预测的因素，但是我们应当在合理的限度内，努力去寻找并运用可能的最佳预测方法。

在本章中，我们将探讨定性预测和定量预测，并主要阐述几种定量的时间序列预测方法。我们将涉及诸如简单移动平均、指数平滑、含有趋势的指数平滑、含有季节性的指数平滑、线性回归等预测方法。

4.1 预测的分类

1. 按时间跨度分类

预测通常可以由问题所需要考虑的时间跨度来划分。一般意义上把预测分为以下三类。

（1）短期预测。这类预测的时间跨度通常不到3个月，最长也不会超过1年。例如，下列活动的预测通常为短期预测：短期采购、工作安排、员工需求、工作指派等。

（2）中期预测。这类预测的时间跨度通常在3个月与3年之间。例如，下列活动的预测通常为中期预测：年度销售计划、生产计划、资金预算等。

（3）长期预测。长期预测的时间跨度比较长，一般在3年或3年以上。例如，下列活动的预测通常为长期预测：新产品规划预测、资本投资计划预测、生产设备的更新预测等。

预测的时间跨度不同，则预测的问题范围、方法和可靠性方面都有很大的区别。例如，中长期预测往往要处理很多综合性问题，并主要为企业的产品、制造和工艺流程的管理决策提供支持。一般而言，短期预测的可靠性比长期预测要高得多。

2. 按基本方法分类

预测按照方法来分，可分为四种基本类型：定性预测、时间序列分析、因果分析和模拟模型。

定性预测是一种较为主观的判断，它基于估计和评价。时间序列分析（Time Series Analysis）是本章的核心，它基于这样一种理念：与过去需求相关的历史数据可用于预测未来的需求。历史数据可能包含诸如趋势因素、季节因素、周期因素等，我们将在下一节中对此加以描述。因果分析假定需求与某些内在因素或周围环境的外部因素有关，我们将用线性回归方法对此加以讨论。模拟模型允许预测人员对预测的条件做出多种假设，本章我们不做介绍。表4-1详细列出了上述四种基本的预测方法的各种分类。本章我们只讨论表中部分方法。

表 4-1 预测方法和常用模型

方 法	介 绍
1. 定性预测	主观判断，基于估计与评价
基层预测	从分层结构中处于最低层末梢的、直接处理所要预测的对象的人员那里收集信息，把这些信息汇总，得到预测结果。例如，通过汇总每个销售人员的预测（他们是对这一销售领域最为了解的人），便可得到对总销售额的预测
市场调研	通过各种不同方法（问卷调查、上门访谈等）收集数据，检验市场假设是否正确。这种方法通常用于长期预测和新产品销售预测
小组共识	通过会议自由而坦率地交换意见。这种方法的指导思想是群体预测比个人预测要准。会议参加者可以是高级管理人员、销售人员或顾客
历史类比	将所预测的对象与类似的产品相联系，利用类似产品的历史数据进行预测。这在设计开发新产品时很重要
德尔菲法	由一组专家分别回答问卷，由组织者汇集调查结果，并形成新的调查问卷，再由该组专家重新回答。由于接受了新的信息，这对这组专家而言也是一个学习过程，而且不存在群体压力或出现某些主导性个体对预测结果施加影响的现象
2. 时间序列分析	基于过往事件随时间的出现而形成的历史记录可以用于预测未来
简单移动平均	对某一包含一些数据点的时间段求平均，即用该时间段所含数据点的个数去除该段内各点数据值之和。这样一来，每点对平均值都具有相同的影响力
加权移动平均	个别点的权重可能比其他数据点要高或低一些，可根据经验而定
指数平滑	最新数据的权重高于早期数据，此权重因子随着数据的老化依指数下降
回归分析	将历史记录的数据按数据值随时间的变化拟合为一条直线。最常用的拟合方法是最小二乘法
鲍克斯·詹金斯（Box Jenkins）法	较复杂，但显然是目前最精确的统计方法。它把各种统计模型与数据结合在一起，利用贝叶斯（Bayesian）后验分布将这些模型应用于时间序列分析
希斯金（Shiskin）时间序列	（又称 X－11）由人口调查局的朱利叶斯·希斯金（Julius Shiskin）提出。这是一种将时间序列分解为季节性因素、趋势性因素和不规则因素的有效方法。该方法需要至少 3 年的历史数据，对确定公司销售额的拐点问题非常奏效
趋势外推	使数学方法得出的趋势曲线与数据点相匹配，并将其外推至未来
3. 因果分析	试图弄清预测对象的基础和环境系统情况。例如，销售量可能会受到广告、质量和竞争对手的影响
回归分析	与时间序列中的最小二乘法相似，但可以包括多元变量。回归分析的基础是其他事件的发生影响了预测结果
计量经济模型	试图用一组相互联系的方程来描述经济中的某些因素
投入/产出模型	关注每家企业对其他企业及政府的销售情况。它给出由于另一家企业的采购变化导致的某一生产企业预期销量的变化情况
先行指标	那些与所预测的序列呈同方向变动，但其变动发生在所预测的序列变动之前的统计数据。例如，汽油价格的上涨预示着未来大型轿车销量的下降
4. 模拟模型	以计算机为基础的动态模拟模型。预测人员可以对模型中的内部变量和外部环境进行假设。根据模型中的变量，预测人员可以询问诸如如果销售价格上涨 10%，预测结果将如何变化；一次全国性的经济轻微衰退将对预测带来什么影响的问题

4.2　预测的步骤

预测主要有以下七个步骤。

（1）明确预测目的。预测的目的是什么？何时进行预测？通过明确预测目的，可以确定所需信息资料的详尽程度、必要资源（人力、时间、成本）的数量及预测的精确度。

（2）确定时间跨度。必须确定预测时间间隔；同时应清楚，当时间跨度增大时，预测的精确度将降低。

（3）选择预测方法。根据预测目的和可获得的信息资料选择恰当的预测方法。

（4）收集并分析相关的数据。在开始进行预测之前必须收集并分析数据，明确所有的假设前提。在做出预测及应用预测结果时应能满足这些前提条件。

（5）进行预测。根据预测方法的要求，对信息资料或数据进行处理分析，获得预测结果。

（6）对预测过程进行监控。必须对预测的全过程进行监控，以便确定预测是否像预期的那样进行。如果偏离了预期，要重新检查所用的方法、提出的前提条件及数据的合理性。如认为必要，做出适当的调整后再行预测。

（7）将预测结果付诸实际应用。

这些步骤总结了从开始、设计到应用预测的各个环节。如果定期进行预测，数据应定期收集。如果做实时预测，还必须依靠相应的硬件和软件，如零售终端的 POS 系统和数据挖掘技术。

4.3　预测方法的选择

有很多种预测方法可供选择，但是没有哪一种预测方法适合各种情况。当就某一给定情况选择一种预测方法时，管理者或分析人员必须充分考虑经济因素、产品趋势、成长状况、竞争环境等多种可能变量的影响，由此对预测结果加以调整。

对企业产品的实际需求是市场上众多因素作用的结果。其中有些因素是企业可以影响甚至决定的，而有些因素则是企业可以影响但无法控制的。在众多因素中，一般来讲，某产品的需求取决于该产品的市场容量及该企业所拥有的市场份额，即市场占有率。图 4-1 给出了影响需求的各种因素。其中，广告、营销努力、商业信誉、产品设计、信用政策和产品质量可以通过企业的努力而实现。

从预测角度来看，影响预测方法选择的两个最重要的因素是成本和精度。为做出某项预测，公司所做的预算是多少？因预测不准可能导致的损失是多少？准确的预测可为公司带来多少利润？一般来说，精度越高，成本越高。所以，要审慎地对成本—精度做出权衡。最好的预测方法不见得精度最好或成本最低。因此最好通过比较精度和成本，从管理角度选择最合适的预测方法。

在选择预测方法时，其他要考虑的因素包括历史数据的可获得性、有无计算机可供使用、决策者会不会使用所选的预测方法、需要收集和分析的数据、必要的准备时间及有没有使用某种预测方法的经验等。由于某些预测方法适用于长期预测，而有些方法则更适用于短期预测，我们可根据需要选择这些方法对下一个时间的经济变量做出预测。一些定性方法可以很好地用来进行长期预测。对于新的产品，由于缺乏历史数据，所以对这些产品的需求做出预测时必须依靠主观估计。在很多情况下，在相似项目上的阅历和所积累的经验也可以很好地用于预测。表 4-2 给出了选择合适预测方法的指南。

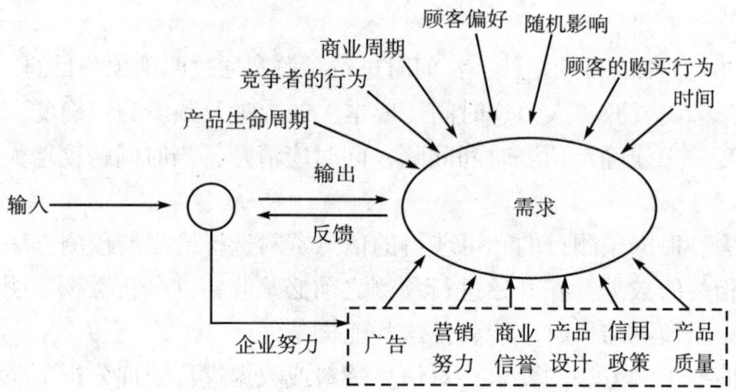

图 4-1　影响需求的各种因素

表 4-2　选择合适预测方法的指南

预测方法	需要的历史数据	数据分布	预测周期	准备时间	预测人员个人背景
简单移动平均	5～10 个观察值	数据应该是稳定的	短期	短	不要求精通
加权移动平均	10～15 个观察值	呈现长期趋势变动	短期到中期	短	对预测方法有所掌握
指数平滑	10～20 个；有季节变动，每季度至少 5 个	呈现长期趋势变动	短期到中期	短	对预测方法有所掌握
综合方法	两对谷峰足够	处理循环和季节变动分布	短期到中期	短到中等	不要求精通
回归分析	每个自变量 10 个观察值	能够处理复杂分布	短期、中期或长期	建模时间长，实施时间短	非常精通

在某种情况下，管理者可能会使用多种预测方法来得到相互独立的预测结果。如果使用不同的方法，所产生的预测结果大致相同，管理者对预测结果的信心就会大大增加；相反，不同的预测方法产生的结果彼此不一致，就表明还需要做出进一步分析以便查明原因。

预测是企业制订计划和控制的基础，不论这些计划是属于运作的职能、市场营销的职能还是财务的职能。下面我们把重点放在为运作职能而做的预测上。

计划与控制所关心的是未来的事，注重的是如何从现状出发为未来做好准备。为此，就有必要去猜测、假设或估计从现在开始将发生什么。在其他一切条件都相同的情况下，一家公司要生存，至少要准备好自身能同竞争者一样快地去满足客户的要求。预测这个词就包括对未来的客户需求的估计。

对于预测，不同部门的人员可能会有互相矛盾的要求。例如，总经理关心发货量的预测，因为发货能带来回款。他可能同市场营销经理意见相左，后者更加关心长期业务。销售经理感兴趣的是设定乐观的目标作为对销售人员的挑战，而总会计师宁可有一个较保守的预测以便估计利润。对市场营销人员有意义的产品组合则是在销售渠道中能销售出去的产品，它们不一定同制造中的产品组一样。因此在选择预测方法的时候，会产生分歧。但是，也正是由于预测目标的不同，才会选择不同的预测方法。

4.4　时间序列预测方法

时间序列可定义为按时间顺序排列的数列，它包含一个或多个需求的影响因素：趋势、季节性、周期性、自相关性和随机性。时间序列的分解意味着对时间序列数据识别并分解为以上五个因素。实际中，识别趋势（即使不进行数学分析也很容易画出散点图并找出运动方向）和季节性因素（通过历年相同时期的比较）相对容易一些，但要确定周期（也许几个月，也许几年）、自相关和随机因素却相当困难，预测人员一般把所有不能识别为上述因素的其他因素统称为随机因素。

当需求同时包含季节性和趋势效应时，这二者究竟是如何联系的呢？在说明此类问题时，我们先讨论两类季节变动：相加式季节变动和相乘式季节变动。

1. 相加式季节变动

在相加式季节变动中，其假设为：无论趋势效应或平均值如何变化，季节变动量恒为常数。其计算公式为：

$$\text{包括趋势性和季节性的预测} = \text{趋势} + \text{季节变动量}$$

2. 相乘式季节变动

在相乘式季节变动中，用季节因子乘以趋势。其计算公式为：

$$\text{包括趋势性和季节性的预测} = \text{趋势} \times \text{季节因子}$$

相乘式季节变动是季节变动的通常形式。这表明外推基量越大，则可以预计，围绕其变动的变量也越大。

3. 季节因子（或季节指数）

季节因子是指时间序列中随各季节变化所做的调整系数。

下面的例子说明了如何确定季节因子并预测：① 以过往季节性数据为基础的简单计算。② 手绘回归直线中的趋势和季节因子。我们按照数据分解的正规步骤，应用最小二乘法来预测。

例 4-1　单比例季节因子

假设在过去几年内，某企业平均每年售出 1 000 件某产品。平均而言，其中春季售出 200 件，夏季 350 件，秋季 300 件，冬季 150 件。预计明年的总需求为 1 100 件，季节因子等于各季度销售量除以季度平均销售量所得的比值。请分析明年各季的需求。

解：

在本例中，将年销售量均摊到各季度上得 1000÷4=250（件），则季节因子如表 4-3 所示。

表 4-3　季节因子的计算

	过去的销量（件）	每季平均销量（件）（1000 / 4）	季节因子
春季	200	250	200/250=0.8
夏季	350	250	350/250=1.4
秋季	300	250	300/250=1.2
冬季	150	250	150/250=0.6
总计	1 000		

假如我们预计明年的需求为 1 100 件，根据上述季节因子，可预测出明年各季的需求如表 4-4 所示。

表 4-4　明年各季需求预测值的计算

	明年需求期望值（件）	每季平均销量（件）（1100 / 4）		季节因子		明年各季需求预测值（件）
春季		275	×	0.8	=	220
夏季		275	×	1.4	=	385
秋季		275	×	1.2	=	330
冬季		275	×	0.6	=	165
总计	1 100					

只要有新数据，季节因子就可以周期性更新。下面的例子将说明季节因子和相乘式季节变动。

例 4-2　某产品销量的历史数据如表 4-5 所示，根据手绘直线计算趋势和季节因子。

表 4-5　某产品销量历史数据　　单位：件

季　度	销　量	季　度	销　量
Ⅰ—2014	300	Ⅰ—2015	520
Ⅱ—2014	200	Ⅱ—2015	420
Ⅲ—2014	220	Ⅲ—2015	400
Ⅳ—2014	530	Ⅳ—2015	700

解：

穿过数据点引出一条手绘直线，从图上测出趋势和截距，问题便可迎刃而解。这里，我们必须计算出趋势和季节因子。

首先，作散点图（见图 4-2），通过简单的目视，穿过数据点引出一条拟合直线（各数据点均匀地分布在该直线的两侧）。该直线方程为：

$$T_t = 170 + 55t$$

式中　T_t——趋势值；

t——时期。

上述方程由截距等于 170 及斜率（610−170）÷8 确定。接下来，通过对比实际需求和趋势曲线（见表 4-6），我们可以推出季节因子，它等于各年相同季节的平均值。

我们得出 2016 年趋势性预测和季节因子的预测（$FITS_t$）如下：

$FITS_t$ = 趋势 × 季节因子

Ⅰ—2016　　$FITS_9 = (170 + 55 \times 9) \times 1.25 = 831$

Ⅱ—2016　　$FITS_{10} = (170 + 55 \times 10) \times 0.78 = 562$

Ⅲ—2016　　$FITS_{11} = (170 + 55 \times 11) \times 0.69 = 535$

Ⅳ—2016　　$FITS_{12} = (170 + 55 \times 12) \times 1.25 = 1038$

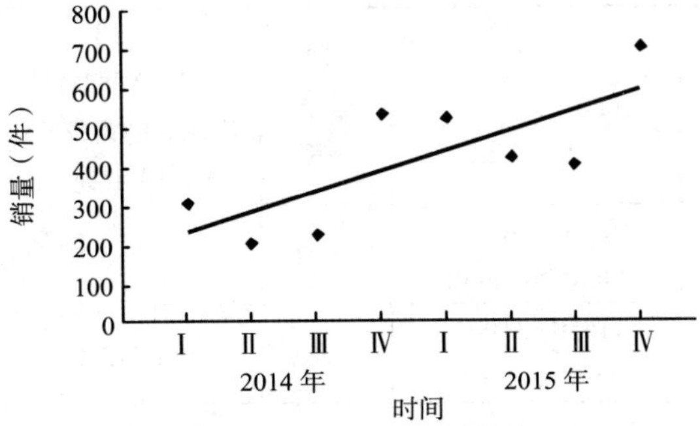

图 4-2　季度需求历史数据散点图

表 4-6　根据实际数据和趋势曲线计算的季节因子　　　　单位：件

季　度	实际销量	由趋势方程推出 $T_t = 170 + 55t$	实际值/趋势值的比值	季节因子（2 年中同一季节的平均值）
2014				
Ⅰ	300	225	1.33	
Ⅱ	200	280	0.71	
Ⅲ	220	335	0.66	Ⅰ—（1.33+1.17）/2≈1.25
Ⅳ	530	390	1.36	Ⅱ—（0.71+0.84）/2≈0.78
2015				Ⅲ—（0.66+0.72）/2≈0.69
Ⅰ	520	445	1.17	Ⅳ—（1.36+1.15）/2≈1.25
Ⅱ	420	500	0.84	
Ⅲ	400	555	0.72	
Ⅳ	700	610	1.15	

4. 最小二乘回归分解

时间序列分解就是找出时间序列的基本分量，如趋势、季节性和周期性，并分别计算各季度及各周期的指数。时间序列预测步骤与其分解过程恰好相反，它是将趋势外推并用季节因子和周期指数加以调整。一般其步骤如下。

（1）分解时间序列为各组成分量：

① 找出季节分量。② 消除需求的季节性。③ 找出趋势分量。

（2）预测各分量的未来值：

① 将趋势分量外推至未来。② 用季节分量乘以趋势分量。

注意，以上过程没有考虑随机分量，我们在第 1 步求平均值时就已经将随机分量从时间序列中剔除。除非发生某些可能对产品需求造成影响的异常事件，如重要的劳资纠纷（这种情况并不是真正的随机事件），否则在第 2 步中对随机分量作外推毫无意义。

表 4-7 是应用最小二乘回归后的时间序列分解结果，表中主要数据同例 4-2。每一个数据点相应于 3 年（12 季度）中的某个季度。我们的目标是预测第 4 年 4 个季度的需求。

表 4-7　消除季节性影响后的需求

单位：件

（1）时期（x）	（2）季度	（3）实际需求（y）	（4）每年同一季度的平均值	（5）季节因子	（6）消除季节性影响后的需求（y_d）列（3）÷列（5）	（7）x^2 列（1）的平方	（8）xy_d 列（1）×列（6）
1	Ⅰ	600	(600+2400+3800)/3=2266.7	0.82	735.7	1	735.7
2	Ⅱ	1 550	(1550 +3100+4500)/3=3050	1.10	1 412.4	4	2 824.7
3	Ⅲ	1 500	(1500+2600+4000)/3=2700	0.97	1 544.0	9	4 631.9
4	Ⅳ	1 500	(1500+2900+4900)/3=3100	1.12	1 344.8	16	5 379.0
5	Ⅰ	2 400		0.82	2 942.6	25	14 713.2
6	Ⅱ	3 100		1.10	2 824.7	36	16 948.4
7	Ⅲ	2 600		0.97	2 676.2	49	18 733.6
8	Ⅳ	2 900		1.12	2 599.9	64	20 798.9
9	Ⅰ	3 800		0.82	4 659.2	81	41 932.7
10	Ⅱ	4 500		1.10	4 100.4	100	41 004.1
11	Ⅲ	4 000		0.97	4 117.3	121	45 290.1
12	Ⅳ	4 900		1.12	4 392.9	144	52 714.5
78		33 350		12.03	33 350.1①	650	265 706.9

① 第 3 列和第 6 列的累计总和都应为 33 350 件，表中出现的差异是由于小数取整的结果。第 5 列精确到小数点后两位。

计算方法如下。

第 1 步，确定季节因子（或季节指数）。

表 4-7 对所需的计算做了总结。第 4 列为 3 年期间各相同季度的需求平均值。例如，将 3 年中的一季度值相加并除以 3，然后用此结果再除以 12 个季度的总平均值（33350/12，或 2 779）即得季节因子，其数值列入第 5 列。应注意，各年相应季度的季节因子完全相同。

第 2 步，消除原始数据中的季节性。

为剔除数据中的季节效应，我们将原始数据除以季节因子。这一步又称为消除需求的季节性，如表 4-7 中第 6 列所示。

第 3 步，根据消除需求季节性影响后的数据建立最小二乘回归直线。

这样做的目的是建立趋势曲线 Y 的方程。此后再用季节因子加以修正。这一步和我们以前进行的一样。

$$\bar{x}=\frac{78}{12}=6.5\ ,\quad b=\frac{\sum xy_d - n\bar{x}\overline{y_d}}{\sum x^2 - n\bar{x}^2}=\frac{265706.9-12\times 6.5\times 2779.2}{650-12\times 6.5^2}=342.2$$

$$\overline{y_d}=33350/12=2779.2\ ,\quad a=\overline{y_d}-b\bar{x}=2779.2-342.2\times 6.5=554.9$$

因此　　$Y=a+bx=554.9+342.2x$

式中　y_d——消除季节性影响后的需求（见表 4-7）；

x——时期；

Y——由回归方程 $Y=a+bx$ 求出的因变量值；

a——Y 轴截距；

b——直线斜率。

第 4 步，将回归直线外推至所要预测的区间。

我们的目标是预测时期 13 至时期 16，将各点代入方程即可求得 Y 值（见第 5 步，即表 4-8 中的第 3 列）。

第 5 步，用季节因子修正回归直线，建立最终预测方程。

注意，Y 方程已消除了季节性。现在倒过来，用已求出的各季度数据乘以相应的季节因子。

表 4-8　修正后的预测值

时　期	季　度	回归直线给出的 Y 值	季节因子	预测值（Y×季节因子）
13	1	5 003.5	0.82	4 102.87
14	2	5 345.7	1.10	5 880.27
15	3	5 687.9	0.97	5 517.26
16	4	6 030.1	1.12	6 753.71

预测到此结束。上述步骤同例 4-2 中我们所进行的手绘预测基本一致。但在本例中我们遵循的步骤更为规范，并且还求出了最小二乘回归直线。

5. 误差范围

当通过数据点拟合出一条直线并以此进行预测时，可能的误差来源有两种。首先，任何数据都有类似于标准差这样的常见误差；其次，错误的直线也会导致误差产生。在此我们不准备就统计做进一步分析，详细的说明可参考统计学中的相关理论。

4.5　线性回归分析

回归可定义为两个或两个以上相关变量之间的函数关系。它根据一个已知变量去预测另一变量，这种函数关系通常从观测数据中找出。首先，作数据散点图，观察数据是否呈线性或至少部分呈线性。线性回归是指变量呈直线关系的一种特殊回归形式。

线性回归方程为 $Y=a+bx$，其中 Y 是我们要求解的因变量，a 为 Y 轴截距，b 为斜率，x 是自变量。（在时间序列分析中，x 代表时间单位。）

线性回归对主要事件和综合计划的长期预测很有用。例如，它对于预测产品簇的需求情况非常有用。即使同一簇产品的单个产品在一段时间内的需求量变化较大，整个产品簇的需求量却相当平稳。

顾名思义，应用线性回归预测的主要局限在于，它假设历史数据和未来预测值都落在一条直线之上。尽管这个假设的确限制了该方法的应用，但如果预测的时期较短，线性回归分析仍然是适用的。例如，一个长期的时间跨度内可能有某些短暂的部分呈近似线性。

线性回归对于时间序列预测和因果关系预测都适用。当因变量（通常为图中纵轴）随时间（水平轴）而变化时，则为时间序列分析。而如果某一变量随另一变量而变，则为因果联系（如因肺癌而致死的比率随抽烟人数的增加而上升）。

我们在本章中多次用到下面这个例子来比较各种预测模型和分析方法。用到这个例子的还有：手绘回归直线、最小二乘分析和分解模型。

例 4-3 手绘趋势线

某企业的某种产品在过去 3 年共 12 个季度内的销售情况如表 4-9 所示。

表 4-9 某产品 3 年的销售数据

季　度	销 售 量	季　度	销 售 量
1	600	7	2 600
2	1 550	8	2 900
3	1 500	9	3 800
4	1 500	10	4 500
5	2 400	11	4 000
6	3 100	12	4 900

该企业希望预测第 4 年的各个季度的销售情况，即第 13～16 季度。要求用散点图和简单目视法或视觉启发式近似法徒手绘制回归直线。

解：

解题步骤非常简单。让尺的直边（透明的塑料直尺即可）穿过各数据点，尽量使直线靠近各点，这就是回归直线。下一步是确定截距 a 和斜率 b。

图 4-3 中画出了数据散点图及穿过这些点的一条直线。它在纵轴的截距，即直线与纵轴的交点坐标 a 约等于 400（用尺子近似度量）；斜率 b 等于“上升量”除以“路程”的商（用直线上某一段的高度增量除以水平轴的相应单位数）。计算时用图中任何两点都可以，但由于有读图误差，相距较远的两点给出的精度更高。我们选用的是第 1 季度和第 12 季度。

在图 4-3 中我们可以从直线上的点读出第 1 季度和第 12 季度的 Y 值，分别为 750 和 4 950，于是有：

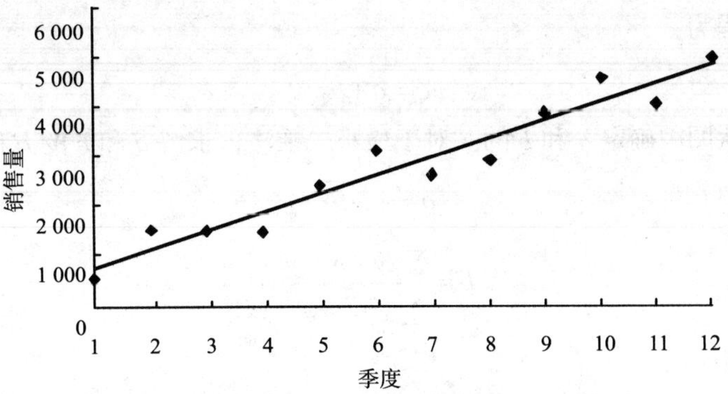

图 4-3　手绘回归直线

$$b = (4950 - 750) / (12 - 1) = 382$$

因此手绘回归方程为：

$$Y = 400 + 382x$$

第 13～16 季度的预测值如表 4-10 所示。

表 4-10　第 13～16 季度的销售预测值

季　度	预 测 值
13	400+382×13=5366
14	400+382×14=5748
15	400+382×15=6130
16	400+382×16=6512

上述结果仅仅以该回归直线为基础，并不能分辨诸如季节性、周期性等因素或依据其进行调整。

最小二乘法

线性回归的最小二乘方程与我们在例 4-3 手绘回归直线中使用的一样：

$$Y = a + bx$$

式中　Y——由方程计算得到的因变量；

y——实际因变量数据点（后面将会用到）；

a——Y 轴截距；

b——直线斜率；

x——时期。

最小二乘法做出的拟合直线，使各数据点与回归直线上的相应点之间的垂直距离平方和最小。图 4-3 画了 12 个数据点，如果从这些点之间引一条直线，则点与直线的距离就等于 $y - Y$。离散点与直线上其相应的点的差值的平方和为：

$$(y_1 - Y_1)^2 + (y_2 - Y_2)^2 + \cdots + (y_{12} - Y_{12})^2$$

使得该平方和最小的直线就是最佳直线。

同前，直线方程为：

$$Y = a + bx$$

我们在前面是从图中确定 a 和 b 的。对于最小二乘法，求解 a 和 b 的方程为：

$$a = \overline{y} - b\overline{x}$$

$$b = \frac{\sum xy - n\overline{x} \cdot \overline{y}}{\sum x^2 - n\overline{x}^2}$$

式中 a——Y 轴截距；

b——直线斜率；

$\overline{y}$——所有 y 值的平均值；

$\overline{x}$——所有 x 值的平均值；

x——各点的 x 值；

y——各点的 y 值；

n——数据点个数；

Y——回归方程求出的因变量值。

表 4-11 是图 4-3 给出的 12 个数据的计算结果，这些数据只是例 4-3 中的一部分。注意，最终方程中 Y 的截距为 441.6，斜率为 359.6。斜率表明 x 每变化 1 单位，y 改变 359.6 个单位。

表 4-11 最小二乘法回归分析

x	y	xy	x^2	y^2	Y
1	600	600	1	360 000	801.3
2	1 550	3 100	4	2 402 500	1 160.9
3	1 500	4 500	9	2 250 000	1 520.5
4	1 500	6 000	16	2 250 000	1 880.1
5	2 400	12 000	25	5 760 000	2 239.7
6	3 100	18 600	36	9 610 000	2 599.4
7	2 600	18 200	49	6 760 000	2 959.0
8	2 900	23 200	64	8 410 000	3 318.6
9	3 800	34 200	81	14 440 000	3 678.2
10	4 500	45 000	100	20 250 000	4 037.8
11	4 000	44 000	121	16 000 000	4 397.4
12	4 900	58 800	144	24 010 000	4 757.1
78	33 350	268 200	650	112 502 500	

$$\overline{x} = 6.5\text{，}b=359.6153$$

$$\overline{y} = 2779.17\text{，}a=441.6666$$

因此 $$Y = 441.66 + 359.6x$$

严格按上述方程计算，可得第 13～16 季度的预测值如下：

$$Y_{13} = 441.6 + 359.6 \times 13 = 5116.4$$

$$Y_{14} = 441.6 + 359.6 \times 14 = 5\,476.0$$

$$Y_{15} = 441.6 + 359.6 \times 15 = 5\,835.6$$

$$Y_{16} = 441.6 + 359.6 \times 16 = 6\,195.2$$

直线对数据的拟合程度即估测标准差为：

$$S_{yx} = \sqrt{\frac{\sum_{i=1}^{n}(y_i - Y_i)^2}{n-2}}$$

估测标准差由表 4-11 的第 2 列和最后一列求得：

$$S_{yx} = \sqrt{\frac{(600-801.3)^2 + (1550-1160.9)^2 + (1500-1\,520.5)^2 + \cdots + (4900-4757.1)^2}{10}}$$

$$= 363.9$$

上述参数的计算公式可参考统计学的相关理论，在此不再详细说明。

4.6 因果关系预测

为使预测有意义，所有的独立变量必须都是先行指标。例如，我们预计雨天的延长将导致雨伞和雨衣销量的增加，这就是因果关系，即一事件的发生导致了另一事件的发生。如果动因事件事先就可以确定地预见，则可用它作为预测的依据。

因果预测的第一步是找出那些真正可以成为原因的事件。通常，先行指标间没有因果关系，但通过某些间接的方式，一些先行指标可能暗含了另一些事件的发生。其他非因果关系可视为偶然联系。几年前的一个研究指出，瑞典的酒类饮料销量直接与教师收入成正比。这就是一个似是而非的因果关系。下面是一个用因果关系进行预测的例子。

例 4-4 利用因果关系进行预测

位于某市的地毯商城保存了历年的地毯销售记录（以平方码为单位）和该地区历年来批准的新建房屋数记录，如表 4-12 所示。

表 4-12 地毯销售记录

年 份	批准新建房屋（所）	销量（码 ^{2}）①
2000	18	13 000
2001	15	12 000
2002	12	11 000
2003	10	10 000
2004	20	14 000
2005	28	16 000
2006	35	19 000
2007	30	17 000
2008	20	13 000

① 1 码 ^{2}=0.836 米 ^{2}

如果当年的新建房屋数已知，如何预测该年的地毯销量？

解：首先，作如图 4-4 所示的散点图，其中，X 轴表示批准新建房屋数，Y 轴表示地毯销量。

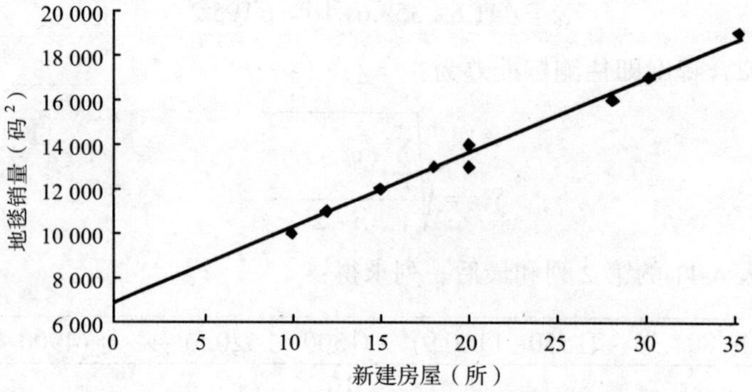

图 4-4　地毯销量与新建房屋数的因果关系

因为各点看上去都落在同一条直线上，所以该经理决定选用线性方程 $Y=a+bx$ 来预测。我们采用手绘线来解决此题，也可以用前面讲过的最小二乘法来求解。

延长手绘线，使之与 Y 轴相交于约 7 000 码（1 码=0.914 4 米）处，它代表新建房屋为零时的地毯需求量，很可能也就是对旧地毯的更换量。为估计斜率，仅选取如表 4-13 所示两点。

表 4-13　样本点

年　份	新建房屋 x（所）	地毯销量 y（码 ^{2}）
2003	10	10 000
2007	30	17 000

经代数运算得出斜率为：

$$b=\frac{y_{07}-y_{03}}{x_{07}-x_{03}}=\frac{17000-10000}{30-10}=\frac{7000}{20}=350$$

该经理即以此斜率作为该地区每新建一所房屋，公司售出的地毯的平均平方码数。因此，预测方程为：

$$Y=7000+350x$$

假设 2011 年将新建 25 所房屋，则该公司 2011 年地毯的预测销量应为：

$$7000+350\times25=15750\text{（码}^2\text{）}$$

在这个例子中，有关部门批准新建房屋发生在先，新的住户到地毯商城购买地毯在后，从而用因果关系预测是可行的。

管理实践

不要相信乐观预测

目前正是大量预测相继出炉的时候。福克斯商业新闻（Fox Business News）、CNBC、彭博财经频道（Bloomberg TV）和数十家网站的权威人士对于美国新一年的预测略有不同，但对于大多数资产的预测极为相似：股票将继续顺风顺水，2011 年涨幅达到两位数。黄金、石油及其他大宗商品的价格将延续上行走势。至于债券，利率将保持上升，但升速缓慢。几乎没人看好房地产行业，房价已连续下跌数月，而按照预测机构的说法，美国房价还将延续相同的下跌趋势。

这些预测的问题不在于它们依靠复杂的经济假设，而是正好相反——在于它们实际上根本不是预测，而是推断。专家告诉我们，近期的趋势将只会延续。

那么，让我们简要地研究一下这些资产，看一看影响其长期价值的各种因素。对于大宗商品来说，影响因素是生产成本。对于股票而言，影响因素是平均市盈率。而对于房地产（这是本组合中令人惊讶的地方）而言，影响因素是租售比。

大宗商品泡沫

1983—2004 年，黄金价格平均约为每盎司 400 美元。如今，每盎司黄金的价格高达 1 390 美元，是其历史均价的 3.5 倍。但问题在于黄金的生产成本仍处于 400 美元区间。目前的金价飙升，不过是由投机性需求及黄金开采长期滞后造成的供应暂时短缺导致的。黄金 ATM 机和引诱人们出售其黄金首饰的广告蔓延，无疑是存在泡沫的迹象。所以我认为黄金价格将大幅下挫，而白银、铜和其他。

金属也会追随这一趋势。

住房价格合理

不管你相信与否，美国唯一一项未标价过高（至少在大多数城市中如此）的资产正是遭到诋毁最多的住房。自 2006 年达到峰值水平以来，全美房价下跌了 30%，使得拥有一套住房的成本回到其应有的水平——重新与租赁同一间房子或公寓的成本相一致。大多数市场的房价下跌已经结束或接近结束，如果还没结束的话，则房价每下跌一点，住房都将显得更为物美价廉。这并不意味着住房价格将飙升，但这的确预示着住房价格终于回归合理，现在正是结束租房、选择购房的绝佳时机。

经济前景黯淡

预测经济政策将发生哪些变化是极其困难的。经济政策的变化可能不会在今年或明年影响美国经济的健康度，但可能会大大影响经济的未来进程。弗里德曼心目中的英雄之一，即传奇的奥地利经济学家 F.A.哈耶克所做的一项预测，证明了预测公共政策十分困难。

在通胀肆虐及美联储（Federal Reserve）部署廉价资金以抗击日益升高的失业率的 1979 年，哈耶克发表演讲，声称无法信任美联储管理货币供应。哈耶克认为，美联储总是会屈服于政治压力，利用廉价资金来创造就业，但这种努力带来的不是繁荣，反而是更严重的通胀。

哈耶克错了。在哈耶克发出警告的三个月前，保罗·沃尔克担任美联储主席。在接下去的数年间，沃尔克转而抑制通胀，从而使得哈耶克的预测落空。

因此，以下是对于新一年的最佳预测：股票、债券和大宗商品的价格将倾向自身长期均值，表明价格将有可能走低。至于经济政策，如果哈耶克都会出错，我们为何还要自讨没趣，去预测这个根本无法预测的东西呢？

资料来源：根据财富中文网 2011 年 1 月 10 日相关文章改编。

引例的思考

沃尔玛公司的成功法则是在网络不断扩大、销售收入不断增长、消费者不断增多、产品品类不断丰富的背景下加强对消费者需求的预测，所以沃尔玛公司在数据库建设上进行了巨额投资，主要的目的就是要为有效准确地进行预测打好数据积累的基础。沃尔玛正在进行的所谓的“市场篮子”分析就是要对消费者的购买行为进行历史研究，进而准确预测消费者的购买需求，这样企业就可以对产品品类进行有效的规划，在为消费者提供丰富产品的同时，降低产品的库存，加快库存周转速度，提高消费者的满意度。

复习与讨论题

1．下面的模型和表 4-14 概括了一个长期循环内自动洗碗机季度销售量的长期趋势。销售量还存在季度变动。利用所给数据，预测 2015 年各季度和 2016 年第 1 季度的销售量。

$$F_t = 40 - 6.5t + 2t^2$$

式中 F_t——销售单位数；

$t=0$，代表 2012 年第 4 季度。

表 4-14 销售量趋势

季　度	季节系数
1	1.1
2	1.0
3	0.6
4	1.3

2．表 4-15 是某公司过去 2 年的季度销售数据。假设趋势和季节因子都存在，季节周期为 1 年。试用时间序列分解模型预测下一年的季度销售情况。

表 4-15 某公司过去 2 年的季度销售数据

季　度	销售额（万元）	季　度	销售额（万元）
1	160	5	215
2	195	6	240
3	150	7	205
4	140	8	190

3．图森机器公司是一家生产数控机床的公司，其产品的平均售价为每台 50 万元。过去 2 年内数控机床销售量如表 4-16 所示。要求：

（1）绘制手绘回归直线（如果你的计算器有统计功能，计算出回归方程）。

（2）找出趋势和季节因子。

（3）预测 2016 年的销售情况。

表 4-16　图森公司机床销售数据　　单位：台

2014 年		2015 年	
季　度	销售量	季　度	销售量
1	12	1	16
2	18	2	24
3	26	3	28
4	16	4	18

4．一个旅游中心开设的一家礼品店在周末营业（星期五、星期六、星期天）。店主人也是礼品店经理。他希望通过确定每个营业时间的季节因子来改变兼职雇员的用人计划。商店近期的营业数据（每天办理的销售量）已制成表 4-17。

表 4-17　礼品店销量数据　　单位：个

日　期	周					
	1	2	3	4	5	6
星期五	149	154	152	150	159	163
星期六	250	255	260	268	273	276
星期天	166	162	171	173	176	183

（1）确定该商店的季节因子。

（2）利用简单长期趋势法预测下一周的交易量。

5．某产品的历史需求数据如表 4-18 所示。

表 4-18　某产品历史需求数据　　单位：台

时　间	需求量
4 月	60
5 月	55
6 月	75
7 月	60
8 月	80
9 月	75

（1）应用一元线性回归，计算历史数据的趋势线。其中 X 轴上，4 月用 1 表示，5 月用 2 表示，其余类推。Y 轴代表需求量。

（2）预测 10 月的需求量。

本章阅读资料

揭秘谷歌电影票房预测模型

2015 年 1 月，谷歌公布了一项重要研究成果——电影票房预测模型。该模型能够提前一个月预测电影上映首周的票房收入，准确度高达94%。这在业内引起了强烈讨论，不少业内人士认为该模型非常适合好莱坞电影公司通过预测票房来及时调整电影营销战略，但同时也有人暗示谷歌的票房预测模型别有用心，旨在鼓动电影公司购买其搜索引擎广告。

谷歌票房预测模型的基础：与电影相关的搜索量与票房收入的关联

谷歌的票房预测模型是大数据分析技术在电影行业的一个重要应用。随着互联网的发展，人们越来越习惯于在网上搜索电影信息。据谷歌统计，2011—2012年，与电影相关的搜索量增长了56%。谷歌发现，与电影相关的搜索量与票房收入之间存在很强的关联性。

谷歌把电影的搜索分成了两类：第I类，涉及电影名的搜索（Movie Title Search）；

第II类，不涉及电影名的搜索（Non-Title Film-Related Search），这类搜索不包含具体的名字，而是一些更宽泛的关键词搜索，如“热门电影”“爱情片”“好莱坞电影”等。

谷歌研究了票房收入与这两类搜索量之间的关系。研究发现，大部分情况下，第I类搜索量超过第II类搜索量。但在电影淡季的时候，第I类搜索量会低于第II类搜索量。这符合常理，因为在淡季的时候知名度高的电影很少，人们往往用更宽泛的搜索来寻找想看的电影。

这一发现对电影的网络营销有一定的指导意义：在淡季的时候，电影公司可多购买相对宽泛的关键词的广告，而在旺季的时候，多购买涉及电影名的、更具体的关键词的广告。

提前一周预测票房，可达到92%的准确度

上面的讨论表明用电影的搜索量来预测票房是有可能的。那么，如果单纯使用搜索量来预测首周票房收入，效果怎么样？通过对2012年上映的99部电影的研究，谷歌发现仅依靠搜索量来预测是不够的。谷歌尝试构建了一个线性的模型，达到了92%的准确度。

为了构建更加精确的预测模型，谷歌最终采用了四类指标：①（电影放映前一周的）电影的搜索量；②（电影放映前一周的）电影广告的点击量；③上映影院数量；④同系列电影前几部的票房表现。其中每类指标又包含多项类内指标。

在获取每部电影的这些指标后，谷歌构建了一个线性回归模型（Linear Regression Model），来建立这些指标和票房收入的关系。线性回归模型在大数据分析领域里是最基本的模型之一，它认为票房收入与这些指标之间是简单的线性关系。

提前一个月预测票房，可达到94%的准确度

尽管提前一周预测可以达到92%的准确度，但对于电影的营销来说，价值并不大，因为一周的时间往往很难调整营销策略，改善营销效果。因此，谷歌又进一步研究，使得模型可以提前一个月预测首周票房。

实现提前一个月预测的关键在于，谷歌采用了一项新的指标——电影预告片的搜索量。谷歌发现，预告片的搜索量比起电影的直接搜索量而言，可以更好地预测首周票房表现。这一点也不难理解，因为在电影放映前一个月的时候，人们往往更多地搜索预告片。

仅使用预告片的搜索量仍然不够，因此谷歌的模型最终采用了三类指标：①电影预告片的搜索量；②同系列电影前几部的票房表现；③档期的季节性特征。其中每类指标又包含多项类内指标。

在获取每部电影的这些指标后，谷歌再次构建了一个线性回归模型，来建立这些指标和票房收入的关系。研究发现预测结果与实际结果非常接近。

为什么谷歌采用了这么简单的模型

前面的分析中已经提到，谷歌采用的是数据分析中最简单的模型之一——线性回归模型。这对很多人来说多少有点意外。为什么谷歌采用了这么简单的模型？

首先，线性回归模型虽然简单，但已经达到了很高的准确度（94%）。简单且效果好，是我们在实际应用中一直追求的。

其次，简单的模型易于被人们理解和分析。大数据分析技术的优势正是能够从大量数据中挖掘出人们可以理解的规律，从而加深对行业的理解。正是因为谷歌使用了线性预测模型，所以它很容易对各项指标的影响做出分析。例如，谷歌的报告中给出了这样的分析结论：“距离电影上映一周的时候，如果一部影片比同类影片多获得 25 万次搜索量，那么该片的首周票房就很可能比同类影片高出 430 万美元。若一部电影有搜索引擎广告，我们也可以通过其广告的点击量来推测票房表现——如果点击量超出同类电影 2 万次，那该片首周票房将领先 750 万美元。”

对于电影的营销来说，掌握各项指标对票房收入的影响，可以优化营销策略，降低营销成本。谷歌的报告中指出，用户一般会通过多达 13 个渠道来了解电影的信息。票房预测模型的出现无疑使得营销策略的制定更加有效。

大数据分析在电影行业的应用前景：把模糊的行业经验变得更科学、更精准

票房预测模型的公布，让业内人士再次见证了大数据的成功应用。近年来，大数据在电影行业的应用越来越引起关注，如此前谷歌利用搜索数据预测了奥斯卡获奖者，Neflix 通过大数据分析深度挖掘了用户的喜好，捧红了《纸牌屋》等。

谷歌的票房预测模型的基本假设是符合行业直觉的，即电影的搜索量越大，往往票房收入越高。模型能够提前一个月预测票房，也符合行业经验，正如谷歌的一项行业调研揭示的：大多数观众会在电影首映四周前去了解电影。数据分析技术把这种模糊的行业经验变得更科学、更精准。而这一过程很可能会深层次地改变电影行业。

资料来源：大数据邦微信，2015 年。

思考题

1．谷歌为什么采用简单的线性回归模型进行票房的预测？
2．根据谷歌的预测模型分析某款即将上市的汽车的第一个月的销售量。
3．大数据分析在电影行业的应用是不是革命性的？

第5章 产品设计

本章学习目标

- 掌握产品设计需要考虑的因素。
- 简要描述产品设计和开发的阶段。
- 掌握制造设计中采用的方法和质量功能展开概念。

本章引例

如何打造一个伟大的产品

打造一个伟大的产品是很困难的，如果你没有一个分析产品和功能的可行模型，会让这种困难更雪上加霜。如果没有这个模型，你将会永远受困于产品功能点的旋涡中，这就好比在黑暗中摸索着靠感觉进行射击。当然不排除有一小部分人可以命中目标，获得成功，因为他们从一开始就有着异于常人的对产品的直觉。但是，大部分人都不会一开始就具备这种超能力。

我一开始时对产品的直觉就非常糟糕（更糟的是自己并没有察觉到）。在过去的3年时间里，我每天盯着我们的用户矩阵图查看，试图创造出一个反馈循环（Feedback Loop）来训练自己的大脑找到如何打造一个好产品的模式。幸运的是，最终我终于变得非常擅长预测判断一个功能点对产品造成的冲击，所以我从当时就开始考虑建立一个模型来尝试把我所领悟到的这方面的知识分享给大家。

1. 三个木桶模型

产品管理最重要的方面是要把一个产品的功能分门别类地放到三个不同的木桶里面去：颠覆性的功能（足以改变游戏规则的功能），不可或缺的功能（必需的但又不会带来很大收益的功能），无关痛痒的功能（只能让用户“哦”一声的功能）。在我刚开始尝试创业的时候，产品的所有功能在我眼里基本都是差不多重要的。但随着时间的流逝，“三个木桶模型”在我的脑袋中逐渐成形。时至今日，我已经可以每碰到一个功能就能把它自动在上面提及的三个木桶中进行分类了。

颠覆性的功能：用户会因为这个功能而乐意去掏钱包的功能。

不可或缺的功能：用户不会因为你有该功能而购买，但没有的话他肯定不会买。

无关痛痒的功能：这个功能跟用户是否选择你的产品关系不大。

2．三个木桶如何指导资源分配

如果你有足够多的时间可以去浪费的话，你当然也可以忽略掉“三个木桶模型”中所提及的那三个产品功能类别，并且通过不停地盲目迭代以最终获得市场的认可，但是你并没有那么多时间去挥霍。你打造出一个伟大产品所需要的时间越长，就越容易把钱花光，越容易把士气打击得一蹶不振，或者越容易看着市场的机遇在你脚底下偷偷地溜走。“三个木桶模型”这一产品管理模型在此就显得非常宝贵，因为它让你真正把产品管理当成一个资源分配的问题来看待。

3．驾驭三个木桶模型的技巧

打造一个产品最考技巧的是需要去学习究竟如何才能把一个产品的各个功能点分门别类地放到“三个木桶模型”中的三个木桶里，然后还要知道什么时候这些木桶已经装满了。

建立这种直觉的方法就是和大量的人交谈。去和潜在用户聊，和相近行业的其他创业者聊，和投资人聊，和记者聊，和学生聊，和教授聊，甚至和持反对意见的人聊。要在一个圈子中获得灵敏的触觉，最好的方法就是把你自己投身到该行业里面，并和你能接触到的尽量多的人进行交谈。

4．兼听则明，偏信则暗

你越早熟悉你所处产业的历史、技术现状、潜在用户的想法，以及竞争对手的前进方向，你就能越快对该产业描绘出一幅清晰的蓝图，就能越早地为你的产品勾画出一个独一无二的愿景。但是需要小心的是，在跟不同的人进行探讨的时候，有时会很轻易地就采纳了一些错误的人的建议。

5．聚合的颠覆性功能不可取

这里开始讨论我们之前没有讨论过的关于“三个木桶模型”的一些微妙之处。有些独立的功能点自身其实并没有足够的吸引力，但是用功能点聚合的方式去打造出一个聚合的颠覆性功能是非常危险的一个选择，原因有三。

首先，你很难去选择究竟哪些功能点的聚合是/不是一个颠覆性的功能点。

其次，去实现聚合的颠覆性功能点的代价是非常昂贵的。相比之前你只需要为一个颠覆性功能点做出一些正确的决定，你现在却需要为好几个功能点做出大量的正确的决定。

最后，这让你很容易说服自己只要再增加一个功能点，你就会成功地获得一个颠覆性的聚合功能。

所以说，打造一个伟大的产品已经非常困难了，现在又加上这些微妙的情况，就更雪上加霜。

6．产品使命验证法

在该产品出来之前，你势必需要很多其他人来为你提供帮助——记者、投资人、潜在雇员及客户。去说服这些人将会非常困难，因为你做的这些决定都是凭直觉的。

解决这些问题的一个很好的办法就是把你的产品使命定义出来。你可以把它想象成一个以指定功能点作为参数，然后返回值是三个木桶之一的一个函数。一个好的函数的定义必须是简洁的、可读性强的、可复用的。在理想的状态下，在阅读了这个产品使命后，你的团队中的大部分成员都可以像你一样能够自行把功能点归类到对应的木桶里面。

资料来源：CSDN.

思考问题

如何理解三个木桶原理指导资源分配?

进入 21 世纪以来，随着以信息技术为核心的新科技革命和全球化市场的发展，全球竞争趋势愈演愈烈，并推动着整个社会飞速前进，由此也给企业带来严酷的生存环境。企业如何识别全球化市场快速变化的需求，如何利用先进的科学技术提供的良好条件，抓住用户心理、愿望及要求，加速新产品的构思及概念的形成，以最短时间开发出具有竞争力的产品并快速推向市场，已成为全球化市场竞争的新焦点。

本章将系统地介绍产品设计中需要考虑的因素，研究产品设计与开发的阶段，并讨论与生产运作紧密相关的制造设计，最后介绍设计过程中的质量功能展开。

5.1 产品设计需要考虑的因素

产品设计的主要关注点是顾客满意。因此，设计人员必须了解顾客需求，并依此设计。营销部门是顾客需求信息的主要提供者。设计、生产或运作及营销部门必须紧密合作，以确保相互之间能及时沟通，使顾客的需要和需求得到充分考虑。

在具体进行产品设计时，企业的产品设计人员必须要考虑以下一些问题：法规、道德和环境问题，产品的生命周期问题，产品的标准化问题，产品的大规模定制问题及产品的可靠性问题。

5.1.1 法规、道德和环境问题

设计人员必须认真考虑一系列法规和道德问题。另外，设计对象可能给环境带来的潜在危害也是设计人员需要考虑的重要问题。大多数企业在其活动中要受到许多政府机构的监控。在这些机构中，人们较为熟悉的有食品和药物管理局、环境保护局、国家公路安全委员会及消费者协会。例如，在汽车业中，汽车污染标准和安全特性，如安全带、安全气囊、安全玻璃及起缓冲作用的保险杠和框架都对汽车设计有根本性的影响。

此外，顾客对产品安全意识的提高也会对产品形象及相应的产品需求产生重要影响。

在产品设计中经常出现道德方面的问题。管理层能清醒地意识到这些问题，以及设计人员坚持道德标准是十分重要的。设计人员通常迫于压力而加快设计进程和削减成本，这其中有许多就涉及道德问题。例如，当一家软件公司遇到设计问题或软件病毒而不能如期宣布软件发行时，该公司就面临两难选择：是立即发行该软件还是等到大部分病毒被消除再发行。该公司明白，等待的时间越长，公司实现收益的时间越晚，对公司声誉损害越大。

一般来说，企业应指导设计人员遵守如下原则。

（1）设计出与该企业目标相一致的产品。例如，高质量是公司的目标，那么就不要图省事而节省成本，哪怕在不易被客户察觉到的方面。

（2）给顾客提供他们所期望的价值。

（3）把健康和安全作为主要考虑因素。生产产品的员工、运送产品的工人、使用产品的顾客及可能遭到产品带来危险的公众都有可能成为受害者。

（4）不要设计出对环境有潜在危害的产品。

5.1.2　产品的生命周期问题

从需求角度说，许多新产品会经过一个生命周期，企业需要在不同的产品生命周期对产品进行不同的设计。例如，在产品生命周期的投入期，企业往往需要设计高质量和外观非常能抓住消费者眼光的产品，但是在产品生命周期的最后一个阶段，有些公司则采取防守性措施，试图通过提高产品的可靠性、减少生产成本（并因此影响价格）、重新设计或更换包装来延长产品的生命周期。图 5-1 表明了生命周期的这些阶段。

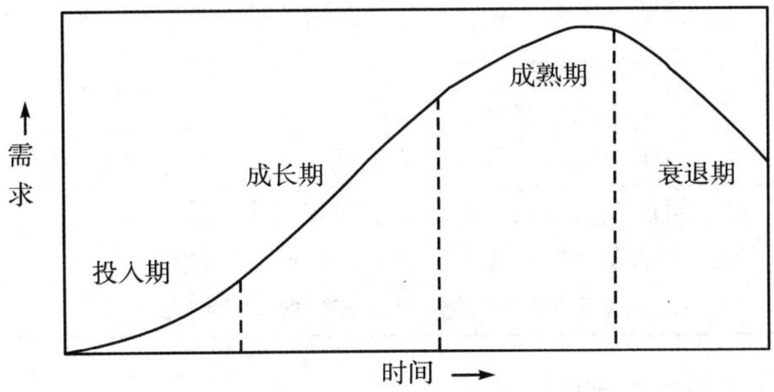

图 5-1　产品具有的生产周期

不同产品经历生命周期的特定阶段所花的时间存在很大差别：有些产品经历各阶段的时间很短，有些产品则要花很长的时间。时间的长短通常与产品的基本需求和技术变化的速度有关。有些玩具、小说及流行产品的生命周期不过短短数月，然而有些产品如洗衣机和烘干机，生命周期可能会持续多年，直到出现技术变化。

5.1.3　产品的标准化问题

在产品设计及流程设计的过程中经常提及的一个重要问题是标准化程度。标准化指同一种产品或流程下的不同个体之间是没有差异的。同一项目下的标准化产品是大批量生产的，计算器、计算机就是这样的例子。

1. 标准化的优点

标准化的产品意味着产品零件可替换，从而在提高生产力的同时极大地降低了生产成本。而且与定制的零件相比，它维修更加方便，设计成本也更低。例如，由于减少了产品零件的多样性，通用汽车公司节省了时间和资金，也提高了产品的质量和可靠性。标准化的另一个优点是减少培训员工的时间和成本，并减少设计工作岗位的时间。同样，工作安排、存货处理、采购和财务活动都更加常规化。

2. 标准化的缺点

标准化的缺点主要在于产品多样性的程度降低。这会限制一种产品所能吸引的顾客量。顾客对一种产品可能只是勉强接受，因为没有其他产品能满足他们的需要。这种做法会造成一种风险，即竞争对手会推出更好的或更多样的产品，从而取得竞争优势。另一个不利之处是制造商可能在设计不成熟时就将它标准化，而一旦这样做，就会有种种强制因素使设计难以修改。这方面人们熟悉的一个例子是打字机和计算机键盘的按键排列。研究表明，另一种按键排列顺序会更有效，但更换所有现存设备和再培训录入员的成本远大于它带来的效益。

显然，设计者在进行选择时，必须考虑与标准化相关的重要问题。表 5-1 归纳了标准化的主要优缺点。

表 5-1　标准化的主要优缺点

优 缺 点	内　　容
优点	1. 在存货和制造中需要处理的零件种类更少 2. 减少培训成本和时间 3. 采购、处理及检查程序更加常规化 4. 可按照清单订购产品 5. 产品能长期并自动化生产 6. 所需零件的减少证明执行设计和改善质量控制程序时所花的成本是合算的
缺点	1. 可能在设计仍有许多缺陷时就固化设计 2. 变动设计的高成本增加了改善设计的难度 3. 产品缺乏多样性导致对顾客的吸引力降低

5.1.4　产品的大规模定制问题

现实中，公司热衷于标准化生产，原因是标准化能够使它们以相对较低的成本生产出大量的产品，尽管这些产品缺少多样化。另外，顾客又希望产品各有特色，尽管他们喜欢价格低的产品。这里的关键是，生产企业如何在解决上述问题的同时兼顾标准化，避免诸多通常与多样化有关的问题。例如，实现设计多样化需要增加资源；生产工艺多样化会增加制造过程中的次品数，造成生产率的下降；由于要不断更换零配件，会带来生产过程中或生产后的额外库存负担；增加检修产品的难度。解决上述问题的办法之一是大规模定制，这是生产标准化的产品而又在最终产品中融入一定程度的多样化的战略。

在大规模定制生产中，通常采用如下策略。

（1）延迟差异化。延迟差异化是一种延迟策略，是指生产一种产品时，暂且不彻底完成它，延迟到知道顾客的偏好或具体要求后再去完成它。

（2）模块化设计。模块化设计是标准化的另一种形式。模块指将一组零件组合为组件，产品由若干组件装配而成。

5.1.5　产品的可靠性问题

可靠性是指在给定的条件下，企业的产品是否能够像产品的说明书中表明的那样执行预期的功能。可靠性对产品的销售有重要的影响，产品的可靠性越强，企业的产品形象越好，消费者的购买潜力就越大。

可靠性总是受一定条件，即正常运行条件限制的。这些条件既包括载荷量、温度和湿度范围，也包括运行程序和维修计划。用户忽视这些条件经常导致零件或整个系统过早出现故障。例如，运载的货物过重会导致货车磨损加快；在坑坑洼洼的道路上行车经常导致轮胎出现故障；而用一个计算器敲打钉子可能使它失去执行运算的功能。

可靠性可以用很多方法来提高，表 5-2 列出了其中的一些方法。

表 5-2 提高可靠性的可能方法

1. 改善零件设计	5. 改善防护维修程序
2. 提高生产和装配技术	6. 提高用户受教育程度
3. 改进检测	7. 改善系统设计
4. 利用备用部件	

5.2 产品设计与开发的阶段

随着产品的生命周期越来越短，企业要想获得成功，必须：不断地推出新产品概念；把这些新产品概念转化为顾客需要的可靠的功能设计；保证这些功能设计的可生产性；选择与顾客需求相匹配的流程。此外，企业还必须尽可能地缩短新产品开发的完成时间。

不论是计算机芯片制造还是薯片加工，对于企业来说，快速设计新产品并迅速导入市场是一个很大的挑战。因此，越成功的企业越需要投入资源来精简新产品开发流程，以缩短产品开发周期。

新产品开发流程涉及多个职能部门的合作，营销部门（识别目标市场并预测产品需求）、研发部门（开发技术并设计产品）和运作部门（选择供应商并设计制造流程）都起着至关重要的作用。同时，财务、会计和信息系统部门等也对新产品开发流程起着重要的支持作用。

如图 5-2 所示，一个完整的产品开发过程一般包括四个基本步骤：概念开发、产品设计、工艺设计与过程选择，以及市场导入。

5.2.1 概念开发

概念开发的主要任务是识别客户需求，产生并评估一个或一系列“概念产品”。它一般由产品创意与可行性研究两个阶段组成。产品创意是一个创造性的过程，也是一个学习性的过程，可来自不同的渠道：企业的研究与开发部门的创新与变革、市场营销部门的市场调研、客户的抱怨或要求、生产运作人员的建议、销售代理及供应商甚至竞争者的行为等。

通过产品创意，构思出“产品概念”，即对产品外观、功能和特性进行描述。为避免市场风险和开发成本过高，通常只有 1/50 的新产品概念可以转化为“概念产品”。根据 Greg A. Stevens 和 James Burley 的调查统计结果，3 000 个新概念产品只有 1 个能够成功。因此，接下来需要对新产品概念的经济性、适用性和市场竞争能力进行可行性研究，即进一步筛选和评价新产品概念。这对企业来说是一个具有战略意义的决策过程，一般需要从企业的市场条件、财务条件和生产运作条件三个方面加以考虑。

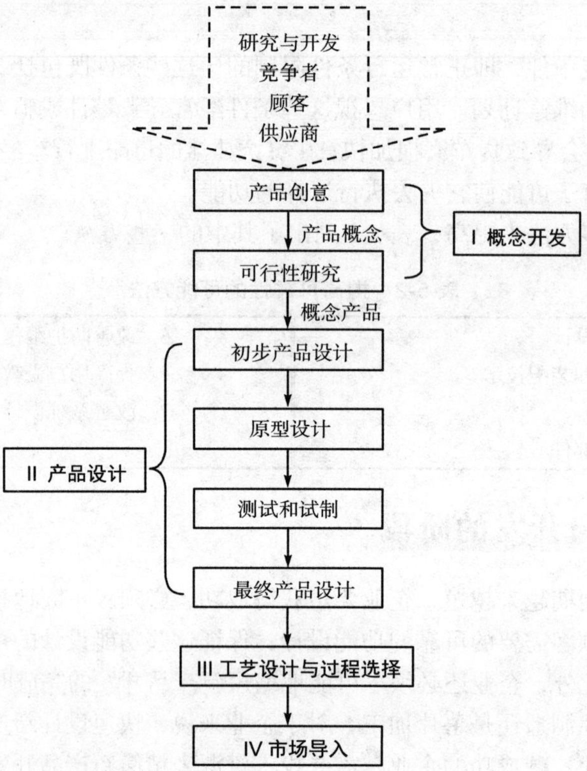

图 5-2　产品开发的基本过程

（1）市场条件。包括上市能力、预期的销售增长可能、对现有产品的影响、产品的竞争状况及竞争力等。

（2）财务条件。包括投资需求、投资回报率（ROI）、对企业总获利能力的贡献率及预计的现金流等。

（3）生产运作条件。包括产品开发时间、质量、技术的可行性、组织生产或交付产品的能力、现有设施与管理经验的经验效应、对相关规章与法律问题乃至伦理道德问题的考虑等。

运作经典

IDEO 公司的设计创新

IDEO 的产品曾经一次次轰动整个设计界，从苹果电脑古灵精怪的鼠标到宝丽来 I-Zone 一次成像相机，无不显示其杰出的创造力与创新精神。同时，IDEO 也广泛涉足咨询业，以其来自商战前线的实际经验为固执刻板的公司洗脑，启发它们创新的灵感。IDEO 的成功案例与耐人寻味的教训，给所有商界人士提供了最实际的创新理念：只有突破常规、胸怀愿景，才能在商界中出奇制胜。

创新的最大障碍在于公司固定的意识倾向，不要让僵化的思想侵蚀人们的精力。调查显示，过去十年，自行车迷数量增长超过三倍，而休闲自行车车主数量却降低了差不多 50%。

现在超过 1.6 亿美国人不骑自行车。这是一个很大的市场，他们为什么不骑？怎样劝说他们？这些问题启发 Shimano 公司去设计一种新的自行车，规划自行车工业的未来。IDEO 成为首先被想到的设计公司。IDEO 采取其特有的那种基于观察的调研工作，而不是通过问卷和焦点小组开展设计工作。

IDEO 调查的结果就是设计一辆新的自行车，一辆回到过去、改变未来的自行车。IDEO 根据调研得来的大众意见制造了原型样机：简单、舒适、可承重、便利、传统，但兼具创新，有更多乐趣。IDEO 也考虑到了很多创意：自行车应该能够方便地连在汽车上，把手上内置咖啡杯座，轮胎上内置反光灯，内置铃声下载和定制工具。IDEO 甚至在公司后面的小道上用方向盘来操控自行车。最后车模做出来了，被称为 Coasting，它提高手把，让骑车者不需要弯背偻腰；横挡降低，让人可以自然坐上去；所有的机械结构隐藏起来，三速换挡系统由位于前轮车毂的发电机提供能源，能感知骑车者的速度并自动加速或减速，无论骑车者在何时停下，它都回到默认的第一挡；脚刹设计成向后蹬踏板；车共重 30 磅（1 磅≈0.45 千克），销售价格不到 400 美元。

设计一个产品还只是一个开头，只有根据零售经验不断改善，Coasting 的创意才能产生效益。IDEO 利用隐藏摄像头跟踪零售店的消费者，发现消费者总是被那些专业词语搞昏了头。Shimano 为了让销售人员知晓非专业人员的需求，推出了在线培训和相关 DVD。

5.2.2　产品设计

产品概念开发的结果仅仅勾勒了一个产品的基本框架，下一步是要进入初步产品设计阶段：必须对概念产品进行全面定义，初步确定产品的性能指标、总体结构和布局，并确定产品设计的基本原则。为了适应动态变化的竞争环境，设计出具有市场竞争力的产品，企业应遵循以下产品设计的基本原则。

（1）设计出顾客需要的产品（服务、体验），强调顾客满意度。

（2）设计出可制造性（Manufacturability）强的产品，强调快速响应。

（3）设计出可靠性强的产品（服务），强调产品责任。

（4）设计出绿色产品（Green Product），强调商业道德。

经企业主管部门审核、认可了初步设计之后，就可以开始产品的定型设计了。对其中关键技术要进行原型设计、测试和试制两个阶段。据统计，目前在 100 项新产品构思中只有 6 项进入样品原型设计。为了评估和检验新产品的市场业绩和技术性能，以进一步确认产品构思的市场价值与竞争力，原型设计也是一个重要的筛选环节。汽车制造行业经常采用黏土原型设计新汽车。例如，1994 年美国福特汽车公司通过原型设计推出全新的第二代 Range Rover，发动机设计成可选装 4.0 升、4.6 升或 2.5 升六缸涡轮增压柴油发动机，车内空间布局得更加宽敞，车身造型也做了重新设计，并将多功能电子空气悬架（EAS）与电子牵引力控制（ETC）和 H 形导槽式自动变速器都进行了标准化设计。新型车一投入市场就备受消费者青睐，一年后被《What Car》杂志评为“最佳越野汽车”。在服务业中，著名的餐饮连锁企业麦当劳的创始人瑞（Ray Kroc）起初就在加利福尼亚的圣巴那地诺建立了一个原型餐馆——非常干净的门面、独特的红白两色的装饰、标准的菜单、时尚的附赠玩具、丰富的亲子项目等。获得成功后，麦当劳进行了连锁扩张，成功地复制了这些服务设施和服务理念。

借助于计算机技术与互联网，人们可以在虚拟环境下对产品与服务进行原型设计、测试。例如，波音飞机公司采用虚拟原型技术在计算机上建立了波音 777 飞机的原型模型，整机设计、部件测试、整机装配乃至各种环境下的试飞均是在计算机上完成的，其开发周期从过去的 8 年缩短到 5 年，从而抓住了宝贵的市场先机。

最终设计阶段要拿出产品的全套工作图纸和说明书。在这一阶段，产品基本定型，紧接着就要开始进行工艺设计与过程选择。

运作经典

波音 787——虚拟设计

虚拟设计将准确、直观的三维模型作为传递设计和产品规划信息的基本手段。这种基于三维模型的生产过程仿真使美国波音公司和法国三维设计与产品生命周期管理（PLM）解决方案提供商达索系统集团（Dassault Systemes，DS）能够对生产系统进行优化，避免由于没有对产品设计和生产规划进行测试而在产品生命周期后期发生的错误所带来的成本代价。虚拟设计标志着航空工程、生产规划和装配仿真新纪元的到来。

这次史无前例的虚拟设计展示不仅是对机身的简单模仿，更是对整个制造过程的虚拟仿真和验证。在展示过程中，所有参与者都能访问零件、装配和系统的三维数据模型；波音采用这些 PLM 解决方案所开发的数字资源将被运用到 787 的整个生命周期中，包括销售、营销和今后推出的同系列飞机。“像波音 787 梦幻线这样具有突破性的项目，需要在性能、质量、成本和时间上都处于领先地位，而这以有效、灵活的生产规划为支撑。三维 PLM 能够很好地满足这些需求。”波音 787 梦幻线过程集成副总裁 Kevin Fowler 说。

波音 787 梦幻线采用的 PLM 解决方案包括用于虚拟规划和生产的 DELMIA、用于虚拟产品设计的 CATIA 及用于企业级协同的 ENOVIA VPLM。在 787 项目中，波音与全球合作伙伴通力协作，使用现有零件和装配工具的三维模型进行生产线规划和布局，极大地减少了重复劳动。这种数字化的制造环境提供了 787 梦幻线设计和制造工程师间的信息交互，不论他们身在何方。这样，就不会在投产时才发现设计具有不可制造性，或者需要对其他组件进行变更而造成成本增加。

波音 787 梦幻线项目构建在波音正在使用的虚拟设计工具（CATIA）和协同技术（ENOVIA）之上，是历史上第一次在这么大型和复杂的项目中，从产品概念设计到生产和支持全过程使用三维模型和仿真。在实际加工工具和生产设施构建之前，DELMIA 软件为波音及其合作伙伴提供了对 787 的制造过程进行仿真和优化的环境。

5.2.3 工艺设计与过程选择

产品设计解决的是“What”的问题，即顾客需要什么样的产品（服务）；工艺设计与过程选择解决的是“How”的问题，即如何生产出顾客需要的产品及如何提供顾客需要的服务，然后才能开始投入试产/试运作，最后正式投入市场。

5.2.4　市场导入

产品开发的最后一个阶段是市场导入。市场导入时一定注意产品本身要做到万无一失。因为在产品的导入阶段，消费者是最挑剔的，所以一定要保证产品的质量，同时要做好相应的服务措施。产品市场导入时，营销方案的合理设计对产品市场导入的成功也会起到重要的作用。

成功的产品研发的效益是巨大的。有些研究能获得专利，公司可取得专利许可证和版税。但是，许多研究不能获得专利，或者有些公司不遵循专利制度，公开它们发明的细节，因而这些公司不能取得版税收入。但即使这样，率先向市场推出新产品的企业仍能在竞争对手赶上之前获得利润。产品早期的售价会很高，因为在竞争对手推出对应的产品之前，市场存在暂时的垄断。

管理实践

问鼎 IDEA 大奖：IBM 推出顶尖产品设计规划服务

2005 年 7 月，全球最大的信息技术和解决方案公司 IBM 公司的两款产品获得了由美国《商业周刊》和美国工业设计协会联合颁发的“工业产品杰出设计奖”（Industrial Design Excellence Award，IDEA）。

美国“工业产品杰出设计奖”致力于培育商业领域及大众对工业设计在生活质量和经济发展方面重要性的认知，其地位相当于工业设计领域的学院奖（奥斯卡奖）。IBM 公司问鼎 2005 年度 IDEA 大奖的产品有：IBM 音频视频语音识别系统荣获 IDEA 设计探索类金奖；NYSE 无线手持计算机荣获 IDEA 计算机设备类银奖。这一奖项的获得显示出 IBM 在设计领域的优势和领导地位。

此次获奖的产品设计只是 IBM 最新推出的产品设计规划服务的一部分。IBM 的设计专家将直接为客户从公司战略层面、产品和用户体验各层次提供指导，引导他们了解并洞察其用户（包括消费者或企业用户）与未来产品或服务潜在的互动方式，提供业务流程更改、新产品规划及与合作伙伴关系策略等方面的咨询服务，帮助客户开拓新市场或发展现有业务。IBM 的专家还将对其产品从设计概念到实际成品的整个实现过程提供具体帮助。IBM 这项服务的优势在于利用其庞大的资源、卓越的设计理念，帮助客户实现商业目标。IBM 的资源包括著名的 IBM 研究实验室、数百名训练有素的工程师和咨询专家，以及可以集成到客户产品中的 IBM 技术等。此项新服务同时是 IBM 公司抢占“企业绩效转型服务（BPTS）”这一蕴藏 5 000 亿美元商机的巨大市场的战略举措。业内人士指出，IBM 产品设计规划服务的推出是 IBM 致力于为企业提供全方位解决方案、拓展高价值业务的最新力举。

IBM 公司全球设计总监及新业务项目组领导人 Lee Green 说：“我们已经为许多客户提供了服务，帮助他们将设计与战略联系起来，更有效、准确地确定用户需求。我们将这项服务与‘IBM 工程和技术服务’及‘IBM 业务咨询服务’结合在一起，更好地为客户提供帮助。由于我们具有成功经验，而且市场需求庞大，我们正整合公司力量推出这项服务，电子行业的企业将是我们的首选客户。”

资料来源：网易科技报道，2005 年 7 月 4 日。

5.3 制造设计

制造设计更多地涉及运作部门在产品开发过程中的项目组织管理手段。制造设计包括正向工程、反向工程、并行工程、协同产品商务和计算机辅助设计等设计方法。

5.3.1 正向工程

图 5-2 所示的产品开发过程的四个基本步骤都是必要的，但是，这些步骤的顺序并不一定是固定的。在传统的产品开发的组织模式中，从概念开发、产品设计、工艺设计与过程选择到市场导入，其各阶段是顺序由企业内不同职能部门的不同人员依次进行的，因而通常被称为正向工程。

在正向工程模式下，产品开发的工作流程是首先由企划部门人员根据企业的发展战略或其他渠道提出的产品创意，构思出产品概念，然后由产品设计部门人员完成产品的精确定义之后，再提交制造部门人员制订产品工艺过程计划，由质检部门人员确定相应的质量保证计划，最后由市场部门人员导入市场。

正向工程模式是以职能部门为基础来组织产品开发过程的，各个职能部门之间没有同期的沟通和及时的反馈，产品开发人员在开发过程中难以综合考虑到顾客的需求、可制造性、可靠性、环保性、经济性等多个约束因素，各下游开发职能部门所具有的知识难以投入早期的设计，若发现前一个阶段有不合理的设计问题，只能再次返回前一个阶段重新修改调整设计，从而导致产品开发周期长，开发成本高，产品整体开发过程的效率低。

5.3.2 反向工程

与正向工程不同，反向工程从他人的产品入手，进行分解剖析和综合研究，在广泛收集产品信息的基础上，通过对尽可能多的同类产品的解体和破坏性研究，运用各种科学测试、分析和研究手段，反向求索该产品的开发思想、设计结构、制造方法和原材料特性，从而达到从原理到制造，从结构到材料全面、系统地掌握产品的设计和开发方法的目的。在积极遵守知识产权保护法规的前提下，合法地反向设计他人的产品，既可以降低产品创新风险，又可以减少研究开发费用，缩短产品开发周期。例如，在 20 世纪六七十年代，日本就大量引进了美国和西欧的先进技术，通过反向工程，成功地开发出比原产品质量更好、功能更强、价格更便宜的产品，大大拓展了日本产品的国际市场。

管理实践

高通中国受罚 专利模式遭遇内外夹击

国家发改委反垄断局局长许昆林表示，由于高通公司滥用市场支配地位实施垄断行为的性质严重、程度深、持续时间长，国家发改委在责令高通公司停止违法行为的同时，依法对高通公司处以 2013 年度在中国市场销售额 8%的罚款，计 60.88 亿元人民币。

此前，高通推行的反向专利授权协议是指任何购买和使用高通公司芯片的公司，必须将本公司持有的专利免费授权给高通，并且不能凭此专利向其他使用高通芯片的手机厂商征收专利授权费。与高通合作的中国厂商都曾签署这一协议。

这项协议意味着，即使一些手机厂商使用了别家厂商的专利，只要采购了高通公司的芯片，就不用担心专利的收费问题。实际上，这等于给一些缺少专利的手机厂商提供了一项保护伞，以至于放纵这些手机厂商在产品的研发过程中，不会在专利问题上做出相应的规避。

显然，这样的规则对于缺乏专利的新兴手机厂商小米、OPPO 等是有利的。数据显示，截至 2014 年 11 月，华为获得的专利授权量近 3 万件。截至 2013 年年底，中兴通讯在全球专利拥有量超过 5.2 万件，累计专利授权量已超过 1.6 万件。在这个数字上，小米发明授权仅有 10 项，OPPO 有 103 项。

针对反向许可，高通此次开启了谈判的机制，这意味着企业就自身专利有机会与高通平等对话，并对自身专利进行重新估值。这说明，未来手机厂商的专利价值将会逐渐凸显，专利战将有可能随时开打。

资料来源：根据 2015 年 2 月 10 日《第一财经》文章整理。

5.3.3　并行工程

随着市场竞争日趋激烈，企业要适应快速多变的市场需求，缩短产品上市时间，降低产品成本，保证产品质量，提高产品竞争力，必须采用改进新产品开发过程的组织模式，消除职能部门之间的隔阂，优化企业的资源配置。于是，人们提出了并行工程（Concurrent Engineering，CE）。

1. 并行工程的定义

Winner 等人（1988 年）对并行工程做了如下定义：并行工程是对产品及其相关过程，包括制造过程和支持过程，进行并行、一体化设计的一种系统化方法。这种方法力图使产品开发者从一开始就考虑到产品全生命周期从概念形成到产品报废的所有因素，包括质量、成本、进度和市场需求，以减少产品早期设计阶段的盲目性，尽可能早地避免因产品设计阶段的不合理因素对产品生命周期后续阶段的影响，缩短研制周期。

2. 发挥并行工程优势的条件

企业若想充分发挥并行工程的优势，提高产品开发过程的效率和柔性，必须进行过程变革与组织变革。

（1）过程变革。将传统的过程重构为并行过程，使得产品开发者在一开始设计时就综合考虑产品生命周期的所有因素（顾客需求、可制造性、可靠性、环保性、经济性等）。

（2）组织变革。打破职能部门制的组织结构，建立跨部门、跨专业的高效开发团队，使得与产品生命周期有关的不同领域的相关人员全面参与和协同工作，实现生命周期中所有因素在设计阶段的集成，实现技术、资源、过程在设计中的集成。

随着计算机网络技术的发展，并行开发团队可以通过能够支持并行工作甚至异地工作的计算机网络系统来工作，实时、在线地相互沟通信息，进行专家咨询，讨论设计方案，审查设计结果等。例如，美国波音飞机制造公司为研制波音 777 喷气客机，投资 40 多亿美元，采用庞大的计算机网络来支持并行设计和网络制造。从 1990 年 10 月开始设计到 1994 年 6 月试制成功仅花了 3 年零 2 个月，试飞一次即成功，立即投入运作。在实物总装后，用激光测量偏差，飞机全长 63.7m，从机舱前端到后端 50m，最大偏差仅为 0.9mm。

5.3.4 协同产品商务

1. 协同产品商务的定义

随着经济一体化与全球化市场的发展，企业为了适应新经济竞争环境，增强国际竞争力，越来越趋向于采取全球化、外包和协作等策略，通过全球资源的优化配置来开发、推出最具竞争力的产品，利用网络技术的发展，在并行工程的基础上建立跨企业的产品开发网络，寻求有效的开发合作伙伴，协同创造产品竞争优势。因此，美国咨询公司 Aberdeen Group 于 20 世纪 90 年代初期提出了协同产品商务（Collaborative Product Commerce，CPC）。从管理上说，协同产品商务就是一组经济实体（制造商、供应商、合作伙伴、顾客）组成动态联盟，共同开拓市场机会，并进行创造价值的活动。通过网络技术，在产品商业化过程中承担不同角色、使用不同工具、处在不同地理区域或分布在供应网络上的个体协作完成产品的开发、制造及产品全生命周期的管理。CPC 能带来更快的上市时间、更大的市场份额和更高的利润率。产品开发的发展过程，大体经历了产品数据管理（Product Data Management，PDM）、产品全生命周期管理（Product Life-cycle Management，PLM）和 CPC 三个阶段，如表 5-3 所示。

表 5-3 产品开发发展过程

发展阶段	20 世纪 80 年代	20 世纪 90 年代	21 世纪初
产品研发平台	CAD/CAE/CAM 等信息集成，PDM	企业范围的产品研发平台，PLM	跨企业的产品研发平台，CPC
竞争焦点	利润	市场份额	市场规模
产品研发策略	低成本	上市时间	产品创新
产品研发流程	并行设计流程	并行工程	企业间协作
产品研发组织	部门制	跨部门团队	跨企业团队

2. 协同产品商务的基本架构

协同产品商务的基本架构为图 5-3 所示的 3 层架构。

（1）基于角色的 Web 访问。这一层为协同各方提供方便、安全、无障碍的信息访问门户，具体功能包括信息的浏览、搜索、订阅等。

（2）CPC 的应用逻辑（产品应用财富）。这一层体现了人、活动和信息相互交互的逻辑，具体功能包括协作流程管理、信息的共享和重用、同已有系统的集成等。

（3）CPC 的 Web 数据存储（产品信息财富）。这一层的主要作用是把产品数据变成企业的知识财富，具体功能包括信息的捕获、存储、整理、丰富、结构化和摘要。

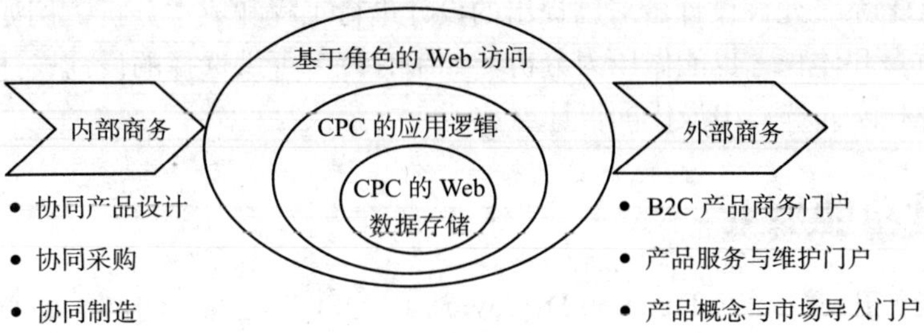

图 5-3　协同产品商务的基本架构

3. 协同产品商务的管理思想

协同产品商务蕴含着以下一些核心的管理思想。

（1）价值链的整体优化。协同产品商务从产品创新、上市时间、总成本的角度追求整体经营效果，而不是片面地追求诸如采购、生产和分销等功能的局部优化。

（2）以敏捷的产品创新为目的。迅速捕获市场需求，并且进行敏捷的协作产品创新，是扩大市场机会、获取高利润的关键。

（3）以协作为基础。协同产品商务的每个经济实体发挥自己最擅长的方面，实现强强联合，以获得更低的成本、更快的上市时间并更好地满足顾客需求。顾客参与到产品设计过程中，可以保证最终的产品是顾客确实需要的。

（4）以产品设计为中心进行信息的聚焦和辐射。产品设计是需求、制造、采购、维护等信息聚集的焦点，也是产品信息向价值链的其他各环节辐射的起源。只有实现产品信息的实时、可视化共享，才能保证协作的有效性。

5.3.5　计算机辅助设计

1. 计算机辅助设计的功能

计算机在产品设计中的应用日益频繁。计算机辅助设计（Computer Aided Design，CAD）是指运用计算机图表进行产品设计。设计者可以用一支笔、一个键盘、操作杆或类似的设备在显示器上修改已有的设计或创造新的设计。一旦设计被输入计算机，设计者就能在屏幕上调整它。它能够旋转以提供不同角度的图像，能够被剖开使设计者看到内部结构。设计者还能将图像扩大以便做进一步的检查，可以打印全部设计文档，也能将它变成电子文件，为公司需要该信息的人员所使用。

现在越来越多的产品在使用这种方法进行设计，包括变压器、汽车零件、飞机零件、组装电路和电力发动机。

2. 计算机辅助设计的优点

CAD 的主要优点是提高了设计者的生产率，他们不必再为准备产品或零件的机械图而费神，也不必再为修改错误或吸收新观点而重复手工绘制或修改机械图。据可靠估计，CAD 将设计者的生产率提高了 3~10 倍。CAD 的另一个优点是它建立的数据库能为制造部门提供如产品几何图形和尺寸、荷载力、材料规格等必要信息。但是，制作这种数据库需要投入大量的精力。

有些 CAD 系统允许设计者对已提出的设计进行工程和成本分析。例如，计算机既能确定一个零件的重量和体积，也能做压力分析。如果有许多可供选择的设计，计算机就能按照设计者的要求迅速检索并选择出最优的设计。

5.4 质量功能展开

质量功能展开（Quality Function Deployment，QFD）是一种将顾客的心声引入产品设计规范的方法。这种方法需要一个来自市场营销部门、设计工程部门、制造部门的职能交叉的团队。丰田汽车集团使用 QFD 的方法大幅缩短设计时间，从而降低了 60%的汽车成本，QFD 也因此而名声大噪。

QFD 的结构是以一系列矩阵为基础的（见图 5-4 的 QFD 主体矩阵），主体的矩阵联系顾客的要求和相应的技术要求。

基本的 QFD 主体矩阵（见图 5-4）通常要增加附件特征以拓宽分析范围。较典型的是需要增加竞争性评估和重要性衡量，加上这些附件特征，矩阵系统就有了如图 5-5 所示的形式。由于它的外形像座房子，故而经常被称为质量屋。通过构造一个质量屋矩阵，QFD 交叉职能团队能够利用顾客反馈信息来进行工程、营销和设计的决策。矩阵帮助团队将顾客要求转换为具体操作或技术目标。这一过程鼓励各部门之间紧密合作，并且使各部门的目标和意见得到充分的理解，帮助团队致力于生产满足顾客需求的产品。

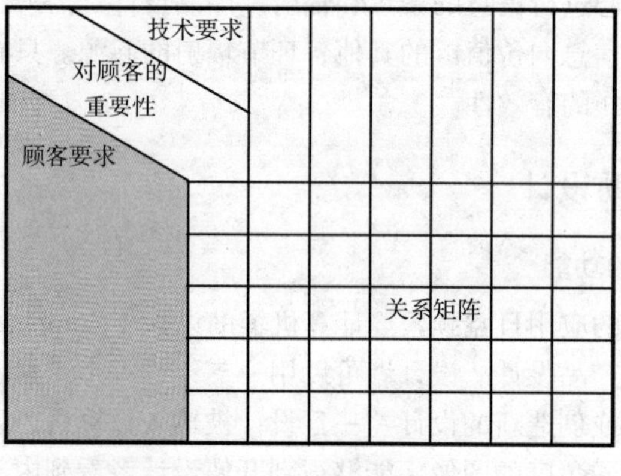

图 5-4　QFD 主体矩阵

构造质量屋的第一步是列出顾客对于产品的要求，这些要求应该按照重要性排序。接下来请顾客将本公司的产品与竞争者的产品进行比较。最后确定所开发产品的一系列技术特征，这些技术特征直接与顾客的要求相关。对这些特征的评价标准是其是否符合顾客对于产品的要求，是否有助于提高产品的竞争力。

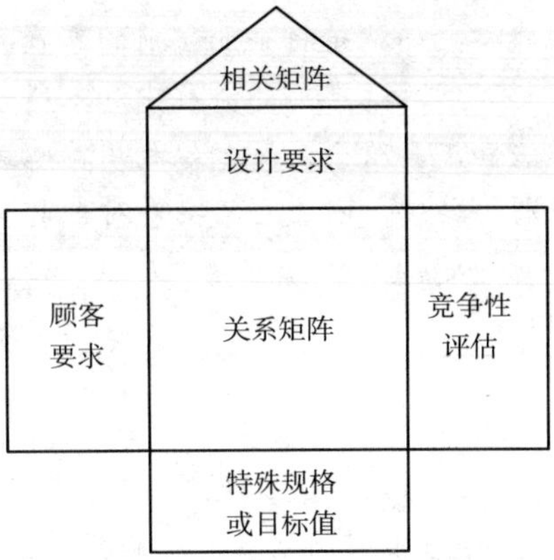

图 5-5　质量屋

管理实践

质量源于设计，掐断缺陷源头

大多数企业都会不断制造新的质量问题，而这些问题迟早需要有人加以解决。或者正如管理大师约瑟夫·朱兰（Joseph M.Juran）概括的那样，几乎所有产品开发流程都会孕育新的质量问题。在其著作 *Juran on Quality by Design:The New Steps for Planning Quality into Goods and Services* 中，朱兰用“质量源于设计”这个说法来形容杜绝质量问题所需遵循的综合准则。本文中也将采用朱兰的说法和架构。

质量上的问题源自新产品导入（NPI）流程中三个环环相扣的差距。质量源于设计是一套系统的方法，需要多种统计数据、经济、规划、心理学等工具的支持，以弥补这些差距，掐断质量问题的源头。

理解差距。企业对客户和客户的真实需求往往所知有限，有时候甚至是错误的。即使组织竭力挖掘客户需求，它们还是经常搞不清客户的真正需求。

设计差距。因为设计是由专业的设计人士（如电气工程师、软件工程师、金融分析师、内科医师、厨师等）来做的，客户的需求被这些专家按照自己的理解进行过滤，以反映专业人士所推崇的优秀设计。在探讨如何实现某个科技成果的技术问题时，这些设计专家是权威，但他们对于客户所需结果的理解并不完全等同于满足客户的期望。

执行差距。最终的产品（商品、服务或信息）与设计不符。大多数质量改进举措（不论是六西格玛还是其他项目）通常都会处理这一差距，企业对于这类改进也非常熟悉。

营销差距。由于存在以上三种差距，专业的营销和销售人员在与客户沟通时要面对一系列挑战。他们需要调和对现实情况的不同看法，因此他们所传递的信息就不可避免地会与不同的实情产生差距。

这些差距从根本上构成了企业许多问题的源头：质量低下所带来的成本上升；新产品错过发布日期，未能达成收益目标；新产品导入的成本超出预算；客户因为不满意或完全失望而离开；市场份额被竞争对手抢走，因为对方能将更好的产品更快地推向市场。

公司不需要用一整套“质量源于设计”的术语、方法和工具来全盘替换现有的新产品导入流程。这方面最成功的实施战略之一就是将企业当前的新产品导入流程与一套“质量源于设计”的方法和工具并列在一起，然后往当前的流程中加入所缺少的步骤、方法和工具。如有必要的话，也可以将这些方法和工具改个名字加以利用，以适应组织当前的文化。这不应被视为对“质量源于设计”法则的弱化，因为它其实是对当前流程的强化。

资料来源：根据 2014 年 7 月 15 日《经理人杂志》文章整理。

引例的思考

如何理解三个木桶原理指导资源分配？

如果你把太多的资源投入无关痛痒类别的功能里，那么你是浪费资源。这已经显而易见了。

如果你把过多的资源投入超过必要的不可或缺类别的功能里，那么你是在浪费资源！当年 iPhone1 刚出来的时候，其实缺少了拷贝粘贴的功能，该功能对一些用户来说也许是个不可或缺的功能，但是苹果非常正确地决定，就算缺了该功能也会有足够的用户来购买他们的产品，所以不需要推迟 iPhone1 的发布。

如果你在一个不可或缺类别的功能已经达到既定的可接受程度的时候还继续投入资源的话，你是在浪费资源！iPhone1 刚出来的时候，通话质量其实不算太好，但是已经足够通话。大部分用户都选择可以接受。它可以打电话，而且也没有到听不清楚对方说话的糟糕程度。如果当时把通话质量提升 10%的话，对提升用户购买度意义其实并不是很大。

如果你在同时开发超过三个颠覆性功能的话，你是在浪费资源！实践证明，几乎没有一个颠覆性的产品是擅长处理很多个问题的。交付出颠覆性功能是有难度的。三个这种级别的功能也许就是你能接受的上限了，就算你的产品可以有一大片的颠覆性功能。

最后，如果你没有把足够的非常有创意的资源倾注在既定的颠覆性功能上的话，你是在浪费资源！但是，如果一个颠覆性功能并没有让用户耳目一新的话，那么它就不大可能是一个颠覆性功能了；它仅仅是一个无关痛痒的功能而已。在这种情况下，你则没有必要进行妥协去浪费资源。

复习与讨论题

1．阐述新产品开发过程的四个基本步骤。

2．什么是并行工程？为什么说它对成功的新产品开发相当重要？

3．选择一个产品，列出其在设计、制造中需考虑的问题。产品可以是音响、电话、桌子或厨房用具等物品。要考虑设计的功能和美学因素，以及有关可制造性的重要因素。

4．请你将一个简单的产品（如钢笔或废旧磁带）拆开，分析它们是如何组装在一起的（反向工程），并试试自己能否对其设计做出一些改进。

5．请利用质量功能展开方法来分析一个图钉的设计，并评价它对你的需求的满足程度。

本章阅读资料

以耐克为例，看看服装品牌与技术联姻

一旦公司在市场中获得了举足轻重的地位，它们就难免会变得骄傲自满、故步自封。近些年来，耐克（Nike）的表现却恰恰相反。

这家年营业额达 278 亿美元的行业巨擘在《财富》世界 500 强的排名中名列第 462 位，在体育服装行业，它是名副其实的“庞然大物”。但是它的创新能力着实让人大吃一惊，从生产流程到产品设计几乎无所不包。行业观察家们把公司最近取得的成就完全归功于在 2006 年上任的 CEO 马克・帕克（Mark Parker）。

59 岁的帕克既是设计天才，也是在耐克公司工作了一辈子的元老。作为 CEO，帕克为耐克精心策划了许多大规模的行动，如耐克的“项目攻击”（Category Offense）战略。其前提很简单：不是围绕运动鞋与运动服来构建全球化的公司，而是围绕运动项目的分类来发展，如篮球和长跑。此外，耐克确保每个运动项目都会坚持全公司的首要目标，其中包括平衡运动鞋与运动服产品之间的关系；持续不断地提供新产品；扩大零售覆盖区，这意味着开设新的耐克品牌门店，目前全球一共有 739 家门店。“他们对所在的每个区域施行相同的策略，从中找出不足，然后再投资。”德意志银行的一位分析师戴维・韦纳（David Weiner）解释。“全面实施需要数年功夫，但是他们完美地执行了这项战术。”

2013 年，公司的销售额增长了 8%，股价在过去的一年里上涨了 22%，目前的交易价是每股 94 美元。耐克在它的宿敌阿迪达斯（Adidas Group）面前保持着优势，后者的创新几乎陷于停滞。由于明亮的色调和纤薄的织物契合了当下的“运动休闲”热，因此耐克在服装领域中的努力取得了成功。同时，公司还充分利用了露露柠檬公司（Lululemon）等竞争对手的发展势头。露露柠檬公司让瑜伽运动发展得红红火火，但是如今耐克却在该领域内收获了胜利的果实。“与公司以往的发展相比，近两年来他们向市场上推出了越来越多的、极富创新的新产品。”特雷西说。

帕克有一个雄心勃勃的计划，他要通过削减海外产量，把越来越多的生产工作向美国转移。耐克的一项专利技术 Flyknit 有可能成为实现这个目标的关键因素。它能利用一轴线生产一只鞋，从而减少大部分人工劳动。耐克还把 3D 打印技术应用到模型制作流程中。

2014 年年初，公司对 FuelBand 部门进行了瘦身，此时正值健身记录仪和可穿戴技术发展得如火如荼。投资者非但没有批评此举乃是失误，反而对其大加褒奖，称帕克认识到，耐克无法与苹果（Apple）、Jawbone 等硬件技术公司相抗衡。但是这位 CEO 对技术依然痴心不改。“耐克的创新议程已经远远超出了产品领域，它触及了我们所从事的一切活动，”帕克说，“数字世界的发展日新月异，其中耐克始终充当着急先锋的角色。”

NIKEiD 就是一个很好的例证，这个网站可以让运动鞋的发烧友们从极其细小的方面来设计自己的运动鞋，甚至鞋孔的颜色。帕克说，耐克的客户“期待我们能像他们一样，融入数字化的世界中”。

资料来源：2015 年 3 月 10 日《财富》中文版，钱志清译。

思考题

1．什么是可穿戴技术？

2．你认为可穿戴技术在哪些行业中会得到广泛应用？

3．服务业中是否也需要可穿戴技术？

第6章 生产运作系统战略决策

本章学习目标

- 说明运作能力规划的重要性。
- 对定义和测量运作能力的相关内容进行讨论。
- 描述制定运作能力规划方案的考虑因素。
- 简要描述用来评估运作能力规划的方法。

本章引例

雀巢公司是如何解决季节性问题的

任何一家食品制造商都必须学会如何处理需求季节性变动的问题。雀巢是全球最大的食品制造商之一，在它的运作过程中，不仅会遇到原料供应方面的季节性问题（如蔬菜），也会遇到需求季节性的问题（如冰激凌），有时甚至会在同一个产品身上同时看到这两种不同的季节性问题。

例如，巧克力的生产就是一个非常典型的例子。决定这种产品需求的因素既有气候的原因，如巧克力在夏天就不太受欢迎，也有文化方面的原因，如在许多国家，圣诞节和复活节送巧克力是一种非常流行的做法。为了解决需求的这些波动，雀巢的巧克力生产厂家采用了许多种方法。

对于有些产品，公司会采取预先存储的办法，将它们先储存起来，等待季节高峰期到来以后再出售（不过，它们的存储时间也要受到产品的储存寿命——公司为保证品质而设立的一项标准——的限制）。

而在非需求高峰期，公司则采用特惠装和产品促销的方法来进行刺激销售。同时，公司还根据产品加工过程中各个工艺阶段的具体特点，有针对性地采用各种不同的方法来进行生产能力调整，以达到调节整体输出水平的目的。

巧克力的生产本身要受生产设备的最大生产能力的限制，而包装工序等其他运作环节却可以在需求旺季招聘一些临时工。所有这些都要求公司建立一个及时且灵敏的决策环境。因为，一旦公司的经理们在什么地方出现了决策失误，后果将是非常严重的：不是顾客买不到自己心爱的产品，就是公司积压大量库存。

思考问题

1. 对于有季节性需求的产品，企业可以采取哪几种方法来处理供应与需求的匹配？
2. 为什么季节性产品的运作能力规划与设计非常重要？

对所有企业来说，运作能力都是一个非常重要的问题。运作能力指的是一个作业单元满负荷生产所能处理的最大限度。作业单元可以是一个工厂、一个部门、一台机器、一家商店或一个工人。

运作能力规划的目标是使企业的长期生产能力与预期长期需求水平相匹配。一个企业之所以要进行运作能力规划，原因是多方面的。其中重要的原因有需求的变化、技术的变化、环境的变化及面临的威胁或机会。实际运作能力与预期运作能力的差异将导致能力失衡。运作能力过剩造成运作成本过高，而能力不足会造成供应不足，可能失去顾客和市场。

6.1　运作系统的功能目标和结构

企业的竞争力取决于企业的战略定位，因此企业的战略对企业具有深远的影响。企业是一个大系统，所谓系统（Systems），就是各种相互作用的变量的集合体，而大系统又由多个子系统构成，子系统的战略必须支持大系统战略目标的实现。因此，企业的运作管理战略必须与企业总战略一致，并保证其能支持企业战略的实现。

要进行运作系统战略决策，首先必须了解运作系统的功能目标和结构。

6.1.1　现代企业运作系统的功能目标

1. 用户、产品和运作系统的关系

一个组织的使命是该组织的基础，是其存在的原因。一个企业的使命是由该企业的业务性质决定的，如工厂的使命是提供产品，医院的使命是提供医疗服务。应该提供什么样的产品和服务，决定了需要什么样的运作系统。例如，通用的产品和服务与定制的产品和服务，它们所对应的运作系统是不一样的。因此，研究企业的运作系统，可以从分析市场、用户对产品或服务的要求入手。

用户对产品（或服务）的要求是多方面的，而且会随着时间的变化而不同。一般来说，这种要求主要集中在产品特点、质量、数量、价格、服务和交货期六个方面。不同的用户对同类产品在要求上会有很大的差异，有的追求的是产品的特点；有的追求的是价格；而有的追求的是质量或交货期。

企业提供的产品或服务不可能在所有方面都具有竞争优势，这时就要看企业产品或服务的市场定位。企业为占领市场，要对市场做出细分，而企业根据这一细分市场的特点，对自己产

品所做的市场定位，也就决定了产品在竞争中所要突出的竞争优势是价格还是质量或是其他。

用户的需求和企业的竞争战略都是通过对提供的产品或服务的要求来体现的，而产品或服务又把用户和企业竞争战略的要求转化成对运作系统的要求。产品或服务就是这种转换的媒介。用户对产品的要求和产品对运作系统的要求之间具有很强的对应性，即用户对产品提出的产品特点、质量、数量、价格、服务和交货期等要求转化为对运作系统提出的创新、质量、柔性、成本、继承性和时间控制六个方面的要求。

2. 运作系统的主要功能目标

（1）产品特点。当用户对产品的功能、款式有较高的要求时，也就相应要求运作系统在产品设计方面有较强的创新能力，能根据用户的要求不断地开发新产品。

（2）产品质量。当用户把对产品质量的要求放在首位时，就要求相应的运作系统必须根据顾客的质量期望，制定出相应的政策和实施措施，以保证质量的一致性。而质量又分为产品质量和过程质量。在产品设计时，产品的质量标准将随着所定位的细分目标市场而有所变化。例如，儿童所用的童车与运动员所用的自行车质量标准明显不同：运动员所用的自行车需要使用特殊铝合金材料及特殊的齿轮与链条，而童车则没有这个必要。因此，建立质量标准的关键在于满足顾客的需求。过程质量同样也是重要的，因为它与产品的质量可靠性直接相关。

（3）产品数量。当用户对产品数量提出要求时，往往意味着系统不仅能满足顾客所提出的数量要求，而且系统的生产能力能承受顾客在产品数量需求上较大的变化。为了适应这种要求，运作系统必须具备较大的柔性。这种柔性，一方面体现在对数量变化的承受能力上；另一方面也应体现在对外部市场变化的快速适应能力上，因为运作系统对某种产品的数量变化的适应能力，往往是通过运作系统对所生产产品品种结构搭配的变化来实现的。

（4）产品价格。用户对产品价格的要求，一直是产品竞争的重点之一。这就要求运作系统能以低成本进行生产。而运作系统要实现低成本，就要注意运作系统的全过程：从设备到流程；从综合计划、主生产计划到排序计划；从库存控制到人力资源安排等各方面。

（5）产品服务。有的用户很关注产品服务，这种服务是指产品售前售后对用户提供的服务，如产品使用培训，安装服务，使用过程中的维修、保养、保险、提供备件，以及产品更新换代以后对老产品的服务保障等。这种服务功能的实现，有的通过营销部门来完成，而有的需要运作系统的支持。例如，当产品不断更新换代，若构成产品的零部件没有继承性的话，那么当那些在市场上生命周期已经结束而用户还在使用的产品出现问题时，很可能企业已不再生产这些零部件。而要提供好的售后服务，意味着企业需要储存成千上万种不再生产的零部件，这样必然使得企业的库存成本上升。而企业运作系统若能做到零部件的继承性良好，那么在不断推出新产品的同时，构成新产品的零部件依然能够为那些已经不再生产的产品提供很好的维修服务的要求。因此，用户对产品服务的要求主要体现在运作系统的继承性方面。

（6）产品交货期。有许多用户把对产品交货期的要求放在首位。交货期的要求一般包括交货速度和交货期的可靠性两方面，即能向顾客快速交货和按事先承诺及时交货。在某些类型的市场上，企业交货的速度是竞争的首要条件，如为计算机网络设备提供维修服务，能够在 1~2 小时内提供现场维修服务显然比在 24 小时内提供维修更受欢迎。同样，交货速度也应该包括对产品或服务的抱怨的反应时间上。能否按事先承诺及时交货，现在日益为企业所重视，尤其当企业采用准时生产制而库存量很少时，交货的可靠性就更为重要，否则就会延误生产或迫使企业提高库存。因此，现在越来越多的企业以此作为标准来评价和选择供应商。

产品或服务的交货期问题，实际上对运作系统的时间控制提出了要求，要求运作系统能合理地做好各种计划，以缩短产品的生产周期，并按期完成规定的各项任务。另外，还需要减少变换时间，即从生产一种产品或提供一项服务变换到另一种产品或服务所需的时间，其中涉及设备、工位器具、工艺方法、加工顺序等的变换时间。而运作系统要做好时间控制，同时又依赖于运作系统的其他功能，如质量保证体系、设备维护系统、人力资源培训系统等。

不同的企业，由于用户对产品的要求不同，企业运作系统中强调的功能目标也不一样。但是这些功能目标之间是相辅相成、互相支持、互相依赖的。

6.1.2 运作系统的结构

运作系统的功能目标能否实现，取决于运作系统的结构，具体叙述如下。

1. 运作系统的构成要素

运作系统的构成要素分成两大类：结构化要素与非结构化要素。所谓结构化要素，是指构成运作系统的硬件部分，也就是构成运作系统框架的设备；而非结构化要素，是指构成运作系统的软件要素。

（1）运作系统的结构化要素。运作系统的结构化要素主要包括工艺流程、布局、生产能力及运作系统的集成等方面。

1）工艺流程。工艺流程主要涉及生产产品或提供服务所需要的工艺方案和设备，包括设备和技术的类型。工艺方案决定了所用的技术、设备和人力资源，同时也会影响产品的质量、成本和设备维护方面的管理工作，而且很多工艺决策具有长期的影响，并与投资决策相联系。

2）布局。运作系统的布局，是指企业的设施如何在各部门分布。它不仅影响各部门的规模，还会影响各部门的专业化分工。布局的决策也会受到生产能力需求、人员素质、采购决策和库存需求的影响。

3）生产能力。指运作系统生产能力的大小、特征及柔性等情况。决策的目的是在合适的地方、合适的时间确定合适的生产能力。生产能力的大小取决于运作系统的投资，影响运作系统的运行成本。生产能力的特征，主要表现在生产能力的大小如何与需求之间进行平衡，生产能力以怎样的方式进行增长等。生产能力的柔性主要指对外部市场需求品种和数量变化的适应能力。生产能力的决策，不仅决定了设备的规模，也决定了运作所需的员工数量。

4）运作系统的集成。指运作系统集成的范围、方向及与外部的协作关系。运作系统的集成决定了企业生产职能所涉及的范围，也就是企业制造活动的边界。

运作系统的结构化要素是运作系统的物质基础，具有投资大、影响时间长等特点。因此，结构化要素的决策一旦做出，要改变和调整都会涉及投资费用的问题，所以决策应该慎重。

（2）运作系统的非结构化要素。运作系统的非结构化要素有人力资源及组织策略、生产计划策略、库存策略以及质量策略。

1）人力资源及组织策略。人力资源及组织策略是运作系统设计中一个不可缺少的部分，包括企业人员素质特点，反映在人员文化水平、技术水平、敬业精神等方面；也包括企业人力资源管理政策，涵盖企业员工工资水平、职工教育培训制度、资金福利、报酬制度等。人力资源及组织策略还包括企业的组织结构的形式及划分组织的依据，因为组织结构划分是否合理，将会影响每个部门的业务边界和企业业务流程是否畅通。

不同的运作系统，其人力资源及组织策略是不同的。不同的运作系统对员工的素质要求是不同的，因此培训制度也不相同，运作系统对此要做出恰当安排。例如，美国迪士尼公园对大门收票人员，在正式上岗之前要花 4 天时间进行培训，第一天让他们了解迪士尼的全况，以后几天的培训结合顾客进门时会提的各种问题而展开，如顾客可能会询问某一景点在什么地方，而参加过培训的大门收票人员可以清楚地回答这一类问题，以使顾客一来就感受到很好的服务氛围。

2）生产计划策略。指运作系统如何根据市场需求，建立灵活、高效的生产计划体系，包括各类计划的编制方法和关键技术。目前许多企业的计划系统都应用了专门软件，如 SAP 的 R/3 系统等，从而大大提高了生产计划的准确性和优化程度。

3）库存策略。包括针对不同类型库存确定不同的库存控制模型，涉及安全库存和订货量等。库存策略的制定，必须全面考虑顾客满意度、供应商和生产进度的情况。另外，通信技术的发展，使得企业与自己的上、下游信息交换速度大大提高，企业不仅可以从自己企业的范围考虑库存控制模式，而且可以从供应链的范围考虑改善库存的组织结构。（例如，从各个企业各自封闭的分散的库存结构变成上、下游协同的集中式库存结构，详见“库存管理”的有关章节。）

4）质量策略。包括确定顾客的质量期望，制定相应政策和方法来达到这样的质量，如确定质量检验、质量控制的方法及实现这种目标的质量保证体系。质量管理应该贯穿于企业的各个阶段，即不仅重视向顾客提供的最终产品或服务，而且应该重视产品设计、生产及售后服务等工作。

以上四项是运作系统中支持和控制系统运行的软件要素，决定了运作系统的运行机制。这些要素不涉及大量的投资，但在日常业务活动中需要多次反复做出决策。一次决策的结果，影响不会很大，调整与改变比较容易。但是，无数次决策所带来的影响就不可忽视，因为它们会带来一种固定的思维模式，而这种固化了的思维模式反过来又对非结构化要素的内容及其组合关系的调整与改变产生了障碍。

2. 运作系统的功能、结构与两类要素之间的关系

运作系统的结构是为运作系统的功能服务的，运作系统的结构化要素及非结构化要素的内容及其组合形式决定了运作系统的结构。结构必须与功能相匹配，结构中结构化要素又必须与非结构化要素相匹配，这样的运作系统的设计才是合理的。

运作系统投入运行以后，外部环境会不断发生变化，因此就会对运作系统的功能目标提出调整或改变的要求，由此就要求对运作系统的结构进行相应的调整。运作系统的管理人员不仅要善于根据外部市场的变化，组织运作系统生产出合适的产品和服务；同时还要进行运作系统本身结构的调整，以更好地完成运作系统的功能目标。

6.2 定义和测量运作能力

6.2.1 运作能力的定义

到目前为止，我们所用的是一种功能性运作能力的定义，它又可以进一步细分成以下两种定义。

（1）设计运作能力。一个操作过程、工序或设施实际的最大产出。

（2）有效运作能力。设计运作能力扣除因个人时间、机器维修及质量因素等造成的运作能力减小的部分。

设计运作能力是达到理想状况下最大的可能产出；有效运作能力则考虑了产品组合改变的现实性、设备定期维修的必要性、午餐或休息时间的剔除，以及运作规划和平衡等出现问题时的运作能力，它通常小于设计运作能力（不可能超过设计运作能力）。而实际产出由于机器故障、缺工、材料短缺、质量及其他运作部经理不能控制的问题，通常要小于有效运作能力。

这两种不同的运作能力度量在定义两种系统效率，即运作效率和运作利用率时非常有用。运作效率指的是实际产出与有效运作能力的比值，而运作利用率指的是实际产出与设计运作能力的比值，计算公式如下：

运作效率=实际产出/有效运作能力

运作利用率=实际产出/设计运作能力

因为有效运作能力决定了实际产出的可能性，因此，提高运作能力利用率的关键是通过改进产品质量、保持设备良好运行条件、充分培训员工和高效利用瓶颈设备以提高有效运作能力水平。因此，提高运作利用率取决于提高有效运作能力的程度。

系统设计的许多决策因素能够影响有效运作能力，对于许多运作决策来说也是这样。这些因素概括在表 6-1 中，它们在本书的其他各处也将提到。

表 6-1 决定有效运作能力的因素

因　素	内　容
设施因素	设计、选址、布局、环境
产品因素	设计、产品组合
工艺因素	产量能力、质量能力
人力因素	工作内容、工作设计、培训和经验、动机、报酬、学习效率、缺勤和跳槽
运行因素	进度安排、物料管理、质量保证、维修政策、设备故障
外部因素	产品标准、安全条例、工会、污染控制标准

6.2.2 运作能力的测量

运作能力经常被定义为产量的上限。尽管定义看起来很简单，但是，在某些实际情况下，测量运作能力却存在一定的困难，这些困难的产生来自对运作能力的不同解释及较难确定在特定情况下采用何种测量手段。

在确定运作能力的测量指标时，选择不需要调整的指标是非常重要的。例如，货币数额通常不是一个好的运作能力测量指标（如运作能力为 3 000 万美元），因为价格的变化将使这一指标不得不做出调整。

当生产仅涉及一种产品时，某生产单元的运作能力可以用其产出量来表示。然而，当涉及多种产品时，用一种基于产出量的简单度量可能具有一定的误导性。例如，一家既生产冰箱又生产冰柜的家电生产厂，如果两种产品产出率不同的话，用一种简单的产出量而不指出是冰箱还是冰柜是毫无意义的，如果该厂还生产其他产品的话，情况将变得更复杂。一种可能的解决办法是以每种产品的产出量表明其运作能力。

没有一种运作能力的测量方法能够适用于所有情况，因此应根据不同情况而定。表 6-2 提供了通常的运作能力测量方法的一些例子。

表 6-2　运作能力的测量方法

行　业	投　入	产　出
汽车制造	人工小时、机器工时	每班生产的汽车数
钢铁	炉膛尺寸	每天生产钢铁的吨数
石油精炼	精炼炉尺寸	每天生产燃油的升数
农业	农田面积、母牛数量	每年每亩生产谷物的数量，每天生产牛奶的数量
餐饮	餐桌数	每天招待的客人数
剧院	座位数	每场演出售出的票数
零售	店铺面积	每天实现的收入

6.3　运作能力规划的关键决策和步骤

一个组织应特别注意要根据对长期需求状况、技术变化及对竞争对手行为的假设和预测来制定它的运作能力决策，其中包括：① 需求的增长率和可变性。② 设施建造及运作成本。③ 技术创新的速度和方向。④ 对竞争对手可能的行为的预测。⑤ 资本和其他投入的可得性。

运作能力规划中的关键决策涉及：① 所需资本的数量。② 变化的时间性。③ 整个系统的衡的保持。④ 设施和劳动力的柔性程度。

在决定所需运作能力时要考虑预期需求和运作能力成本。在有些情况下，做决策时要考虑运作能力缓冲这一情况。运作能力缓冲是指当未来需求存在不确定性因素时，设计的运作能力超过预期需求。需求的不确定性程度越高，需要的缓冲能力越大。

运作能力规划的步骤如下。

（1）估计未来运作能力要求。

（2）对现有运作能力及设施进行评估，找出差距。

（3）确定满足要求的可行性方案。

（4）对每个方案进行财务分析。

（5）评价每个方案的关键定性问题。

（6）选择一个可执行的方案。

（7）实施该方案。

（8）监控结果。

6.4 确定对运作能力的需求

运作能力规划决策涉及长期和短期考虑。长期考虑与运作能力整体水平有关，如工程设施的能力大小。短期考虑与需求季节性及随机波动引起运作能力波动有关。长期考虑和短期考虑所涵盖的时间长短因行业不同而不同。虽然两者无法截然区分，但是这种区分可为运作能力规划的讨论提供一个框架。

短期运作能力与季节性需求有关，很少涉及周期性或长期性趋势。但是由于季节性的需求变化，有时会给企业的系统满足需求的能力造成严重的压力，而有时会使系统能力闲置。因此，企业可以运用标准的预测技术来确定季节性变化情况。通常人们提到的是年需求变动情况，但是我们还可以研究每个月、每周甚至每天的需求变化。表 6-3 提供了一些季节性需求变化的例子。

表 6-3　呈现需求变动的一些例子

时　段	项　　目
年	啤酒销售、玩具销售、航空客流量、服装、度假和旅游、电力与汽油消耗、运动和休闲、教育
月	福利和社会保险支付、银行交易
周	零售、餐馆就餐人数、交通流量、旅馆登记
日	电话、用电量、交通流量、公交运输、教室利用率、零售

当需求分析不足以发现季节性变动时，我们可以将需求用正态、均匀或泊松等概率分布来描述。例如，我们可以将某个小餐馆午饭时间对咖啡的需求描述为有一定均值和偏差的正态分布。星期一早上进入某一银行业务处的顾客近似为有一定均值的泊松分布。然而，这并不是说，任何随机波动都能被描述为标准分布，特别是服务系统。生产系统由于通常与顾客隔离，而且生产具有较大的固定性，变动性较少。在服务系统中，由于出现变动的可能性较大，应用排队模型和仿真模型分析非常有用。

确定对运作能力的需求的工作应该受到重视。当对运作能力需求判断错误时，会造成大量损失。出现判断错误的一个关键原因可能是对需求和增长率的预测过分乐观。营销人员通常对前景充满乐观，这未必是件坏事，但是不要让乐观导致组织的运作能力过剩，因为运作能力未被充分利用会带来额外的成本负担。出现判断失误的另一个关键因素可能是仅仅关注销售和收益潜力，而不考虑带来这些销售和收益所需要的产品组合。为避免这一点，营销部门和运作部门要紧密合作，以确定最佳的产品组合及相应的成本和利润。

确定运作能力需求的一个合理方法是取得对将来产品需求的准确预测，将对产品的需求转化为对运作能力需求的数量和时间，进而决定需要如何改变运作能力（增加、下降和不变）。

长期运作能力需求方案涉及现有设施的扩张或缩减、增开还是关闭附属设施及现有设施的选址问题。在这一点上，组织必须就自制或外购某一产品或提供还是外购某项服务做出决策。

6.5 制订运作能力规划方案的考虑因素

在制定运作能力规划方案时，企业需要考虑以下一些因素。

（1）将柔性设计融入系统。许多运作能力决策的长期性及长期预测所内含的风险，正说明涉及柔性系统的潜在收益。例如，在结构初始设计中为将来扩大规模留有余地，比起经常不留余地而重新改变已有结构的成本要低得多。因此，如果一个餐馆将来很有可能扩建，那么水管、电线挂钩、下水管道就应在初始时铺设好，这样在将来扩建时，可以将对现有结构的修改减少到最低限度。其他柔性设计包括设备布局、选址、装备选择、产品计划、生产排程和存货政策等。

（2）考虑生命周期的阶段性。运作能力要求与产品或服务在其生命周期中所处的阶段紧密相连。

1）在投入期，要决定市场规模大小和企业最终的市场份额都是困难的。因此，企业在进行大的或柔性的运作能力投资时要十分谨慎。

2）在成长期，整个市场可能经历快速增长期。然而，真正问题是该企业的市场份额增长率如何，它可能大于或小于整个市场增长率，这取决于该企业战略的成功与否。企业通常认为增长是一件好事，它们期望其产品或服务的整个市场及市场份额都能增长，因为它们认为这样能增加它们的销售量和赢利水平。然而，可能事与愿违，因为产量的增加将要求增加运作能力，这意味着将增加投资和带来复杂性。另外，决策者应该考虑到竞争对手的相似趋同性，这将增加市场能力过剩的风险，导致产出的单位成本较高。另一个战略是基于产品非价格因素方面的竞争，增加在技术和工艺改进上的投资力度，取得差异化竞争优势。

3）在成熟期，市场已经饱和，组织的市场份额趋于稳定。组织可以通过降低成本和充分利用运作能力来提高赢利能力。然而，一些企业仍可能试图通过增加运作能力来提高赢利能力，因为它们相信这一阶段还相当长，或者增加运作能力的成本相对较小。

4）在衰退期，由于需求的下降，一个企业可能面临运作能力出现剩余的情况。企业可以将多余运作能力卖出，或者推出新的产品或服务，以利用多余的运作能力。有时在制造业可能采取这样一个选择方案，即转移运作能力至劳动力成本较低的地区，这样可以延长企业在该产品上的获利时间。

（3）全盘考虑运作能力的变化。制定运作能力规划方案时，必须考虑系统各部分之间的相关性。例如，当决定增加汽车旅馆的房间时，必须同时考虑到停车场、娱乐设施、食物及房间卫生需求的增加。

（4）尽量避免运作能力需求的大起大落。运作能力需求的不均匀会导致某些问题产生。例如，恶劣天气时，乘公交车的人数会比天气好的时候大大增加，这会导致系统经常处于利用不足和过度利用的交替之中。增加汽车或地铁的车次会减小需求旺盛时带来的压力，但这将加强某些时候运作能力过剩这一情况，从而增加系统运营成本。

（5）明确最优运行水平。各生产单位通常有以每单位产出成本所表示的理想或最优的运行水平。在这个理想水平上，每单位产出成本对于这一生产单位来说是最低的。如果产量尚未达到最优水平，增加产量可以降低单位产品的平均成本，这被称为规模经济。然而，当产量增加到最优水平之上时，平均单位成本将趋于增加，这被称为规模不经济。在确定一个运营单元的运作能力时，管理者必须认真考虑财务及其他资源的可获得性与预期需求的关系。要做到这一点，就必须明确各种规模工厂设施的优缺点，以便比较各种工厂规模。

在制定运作能力规划方案时，企业还可以考虑通过纵向一体化决策、构建虚拟企业和业务流程再造等方法来达到运作能力与市场的需求相一致。

6.5.1 纵向一体化决策

纵向一体化是指运作系统沿着纵向集成的一种方式，传统上常采用的策略是或扩大自身规模，或参股上、下游企业。它直接决定了企业运作职能所涉及的范围，也就是企业活动的边界。

1. 纵向一体化决策的内容

以小型装配厂为例，它通常从别的企业购入零部件，完成装配后出售给批发商，其生产—营销链如图 6-1 所示。

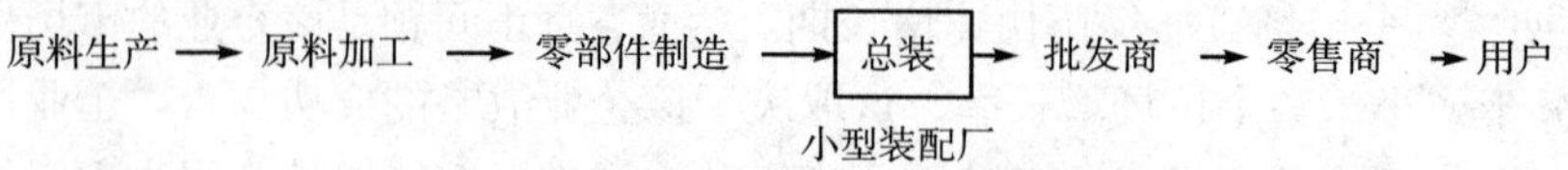

图 6-1 生产—营销链

当由于某种原因，这个装配厂决定自制零部件，自行对原料加工，或者自营批发时，它就采取了纵向一体化的策略。

纵向一体化的决策内容主要考虑纵向一体化的方向、范围和平衡。

（1）方向决策。所谓方向决策，是指纵向一体化的决策是前向集成还是后向集成。

1）前向集成。企业朝市场方向延伸，被看作扩展市场的进攻型策略。

2）后向集成。朝原材料方向延伸，被看作降低成本或提高供应保证程度的防御战略。

当原材料影响企业的进一步发展，企业有可能朝后向集成，如供应的材料质量不稳定，交货期不能保证或供应材料价格过高等。而当企业要向市场方向扩展，就有可能采用前向集成的策略。

（2）范围决策。所谓范围决策，是指企业在前向或后向一体化过程中走多远的问题。例如，在图 6-1 中，以装配厂为例，若方向决策确定要向后向发展，那么可以将业务延伸到零部件制造，甚至可以进一步延伸到原料生产。因此，范围决策的任务是要在方向决策确定以后，明确走到哪里的问题。

（3）平衡决策。平衡决策是有关企业在方向、范围决策完成以后，企业生产的各阶段能力是否完全平衡的决策。还以图 6-1 为例，企业方向、范围决策确定一体化延伸到零部件制造，那么平衡决策的任务是确定零部件制造的各工艺是全部由自己完成，还是只完成部分。

若保持完全平衡，即各阶段能力完全平衡，所有工作都由自己完成，那么可能会遇到技术上是否可行和规模经济是否合理的问题，同时还会具有运作系统灵活性降低的缺点。但若采取不完全由内部平衡的决策，则应当恰当处理产品自制还是外购的问题。若处理不当，则会损害企业与供应者或购买者之间的关系。

2. 纵向一体化与成本的关系

企业采用纵向一体化策略，有些出于成本考虑，因为纵向一体化扩大了生产业务范围，创造了新的价值。自制零件的成本有可能低于外购，自营批发可以增加新的利润。但是，必须看到，业务范围扩大而增加的盈利是与投资的增加相联系的。因此，企业在做出纵向一体化决策之前，必须对增加的盈利与增加投资的成本进行权衡决策。

另外，纵向一体化也有一些不利因素，主要表现在自己制造和自行销售效率往往低于专业制造、专业经销的企业。为此，企业必须认真权衡。

3. 纵向一体化与控制的关系

企业采用纵向一体化策略的另一个主要原因是出于加强控制的考虑。采用纵向一体化的优点如下。

（1）避免前后向的变动造成生产大幅度波动。例如，供应商停止供应或减少供应数量，经销商订单发生波动，都会造成很大的生产波动。

（2）避免前后向的竞争压力。前后向由于价格、合作等各种原因，有时会给企业带来各种压力，使得企业发展碰到很大阻力，而自己又无法控制。

（3）有利于信息畅通。当上下游之间没有建立很好的合作关系时，会互相封锁信息，造成企业生产安排具有很大的盲目性，要么大量积压库存，要么缺货。

（4）有利于相互之间的合作与协调。这是不言而喻的，同一个企业内部的合作与协调，比起不同企业之间的合作与协调，显然要容易得多。

（5）对供应材料的质量、交货期、价格等能加强控制。

企业采取纵向一体化虽然可以加强以上几方面的控制，但是，要实现这些控制也并不是那么容易的。文化的差异、技术的差异、工作流程的差异和标准化的差异等，使企业在纵向一体化之后有较长的一段磨合期，需要通过协调才能加以实现。

4. 纵向一体化的缺陷

纵向一体化在企业相对稳定的市场环境下是比较有效的。但是 20 世纪 90 年代以后，科学技术迅速发展，市场竞争日益激烈，顾客需求不断变化，在这种背景下，纵向一体化模式暴露出以下种种缺陷。

（1）增加了企业的投资风险。因为纵向一体化是通过投资或参股的形式进行的，因此增加了企业的投资负担。另外，由于企业之间的文化等冲突，能否磨合成功，实际是有风险的，而这种风险的代价涉及企业的巨大投资。

（2）迫使企业从事不擅长的业务活动，在各种领域直接面对众多竞争对手。采用纵向一体化模式的企业实际上是“大而全”“小而全”的翻版，迫使企业从事自己非核心竞争力的业务。况且，在每个业务领域直接面临众多竞争对手，在企业资源、经验和精力都十分有限的情况下，企业会被非核心业务拖垮，其结果是核心竞争力也会丧失。

（3）不易随市场变化而调整。因为市场变化迅速，而以投资为前提的纵向一体化肯定不可能随市场变化而迅速调整，因为调整涉及大量的资金投入，使得整条生产链柔性较差。

6.5.2 构建虚拟企业

由于全球性的竞争使得市场变化太快，企业依靠自己的资源进行整合赶不上市场变化的速度。因此，现在企业更看好采用虚拟企业（Virtual Enterprise， VE）或动态联盟的方式进行上下游之间的整合。

虚拟企业的观点是美国李海大学（Lehigh University）于 20 世纪 90 年代在《21 世纪制造企

业战略》的报告中提出的。这是一种企业之间共享风险与收益的典型的多方位、目标导向的长期合作关系。采用虚拟企业的模式，一方面，可以防止纵向一体化带来的缺陷；另一方面，虚拟企业之间的共同目标也可以带来传统交易关系所没有的更多的资源承诺。虚拟企业可以为合作各方带来长期战略利益。

当然，并不是在任何情况下采用虚拟企业的战略都是正确的，企业应该对采用此战略是否有助于解决下列问题、达到预期目标做出清醒的判断。

（1）增加产品价值。与合适的企业合作有助于增加现有产品的价值，如改善投放市场的时间、分销渠道或企业产品的认知价值。另外，拥有互补产品线的公司之间合作也可以增加双方产品的价值。

（2）改善营销效果。能产生更好的广告效果或增加接触新的营销渠道的机会。例如，消费品制造商可以与大型零售商合作，合作各方销售额都会增加。

（3）强化运作管理。企业之间的良好合作使设备和资源得到有效使用，从而降低系统成本和改善运作管理。

（4）增强技术力量。共享的技术合作有助于增强双方的技能。例如，某供应商需要一种信息系统来与消费者联系，若与已具备这种系统使用经验的企业结成联盟，会使该供应商更容易解决技术难题。

当然，虚拟企业战略的应用也要得当。例如，每家企业都有自己的核心竞争力，这些核心竞争力不能因为合作而削弱。如果为了合作成功而将核心竞争力的资源转移出去，或者在技术和战略上妥协，就会造成负面效果。

6.5.3 业务流程再造

企业可以通过业务流程再造（BPR）来对企业现有的生产系统进行改善。迈克尔·哈默在第一部关于 BPR 的专著《再造公司》中对 BPR 做出如下定义：业务流程再造是“对企业的业务流程做根本性的思考和彻底重建”，其目的是在“成本、质量、速度等方面取得根本性的改善”，使企业能最大限度地适应以顾客（Customer）、竞争（Competition）、变化（Change），即以“3C”为特征的现代企业经营环境。

旧的业务流程划分的依据就是分工理论，根据职能把一项完整的业务划分成许多部分，这样会使完成业务的时间延长，成本上升，顾客满意度下降。

BPR 的基本思想就是以业务流程为中心，摆脱传统组织分工理论的束缚，提倡顾客导向、组织变通、员工授权及正确地运用信息技术，达到适应外界环境变化的目的。

要进行业务流程再造的前提是首先要观念重建，把面向职能的指导思想转为面向流程，并且为了保证重建后的业务流程通畅，必须对组织进行重建，即以面向流程的原理划分组织。其具体过程如图 6-2 所示。

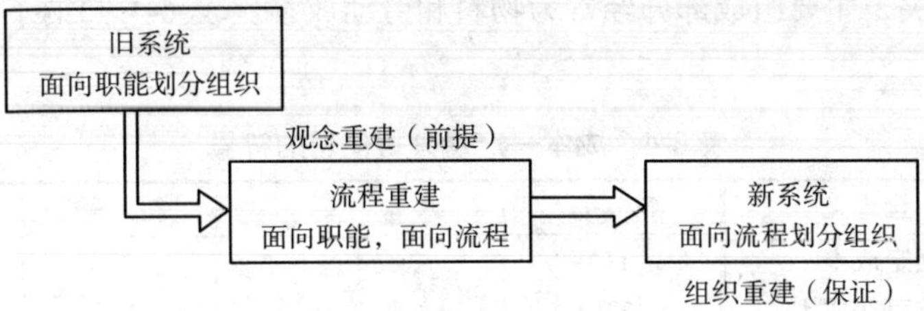

图 6-2　业务流程再造示意

运作经典

Levis——业务外包决策

Levis 是一流的美国品牌，其市场份额一度占据绝对优势。然而在过去十年中涌现出很多具有挑战性的流行服装竞争公司，这些公司将目标客户定位为年轻人，如 PMB Nation、Diesel 等以新颖、奇特的 hip-hop 设计吸引了都市青少年。面对市场份额的逐年降低，Levis 已开始为其继续经营而奋斗。

为了降低成本，Levis 选择把工厂移至海外以节省人工成本，从而保证与竞争对手在质量和设计处于同等水平时，能够拥有更有竞争力的价格。为了减少人工成本，Levis 几乎关闭了它在美国的所有工厂，包括在旧金山的一家已有 96 年历史的工厂。在佐治亚州 Blue Ridge 市，Levis 解雇了全部 400 名工人。CEO 下令关闭这些工厂，并先后解雇了共计 3 300 名员工，占全世界总员工数的 1/5，颠覆了美国工厂占主导的局面。

Levis 大多数生产和加工工序现在转移到了美国国外，以实现物料成本和人工成本的降低，如分别在中国东莞和青岛生产和加工，然后再分发到各个分销商处。Levis 实际上已经晚于许多服装公司这样做了。服装必须这样做才能有竞争力，才能真正使顾客满意。

6.6　评估运作能力规划

一个企业需要从不同角度评估未来不同的运作能力规划。首要的是经济上的考虑：该方案在经济上是否可行？成本是多少？实现它需要多长时间？运行和维护成本是多少？使用期是多长？它是否能与现有的运行体制相匹配？

评估的方法有许多，应用较普遍的是成本—产量分析和财务分析。

6.6.1　成本—产量分析

成本—产量分析集中于成本、收益和产量之间的关系。成本—产量分析的目的是估计不同运行条件下组织能取得的收益，是比较运作能力规划方案极为有用的工具。

1. 成本—产量分析方法

运用这种分析技术需要明确给定产品所涉及的所有成本。这些成本分为固定成本和可变成本两类。固定成本不随产量变动而变，包括房租、设备成本、电力成本及某些管理成本；可变成本与产量直接相关，主要组成部分经常为物料和劳动成本。表 6-4 归纳了成本—产量分析中使用的一些符号。

表 6-4　成本—产量分析使用的符号

符　号	含　义	符　号	含　义	符　号	含　义
FC	固定成本	TC	总成本	Q	产量
VC	总可变成本	TR	总收益	Q_{BEP}	盈亏平衡产量
v	单位可变成本	R	每单位收益	P	利润

我们假定单位产品可变成本不随产量发生变动。某一给定产量下的总成本等于固定成本与单位可变成本与产量乘积的和。

$$TC = FC + VC$$

$$VC = Q \times v$$

图 6-3（a）表示了产量、固定成本、总可变成本和总成本之间的关系。

假设产品每单位收益与可变成本一样，不随产量变化而变化，总收益将与产量呈线性关系，如图 6-3（b）所示。假设所有产出都被售出，那么给定产量 Q 的总收益为：

$$TR = R \times Q$$

图 6-3（c）描述了利润（总收益与总成本之间的差值）与产量之间的关系。偏离盈亏平衡点越远，亏损或盈利也越大。总利润可用下式计算：

$$P = TR - TC = R \times Q - (FC + v \times Q)$$

整理得：

$$P = Q \times (R - v) - FC$$

获得某一利润所需的产量为：

$$Q = (P + FC) / (R - v)$$

总收益与总成本相等之处的产量即盈亏平衡点的产量为：

$$Q_{BEP} = FC / (R - v)$$

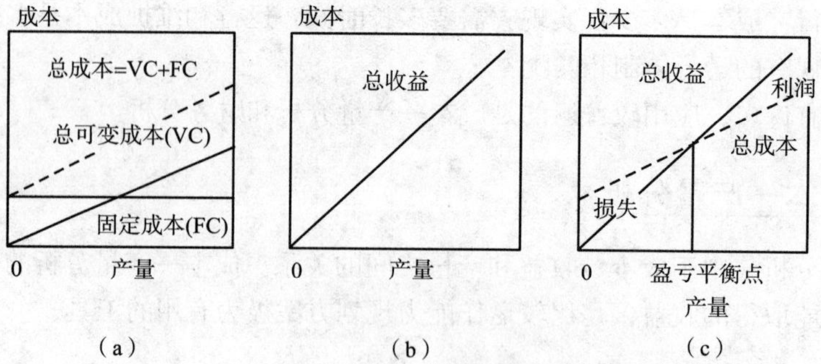

图 6-3　成本—产量关系

例 6-1　一个小型纺织品商店的固定成本是 46 000 元，每件售价 40 元，变动成本估计是价格的一半。

（1）找出盈亏平衡点 Q_{BEP}。

（2）销售 3 000 件的利润（或亏损）是多少？

解：

（1）
$$Q_{\text{BEP}}=\frac{\text{FC}}{R-v}=\frac{46000}{40-40/2}=2300\text{（件）}$$

（2）
$$P=Q\times(R-v)-\text{FC}=3000(40-20)-46000=14000\text{（元）}$$

盈亏平衡分析是一个很有用的模型，尤其对一个单一产品。但是通常它要求假定条件是确定的，这就限制了它的应用。表 6-5 总结了其假定条件和优点。

表 6-5　盈亏平衡分析的假定条件和优点

假定条件	优　点
1．所有的成本和数量都是已知的	1．简单并易于理解
2．成本和数量的关系是线性的	2．关注利润
3．所有的产出都能卖掉	3．可以应用代数或图形方法来表示

2．成本—产量分析方法的使用条件

和所有的量化方法一样，成本—产量分析方法的运用必须验证对于某一特定情况，它所隐含的假设是否得到满足。例如，单位收益或单位可变成本并不总是保持不变，固定成本在某一产出范围内也可能发生变动。如果需求受随机变动的影响，在分析中就必须加以考虑。另外，成本—产量分析还要求固定成本和可变成本是可分离的，而有时候这是很难做到的。成本—产量分析最适用于一种或数种具有相同成本特性的产品。

成本—产量分析最大的价值在于它提供了一个将成本、收益和利润估计融入运作能力决策中的概念框架。

6.6.2　财务分析

如何分配紧缺资金是所有管理人员都会遇到的问题，通常做法是用财务分析来给投资计划进行排队。现金流和现值是财务分析中十分重要的两个术语。

现金流是指从产品（或服务）的销售或其他来源（如出售旧设备）中获得的现金收入与工人工资、原材料成本、管理费用和税收等现金支出之间的差值。

现值是指一项投资计划所有未来现金流的当前值。

财务分析的三种常用方法如下。

（1）回收期法。这是一个粗略却广泛应用的方法，注重一项投资收回其初始成本所需要的时间。例如，一项投资初始成本为 6 000 美元，每月净现金流为 1 000 美元，则其回收期为 6 个月。回收期法忽略货币的时间价值，因此，它更适用于短期工程。

（2）现值法。考虑到资金的时间价值（利率），把预计年现金流和预计残值折算成现值并与初始投资额相比较。

（3）内含报酬率法。内含报酬率是指用它来对投资的现金流进行贴现，使得现金流入量的总现值与现金流出量的总现值相等，从而使净现值等于零的报酬率。内含报酬率法是根据投资方案的内含报酬率的高低来评估投资方案优劣的一种方法。

以上这些分析技术在未来现金估计确定性很高时是非常恰当的。但许多情况下，运作部经理和其他经理面临着风险性高或不确定性强的环境。在这种情况下，则宜采用其他方法来评估。

引例的思考

有季节性需求的产品生产运作系统的设计对企业来说尤其重要，一个重要的问题是如何使得企业的供应与多变的需求保持一致，所以季节性产品的运作能力规划与设计非常重要。使得供应与需求保持平衡的主要办法有两类：一类是保持供应不变，通过营销手段来改变需求：另一类是改变企业的供应以迎合多变的需求。一个企业尤其要根据对长期需求状况、技术变化及竞争对手行为的假设和预测来制定能力计划决策。企业需要考虑需求的增长率和可变性、设施建造及运作成本、技术创新的速度和方向、竞争对手可能的行为，以及资本和其他投入的可得性。而在运作能力规划中的关键决策主要涉及所需资本的数量、变化的时间性、保持整个系统的平衡及设施和劳动力的柔性程度。

复习与讨论题

1．某作业调度室的有效运作能力是设计运作能力的 50%，实际产出为有效产出的 80%，要达到每周 8 个作业的实际产出，需要多大的设计运作能力？

2．一种产品每件售价为 650 元，固定成本为 82 000 元，变动成本为每件 240 元。求：(a) 盈亏平衡点 Q_{BEP} 是多少？（b）要获得 10 250 元的利润需要销售多少件产品？

3．X 过程每年的固定成本为 20 000 元，每件产品的变动成本为 12 元。Y 过程每年的固定成本为 8 000 元，但每件产品的变动成本为 22 元。当产量为多少时，X、Y 过程的总成本正好相等？

4．环球油漆公司每年生产 9 000 个油漆喷雾器，获得 675 000 元的销售收入。每年的固定成本为 210 000 元，总成本为 354 000 元。每个喷雾器对固定成本和利润的贡献是多少？

5．一个工厂每年的固定成本为 320 万元，每件产品的变动成本为 7 元。现在考虑追加 80 万元投资，这将每年增加 15 万元的固定成本，但每个产品将增加 2 元的贡献。预期销售量和每件的售价 15 元不变。如果追加投资的话，盈亏平衡点是多少？

本章阅读资料

ZARA“快”时尚

郎咸平曾说过，2000 年后的企业，成功不是靠创新，而是靠快速反应。ZARA 正是一家以“高速”为商业模式的服装品牌。ZARA 创立于 1974 年，那时还未出现 VUCA 世界。而 ZARA 之所以能迅速成为行业领先者，关键因素之一就是其非常强大的组织灵敏性。事实上，灵敏性自创立伊始就是其企业基因的一部分。这家来自西班牙的服装连锁店被称为“设计师的噩梦”，一直被诟病为抄袭大牌而缺少创新——每当欧美大牌有新款的流行设计出现时，ZARA 就会跟风发布类似的设计和款式。然而，抄袭并不是有样学样那么简单，高效地模仿成就了今天的 ZARA。

ZARA 旗下拥有超过 400 位设计师，平均年龄不过 25 岁，每年设计出超过 10 000 种款式的服装。他们经常出没在欧洲各大时装周和名牌秀场，捕捉流行元素和市场信息，并且将新鲜元素迅速地反映在自己的设计上。这些由别人的灵感而来的产品，有时候甚至抢在大牌前面上架销售。

为此，ZARA 每年要支付数千万欧元的侵权费用，但显然，在模仿或“抄袭”这件事上，付出的这点代价与赢得的利润相比，几乎不值一提。从设计到产品，ZARA 拥有一条反应快速灵敏的产业链条。在 ZARA 的世界里，服装是快速消耗的日常用品。不断地推出新品，新鲜的设计和低廉的价格鼓励顾客不断购买，在这个飞速旋转的链条中，“效率”和“时机”决定一切。换句话说，ZARA 通过“快”来赚钱，为此它能够接受一些成本上的浪费，如跨大洲的昂贵空。

1. 快时尚的“快”逻辑

在 ZARA，“前导时间”的概念被格外重视。这一概念是指从设计到成衣出现在专柜的时间间隔，一般国内品牌只能达到 6 个月，国际品牌可以做到 4 个月左右，而 ZARA 背后那条灵活高效的产业链协作体系，让 ZARA 的前导时间可以缩短至 7 天。

ZARA 希望能更快地让顾客看到新衣服，并且以较低的价格迅速购买。为了实现这个目标，专卖店里几乎每两周就会有一半以上的款式被更新，看上某个款式的顾客必须尽快下手，这就是所谓“快时尚”的内涵，快产、快销、快速决策并且消费。这些衣服往往质地普通，淘汰之后，消费者会迅速地再次购买。在 ZARA 的价值观里，不存在经久耐用的标准，服装需要像快餐食品那样快速消耗。唯有如此，库存占用少，现金回笼的速度才能赶得上前端制造的紧锣密鼓。

在一般的工作流程中，ZARA 的设计师们先画出图样，再决定使用什么样的布料以便在最大限度上节约成本。随后，这些设计被传送到生产基地，通过计算机计算来决定如何裁剪才能又快又节省布料。仓库中现成的布料和小装饰品被送往工厂后，由计算机操作的生产线瞬间剪裁出成千上万件衣服，然后再送往外包的小工厂或家庭作坊进行缝制的环节。

通常，ZARA 采用延迟生产的策略，即季前只生产 15%，到季中集中生产 40%~50%，而其他品牌则季前生产 40%～50%，季中生产 20%。与 ZARA 相比，其他品牌不仅库存量大，供应的款式和不断变化的市场需求也很难同步。

在 ZARA 的工厂中，一切生产运作都根据店面的订单来执行。ZARA 全球的连锁店店长负责向总部下订单，不是每季度或每月，而是根据实时的销售情况，每周两次发出订单，这些订单指引着 ZARA 在西班牙、摩洛哥、葡萄牙等地的工厂安排生产。而在店长的薪水中，高达 70%的部分来自销售回报，刺激他们去了解最新的顾客喜好，准确下单，从而提高整个品牌的销售率。

2. “快时尚”的供应链

在采购方面，ZARA 拥有 200 多家布料供货商，但是染色和加工的环节始终掌握在自家的生产基地，随时满足按需生产的要求。在西班牙，ZARA 有 20 个自动化的剪裁和染色中心，坚持将 80%以上的服装放在成本高昂的欧洲地区生产，与制造业纷纷向低成本地区迁移的趋势背道而驰。虽然生产成本会上升，但是由此而来的对市场的灵敏反应也带来更多的利润。这些大型的工厂只做染色和剪裁的工作，因为自动化的技术优势在这两方面表现得很明显。至于缝制环节，电动缝纫机和普通的脚踏缝纫机并没有明显的效率差距，因此大量的缝制工作交由家庭作坊式的小工厂来完成。

对于订单的时间点，ZARA 的管理同样非常严格。如果某位店主错过了本次订货的截止日期，就只能等到下次再补货，这样总部就能够保证所有订单的集中批量生产，减少生产线的转换成本和时间。也就是说，来自门店的反馈直接影响上游供应链的生产。总部在拿到下游的订单和销售情况的报告之后，会在第一时间进行分析整理，确定哪些款式畅销或滞销，滞销的产品不会再继续生产。

在这种情况下，总部随时掌握着各地门店的销售情况，以减少不必要的打折处理库存等决策。在 ZARA，库存量始终保持在 15%～20%，在它的同行中，这个数字约为 40%。每周两次的订货和发货，使得 ZARA 的门店能够保持款式的少量、多样，并且迅速地更新，店里不断有新款式出现，吸引消费者频繁光顾。同时，由于产品批次多而数量少，专卖店也不必拥有专门的库房，减少了营销的成本，为店面展示留出宝贵空间。

ZARA 的“快”不仅体现在制造环节，在物流上同样效率超群。为了使产品能够在 48 小时之内到达欧洲之外的区域，ZARA 不惜支付成本高出 20%的空运代价，而在欧洲国家，则以卡车运送为主，通常能够控制在 36 小时之内。产品从工厂出来，直接配送到下单的专卖店，无论在欧洲或中国，ZARA 店主都能在 48 小时之内接到所需产品。哪怕一款只订一件，也可以获得同样的待遇。

资料来源：《商学院》。

思考题

1．你是如何理解“ZARA 模式”的？
2．ZARA 的产能是如何跟上发展模式的？
3．你如何理解 ZARA 的订单时间点？

第7章

工艺选择与设施布置

本章学习目标

- 了解常见的几种工艺类型。
- 描述工艺选择的关键问题。
- 描述设施布置的基本类型。
- 了解产品原则布置的设计与工艺原则布置的设计的方法及其优缺点。
- 能够进行一些简单的工艺原则布置设计。

本章引例

机器人或让制造业成本降低

根据波士顿咨询集团的最新研究，接下来十年里，越来越多的机器人将走进制造业企业，制造业生产成本变得越来越低了。

全球范围内，机器人大量涌入制造业生产企业流水线，有助于大幅提高生产力，降低劳动力成本。先进的机器人技术正改变着制造业。美国和中国等许多国家将从其中获得最大好处。

到2025年，美国预计将有120万美元的机器人自动化设备进入制造业部门，四大行业将发生巨大转变：计算机、电子产品、电气设备、运输等，主要是越来越多的工作任务可以由机器人自动化替代，极大节约了成本。

十年之内，机器人视觉传感器等技术改进后，制造业部门机器人自动化份额将增加近25%。

与此同时，成本大幅下降，一个先进的机器人电焊机价格已经从2005年的18.2万美元下降到2014年的13.3万美元。预计到2025年，机器人购买价格将继续下降22%。

在电子制造业，与雇用工人相比，机器人每小时花费4美元，而雇用工人每小时工资是24美元。随着机器人技术的发展与价格下降，越来越多的制造业企业将更换机器人。

接下来两年，美国工业机器人增长速度约 10%，目前增长速度为 2%～3%。

随着美国经济复苏与制造业增长趋势，预计制造业的机器人替代普通员工比率为 22%。

事实上，机器人技术本身将创造更多就业机会。美国新增岗位大多数是低技能工作，而高技能岗位，如机器人操作与维修预计将增长。

美国研究公司认为，美国、中国、加拿大、日本、俄罗斯、英国六个国家将快速采用机器人技术。一些国家或地区可能更快，如印度尼西亚、韩国、中国台湾和泰国。

还有一些国家可能采用速度慢一些，如法国、意大利、比利时和巴西等。

在一些小型工厂，机器人数量激增，可以很容易地复制装配系统以满足当地市场定制产品生产的要求。

资料来源：2015 年 2 月 9 日，今日美国

7.1 工艺选择

生产运作工艺（Process）是指能够把企业从外部获得的各种资源的投入，转换为企业一定的产出的一系列任务。工艺选择是指企业生产产品或提供服务的组织方法，也就是企业选择何种生产工序的战略决策。因此，工艺选择对企业运作能力规划、设备、设施布置及工作系统设计都有重要的影响。工艺选择通常产生于新产品或新服务的计划过程中。但是，设备、产品生产的技术变化或竞争压力，会给企业带来工艺选择方面的种种问题。

7.1.1 工艺类型

按照企业所提供产品或服务的差异化程度及产量规模，可以将工艺类型划分为以下几种基本类型：工艺专门化、批量加工、重复性加工、连续性加工。此外，还有项目方式。

1. 工艺专门化

当产品或服务存在高度差异且产量低时，适宜采用这种方法。工艺专门化可以分为工艺专门化制造（如工具模具厂）和工艺专门化服务（如美容院）。

2. 批量加工

当产品或服务的差异性一般且要求的产量为中等规模时，适宜采用这种方法。制造业批量加工的一个例子是报纸、杂志的印刷；服务业批量加工的一个例子是客运服务，如火车，向成批的旅客提供服务。

3. 重复性加工

当企业提供的产品或服务的标准化程度较高且产量较大时，适宜采用这种方法。制造业的重复性加工的一个例子是传统的计算机生产；服务业的一个例子是麦当劳的作业线。

4. 连续性加工

当产品或服务高度标准化且大量产出时，适宜采用这种方法。连续性制造的例子是钢材、石油等的生产；连续性服务的例子是在冬天，连续向家庭和企业供暖。

表 7-1 是对以上四种工艺类型特点的总结。

表 7-1　各工艺类型的特点

项目	工艺专门化	批量加工	重复性加工	连续性加工
特点	高差异化 产量低	差异化一般 产量中等	标准化程度较高 产量较大	高度标准化 大量产出
对设备和工人的要求	高柔性的设备和技术工人，加工是间歇性的	对设备的柔性和对技术工人的要求没有工艺专门化高	较低柔性的专门用途的设备，对工人技术要求不高	不要求设备柔性，工人技术水平较低
优点	高柔性，灵活性好，能处理差异很大的工作	有一定的柔性和灵活性	产量高、在制品库存较低、成本较易估计、单位成本低、效率高、管理是常规性的	产量极高、效率极高、在制品库存低、成本易估计、单位成本极低、便于管理
缺点	效率低、在制品库存高、产量低、单位成本高、成本估计困难、管理复杂	在制品库存高、单位成本较高、成本估计略带常规性、管理比较复杂	柔性低、灵活性差、固定成本高、停工成本高	刚性大、固定成本极高、不易改变、停工成本极高

5. 项目方式

当出现一系列具有特定目标的非常规工作，并且要求在一定时期内完成时，适宜采用项目的方式，如一个咨询项目、一场演唱会等。不同的项目，对设备的柔性、工作人员的技术和管理的要求不同，成本估计很复杂。

在工艺类型的现实应用中，有的企业单独采用一种工艺类型，也有很多企业采用混合工艺形式，即几种工艺类型同时使用。例如，从事重复性生产的企业，也会设有工艺专门化的修理车间。此外，企业的工艺选择并不是一成不变的，随着设备、产品技术的变化，基于竞争的压力或产品生命周期的变化，企业对工艺的选择可能发生变化。例如，开始采用重复性或连续性加工的企业，在面对顾客需求日益多样化的压力时，就可能逐渐演变成工艺专门化或批量加工。

7.1.2　工艺选择的关键问题

在进行工艺选择时，应考虑以下两个方面的问题。

1. 产品和服务需求的性质

企业通过生产运作工艺制造了产品和服务，从而创造了价值，但这些产品和服务只有通过流通渠道进入市场才能实现其价值，给企业带来相应的收入。由此可见，生产运作工艺的选择必须与其产出的产品和服务的市场需求相适应，有什么样的市场需求特征，就应该相应地选择什么样的工艺。

2. 自动化程度

自动化是指在生产中拥有传感和控制设备，以及能够实现自动操作的机器，包括自动化制造和自动化服务（ATM 机）。自动化的程度可以是单个作业的自动化，也可以是全流程完全自动化。与人工劳动相比，自动化具有很多优点，同时也存在一定的缺点。

（1）优点。在需要标准化生产或服务时，自动化可以提供人工劳动所不可能提供的完全一致的生产和服务；而且，机器排除了罢工、情绪化、疲劳、厌倦等人性化的情绪问题。此外，自动化也减少了变动成本。

（2）缺点。由于自动化生产中所含的技术非常昂贵，因此自动化的成本较高；自动化具有刚性，一旦实行了自动化，因其高成本而不可轻易改变；自动化会对部分工人的工作产生冲击，会在一定程度上对工人的心理和生产率产生负面影响。

基于自动化上述优点和缺点，企业在进行工艺选择时，对于是否要实行自动化，以及自动化实现到什么程度，要结合本企业生产运作系统的具体情况，进行认真思考和衡量。

（3）分类。自动化通常有三种类型：固定型（又称底特律型自动化）、可编程型、柔性型。

1）固定型自动化。固定型自动化是三种类型中最具刚性的一种，采用高成本、高专门化设备进行固定序列的作业。其优点是：低成本、高质量。缺点是：柔性低、工艺改变的成本很高。20 世纪初的福特公司是应用固定型自动化的典型。

2）可编程型自动化。可编程型自动化采用包含作业顺序和每一作业具体细节的计算机程序所控制的高成本通用型设备。其优点是：能够经济、小批量地生产较大范围内的低产量产品。缺点是：程序改变时需要一段的停工期。计算机辅助制造及数控机床是可编程型自动化的两种应用形式。

3）柔性型自动化。柔性型自动化从可编程型自动化转变而来，但是所用设备的通用性通常比可编程型自动化低。其优点是：需要的生产转换时间较少，几乎能允许设备持续运转和产品灵活变化，无须批量生产。柔性型自动化的应用形式有很多，下面简单介绍两种：制造单元和柔性制造系统。

① 制造单元。由一组位置很近的工作地组成，生产为数不多的相似的部件。机器通常由自动物料递送装置联结在一起。制造单元对生产地的运营差异性要求不高。

② 柔性制造系统（FMS）。由一组包括计算机监控装置、自动物料递送装置、机器人及其他自动化加工设备在内的机器组成，可用于处理间断性加工要求。FMS 的优点是：柔性较高、灵活性强、劳动成本较低、质量一致，是同时实现工艺专门化和重复性生产的一种方式。缺点是：这种系统所能加工的部件品种有限，只能用于生产相似部件。FMS 是一个巨大的技术综合体，实施比较复杂，成本较高，需要较长的计划和发展时间。

管理实践

福特 T 型车的自动化大规模生产

20 世纪可以说是“汽车的世纪”，人类技术和生活产生了重大的变革。福特汽车公司正是这场变革的先锋，它的固定型自动化生产成为汽车工业大规模生产的里程碑。

1903—1908 年，福特公司的工程师们研制出了 19 款不同的车型，并按字母顺序从 A 到 S 为不同的车型命名。这些车型为最后推出的 T 型车奠定了技术基础。T 型车于 1908 年 10 月 1 日推出，福特公司通过固定型自动化的生产方式，大规模地生产标准化的 T 型车。在 T 型车推出的第一年，产量达到 10 660 辆，创下汽车行业的纪录。通过高产量分摊成本，并结合设计和生产的不断改进，T 型车的售价从起初的 850 美元降到 260 美元，成为全世界第一种普通百姓买得起的汽车。

7.1.3 工艺选择工具：产品—工艺矩阵

1. 什么是产品—工艺矩阵

产品—工艺矩阵（Product-Process Matrix， PPM）作为一个战略分析工具，是由海斯（Robert H. Hayes）和惠尔莱特（Steven C. Wheelwright）于 1979 年提出的。这个矩阵可以帮助企业分析产品结构或产品生命周期，选择与之匹配的工艺结构。

PPM 是一个二维的矩阵。横坐标表示产品结构/产品生命周期，产品生命周期方面，沿箭头方向从左向右表示从导入期到成长期到成熟期再到衰退期；纵坐标表示工艺结构/工艺生命周期，工艺生命周期方面，沿箭头方向从上向下表示工艺生命周期的发展。如图 7-1 所示。

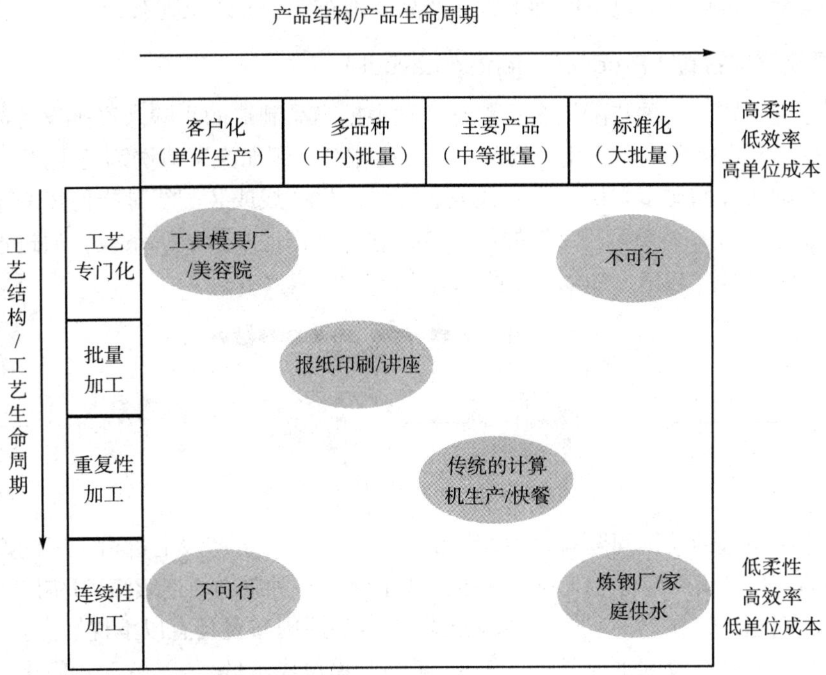

图 7-1 产品—工艺矩阵

2. 产品—工艺矩阵的使用方法

理论上认为，沿着 PPM 矩阵对角线选择和配置生产运作工艺，可以达到最优的水平。对角线下方损失了柔性和对市场反应的灵活性，对角线上方失去了一定的效率和成本优势。极端的情况是左下角和右上角的选择，此时的工艺选择和产品结构是极端不匹配的。然而，很多企业传统的做法是只关注产品结构和生命周期的这一维度，根据市场的变化，调整产品结构，但是却忽视了对工艺结构和生命周期的调整，从而使得企业的策略逐渐偏离对角线，不能获得最佳的效益。

但是，在现实中，随着技术的发展，特别是互联网的发展和普及，企业也可以利用一些先进技术适当采用偏离对角线的选择策略，出奇制胜，最终获得竞争优势。

7.2 设施布置

设施布置是指对车间、工作中心和设备进行布局，以确保企业内部的工作流（材料或顾客）畅通。由于布局需要企业投入大量资金和精力，且具有一定的长期性，因此，企业设施布置得合理与否，将会对企业的运作成本和效率以及运作战略的实施产生一定的影响。

设施布置的基本形式主要有以下两类：根据工作流程布置和根据生产系统功能布置。

7.2.1 根据工作流程布置

这一类型又可划分为以下四种形式：产品原则布置、工艺原则布置、定位布置、混合布置。

1. 产品原则布置（Product-oriented Layout）

产品原则布置（又称装配线布置）是一种根据产品制造的步骤来安排设备或工作过程的方式。这种布置方式适用于标准化极高的产品或者服务，例如汽车清洗剂的生产、自助餐服务等。

产品原则布置的典型实例是生产线或装配线。生产线或装配线是指使用固定路线的物料运输设备，如在工作地之间运送物料的传送带，它在工作地中形成一条线，通过这条线把各种零部件制造出来或装配起来，如图 7-2 所示。

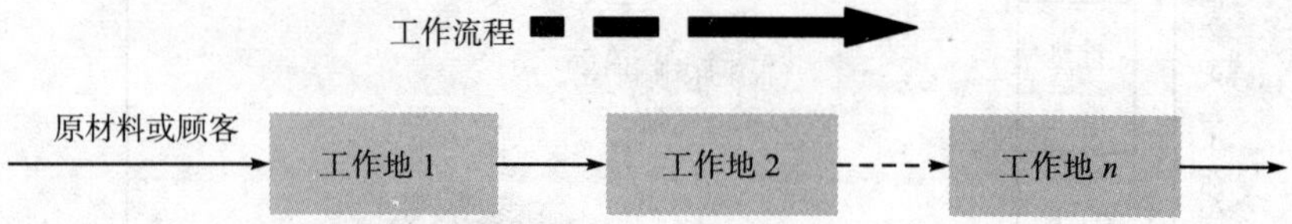

图 7-2　生产线/装配线

产品原则布置的关键问题就是生产线的平衡，即平衡生产线上每道工序的产出，使各工序保持相等的节拍，从而使得加工对象在生产线上保持一种平滑、连续流动的生产状态。（关于生产线的平衡问题，将在下一节作详细的介绍。）产品原则布置具有以下优缺点。

（1）产品原则布置的主要优点。① 产量高，单位成本低。② 劳动专门化，增强了工人操作的熟练程度，从而减少了培训成本。③ 设备或车间服务于专门的产品线，采用相同的设备，避免了物料的迂回运输，简化了物料运输。④ 人力和设备得到充分利用。

（2）产品原则布置的主要缺点。① 工人缺少发展机会，容易产生厌倦情绪。② 设备和工人对于各种变化的适应能力较差，柔性较差。③ 某个工人或某个环节出现问题，将会影响整个生产系统，相应地，就需要系统具备迅速修复的能力和备用件库存，增加了一定的成本。

在上述缺点中，柔性差的问题，我们可以通过合理地调整工作地内部的布置，提高产品原则布置的生产或服务的柔性来解决。U 形生产线布置就是一个典型的例子，如图 7-3 所示。

由图 7-3 我们可以看出，U 形生产线更紧凑，有利于工人之间的交流和协同工作，有利于增加工作的弹性，有利于减少物料运输量。

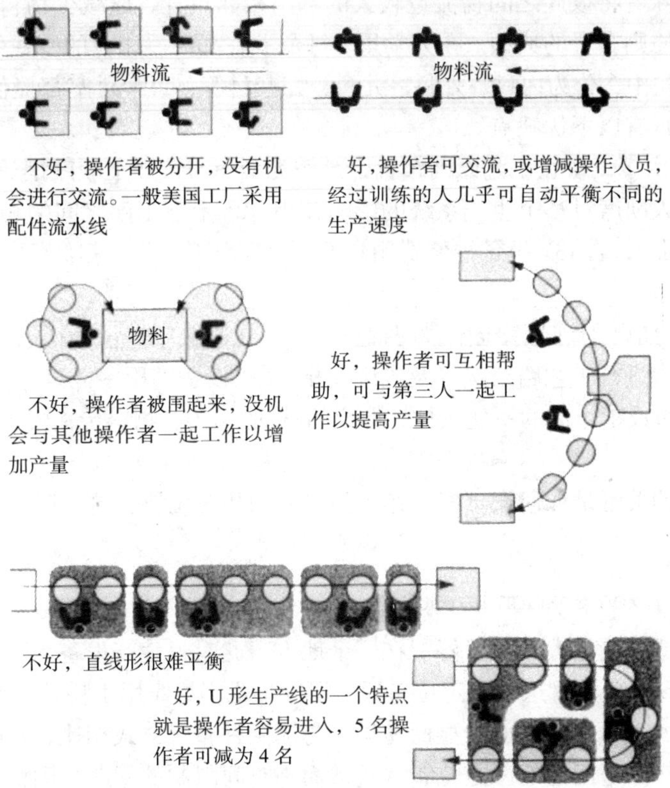

图 7-3　U 形生产线布置

运作经典

《我爱露茜》电影中的流水线工艺

经典电影《我爱露茜》片段中，主人公是糖果工厂的两名工人。糖果被一条传送带送来，这两名工人的工作是把传送带上所有的糖果拾起并用糖纸包起来，然后放回传送带上，糖果随着传送带被输送到下一个车间，那里的工人将糖果装入盒中。

起初传送带节奏较慢，两名工人干得很轻松。随后传送带节奏加快，两名工人明显很吃力。但是若让未经包装的糖果输送到下一个车间，她们便会被解雇，所以最后她们只好将糖果全都塞进嘴里和帽子里。

这个略带讽刺意味的电影片段蕴含着流水线的操作关键：生产线的节拍必须与工人的产能相匹配，才能达到人力和设备的充分利用。

2. 工艺原则布置（Process-oriented Layout）

工艺原则布置（又称车间布置或功能布置）是最常用的一种布置方法，它将相似的设备或功能集中放在同一个部门，使其相对位置达到最优。因为工件在加工时往往从一个生产部门转移到另一个部门，这就意味着完成全部加工往往要经过许多部门。因此，在许多设施规划中，最优的布置经常意味着将彼此之间物流量较大的部门相邻布置，以减少物料的搬运费用。大学和医院就是按工艺原则布置的典型。在大学里，每个学院都传授相应的专业知识，如管理学院、数学学院等；在医院中，分为内科、外科、儿科、妇产科等，每个科室都提供特定的医疗服务。

工艺原则布置具有以下优缺点。

（1）优点。① 由于设备在工艺原则布置中是按类型而非按加工顺序摆放的，所以个别设备出了故障或个别工人缺席对整个生产系统的影响较小。② 上下工序之间的相互依赖性远远没有产品原则布置中的那么强。③ 设备维修费用较低，而且由于设备是相似的，所以减少了投资于备用件上的成本。

（2）缺点。① 如果在制造系统中采用批量加工，在制品库存量会很大。② 为了适应多样的工艺要求，要经常进行工艺路线选择及进度安排。③ 设备利用率低。④ 加工的多样性要求频繁地调整设备，造成工作流的不连续性，形成间歇加工。⑤ 物料传输慢，效率低，单位运输成本较高。

工艺原则布置的关键是如何安排好工作部门之间的相对位置，这一问题我们将在 7.4 节中作详细介绍。

3. 定位布置（Fixed-position Layout）

产品由于体积或重量庞大，需要停留在一个地方，此时，生产设备需要移到要加工的产品处，而不是产品移到设备处，这就是定位布置。定位布置广泛应用于耕种、消防、筑路、建筑、钻探石油、医院中的手术室等方面。显而易见，与前两种布置方式相比，定位布置的特点是产品的数量少，而且产品是固定的。定位布置常常面临空间限制的问题，因此，这种布置方式的关键是如何做好对材料和设备运送时间的控制，以避免堵塞工地现场。在面临空间限制时，可以考虑的一个方法是，将尽量多的工作在远离现场的地方完成。

4. 混合布置（Mixed Layout）

混合布置是指企业同时存在两种或两种以上形式的布置。混合布置在现实中并不难找到，例如，在工艺原则布置中提到的医院，其设置的各个科室是按照工艺原则布置设置的，而医院中的手术室，却是按照定位布置设置的，病床上的病人不动，医生和护士围着病床进行工作，这就是一个典型的混合布置。

产品原则布置和工艺原则布置代表着两种完全不同的布置方式，表 7-2 对它们做出了一个简单的比较。

表 7-2 产品原则布置和工艺原则布置的比较

比较内容	产品原则布置	工艺原则布置
生产方式	大批量连续生产	小批量间断生产
柔性	低	高
按客户要求定制产品的能力	低	高
效率	高	低
单位生产成本	低	高

由此可见，两种布置方式都有不尽如人意的地方，一个理想的系统应是综合两者的优点，

富有柔性、高效率、单位生产成本低。单元制造、成组技术和柔性制造系统正是朝这一方向努力的成果。

相关链接

成组技术

成组技术的布置方式是先确定具有相似设计特征或制造特征的零件，然后将不同的机器组成加工中心，对这些形状或工艺要求相似的零件进行加工。成组技术被广泛应用于金属加工、计算机芯片制造。

成组技术是在工艺原则布置的基础上转换而来的，可以通过以下三个步骤实现：

- 将零部件进行分类。通常在零件分类与编码系统的支持下完成，成本较高。
- 识别零件组的物流类型，作为成组布置的基础。
- 将机器和工艺分组，组成加工中心或工作单元。如果有一些零件可能会与其他零件联系不明显而无法被分到某一组去，或者一些设备在每个加工中心都要使用，那么就将这些零件和设备放到"公用单元"中。

与工艺原则相比，成组技术的相似之处在于其加工中心也用来完成一组特定的工艺过程，不同之处是它还获得了产品原则布置的好处。例如，通过在一个加工中心内完成几个生产步骤，可以减少零件在车间之间的移动，从而减少在制品和物料的搬运。此外，通过在有限的生产周期内加工有限数量的不同零件，提高了工人的操作技能和快速学习能力。

工艺类型和布置密切相关。不同的工艺类型适合不同的布置方式，生产系统布置的关键之处也不同。标准化产品的大规模生产与产品原则布置相适应，产品原则布置的关键是产品线的平衡；多品种生产与工艺原则布置相适应，工艺原则布置的关键是安排好各工作部门的相对位置，使布置满足企业生产过程的要求和流程，使各部门的工作流畅通。

7.2.2　根据生产系统功能布置

这一类布置主要是针对服务业而言的，常见的类型有仓储布置、零售布置和办公室布置等。

1. 仓储布置

仓储布置是指在仓库中安排物资的存放。仓储布置的原则就是要最大限度地利用仓储空间，以最低成本保管、处理物资。要考虑的因素包括：订货次数、物品间的相关性、走道的数量和宽度等。将频繁订货的物品放到靠近入口处，便于提取；将相关性大的物品靠近放置，当对这些物品同时订购时，可以节省拣选物品的时间。

2. 零售布置

零售业（银行、超市等）追求的目的就是要使单位面积的净收益达到最大，同时，为顾客提供最便捷、最赏心悦目的店铺布局。

运作经典

某商店的布置方案

图 7-4 是某商店的布置方案。在这家商店里，奶制品、烘烤食品等常购商品被放到超市的四周，这样可以尽量扩大顾客的购买路线；将熟食这样的方便食物放在离出口较近的地方，便于图方便的顾客购买，这都是零售布置的技巧。此外，还可以将吸引力大和利润高的商品放在醒目的位置，充分利用过道末端的展示功能等。

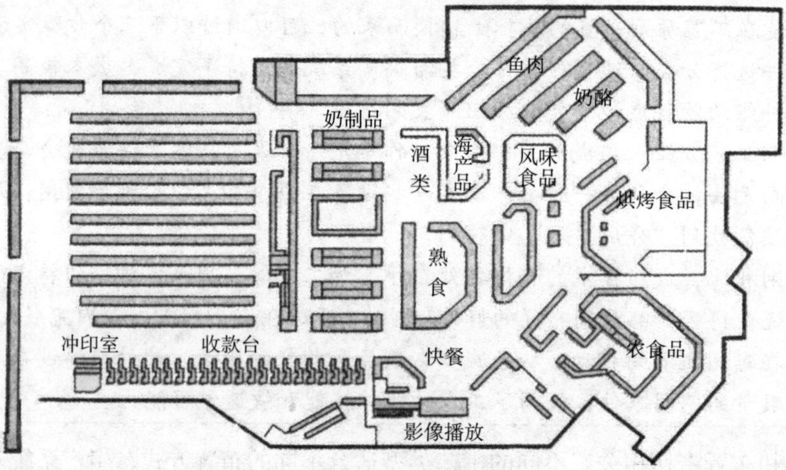

图 7-4　某商店的布置方案

3. 办公室布置

办公室布置的趋势是开放式，用低层隔墙或玻璃墙替代原来的办公墙，这为员工提供了更多的交流和团队合作的机会和空间。

7.3　产品原则布置的设计：生产线的平衡

在工厂中，通常将作业分成可控制的作业包，分配给各个工作地，每个工作地由一名或两名工人操作。这种做法产生了一个问题，如果各工作地工作时间不等，就会产生闲置时间。“快”的工作地常常要等待加工或被迫闲置下来，以免大量待加工对象堆积在慢的工作地上。为了使生产线上的闲置时间最少，提高工人和设备的利用率，提出了生产线平衡的概念。

决定如何将工作分配到工作地的这一过程被称为生产线的平衡，其目标是使分配到各个工作地的作业所需要的时间大致相等，从而使生产线上各活动同步进行，实现工人和设备的最优利用。

实现生产线的平衡有一定的困难：组成具有相同加工时间的作业包是困难的。原因有以下三个。

（1）设备问题。有些作业或活动对设备的要求是不同的，因此不能被分在同一个作业包中。

（2）基本作业的时间差异不能通过分配作业组而解决。

（3）因为虽然将有些作业分到同一组，就可以使每个作业组的作业时间大致相等，但是生产或装配所要求的技术顺序不允许这么分配。

由此可见，生产线的平衡是个复杂的过程，需要解决的问题及需要确定的因素有很多，下面主要介绍工作地数量的确定。

7.3.1　工作地数量的确定

1. 节拍

要确定工作地的数量，首先要明确什么是节拍，因为节拍是工作地数量的主要决定因素。

节拍是指各工作地完成分配给它的作业直到工作地可以往下进行所允许的最长时间。可见，节拍决定了生产线在一定时间内的产量。例如，如果节拍是 1 分钟，那么说明该生产线每分钟完成一件产品。

我们有下面的公式：

$$产出能力=OT/CT$$

式中　OT——每天运转时间；

CT——节拍。

生产线上的节拍是有一定范围的。节拍的范围从“可能的最小节拍”到“可能的最大节拍”。下面通过例子解释什么是可能的最小节拍和可能的最大节拍。

假定要做的工作是生产帽子，该工作可以分解成四个基本作业，每个作业所需的时间及各作业的顺序关系如图 7-5 所示。

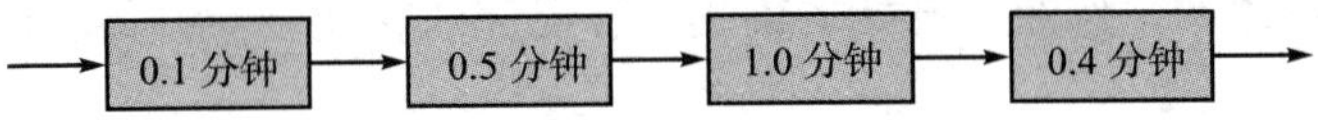

图 7-5　各作业顺序关系

可能的最小节拍等于最长的那个作业时间（1.0 分钟），可能的最大节拍等于各工作时间之和［0.1+0.5+1.0+0.4=2.0（分钟）］。生产线节拍的确定取决于使用几个工作地。如果使用四个工作地，那么生产线的节拍就是可能的最小节拍，即 1.0 分钟。如果所有的工作在一个工作地上完成，此时生产线的节拍就等于可能的最大节拍，即 2.0 分钟。

最小节拍和最大节拍是很重要的，它们主要在以下两个方面产生作用。

（1）确定生产线产量范围。根据前面的公式，在本例中，如果没有平行的活动（如两条生产线），假定每天运转时间为 480 分钟（60 ×8），这个帽子生产线的产量范围介于每天 240 顶（480÷2.0）到每天 480 顶（480÷1.0）。

（2）帮助调整计划期产量。作为一般的法则，节拍由计划期的产量决定。计算节拍的公式为：

$$CT=OT/D$$

式中　D——计划期的产量。

如果计划期的产量已确定，根据这个产量计算出来的节拍没有处于最大和最小节拍之间，那么就必须对计划期的产量做出修改。

2. 工作地数量的计算

需要的工作地数量取决于计划期的产量和把基本作业分配到工作地的情况。我们可以通过下面的公式求出工作地数量的理论最小值：

$$N_{\min}=\sum t/\mathrm{CT}$$

式中 $N_{\min}$——工作地数量的理论最小值；

$\sum t$——各作业时间之和。

沿用上面的例子，并假设计划期的产量是每天 480 顶帽子（生产线的最大产量），因此，节拍为 480/480=1.0（分钟）。

$$N_{\min}=（0.1+0.5+1.0+0.4=2.0）/1.0=2.0（顶）$$

即工作地数量的理论最小值为 2 顶。如果结果不是整数，如 2.5，为了保证工作的完成，实际利用的工作地数量将等于或超过 3，这取决于把作业分成作业包的成功程度。

7.3.2 作业分配的启发式方法

目前还没有一个方法可以保证作业的分配是最佳的。管理者多采用启发式方法，这里主要介绍先分配后续作业数最多的作业的启发式方法。

1. 作业顺序图的概念

作业顺序图是进行生产线平衡的一个很有用的工具，表明作业顺序。图 7-6 是一个简单的作业顺序图，顺序是从左至右。

这个作业顺序图表明，作业 b 开始的前提是 a 已完成；而 d 要开始，前提是 b 和 c 都已经完成。

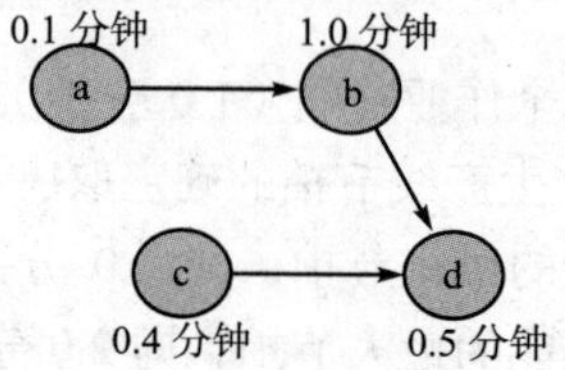

图 7-6 一个简单的作业顺序图

2. 先分配后续作业数最多的作业的原则

（1）各工作地最初的“剩余时间”等于节拍。

（2）够资格分配的作业是：其先行作业必须已经被分配完，作业时间不能超过该工作地的剩余时间。

（3）在使用这个方法时，如果出现多个作业的后续作业数一样多的情况时，首先分配所需时间最长的作业。

例 7-1 先分配后续作业数最多的作业

将图 7-7 中的作业分配到三个工作地。已知节拍为 1.0 分钟，则作业分配如表 7-3 所示。

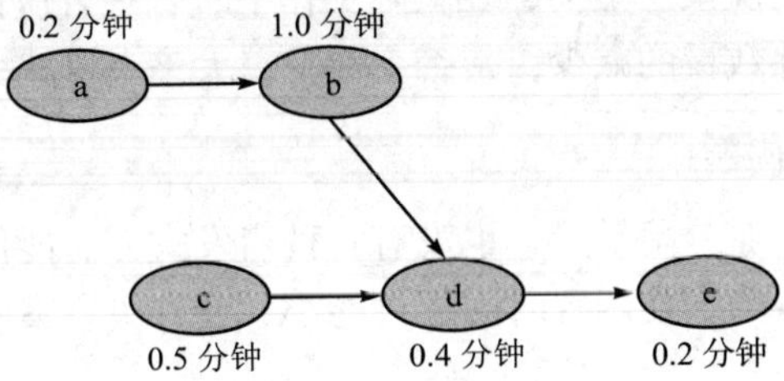

图 7-7　作业顺序图

表 7-3　作业分配分析

工作地	剩余时间（分）	够资格分配的作业	分配作业	修正的剩余时间（分）	工作地闲置时间（分）
1	1.0	a, c	a	0.8	
	0.8	c	c	0.3	
	0.3	无	无		0.3
2	1.0	b	b	0.0	0.0
3	1.0	d	d	0.6	
	0.6	e	e	0.4	0.4
					0.7

7.3.3　生产线平衡的一些相关因素及指导原则

1. 作业分配的一般程序

确定节拍，求出所需最小工作地数；从第一个工作地开始，按启发式方法的要求、按顺序给工作地分配作业，一直分配到所有作业都已被分配。

2. 作业分配的效率测量

两个广泛使用的效率测量法是：生产线闲置时间百分比、生产线效率。

（1）生产线闲置时间百分比。又称生产线闲置率，计算公式如下：

$$生产线闲置时间百分比=每节拍内的闲置时间/（N_{实际}\times节拍）\times 100\%$$

式中，$N_{实际}$指实际工作地数；节拍是指实际的节拍。

例 7-1 中，我们有：闲置时间百分比=0.7/（3×1.0）×100%=23.3%

（2）生产线效率。计算公式如下：

$$生产线效率=100\%-生产线闲置时间百分比$$

对于例 7-1，我们有：生产线效率=100%−23.3%=76.7%

可见，例 7-1 中，生产线的闲置率为 23.3%，效率为 76.7%。

3. 产量问题

从前面的介绍我们知道，最少所需工作地数量是计划期产量的函数，所以也是节拍的函数。因此，产量越大，也就意味着节拍越短，所需工作地的数量也越多。为了减少工作地数量，有的管理者会做出减少产量的决策。然而，在实际工作中，管理者应该充分考虑产量与工作地数量之间的关系，明确工作地数量的减少，是否会弥补、大于产量减少所带来的利润的减少。

4. 运用各种方法解决问题

没有一个方法能保证作业分配最佳，也没有一种启发式方法能保证所得到的生产线的平衡问题的解决方案是最佳的。为了使闲置时间尽可能小，使解决方案效果更佳，可以把不同的启发式方法应用于同一个问题。

5. 制约因素

生产线的平衡会受到很多因素的制约，包括技术约束、人力因素、设备约束、空间约束、产量约束等。例如，技术约束，按照启发式方法，两个作业要被分配到同一个工作地，但是如果这两个作业的技术要求是完全不同的，那么它们是不可能被放到同一个工作地中的。再例如人力约束，人们在从事生产的过程中，会有很多情况发生，如疲劳、厌倦、缺勤等，这些都会影响生产线的平衡。因此生产线，特别是有人参与的生产线是很难达到平衡的。

6. 促进生产线平衡的其他一些方法

（1）培养多面手。交叉培训工人，使工人成为多面手，以便能完成多个作业。当瓶颈出现时，没有工作的工人就可以帮助忙碌的工人，从而保证生产线的平衡，使生产流平稳。

（2）设计混合型生产线。即设计一条生产线，使这条生产线能生产出不同型号的产品。混合型生产线有助于提高生产线对产量变化的适应能力，提高生产系统的柔性，从而保证生产线的平衡。

7.4 工艺原则布置的设计

工艺原则布置的关键问题是如何安排好各工作部门的相对位置，使布置满足企业生产过程的要求和流程，使各部门的工作流畅通。

在进行工艺原则布置的设计时，会受到很多因素的影响，因此要综合加以考虑。例如，生产系统的目标、生产需求量的预测、工艺的要求、建筑物的总数或场地的有效空间、布置的成本、布置的难易、预期的运作成本等。生产系统的目标不同，布置的结果也会不一样。例如，侧重于物料的系统，其布置必然要首先考虑物料的运输路线、运输时间和运输成本。在这种情况下，相互之间物料流量相对较大的工作部门通常要尽可能地接近布置；生产系统的布置是在企业建筑物的总数及场地的有效空间的约束条件下进行的，因此，在进行布置时，必然要考虑这方面的因素，必须考虑空间的总数及形状，以便更好地利用空间，做出更合理的布置、安排；此外，在进行工艺原则布置的设计时，还要考虑柔性问题。生产过程受外部市场影响，经常会出现变化，因此系统的布置要有利于适应外部的变化，即生产系统的布置应该是可调的，并且能支持生产系统为适应外部变化所做的调整；同时，在对现有的布置进行改进时，必须权衡重新布置的成本与重新布置以后所带来的利益。

对于一个生产系统的设计方案会有很多种，什么样的布置是最有效的，如何进行选择，是对管理者的一个挑战。和按产品原则布置的做法一样，常用的方法是要借助一些启发式方法找出一个满意的布置方案。

学用的布置方法有以下几种。

7.4.1　从至表法（单行布置法）

在对工艺原则布置进行设计时最常见的目标是追求运输成本最小或距离最短。当部门内部工作地成单行排列，且工作地之间往来密切程度的关系能定量表示时，可以采用单行布置法，此时，从至表是很有用的工具（见表 7-5）。由零件的综合往来路线图整理出初始零件从至表，经过分析和改进，得到最终零件从至表，从而得到较优的工作地布置方案。表中的从至数代表的是工作地之间的流量的大小，可以是多种工件从一个工作地到另一个工作地的移动次数，也可以是某一段时间的运输总量。从至表中的数据距对角线的格数是工作地之间的距离单位数。零件总的移动距离 L 为：

$$L = \sum ij$$

式中　i——两个工作地之间的距离；

j——这两个工作地的从至数。

显然，要使 L 较小，就应该让 j 较大的两个工作地之间的距离较小，即 i 较小。根据这个原则，可以对工作地作多次调整，直到找出较优的安排为止。

例 7-2　已知某厂有 6 个部门，部门之间的初始物流流量如表 7-4 所示，做出修改后的最终零件从至表。

表 7-4　初始零件从至表

从＼至	Ⅰ	Ⅱ	Ⅲ	Ⅳ	Ⅴ	Ⅵ	合计
Ⅰ备件车间		2			1	8	11
Ⅱ机加工车间			1	2	1	1	5
Ⅲ冲压车间				1		2	3
Ⅳ油漆车间		3					3
Ⅴ装配			2				2
Ⅵ仓库							0
合计	0	5	3	3	2	11	

i=2　i=1

根据前面讲到的原则，得出修改后的从至表 7-5 及改进前后的比较表 7-6。

表 7-5 修改后的从至表

从 \ 至	Ⅰ	Ⅵ	Ⅱ	Ⅳ	Ⅲ	Ⅴ	合计
部门Ⅰ		8	2			1	11
部门Ⅵ							
部门Ⅱ		1		2	1	1	5
部门Ⅳ			3				3
部门Ⅲ		2		1			3
部门Ⅴ					2		2
合计	0	11	5	3	3	2	

表 7-6 布置改进前后的零件总移动距离

	前　进	后　退
	$i \times j$	$i \times j$
改进前	$1\times(2+1+1)=4$ $2\times2=4$ $3\times(1+2)=9$ $4\times(1+1)=8$ $5\times8=40$	$1\times0=0$ $2\times(3+2)=10$ $3\times0=0$ $4\times0=0$ $5\times0=0$
	零件总移动距离 $L=\sum i\times j=4+4+9+8+40+10=75$	
改进后	$1\times(2+8)=10$ $2\times(2+1)=6$ $3\times1=3$ $4\times0=0$ $5\times1=5$	$1\times(1+3+1+2)=7$ $2\times0=0$ $3\times2=6$ $4\times0=0$ $5\times0=0$
	零件总移动距离 $L_1=\sum i\times j=10+6+3+5+7+6=37$	
	改进前后之差 $\Delta L=L-L_1=75-37=38$ 总距离相对减少程度 $\Delta L/L=38/75\times100\%=50.7\%$	

7.4.2 双行布置法

当部门内部成双行布置时，采用的就是双行布置法（详见例 7-3）。

1. 具体方法

（1）根据从至表，整理出零件移动次数的排序表，从大到小排列。

（2）根据排列做出调整，把移动次数多的相关工作地相邻安排，直到把全部工作地安排完为止。

2. 几个概念

（1）相邻从至线。处于相邻位置的工作地之间的从至线。

（2）超邻从至线。处于不相邻位置的工作地之间的从至线。

（3）极限标准。当追求总移动距离为最短时，就要使所有有流量往来关系的工作地处于相邻位置，这时，总移动距离为最短，此时的总距离称为极限标准。但是，极限标准不一定能达到。

（4）超极限标准数。方案的总移动距离与极限标准之间的差额。由此可见，超极限标准数越小越好。有下面的计算公式：

$$\Delta=\sum_{i=1}^{m}\sum_{j=i+1}^{m}(x_{ij}-1)y_{ij}$$

式中　x_{ij}——i,j 两个工作地之间的距离；

y_{ij}——i,j 两个工作地之间的从至数。

为了简化运算，规定工作地处于相邻位置时，其距离为 1，超邻位置的距离当处于斜线位置时，均将其投影到 x 轴计算。

例 7-3　根据例 7-2 中的从至表，做出双行布置，如表 7-7 所示。

表 7-7　零件移动次数排序表

次序	相关设备	次数	次序	相关设备	次数
1	Ⅰ→Ⅵ	8	7	Ⅰ→Ⅴ	1
2	Ⅳ→Ⅱ	3	8	Ⅱ→Ⅲ	1
3	Ⅰ→Ⅱ	2	9	Ⅱ→Ⅴ	1
4	Ⅱ→Ⅳ	2	10	Ⅱ→Ⅵ	1
5	Ⅲ→Ⅵ	2	11	Ⅲ→Ⅳ	1
6	Ⅴ→Ⅲ	2			

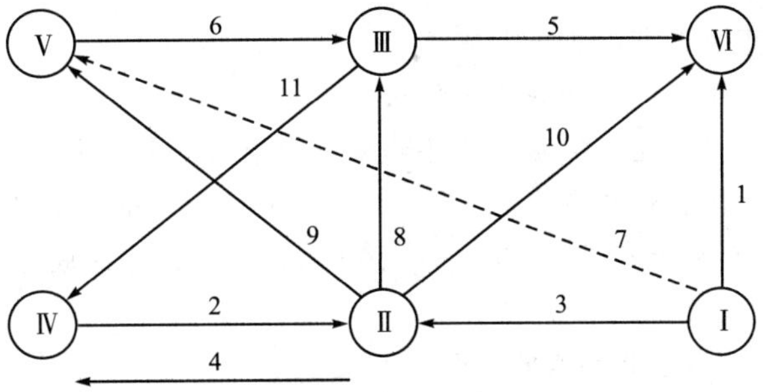

相邻从至线：10 条；
超邻从至线：1 条；
$\Delta=(2-1)\times1=1$

图 7-8　双行布置

7.4.3 计算机分析法

工艺原则布置是一个重要却又繁杂的问题，这促使人们对许多应用软件进行了开发。计算机辅助设施布置技术（CRAFT）就是其中应用最广的一个软件。CRAFT 出现于 20 世纪 70 年代，可以解决 40 个部门的布置问题。它利用搜寻技术，调整部门之间的位置，以使总物料运输成本为最低。但是，在实际应用中，在使用计算机分析出来的结果之前，还需要结合实际情况，对计算机分析出来的结果做一定的调整。

CRAFT 软件可用来进行 $m \times n$ 的块状布置（m、n 均为自然数，$m \times n \leqslant 40$）。在运行软件前，首先要做一个 $m \times n$ 的初始布置，并将工作地之间的运输量及运输单价输入。优化的目标是使总运输费用为最低。运算原理如下。

（1）从第 1 行第 1 列开始循环，计算两两交换工件地位置后的运输费用之差，并将此数据保存。在全部计算完以后，取运输费用降低最多的方案，并将所对应的两个工件地交换位置，作为第一次改进后的方案。

（2）重复上述步骤，直到运输费用不再降低为止。

以下注意事项需要说明。

1）CRAFT 不能确保得到最优方案，它的最优方案依赖于初始状态。在一个确定的初始状态下，可以对应一个最优方案，但初始方案不同，所得到的最优方案也不一样。

2）为了得到较理想的方案，在使用 CRAFT 软件时最好提出几种不同的初始方案，以得到不同的结果。

3）CRAFT 最多能解决 40 个部门的布置问题，迭代不到 10 次就可以得到最终结果。

4）CRAFT 用来解决两维的平面布置问题。三维空间的布置问题可由计算机辅助空间布置技术（SPACE CRAFT）来协助完成。

复习与讨论题

1．工艺类型有哪些？

2．设施布置的基本类型有哪些？

3．描述工艺原则布置，并给出一些例子。

4．产品原则布置的主要优点和缺点是什么？

5．举例说明产品—工艺矩阵在企业工艺选择决策中的重要作用。

6．采用先分配后续作业数最多的作业的方法，将图 7-9 中的作业分配到各工作地，使闲置时间最少。管理部门计划每天产量为 300 个单位。假定每天工作时间为 480 分钟。

（1）求出节拍。

（2）最少所需工作地数量是多少？

（3）计算效率。

7．某厂有 6 个生产部门，部门间每天流动次数如表 7-8 所示。试布置这 6 个部门的位置，使得不相邻的流动最小。

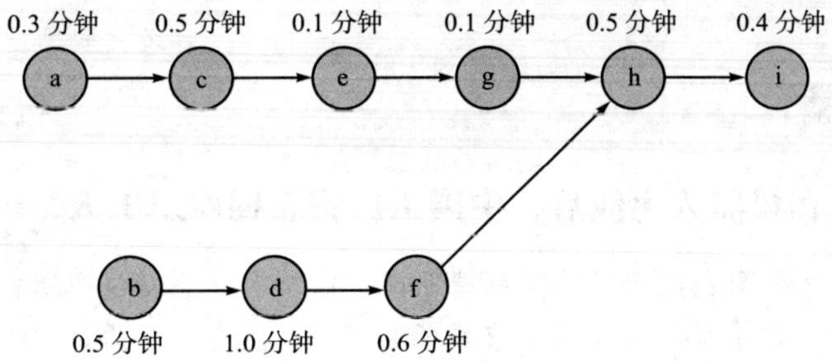

图 7-9　作业顺序图

表 7-8　流动表

从 \ 至	移动数量					
	A	B	C	D	E	F
A	—	4	10	—	3	2
B	—	—	—	15	—	—
C	12	5	—	8	—	—
D	—	—	20	—	—	—
E	—	—	6	—	—	—
F	—	—	8	—	—	—

8．应该怎样设计布置以达到最优？

9．一个电视机生产厂家的生产线布置中的单个工作站的设计产能（每天产量）如表 7-9 所示。如果系统的实际产量为每天 100 台电视机，系统的效率是多少？

表 7-9　各工作站设计产能

工 作 站	X	Y	Z
设计产能（台）	200	150	280

10．某玩具生产厂要把 6 个车间布置在一个单层厂房内，现已给出物品从至表，如表 7-10 所示。请进行单行布置和双行布置。

表 7-10　从至表

从 \ 至	A	B	C	D	E	F
A						5
B	5			2		
C						
D		7		4		3
E	2	3				4
F		3				9

本章阅读资料

在机器人上线后，中国工厂将怎样雇用工人？

由美联储提供的数据图表显示了美国制造业岗位在所有就业岗位中所占的份额。在20世纪50年代以后，该曲线就几乎呈一条完美的直线不断下滑。值得注意的是，1994年通过的北美自由协定及以后全球化进程的不断加速，或者最近几十年中国的崛起并没有使这条曲线变得更陡峭。该曲线始终呈不断下降的趋势。

最主要的原因是科技的进步，尤其是自动化的进步。美国的制造业可以用更少的员工获得更高的生产效率。假如我们画一个工业产出的表格而不是工作份额的表格，这条曲线应该是不断上升的。当今美国的工业产出比19世纪50年代工业时代的要大得多，即使在调整通货膨胀后依然如此。但是，我们却是用少得多的人完成这些的。

关于这个图表最有趣的事是，如果技术进步是其中最大的推手，那么中国的就业也不可避免地要走同样的路。事实上，很多事实都让我们相信中国的这条曲线会更加接近笔直。美国需要发明这些科技提高生产效率，而中国只需在其他发达国家进口这些技术。同时，与20世纪50年代制造业处于顶峰的美国相比，中国是在信息化时代开始这样的进程的。信息化是自动化的基础。

在美国（其他发达国家也如此），劳动力从制造业转出进入服务业，而且在就业比例中占有很大份额。中国是否也会实现这样的转变呢？

美国很久以前就拥有了雄厚的中产阶级基础。技术的不断发展和生产率的不断提高，并不能让技术娴熟的工人找到工作。公会在私营企业中的作用甚大，确保了因生产效率提高而产生的大部分利润能最终进入工人的钱包。反过来，这些工人形成了规模巨大的消费阶层，他们能购买工厂的产品，保持总体经济欣欣向荣。

然而，中国的情形却完全不同。消费在国民生产总值中只占35%（而几乎在绝大多数发达国家，这一份额却在60%以上）。即使中国已经有了相等规模的中产阶级（绝对意义上），但在人口众多的中国，中产阶级依然只占有很小的比例。

劳工享有极少的权利和保护是20世纪50年代美国工作的主要特点。正如我在《隧道之光》中写的那样，中国工厂绝大多数的工作是由农民工完成的。这些人居住在农村，经过允许进入城市或工业区工作。这些工人大都住在工厂宿舍，他们没有权利把家庭带入城市或真正融入城市中产阶级。他们的工资要比城市居民低得多，赚的钱不是存进了银行，就是寄往家里。这些工人很难成为推动当地消费的主要动力。

据《纽约时报》报道，正是这些农民工的努力，才使苹果公司（或者富士康）的生产线没日没夜地运转。

对富士康来说，即使这样充足的人手和高效的效率依然无法满足它的要求。最近，公司打算引进大量机器人。这也许会极大地提高产出，但是中国经济怎样成功地变为消费型经济的道路依然不明朗。

只有在成为服务型经济之后，这一切才能发生。随着消费者更加富有，他们会花更多的钱在服务上，如信贷、保险、医疗、教育、娱乐和旅游。反过来，这些消费也会推动服务业的就业。至少发达国家是这样的。

消费如此低迷，中国经济的发展依旧主要依靠出口，尤其固定投资。令人咂舌的是中国50%的国民生产总值是由工厂、住房和基础设施建设这样的固定投资拉动的（而在美国，这一比例只有15%）。但是问题是这些固定投资最终还是要通过消费来买单。工厂建好之后就要生产产品，进而进行有利可图的销售。住宅、零售店、公寓等都要销售或出租。很明显，没有经济体可以用50%的产出用于投资，而这些投资却无法赢利。

如果要赢利，只有靠不管国内或国外的消费者。中国继续依靠美国或欧洲的消费者，但是这并不是一剂持续发展的万能药剂。其债务危机与产生的财政紧缩降低了中国经济增长速度和欧美国家的消费水平。

随着中国、美国和其他发达国家制造业自动化水平的提高（也许是大幅度的提高），首当其冲受到冲击的是服务业。成千上万的白领、零售领域的服务性工作、分销领域、食品服务业等其他行业最终都难逃厄运。毕竟，如果机器人可以制造苹果手机，终有一天就会做个汉堡，煮杯拿铁。居高不下的失业率、微薄的报酬和萧条的消费水平就会在大多数发达国家肆意横行。

中国面对的真正问题是较晚加入发达国家的行列。当其达到工业领域就业高峰时，就开始面对自动化科技带来的潜在破坏性影响，而且这些影响也恰好发生在目前作为主要消费动力的服务业。中国能否重新平衡其增加居民收入、拉动消费的经济模式呢？又是否能建立一个生机勃勃的能提供更多就业岗位的服务行业呢？

资料来源：《隧道之光：自动化，科技进步和未来的经济》。

思考题

1．你认为机器人会使中国工人大批失业吗？

2．中国应该如何看待随着自动化水平的提高，服务业会首先受到冲击？

3．你是如何理解中国的自动化进程的？

第 8 章

选址规划与分析

本章学习目标

- 了解企业制定选址决策的一般程序。
- 了解影响企业选址决策的因素。
- 掌握基本的企业选址方案评估方法。

本章引例

Tesco 败走中国：本土关系缺失

当你在流沙中越陷越深的时候，最好放弃挣扎果断止损，而不是心怀幻想地继续投入。从这个角度说，出售中国业务，也许是 Tesco 进入中国大陆 10 年来最正确的决策之一。

许多因素共同导致了 Tesco 在中国市场的被动局面，如业态单一、选址不佳、扩张缓慢、规模不振等，而这些表象背后更根本的原因是 Tesco 本土化关系的缺失。

零售生意的诀窍，一是品牌，二是规模。从 2004 年算起，Tesco 进入中国市场 10 年，旗下"乐购超市"门店数量从最初的 25 家增长到 2013 年年底的 135 家。相比之下，沃尔玛、家乐福中国门店数量分别为 406 家、236 家。门店数量的劣势令 Tesco 难以发挥规模经济。

Tesco 在中国没有采取多业态组合的发展路线，用更灵活、更经济的方式快速扩张，而是固守大卖场业态。相比便利店、折扣店等业态，大卖场开店成本、运营成本更高，扩张速度更慢，比沃尔玛、家乐福等对手晚一步进入中国市场的 Tesco 也因此错失了许多机会。

Tesco 旗下"乐购超市"大多位于人流密集地段，经营面积数千至上万平方米，除了部分为自有物业外，还有部分为租赁物业，不可避免地承受租金上涨压力。Tesco 在中国大陆拥有 135 家乐购超市和 25 000 余名员工，员工薪水高于行业平均水平，这也是难以忽略的固定成本。成本上升推高进场费、条码费，导致与供应商关系紧张，屡屡陷入"断货危机"。

Tesco 虽然引入 F&F 等自有品牌，试图发挥国际直采、农产品采购等既有优势，并积极拓展电子商务，但受制于单一的大卖场业态，大规模扩张即面临巨额成本支出，经营业绩难以扭转。

Tesco 企业经营中，提升运营效率或发挥规模效应，可有效发挥经营杠杆作用，摊薄固定成本，提升赢利能力。Tesco 何尝不知规模的重要性？但是，作为外企的它缺乏规模扩张所需的本土关系。

本土关系有多重要？一个世纪前，洋行依赖于精通英语的“买办”；如今，跨国公司需要借助“代理人”在中国开展业务。

在传统零售这个高度依赖地理位置的行业，缺乏本土关系的跨国公司很难打入内陆城市。河北石家庄，一个 1 200 万人口的省会城市，至今没有一家乐购超市；家乐福曾被本地超市联合挤出，后通过与当地超市合作才谋得立足之地；沃尔玛选择市中心新开盘的一座商业中心，以高昂租金为代价迎合了地方政府招揽“世界 500 强”的政绩诉求。

2014 年 4 月，Tesco 董事长理查德·布罗德本特向柳传志求教在中国经商的诀窍，他得到的建议是，聘请几位退休的中国高官做顾问。不过 Tesco 在中国已经没有机会从头再来了。

2014 年 5 月 29 日，Tesco 与华润创业的交易获批。双方共组合资公司，Tesco 将包括 135 家乐购超市在内的中国业务及部分现金换取合资公司 20%股权，华润创业注入 220 亿港元资产，持合资公司剩余的 80%股权。交易完成后，乐购超市将更名为华润万家。

这笔交易意味着在 13 亿人口的中国——这个最具增长潜力的消费市场，全球第三大零售商 Tesco 只能敬陪末座，而“乐购”，这个几经易手的超市品牌未来也将不复存在。

资料来源：财富中文网，2014 年 7 月 10 日。

思考问题

1. Tesco 在中国做错了什么？
2. Tesco 这个跨国巨头在中国遭遇本土化失败的案例有何普遍启示？

选择地址是企业运作系统启动的第一步，它对企业战略的实施具有直接的影响，对企业以后的经营结果具有先天性的决定意义。对于制造企业来说，选址是其控制成本的主要决定因素；对于服务企业来说，选址是其获得收益的主要决定因素；对于跨国企业来说，公司各部门的选址是其全球价值链的重要组成部分。

8.1　制定选址决策的一般程序

企业选址通常包括以下几个步骤。

1. 明确企业选址的优化目标，列出评价选址地点优劣的标准

一般来说，制造业选址的优化目标是追求成本最小化；服务业选址的优化目标是追求收益最大化。有的企业选址目标追求靠近顾客，有的企业要靠近原材料供应地。选址的第一步就是要明确企业选址的优化目标是什么，然后根据具体的优化目标，列出评价选址地点优劣的标准。

2. 识别选址决策所要考虑的重要因素

这些因素包括区域因素、社会因素、地点因素等，我们将在下一节详细介绍。

3. 找出可供选择的选址方案，并列出可供选择的地点

（1）选址方案。

1）一种选择是扩建现有的厂址。当选择这种方案时，选址工作比较简单，需要注意的问题只是现有的厂址是否具有可扩建性，不需要考虑重新选择厂址的问题。

2）第二种选择是在保留现有厂址基础上，在其他地点增加新的厂址。此时，对制造业来说，新增加的厂址不能距原厂址太远，因为两个厂址之间会存在业务联系，若距离太远，会增加不必要的运输费用。对服务业，如零售业来说，新店的选址需要考虑的因素还有很多，包括交通的便利性、劳动力条件、与供应商的距离、物流配送条件、租金和税金问题及政府政策（主要针对外资超市）等。在通常情况下，增加新的厂址是扩张性战略的一种反映，但是也不排除是防御竞争对手进入市场的防御性战略的体现。

3）第三种选择是放弃现有厂址，迁到新的地点。产生这种选择的原因可能有以下几点。

一是出于环保的考虑。比如，某化工厂的厂址处于市内的优良地段，但是由于从事的生产污染比较大，这时就要考虑放弃现有的厂址，搬迁到新的地点。

二是原地址与生产或产品特点不符。比如，对原材料质量有严格要求的生产企业，厂址应该选择在靠近原材料供应地的地方，以降低运费，得到较低的采购价格。如果现有的厂址距离原材料供应地很远，就有必要调整厂址，搬迁到距原材料供应地近的地址。

三是由于行业环境、自然条件、政府政策等影响选址的因素发生变化，使得企业不得不做出迁址的选择。比如，原材料供应地的原材料资源已经耗尽，这时企业就不得不寻找新的厂址。

迁址要考虑的因素也有很多。比如，企业必须对迁址的成本及因此而获得的利润与留在原址的成本和利润进行比较和权衡。此外，市场的转移、运输成本的变化等也是要慎重考虑的重要因素。

（2）可供选择的地点。在企业做出具体的选址决策之后，就要找出几个可供选择的地点。一般按照先选择一般性地区（如中国），再选择具体地区（如华东地区、华北地区），最后选择具体位置（如上海、北京）的顺序。

4. 选择适宜的评价方法，评估几种选择并做出选址决策

常见的方法包括因素评分法、重心法，及线性规划等。

8.2 影响选址决策的因素

8.2.1 区域因素

区域因素主要包括原材料位置、市场位置和劳动力因素。

1. 原材料位置

企业选址对原材料供应地的远近的考虑主要有以下几个主要因素：原材料的可运输性、原材料的运输成本、原材料的需求量及原材料的易损坏性等。原材料的可运输性越差、运输成本越高，对原材料的需求量越大、原材料越容易损坏，企业选址就越应该靠近原材料的位置。比如，采掘业、钢铁工业、造纸厂、发电厂、奶制品厂等。

2. 市场位置

企业选址对距市场位置的远近的考虑主要有销售成本、交易惯例等。

（1）制造业通常因为运输、交货期的原因，选择靠近目标市场的位置。比如，汽车制造厂通常更靠近目标市场，一个重要的原因就是汽车在制造过程中，重量不断增加，整车运输的成本很高，而且交货期竞争日益激烈。很多汽车制造厂将厂址选择在目标市场国家，一方面可以降低整车运输的巨额成本，另一方面可以缩短交货期，提高交货速度。

（2）服务业（如超市、购物中心、快餐店、酒店、银行）总是选择人口众多、交通便利的地点，通过提供便利的产品和服务，吸引更多的顾客。

（3）政府机构的位置应该以社区民众的需要为基础，靠近需要服务的地区和民众，如邮局、急救中心和警察局等。

接近目标市场的位置确保了生产的产品和服务能够与顾客的需求保持高度一致。

3. 劳动力因素

劳动力因素主要考虑的是劳动力的年龄、工作态度、素质、薪资水平和有关法律法规等。劳动力的教育程度和技术水平必须与企业的需求相匹配，更重要的是，劳动者必须具有持续学习的热情和能力。

（1）从企业的角度来说，技术密集型企业对劳动力的技术水平要求较高，劳动力密集型企业对劳动力的素质水平要求较低；以低成本为竞争战略的企业和以差异化为竞争战略的企业，对劳动力技术的要求、薪资水平各不相同。

（2）从劳动资源的角度来说，城市劳动力与农村劳动力的素质、对工资的要求等方面有很大的差异；发展中国家和发达国家的劳动生产率、劳动力成本、劳动力素质也各不相同。

（3）此外，劳动者的再学习能力与热情也是企业选址时要考虑的重要因素。企业首先要明确本企业的成员是否需要具有再学习的能力和热情，然后要考察备选地区劳动力再学习能力的整体水平，最后确定两者是否相匹配。

运作经典

迪士尼乐园选址

香港迪士尼乐园位于青葱的大屿山，地处竹篙湾，属世界级家庭娱乐中心。其设施包括迪士尼主题乐园、香港迪士尼乐园酒店（400 间客房）、迪士尼好莱坞酒店（600 间客房），以及迪欣（毗邻 3.5 公顷的植物园，并有小艇出租）。香港迪士尼乐园是米奇老鼠、白雪公主、花木兰与众多迪士尼朋友的家，它们都为世界各地人士所钟爱。无论是大人还是小朋友，只要置身其中，就可分享迪士尼独有的想象力和创意。

香港迪士尼乐园由华特迪士尼公司和香港特区合作兴建，雇用多达 5 000 名演艺人员。兴建计划在 1999 年正式宣布，2003 年动工。香港迪士尼乐园所在的大屿山竹篙湾在此之前完全是一片荒芜的生态地，没有任何开发，更没有任何工业、商业和住宅开发，离香港市区非常遥远。美国人之所以选择这个不毛之地，唯一的原因是迪士尼乐园本身的商业开发需要，它的酒店必须自己建、自己经营，商业设施具有排他性，这使得乐园周围其他的商业设施无法抢走它垄断性的商业利益。

香港迪士尼乐园也有很多局限性，最大的问题是面积太小。它是全球11个迪士尼乐园中面积最小的一个，很多主题公园无法拓展。因此，上海向国家发改委递交建设迪士尼主题乐园的申请时，首选地在上海浦东。迪士尼主题乐园项目主体可能落户在浦东川沙新市镇的西南面，占地500公顷左右，规模将是香港迪士尼乐园的3.7倍，南汇六灶是与之相配套的地区。

所以，结合上海成为中国金融中心的预期及迪士尼自身商业经营的需要，迪士尼选址上海，并将其作为正式进军中国内陆市场的第一步是十分明智的。

8.2.2 社区因素

社区因素主要包括社区基本情况、公共基础设施、环保法规和政府政策。

1. 社区基本情况

社区基本情况是指社区的人口密度及教育、购物、娱乐、交通、医疗、收入水平等方面的情况。社区情况会影响企业员工的工作、生活条件，直接影响企业对员工的吸引力及员工对企业的忠诚度。

2. 公共基础设施

交通的便利性（如充足的公路、铁路、航空和海运能力）及通信设施是至关重要的。此外，当地的自然条件、供水、供电、供煤及排污能力也是要重点考虑的。这些方面的因素对于企业日后的投资、生产、运输、服务都具有重大的影响。

3. 环保法规

今天的人们追求创造一个和谐社会，环境保护的问题日益受到人们的重视。各国、各地区都制定了保护当地居民和生态环境的环保法规和条例。因此，在企业选址决策中还必须包括这一点。除了对成本的直接影响外，它还将影响企业与所在社区的关系。

4. 政府政策

当地政府的政策包括是否有鼓励企业在当地落户的政策（如设立经济开发区、低价出售或出租土地、税收减免、低息贷款、授予特许权和支持改建或升级基础设施条件等）或抑制企业在当地落户的政策（如设置文化和法律壁垒等）。

8.2.3 地点因素

地点因素主要包括当地的发展情况、土地情况及运输条件等。需要特别说明的是，与土地情况相关的因素有土地费用、土地的可扩展性、土壤条件、现有的设施、排水与排污能力、地理位置等。运输条件包括物流运输的便利性及员工上下班的便利性（如距离地铁站和公交车站的距离）。

企业在不同时期的选址依据和关键因素不同。表8-1是对美国企业选址的调查结果。

此外，在具体的选址过程中，应该具体问题具体分析。不同性质、不同类型企业的选址依据也不同。

表 8-1　不同时期影响美国企业选址的关键因素排序

优先顺序	1973 年	1993 年
1	环境	可接近消费者
2	劳动力供应	交通运输
3	基础设施情况	较低的房地产成本
4	交通（主要是高速公路）	熟练工人及供应数量
5	可向农村和郊区扩展	与政府的关系
6	社区态度	较低的工资成本
7	可低成本融资	合理稳定的设备收费率
8	土地情况	较低的生活费用
9	市场	较低的营业税
10	税收	文化和休闲设施

管理实践

奢侈品品牌的选址秘诀

奢侈品品牌也有自己的一套门店选址流程。跟大家想象的不一样，他们最终定下某家店铺的地址，并不是通过评测拉动力和贸易区域分析得出的。在所有指标中，他们最为看重的是将要开店的目标城市的商业潜力。除此之外，他们还很注重竞争对手："Cartier 在某个城市开设了店铺，他们每天有×名客户进入商店。这些客户的数量对于 Bulgari 或 Boucheron 在那里开店是否有足够的潜力？"这就是奢侈品行业分析和讨论问题的大概方法。

坦率地说，可供奢侈品品牌选择的城市和店铺也不是那么多。在奢侈品行业，一旦选定一个城市，店铺在该市的位置就比较容易确定了。每个城市都有一个奢侈品店的最佳地点。在巴黎，不是蒙田大道就是圣·奥诺雷大街。在米兰，就数 Monte Napoleone 大街、San Andrea 大街和 Della Spiga 大街了。在香港，需要在半岛酒店、中环置地广场和太古广场之间做出抉择。在东京，抉择则出现在银座和表参道之间。在上海，最初唯一的选择是南京西路，2010 年之后，改造成功的淮海中路才被纳入考虑范围。

当选定了某个城市，奢侈品品牌首家店铺的选址工作就变得相当简单，因为只有一个地方可以去。然而，即使在同一个地方，从街的一边到另一边，商业潜力的差别也可能很大。在巴黎圣·奥诺雷大街，北侧街上的销售较好，南侧并不适合奢侈品品牌设址开店，但南北两侧的租金成本几乎完全一样。上海淮海中路也是如此，北侧"高冷"，南侧"亲民"，因此奢侈品更偏爱北边，时尚白领却常常扎堆南侧。

因此，奢侈品品牌选址工作的关键在于，当你决定选择在大街的这一边而非另一边，或者选择高端购物中心的二层而不是首层时，必须考虑到经过的人流，清楚自身品牌吸引力的系数，这样才能有一个大概的未来预期销售量。

现实情况当然会更加复杂一些。在整个选址过程中，奢侈品品牌会不断地面临艰难的抉择。比如，每个品牌都想在大型零售地点拥有一个很大的门店，但通常这意味着更多的租金成本，以及要设定一个更高的盈亏平衡点和销售额水平。那么，品牌有这么高的支付能力吗？或者，它能在这里轻易达到这么高的销售额水平吗？可是，如果房租成本一样，这家奢侈品品牌是应该在最佳选址地点开一家小商店，还是在第二最佳地点开一家更大一些的商店？这个时候是应该相信商业地产领域铁打的定律"地点、地点、地点"，还是应该相信自己的品牌吸引力系数及拉动力地图？

有一个现实的案例可供大家参考。在香港，多年来Lancel在半岛酒店有一家30平方米的小店，位于一家很大的Louis Vuitton店的对面。尽管租金非常高，但Lancel的生意做得非常好。它还有一家200平方米的很大的商店，在太古大厦，靠近置地广场。与半岛酒店一样，太古大厦也是奢侈品品牌开店的顶级地点，可惜的是，Lancel在其中的店铺位置偏了一些，合适的顾客流在店门口的20米以外。所以Lancel这家店卖出的商品很少，权且当作完整的产品展示厅使用。

可能有人认为，在奢侈品品牌在中国开的数十个店铺中，有一些本身就不是冲着销售额去的，展示也是其开店的重要目的之一。但对于奢侈品来说，没有人最初不希望两者皆得。的确也存在一些展示功能大于一切的店铺，但这些店铺通常位于地标性的市场。

毫无疑问，店铺扩张十分重要，但同时开设过多的品牌商店会给公司带来财务风险。此外，一家新的直营店至少要经过两年才能实现最初的销售目标：在这期间及实现盈亏平衡之前，商店的运作需要资金支持。这也就是说，为了权衡消费者对奢侈品品牌的目标型购物与便利型购物需求，每个城市都应该有理想的奢侈品品牌店面数量。

资料来源：根据2014年10月《福布斯》相关文章改写。

8.3 选址方案评估

对选址方案进行评估是选址程序的最后环节。常见的方法有因素评分法、重心法，以及线性规划法。

8.3.1 因素评分法

因素评分法（Factor Rating System）作为一种决策技术，在现实中应用广泛。这里介绍因素评分法在企业选址时的应用。它的价值在于，对每个备选方案的各种相关因素进行综合评分，从而为评估提供合理的基础，有利于对备选地点进行比较和做出选择。因素评分法的一个限制就是在决策过程中会或多或少地融入决策者的主观因素，使得根据这种方法做出的评估和决策可能不够客观。

因素评分法的步骤如下。

（1）列出相关因素（如原材料位置、社区态度、运输条件、环保法规等）。

（2）对每个因素赋予一个权重，不同方案的相同因素的权重值一致，每个权重代表每个因素的相对重要性，各权重之和一般为1.00。

（3）给所有的因素确定一个统一的数值范围（如1~100），并在这个范围内对每个备选方案的所有因素进行打分。

（4）将每个因素的得分与它的权重值相乘，再把每个方案各因素的这个乘积数相加，得到各备选方案的总分。

（5）比较各方案的总分，选择总分最高的地点。

例 8-1 一个超市要新开一家分店，表 8-2 是几个备选地点的信息。

表 8-2 备选地点信息

因素 (1)	权重 (2)	得分（0~100）			加权得分		
		地点 1 (3)	地点 2 (4)	地点 3 (5)	地点 1 (2)×(3)	地点 2 (2)×(4)	地点 3 (2)×(5)
交通条件	0.15	100	70	80	0.15×100=15	0.15×70=10.5	0.15×80=12
附近人口	0.05	80	80	100	0.05×80=4	0.05×80=4	0.05×100=5
租金	0.30	50	90	70	0.30×50=15	0.30×90=27	0.30×70=21
面积	0.05	40	80	60	0.05×40=2	0.05×80=4	0.05×60=3
社区繁华	0.20	90	60	80	0.20×90=18	0.20×60=12	0.20×80=16
已有超市	0.15	80	90	60	0.15×80=12	0.15×90=13.5	0.15×60=9
停车场	0.10	50	80	100	0.10×50=5	0.10×80=8	0.10×100=10
合计	1.00				71	79	76

可见，这三个地点的总分差距不大，但是地点 2 的总分略高于其他两个地点的总分，如果没有其他情况，按照因素评分法，将选择地点 2 作为分店的地址。

8.3.2 重心法

重心法（Center of Gravity Method）主要用于选择配送中心或中转仓库。为了使分销成本降到最低，它把分销成本看成运输距离和运输数量的线性函数，求得使分销成本最低的位置，作为目的地（重心）。

重心法假设在同一种运输方式下，运输数量不变，运输单价相同。

重心法的步骤如下。

（1）建立坐标系，确定各地点在坐标系中的相对位置。

（2）运用计算公式，计算出重心的横纵坐标值，并在坐标系中找到其相应的位置。一般计算公式如下：

$$C_x=\sum d_{ix}V_i/\sum V_i; \qquad C_y=\sum d_{iy}V_i/\sum V_i$$

式中 C_x——重心的横坐标；

C_y——重心的纵坐标；

d_{ix}——第 i 地点的横坐标；

d_{iy}——第 i 地点的纵坐标；

V_i——第 i 地点运往目的地的运输量。

若运往各地的产品数量是一样的，公式可以简化为：

$$C_x=\sum d_{ix}/n; \qquad C_y=\sum d_{iy}/n$$

式中 n——可选择的地点数。

例 8-2 某大型超市要在 A、B、C、D 各个分店之间设立一个配送中心 M，各分店的分布及其到配送中心的物流量如图 8-1 和表 8-3 所示，问 M 应设在何处？

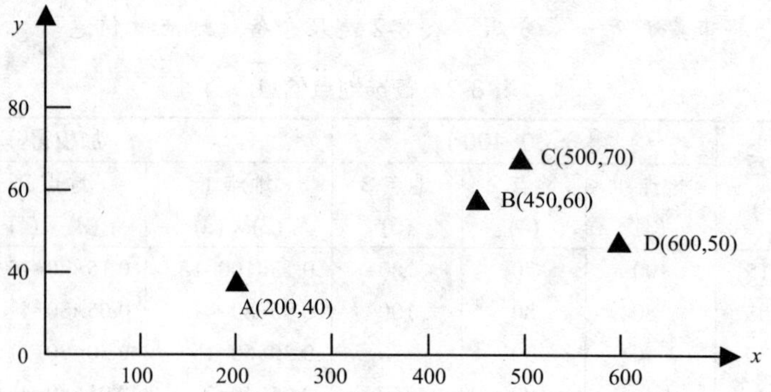

图 8-1 各分店的分布

表 8-3 各分店的物流量

位 置	各分店到配送中心的物流量
A(200,40)	1 000
B(450,60)	500
C(500,70)	1 500
D(600,50)	2 000

解：用重心法求 M 的坐标值 C_x 及 C_y：

$$C_x=(200\times1000+450\times500+500\times1500+600\times2000)/(1000+500+1500+2000)=475$$

$$C_y=(40\times1000+60\times500+70\times1500+50\times2000)/(1000+500+1500+2000)=55$$

可见，重心的位置 M 为（475，55）。中心的分布如图 8-2 所示。

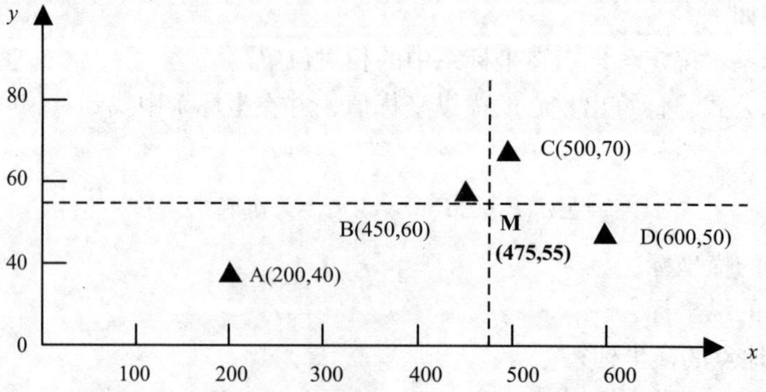

图 8-2 配送中心 M 的位置

8.3.3 线性规划法

线性规划法可以帮助企业找到成本最小、利润最大的选址方案。这种方法适用于这样的情况：从多个（n 个）地点出发，运输货物到达多个（m 个）不同的目的地。

线性规划法步骤如下。

（1）建立目标函数。

（2）建立约束方程。

（3）求解。

（4）运用求解结果及已知的运输成本，计算总成本，并在各备选方案中进行比较，选择使总成本最小的方案。

例 8-3 某成衣厂有 2 个生产工厂，并为它的 4 个主要客户的仓库供货。管理层想要扩大产量，增建一个生产工厂，现有 2 个厂址待选。请用线性规划法选择一个厂址，确定为这些客户供货的月成本最小的运货方案。成长厂供货量、仓库需求量及单位产品运输成本如表 8-4 及表 8-5 所示。

表 8-4 成衣厂供货量及仓库需求量数据

工厂厂址	供 货 量	仓库位置	需 求 量
A 地	16	1 客户仓库	10
B 地	7	2 客户仓库	12
Ⅰ地	14	3 客户仓库	15
Ⅱ地	11	4 客户仓库	9

表 8-5 单位产品运输成本

始 发 地	至 1 客户仓库	至 2 客户仓库	至 3 客户仓库	至 4 客户仓库
A 地	25	30	35	55
B 地	60	30	25	25
Ⅰ地	35	40	80	95
Ⅱ地	35	40	66	70

解： 选择Ⅰ地时，目标函数：$\min Z_{\mathrm{I}} = \sum C_{ij}X_{ij}$

式中 Z_{I}——总成本；

C_{ij}——i 工厂运到 j 客户仓库的单位运输成本；

X_{ij}——i 工厂运到 j 客户仓库的运输数量。

约束方程：

$$\begin{cases} x_{11}+x_{12}+x_{13}+x_{14}=16 \\ x_{21}+x_{22}+x_{23}+x_{24}=7 \\ x_{31}+x_{32}+x_{33}+x_{34}=14 \\ \\ x_{11}+x_{21}+x_{31}=10 \\ x_{12}+x_{22}+x_{32}=12 \\ x_{13}+x_{23}+x_{33}=15 \\ x_{14}+x_{24}+x_{34}=9 \end{cases}$$

同理，可求出选择Ⅱ地时，目标函数：$\min Z_{\mathrm{II}} = \sum C_{ij}X_{ij}$

比较 $\min Z_{\mathrm{I}}$ 及 $\min Z_{\mathrm{II}}$ 的大小，选择出较小值，即为所选地址。

除了传统的数学规划计算方法外，我们还可以使用 Excel 的 Solver 功能来求解。

引例的思考

许多因素共同导致了 Tesco 在中国市场的被动局面，如业态单一、选址不佳、扩张缓慢、规模不振等，而这些表象背后更根本的原因是 Tesco 本土化关系的缺失。零售业必须本土化是一个国际化实践已经证明的铁律。因为一切的商业供给都是需求决定的，每个国家的消费者不一样，商业的供给和运营就应该有差异。

复习与讨论题

1．通常在什么情况下，企业会面临迁址的问题？

2．试举例说明企业在选址时要考虑哪些主要因素。

3．试举例说明，制造业企业和服务业企业在选址过程中及对选址方案的评估中会有哪些差别。

4．某眼镜公司为建立一个新工厂评估了三个可能的厂址，为各个相关的因素分配了权重，并对各厂址相应的因素进行了评分，如表 8-6 所示。根据表中提供的信息，对三个待选厂址进行评估，并做出选择。

表 8-6　三个待选厂址相关数据

相关因素	权　重	得分（0~100）		
		A 厂址	B 厂址	C 厂址
生产成本	0.30	50	80	75
原材料供应	0.26	70	75	80
劳动力	0.18	65	50	55
环境	0.04	80	65	65
市场	0.16	40	70	80
其他费用	0.06	60	30	90

5．运用重心法，从图 8-3 中找出重心位置。各地的物流量如表 8-7 所示。

表 8-7　各地的物流量

位　置	物 流 量
D_1	1 000
D_2	200
D_3	700
D_4	650
D_5	800

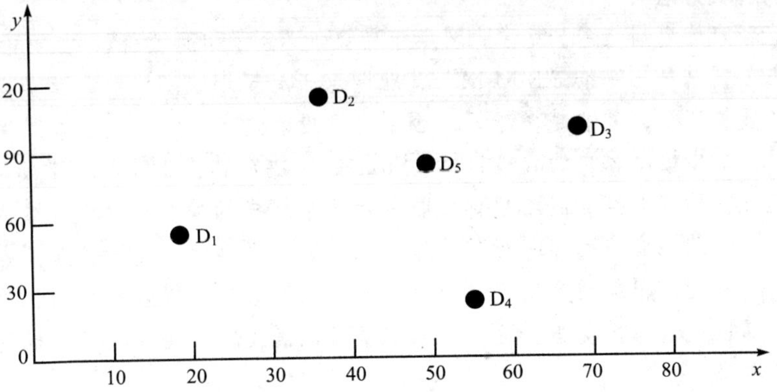

图 8-3　各地位置

本章阅读资料

赢在布局

在这个“客户感知”先行的时代，运营商已经意识到从营业网点布局规划开始，就需要考虑客户的感知和意愿。

亟待解决的问题

营业厅不仅是承载电信产品和提供各类服务的传统实体渠道（一般占总收入渠道来源的 30%~40%），更是运营商强化全业务营销体验、落实差异化竞争战略的前沿阵地。截至 2010 年第一季度，中国移动营业网点（主要包括自有营业厅和合作营业厅及代理店）总数超过 4.2 万家，中国联通也突破 2.5 万家，中国电信在 3 万家左右，网点数的比例基本与其市场份额比例趋同。在这个“客户感知”先行的时代，运营商已经意识到从营业网点布局规划开始，就需要考虑客户的感知和意愿，以便更好地聚焦客户需求，提供差异化的服务，通过服务带动营销。

本案例中的北方电信公司（案例讨论名称，非企业实名，以下简称北方公司）于 2008 年 10 月完成了全业务重组。由于常年经营固网业务，缺乏移动业务运营经验，北方公司很快就遇到了发展的两大瓶颈。

第一，业务增长缓慢，市场竞争处于劣势。截至 2009 年年底，北方公司收入虽较重组前翻了一番，接近 70 亿元，用户总规模从原有的 40 万猛增到近 260 万，然而，相比竞争对手，北方公司固网和移动业务的市场占有率仅为 25%和 15%，在市场竞争中仍处于明显的劣势。

第二，实体渠道建设滞后，客户服务感知差，阻碍了业务的发展。由于北方公司原有客户主要是政企大客户，对营业厅服务和建设的需求并不大，使得其营业网点建设数量和布局的合理性（多集中在相对冷僻的位置）都远落后于竞争对手，即便通过重组，也仅拥有 57 家营业厅（包括自有营业厅及合作营业厅）。客户难以得到便捷的服务（例如，北方公司客户通常需要花费 20~30 分钟时间才能抵达营业厅），客户感知较差，而竞争对手的用户基本上能在较为满意的时间内抵达营业网点获取服务。

泛太平洋的解决方法

为了解决该客户的燃眉之急，使营业网点布局更加“合理和高效益”，结合电信行业的特点，泛太平洋为北方公司总结出一套“S-M-M”营业网点布局规划法。当然，营业网点的建设规模必须与其业务发展相匹配，并非越多越好，否则资源投入过多，经营效益难以保证。

步骤一（S），是指根据客户的战略目标（Strategy）决定其营业网点的建设思路。根据北方公司在其所属区域内的年度经营战略目标（收入及客户规模翻番）及对标区域内竞争对手的营业网点布局特点，秉承“客户意愿先行”的原则，泛太平洋确定了建设营业网点的两大主导思想：第一，以自有营业厅覆盖现有用户及重点区域为主；第二，以合作厅强化重点区域，全覆盖次优区域，普通区域选择性覆盖。这样一来，既可以满足客户经营战略目标的要求，也可以满足成本最优的要求。

而且，根据这一思想，泛太平洋首先对北方公司重组后的57家营业厅进行评估。在评估过程中，要求已有营业厅必须满足以下三个条件之一：能够覆盖当前存量客户，前瞻性覆盖未来客户，或插入竞争对手密集竞争区域中。在此基础上，归纳总结出评估的9个关键指标。最终，通过这一轮的评估，共关闭5家低效运营的营业厅，将4家位置相近的营业厅合并为2家，帮助北方公司完成了现有网点“关停并转”的工作，使得规划前营业网点数量变为50家。在此基础上，开展下一阶段的新网点布局规划工作。

步骤二（第一个M），在解读战略的基础上，首先从宏观选址（Macrositeselection）入手，分析了北方公司所在区域内的传统商圈（商业商圈）特征，并辅以该客户当前移动业务的话务量分析结果，应用层次分析法重叠生成了该客户特有的50个“电信商圈”。同时，进一步结合客户的经营目标，根据现有同业竞争对手营业厅建设的规模和经验，确定了新增营业网点的建设数量在35家左右，并结合生成的“电信商圈”进行匹配分析，以初步确定这些新增网点的大致位置，完成初步宏观选址。在此过程中，充分考虑电信业务特点和用户分布情况，很好地帮助客户找准当前客户聚集的位置。

步骤三（第二个M），指在宏观选址基础上进行具体微观选址（Micrositeselection）。我们再次运用层次分析法，基于各个备选“电信商圈”，结合竞争对手营业厅的地理布局，完成了各个“电信商圈”内的新增35家营业网点的微观选址测算工作，在每个商圈内给出了2~3个备选微观地址供客户选择。这样一来，又进一步帮助客户解决了选址后完成购置或租赁店址等实操过程中的后顾之忧，让他们可以在具体实施营业网点建设的过程中有选择的余地。另外，泛太平洋还针对各个“电信商圈”的特点给出了一些特色商圈内建设特色营业厅的建议，力争使北方公司能够在激烈的市场竞争当中形成自身特有的核心竞争力。

最后，泛太平洋在上述选址的基础上，进一步根据各个备选微观地址的用户数量、话务量分布等特征，通过科学的测算给出每个营业网点的建设规模建议（包括租用面积、台席设置数量等），这就使得北方公司在具体享用咨询成果的过程中做到了有的放矢。例如，可以帮助其在网点建设的预算控制上更为明确。同时，泛太平洋还通过建立专业的营业网点电子系统，通过研究区域内三大运营商营业网点分布及相关信息，让北方公司直观地获取其所在区域激烈的竞争环境的各类信息。

实施结果

在泛太平洋与北方公司的共同努力下，本次规划帮助其完成了营业网点“科学、合理、高效”的布局规划，切实满足了其“服务现有用户，发展新增用户，打造差异化服务”的要求。通过规划，北方公司为实现年收入及客户规模翻番的目标，需要新建35家营业网点。然而，根据其现有资源，初期先新增20家不同规模的网点，这些网点将全面覆盖公司所在区域的重点商圈（传统商业区、居民住宅区、现有存量用户聚集区等）。在第二阶段，再新建15家网点，届时总规模达到85家，客户将平均花费10~15分钟即可抵达附近的营业网点，客户感知将进一步得到改善，基本与竞争对手持平。

未来，随着通信资费的不断降低及电信产品的同质化加剧，各家运营商必将在提供差异化服务方面发力，以此来改善客户感知，获取竞争优势。而如何让用户方便地找到并进入营业网点，其布局规划工作必须由原来的粗放式“随机”设点转变为科学规划。

资料来源：财富中文网，2010年9月14日。

思考题

1．北方公司所面对的竞争环境是怎样的？
2．“电信商圈”指什么？
3．北方公司是如何应用布局取得先机的？

第 9 章

质量管理

本章学习目标

- 定义质量概念。
- 说明质量的重要性，并讨论决定质量的因素。
- 阐述全面质量管理。
- 讨论质量管理工具——持续改善和六西格玛法。

本章引例

质量管理 本质之道

质量管理的本质是什么？

思普泰克公司总经理施保庆说："质量管理的本质是满足客户需求；更高级一点，是超越客户需求。"

朗泰通公司总经理邓志荣说："我认为质量管理的本质是标准化，就是帮助企业实现规范化和标准化。"

霈宸电器总经理高益崧说："质量管理的本质是制造出最经济、最适用的产品，同时给客人提供性价比最高的产品。"

光德精密公司市场部部长宛志永说："从本质上看，我认为质量管理是一种适应，就是在成本和客户需求之间寻求一种平衡。它也是多个部门之间进行沟通和协调的一种企业职能。"

他们道出的不是面对媒体时的"外交辞令"，而是质量管理的本质真相。

满足客户需求

不论是 ISO 9000，还是全面质量管理；也不论是精益质量管理，还是六西格玛管理，其出发点和落脚点都是满足客户需求。偏离了客户需求的质量管理，犹如无源之水、无本之木，可叹；犹如缘木求鱼，可笑。

人人参与

谈及人人参与，人们很自然会想到全面质量管理。实际上，人人参与也是其他多种质量管理方法的本质特征。

2000 年修订的 ISO 9000 版本中，提出了八项原则，全员参与就是其中一项。而“协力合作无界限”则是六西格玛管理的六大原则之一。六西格玛管理强调无界限的合作，就是让每个员工了解自己应该如何配合公司大方向，参与质量管理。

提升产品价值

在世界经理人“质量管理的本质是什么”的网上调查中，“提升产品价值”获得 11.91% 的选票，名列第三。这一结果对于中国出口型制造商来说意义重大：通过质量管理实现从基本价值向高端附加价值的飞跃。

实现标准化

无论是 ISO 9000:2000 八项原则中的“过程方法”，还是精益质量管理五大法宝之一的“工序标准化”，或者是六西格玛管理六大原则之一的“以流程为重”，它们都表明质量管理中实现标准化的重要性。

“质量管理上，国际标准法也好，国内标准法也好，都是一种标准。标准的意思是比较规范，大家都认同。某种意义上说，这个标准法不是你一家用，大家都用。”朗泰通总经理邓志荣指出，“也就是说，质量管理的本质是帮助企业实现规范化和标准化。”

思考问题

你认为质量管理的本质是什么？

很多产品的生产和服务过程受到质量管理的困扰，如机场丢失行李包裹，计算机制造商生产并装配已损坏的硬盘，医师给病人开了错误的药方，邮政系统丢失或寄错顾客的信件。除了这些对消费者来说显而易见的、直接的质量问题，还有一些质量问题是在生产过程中被发现、改进和解决的。因此，它们是消费者所看不到的，却对企业的经济效应产生了一定的影响。例如，产品在到达最后一道装配线的时候，可能没有通过最后的检验，产品零件不得不重新生产，重新装配。

本章的主要目的是帮助读者理解质量问题并提高对企业质量管理重要性的认识。

9.1　质量与质量管理

质量、成本、交货期、服务及响应速度，是决定市场成败的几个关键要素。而质量更是居首位的要素，是企业参与市场竞争的必备条件。质量低劣的产品，价格再低也无人问津。日本企业为什么能够占据世界汽车市场和家用电器市场的领先地位？靠的是优异的产品质量。企业要想跻身国际市场，后来居上，首先要有优质的产品和完善的服务。

提高生产率是社会生产的永恒主题。企业的产品质量不能满足顾客要求，就不能在市场上实现其价值，就是一种无效或低效率的劳动，就不可能有真正的高效率和高效益。

9.1.1 质量的概念

质量是质量管理的对象，正确、全面地理解质量的概念，对开展质量管理工作是十分重要的。在生产发展的不同历史时期，人们对质量的理解随着科学技术的发展和社会经济的变化而有所变化。

什么是质量？国际标准ISO 8402—1986对质量做了如下定义：质量（品质）是反映产品或服务满足明确或隐含需要能力的特征和特性的总和。现代质量管理认为，必须以用户的观点对质量下定义。这方面最著名也是最流行的，是美国著名的质量管理权威朱兰（J.M.Juran）给质量下的定义："质量就是适用性。"

所谓适用性，就是产品和服务满足顾客要求的程度。企业的产品是否使顾客满意？是否达到了顾客的期望？如果没有，就说明存在质量问题。不管是产品本身的缺陷还是没有了解清楚顾客到底需要的是什么，都是企业的责任。

但是适用性和满足顾客要求是比较抽象的概念。为了使之对质量管理工作起到指导作用，还需将其具体化。在这方面，美国质量管理专家戴维斯教授将适用性的概念具体分为八个方面的含义。

（1）性能。产品主要功能达到的技术水平和等级，如立体音箱的信噪比、灵敏度等。

（2）附加功能。为使顾客更加方便、舒适等所增加的产品功能，如电视机的遥控器功能。

（3）可靠性。产品和服务完全达到规定功能的准确性和概率，如燃气灶、打火机每次一打就着火的概率；快递信件在规定时间内送达顾客手中的概率等。

（4）一致性。产品和服务符合产品说明书和服务规定的程度，如汽车的百公里油耗是否超过说明书规定的数值、饮料中的天然固形物的含量是否达到所规定的百分比等。

（5）耐久性。产品和服务达到规定的使用寿命的概率，如电视机是否达到规定的保障使用小时，烫发发型是否保持规定的天数等。

（6）维护性。产品是否容易修理和维护。

（7）美学性。产品外观是否具有吸引力和艺术性。

（8）感觉性。产品和服务是否使人产生美好联想甚至妙不可言的感觉，如服装面料的手感、广告用语给人的感觉和使人产生的联想。

以上这八个方面是适用性概念的具体化，人们也就更容易从这八个方面明确顾客对产品和服务的要求，并将这些要求转化为产品和服务的各种标准。这些标准主要包括以下几项：

（1）价值。服务是不是最大限度地满足了顾客的希望，使其觉得钱花得值。

（2）响应速度。尤其对于服务业来说，时间是一个主要的质量性能和要求。有资料显示，超级市场出口处的顾客等待结账时间超过5分钟，就会感觉很不耐烦，超市服务质量就会大打折扣。

（3）人性化。这是服务质量中一个最难把握却非常重要的质量要素。人性化不仅仅是针对顾客的笑脸相迎，还包括对顾客的谦逊、尊重、信任、理解、体谅和与顾客有效的沟通。

（4）安全性。无任何风险、危险和疑虑。

（5）资格。具有必备的能力和知识，提供一流的服务。如导游的服务质量，就在很大程度上取决于导游人员的外语能力和知识素养。

从以上关于质量概念的表述可以看出，随着社会的进步、人们收入水平和受教育水平的提高，消费者对产品和服务质量的要求越来越高，越来越具有丰富的文化和个性内涵。从而，如何正确地认识顾客的需求，如何将其转化为系统性的产品和服务的标准是现代质量管理首先要解决的重要问题。质量管理水平的提高，首先要求质量管理思想和观念大大革新。

9.1.2　质量过程

产品质量根据其形成过程，有设计过程质量、制造过程质量和使用过程质量之分。

（1）设计过程质量。设计阶段所体现的质量，也就是产品设计符合质量特性要求的程度。它最终通过图样和技术文件质量来体现。

（2）制造过程质量。按设计要求，通过生产工序制造而实际达到的实物质量。它是设计质量的实现；是制造过程中，操作工人、技术设备、原料、工艺方法及环境条件等因素的综合产物。

（3）使用过程质量。在实际使用过程中所表现的质量，是产品质量与质量管理水平的最终体现。

9.1.3　工作质量

工作质量一般指与质量相关的各项工作对产品质量的保证程度。工作质量涉及各个部门、各个岗位工作的有效性，同时决定着产品质量。然而，它又取决于人的素质，包括工作人员的质量意识、责任心、业务水平。其中，最高管理者（决策层）的工作质量起主导作用，一般管理层和执行层的工作质量起保证和落实的作用。

工作质量能反映企业的组织工作、管理工作和技术工作的水平。工作质量的特点是它不像产品质量那样直观地表现在人们面前，而是体现在一切生产、技术、经营活动之中，并且通过企业的工作效率及工作成果，最终通过产品质量和经济效果表现出来。

产品质量指标可以用产品质量特性值来表示。而工作质量指标一般通过产品合格率、废品率和返修率等指标表示。例如，合格率的提高，废品率、返修率的下降，就意味着工作质量水平的提高。工作质量的衡量可以通过工作标准，把“需要”予以规定，然后通过质量责任制等进行评价、考核与综合评分。具体的工作标准依不同部门、岗位而异。

对于生产现场来说，工作质量通常表现为工序质量。所谓工序质量是指操作者（Man）、机器设备（Machine）、原材料（Material）、操作及监测方法（Method）和环境（Environment）五大因素（4M1E）综合起作用的加工过程的质量。在生产现场抓工作质量，就是要控制这五大因素，保证工序质量，最终保证产品质量。

9.2　全面质量管理

9.2.1　全面质量管理概述

1. 全面质量管理的定义

自 20 世纪 50 年代以来，由于科学技术的迅速发展，工业生产技术手段越来越现代化，工业产品更新换代也越来越频繁。特别在出现了许多大型产品和复杂的系统工厂以后，质量要求大大提高了，特别是对安全性、可靠性的要求越来越高。此时，单纯靠统计质量控制已无法满足要求，因为整个系统工厂与试验研究、产品设计、试验鉴定、生产设备、辅助过程、使用过程等每个环节都有着密切关系，仅仅靠控制过程是无法保证质量的。这样就要求用系统的观点，全面控制产品质量形成的各个环节、各个阶段。另外，由于行为科学在质量管理中的应用，其主要内容就是重视人的作用，认为人受心理因素、生理因素和社会环境等方面的影响，因而必须从社会学、心理学的角度去研究社会环境、人的相互关系及个人利益对提高工效和产品质量的影响，发挥人的能动作用，调动人的积极性，去加强企业管理。同时，人们也认识到不重视人的因素，质量管理是搞不好的。因而从 20 世纪 60 年代开始，进入了全面质量管理（Total Quality Management，TQM）阶段。在质量管理中，也相应地出现了“依靠工人”“自我控制”、“无缺陷运动”“QC 小组活动”等。

我们将 TQM 定义为：“管理整个组织，使其在对顾客有重要作用的产品和服务的各个方面都非常出色。”这个定义比常用的另一个定义——“符合规范”更具有实用性。尽管第二个定义对于产品生产是有效的，但是对于大多数服务领域，该定义就不太适用了，因为服务质量很难精确定义和测量。不过，只要找出对顾客而言是重要的因素，然后建立一种组织文化，就能激发员工提高服务质量的积极性。

2. 全面质量管理一般使用的工具

TQM 强调将质量看作公司运作的整体要素，如图 9-1 所示。其一般使用的工具包括以下几种。

（1）统计工序控制（Statistical Process Control，SPC）。包括使用工序流程图、检查表、帕累托分析和直方图、因果（鱼骨）图和趋势图等工具。质量小组常通过这种方式来解决质量问题，并进行持续改善。

（2）质量功能展开（Quality Function Deployment，QFD）。经理们尝试用这种方式将顾客的要求反馈到组织中。

（3）质量控制部门的常用工具。主要是该部门的质量专职人员使用的统计质量控制方法（SQC），包括抽样方案、工序能力和田口方法。

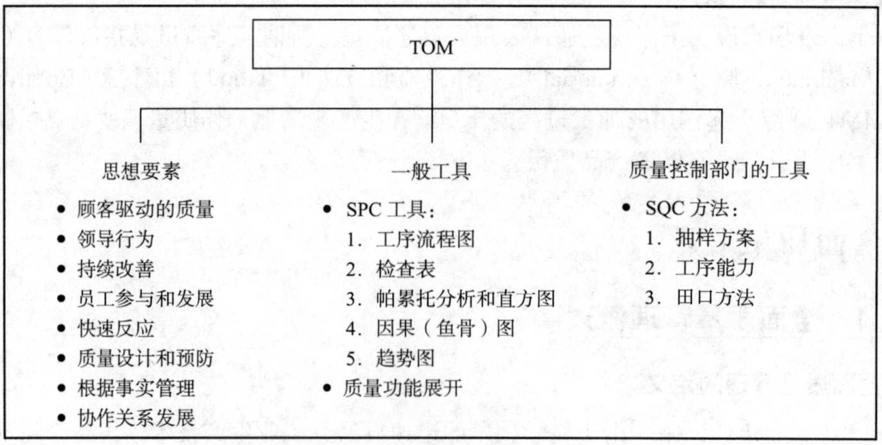

图 9-1　全面质量管理的要素

全面质量管理要求公司上下都要关注质量。这一质量管理方法有三个核心：第一是永无止境地推进质量改进，也就是人们所说的持续改善；第二是全员参与；第三是追求顾客满意度，要不断地满足或超出顾客的期望。全面质量管理改变了原来质量管理的概念，引入了新的观念、新的理念，即从原来检查最终产品或服务变为监控产品的生产全过程。TQM 的出发点就是预防产品质量问题的发生。

我们可以这样来描述 TQM 方法。

（1）明确用户的需要。为此，要采取用户调查、特殊用户群体调查访问或一些别的方法；同时把用户的想法纳入公司的决策过程之中。一定要做到把内部用户（下道工序）与外部用户（顾客）同等对待。

（2）开发新产品或提供新服务以满足或超出用户的需求，使新产品便于使用，易于生产。

（3）设计生产过程，确保一次成功。判断有无差错发生，并努力防止其发生。当发生差错时，找出并消除原因，以便以后不再发生或很少发生。努力把生产过程设计为“可防止差错发生”，有时人们称之为防差错设计。在产品设计过程中各种因素交叉在一起，往往使得员工或顾客在制造或使用过程中不犯错误是不可能的。这种设计有许多实例，如在组装机器时，只有正确的方法才能进行下去；家用插座只有正确地安装在墙上才有效。这种设计方法还有一种叫法，即傻瓜型设计。但是，使用这种叫法会有认为员工或顾客是傻瓜的嫌疑。

（4）跟踪并记录生产结果，利用这些结果指导系统的改善，永不停止地改善工作。

（5）把这些概念扩展到供货商和分销商。

很多大公司成功实施了 TQM。TQM 的成功是由于公司内部每个人的无私奉献和通力合作。高层管理者必须起到支持与保障作用并积极介入，否则，TQM 将仅仅是一种时尚，昙花一现。

3. 全面质量管理的其他含义

前面介绍了 TQM 的精髓，但没有涵盖 TQM 的全部内容。TQM 还有以下一些重要的含义

（1）持续改善。在下面会展开说明。

（2）标杆法（瞄准竞争对手）。这包括确认在某一方面做得最好的公司或其他组织，并学习掌握他们的做法来改进自己的经营管理，所树立的榜样不一定与你的公司同属一个行业。例如，施乐公司选择了 L.L.Bean 邮寄公司作为榜样，规范其订单处理业务。

（3）员工授权。让员工承担一定的质量改进责任，并赋予其为完成改进任务采取必要行动的权力，以此来极大地激发员工在质量改进方面的积极性。这样做就是把决策权力交给一线员工以及那些对问题及其解决方案有深刻认识的员工。

（4）发扬团队合作精神。在处理和解决问题时要发挥团队的作用，行动一致，让大家都积极参与质量管理，并发扬协作精神，在员工中树立共同的公司价值观。

（5）依据事实而不是个人主观判断做出决策。管理的任务之一就是收集和分析数据，并以此做出决策。

（6）掌握质量管理工具，对员工和管理者进行质量管理工具应用的技术培训。

（7）供应商的质量保证。供应商必须建立并实行质量保证制度，努力实现质量改进，以确保其生产过程能够及时地交付所要求的零部件和原材料。

（8）宣传发动。就是在全公司内部宣传 TQM 的重要性和原则。

（9）强调源头质量概念。就是要让每位工人对他的工作负责，这体现了“把工作做好”及“如果出了问题就纠正它”的观念。寄希望于工人能够制造出满足质量标准的产品，同时，能够发现并纠正出现的错误。实际上，每个工人都是他的工作的质量检查员。当他所完成的工作成果传递给下一道工序（内部顾客）时，或者作为整个流程的最后一步传递给顾客时，他要保证所做的一切能够满足质量标准。

通过在全体员工中灌输源头质量这一观念，就可完成以下目标。

1）可使对质量产生直接影响的员工负起质量改进的责任。

2）可消除经常发生在质量检查员与工人之间的敌对情绪。

3）可通过对工人的工作进行控制和自我控制及使他们为自己的工作而骄傲这些方式来激励工人保证并改进质量。

（10）供应商是公司整个生产过程中的合作伙伴。提倡与他们建立一种长期的战略合作伙伴关系，实际上是一种有价值的重要投资。通过这种方式，可促使他们供应高品质的产品和服务。同时，希望供应商也要通过贯彻源头质量这一观念，来保证并改进质量。这样就很少或没有必要检验他们提供的产品。

如果认为 TQM 只是质量管理方法的简单汇集，那就错了。实际上，TQM 反映了人们对质量的一种全新看法，它体现了一家公司的文化。为真正地从 TQM 中得到好处，必须改变一家公司的文化氛围。

表 9-1 说明了一家贯彻 TQM 的公司文化和一家坚持传统的质量管理的公司文化之间的差异。

表 9-1　贯彻 TQM 的公司和坚持传统质量管理的公司文化的比较

项　目	传统的质量管理	TQM
总使命	使投资得到最大的回报	达到或超过顾客期望
目标	强调短期效益	在长期效益和短期效益之间求得平衡
管理	不常公开，有时与目标一致	公开，鼓励员工参与，与目标一致
管理者的作用	发布命令，强制推行	指导，消除障碍，建立信誉
用户需求	并非至高无上，可能不清晰	至高无上，强调识别和理解的重要性
问题	责备，处罚	识别并解决
问题的解决	不系统，个人行为	系统，团队精神
改进	时断时续	持续不断
供应商	矛盾对立	合作伙伴
工作	狭窄，过于专业化，个人努力	广泛，更全面，更着重发挥团队作用
定位	产品取向	流程取向

9.2.2　实施全面质量管理的障碍

在实际运作中，虽然同样实施 TQM，所取得的成效却大不相同。成效显著的公司有之，经各种努力，却成效甚微的公司也不乏其数。收获不大的原因在于实施 TQM 的过程不当，而不是这种管理方法本身。综合一些文献上的成果，以下因素都是实施 TQM 的障碍。

（1）缺少在全公司范围内对质量概念的统一认识与理解，不能共同努力，各自为政，对成功的标准的理解也不同。

（2）缺乏改进规划，不能理解与重视改进规划所具有的战略意义。

（3）不能以顾客为关注点，增加了顾客不满的机会。

（4）公司内部的交流不够，彼此不通气，有矛盾，造成浪费并导致混乱。

（5）授权不够，不相信了解问题本身的员工能解决所遇到的问题，官僚作风严重，推诿扯皮。

（6）急功近利，认识不到提高质量水平的长期性和持续性。

（7）过于看重因改善产品质量所发生的费用，“头痛医头，脚痛医脚”，不能深刻地体会“今天少花一分钱，明天多花一元钱”。

（8）表面文章做得多，实际行动少，劳民伤财。

（9）激励不够，管理者不能采取有效手段激发员工提高质量的热情。

（10）不愿花时间实施质量改进计划。

（11）领导作用不够，管理者对质量工作不够重视。

以上诸条无论对想要实施 TQM 的公司，还是在实施过程中遇到问题的公司来说，都是一个极好的警示与指南。

9.3 质量管理工具与管理思想

9.3.1 质量管理常用工具

质量管理工具有很多，如流程图、检查表、直方图、帕累托图、散点图、控制图、因果分析图及趋向图等，它们被普遍用于质量管理和改进中。

1. 流程图

流程图直观描述一个工序，通过说明一个工序中各个操作步骤，帮助人们确定可能出问题的节点。流程图中的菱形代表工序中的决策点，矩形代表操作，箭头表示工序中各步骤发生的先后顺序，如图 9-2 所示。

在绘制流程图时，首先要明确该工序有几个步骤，然后将这些步骤分类（决策点/操作）。在绘制流程图时，既不能过于详细，也不能遗漏关键步骤。

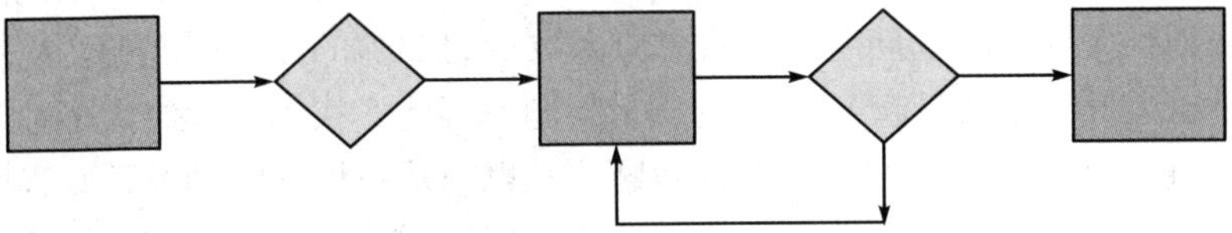

图 9-2 流程图

2. 检查表

人们经常使用检查表来确认发生的问题。通过使用检查表，人们可以方便地收集、整理及组织数据。检查表没有固定的格式，一般根据使用者需要解决的问题来具体设计。分析缺陷类型、原因和缺陷地点的检查表是最常见的检查表。从表 9-2 中可以清楚地看出产品出现缺陷的原因。

表 9-2　检查表

		机器 1	机器 2
员工 A	上午	******	*****
	下午	**	**
员工 B	上午	*	******
	下午	*	**

从检查表中可以看出，主要的缺陷出在上午的员工 A 的机器 1 上，而同样在上午，员工 B 操作机器 1 却没有出现太多问题，这说明员工 A 是上午出现缺陷的主要原因；而在上午，不管是员工 A 还是员工 B，操作机器 2 都出现了较多缺陷，这说明机器 2 在上午是导致缺陷的主要原因。

3. 直方图

在质量管理中，直方图能很方便地将产品的质量状况、质量波动情况图表化。它通过对收集到的貌似无序的数据进行处理，来反映产品质量的分布情况，判断和预测产品质量及不合格率。直方图又称质量分布图，是一种几何形图表，它的绘制方法是根据从生产过程中收集来的质量数据分布情况，画出以组距为底边、以频数为高度的一系列连接起来的柱状矩形图，如图 9-3 所示。

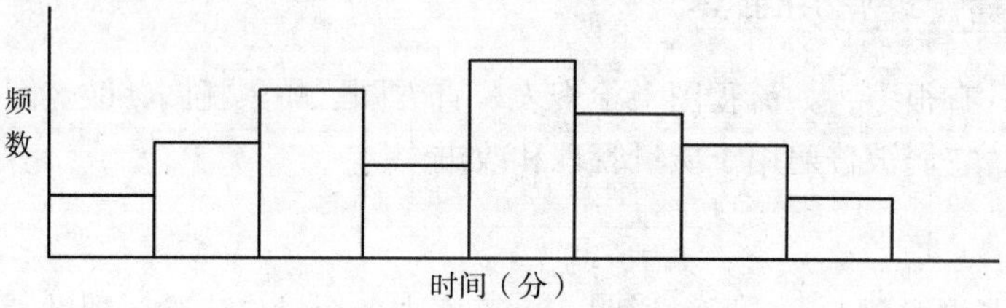

图 9-3　直方图

画直方图的目的就是通过观察图的形状，判断生产过程是否稳定，预测生产过程的质量。

4. 帕累托图

帕累托图是另外一种有效的、常用的质量管理工具。帕累托图使用了帕累托法则，即通常所说的 80/20 法则：大约 80%的问题是由占总原因数量的 20%的原因引起的。应用在质量管理中，可以解释为：20%的原因引起了 80%的质量问题。因此，找到引起绝大多数问题的主要问题是关键。帕累托图就能帮助我们找到关键问题。其思想是：根据问题的重要程度将其分类，集中解决重要问题，适当关注次要问题。帕累托图是用于帮助确认问题和对问题进行排序的柱状图，根据问题发生的频率排序，如图 9-4 所示。

有一个问题需要注意，一旦集中精力解决了最主要的问题，就要把第二重要的问题提到第一位。因此，每次确定解决了一个问题以后，都要重新收集数据，重新制作一张新的帕累托图，而此时，已经解决了的那个问题就变为次要问题。

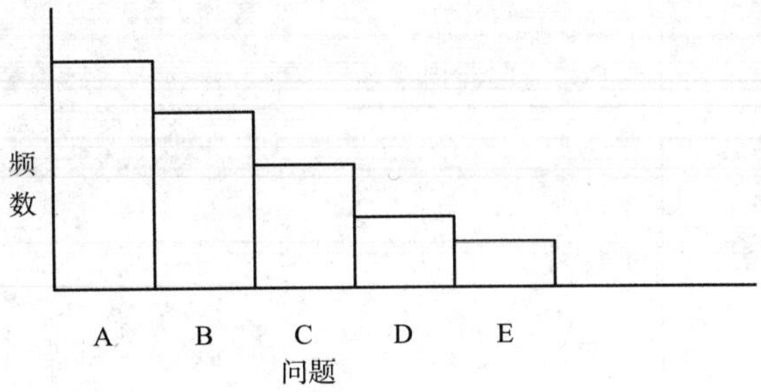

图 9-4 帕累托图

5. 散点图

散点图主要用于判断两个变量之间是否相互关联。一般 *X* 轴的变量表示引起问题的某一种原因，*Y* 轴的变量表示出现的问题。当两个变量正相关（向上倾斜）时，表示问题随着该原因的增大而增大；反之亦然。相反，两变量负相关（向下倾斜）时，说明当表示原因的变量减小时，表示问题的变量增大；反之亦然。

两种变量之间的关联性越高，图中的点越不分散，两个系列的点集中在一条虚拟的直线附近。如图 9-5 中所示的两种变量，正相关性就很高。

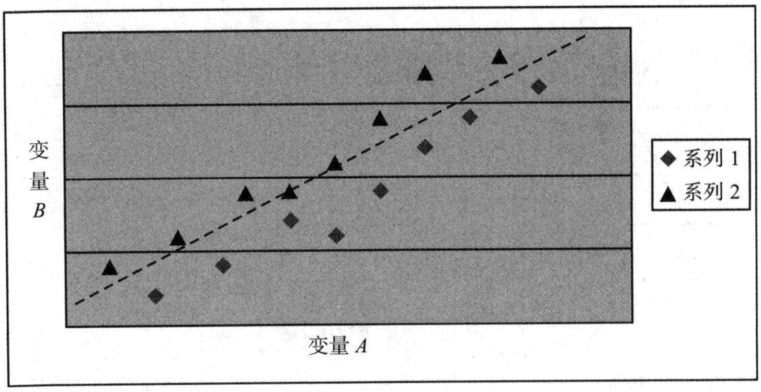

图 9-5 散点图

6. 控制图

控制图又称管制图，由美国的贝尔电话实验室的休哈特（W. A. Shewhart）博士在 1924 年首先提出，逐渐成为一种重要的科学管理，特别是质量管理的有效工具。控制图用于检验某工序的产品，判断其特性值是不是随机的，区分引起质量波动的原因是偶然的还是系统的，从而判断生产过程是否处于受控状态。此外，控制图还可以揭示某一问题发生的时间及其原因。控制图的中心线代表零误差，位于中心线上方和下方的两条线分别代表上控制线和下控制线，它们代表可以接受的误差的范围，如图 9-6 所示。

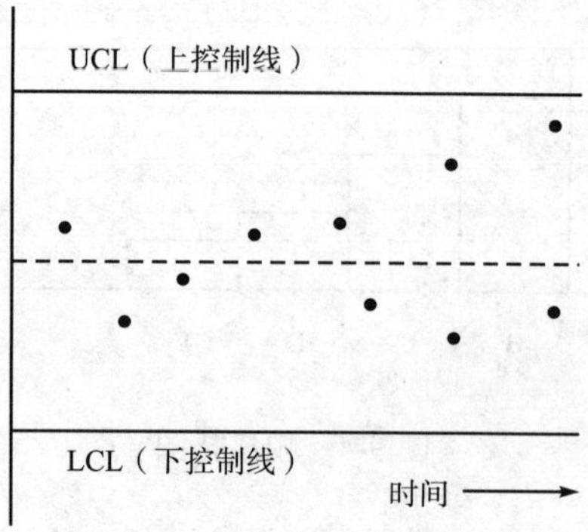

图 9-6　控制图

7. 因果分析图

因果分析图又称特性因素图，该图的形状像鱼刺或树枝，因而又称鱼刺图或树枝图，如图 9-7 所示。它由日本质量管理专家石川馨教授所创。

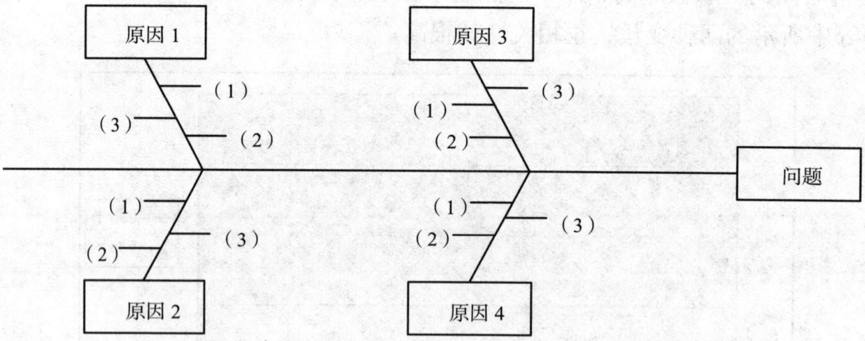

图 9-7　因果分析图

绘制因果分析图的步骤如下。

（1）明确要分析的质量问题并确定需要解决的质量特性。

（2）召开有与该质量问题有关人员参加的分析会，使用头脑风暴法，对造成质量问题的原因充分发表意见和看法。

（3）找出重要原因，并根据重要程度用顺序号表示，对重要原因要调查核实。

（4）按各大原因引导大家展开分析，将大家提出的看法按中、小原因及相互之间的关系，用长短不等的箭头线画在图上，展开分析直到再也无法分解原因为止。

有了因果分析图，能够更快捷、更有效、更全面地找到并解析问题。

通常我们可以对有可能成为问题原因的相关因素提出 5W1H 问题，即 Who，What，Where，When，Why 以及 How。

以上介绍的七种方法是在质量管理中人们常说的“QC 七工具”。这些方法集中体现了质量管理“以事实和数据为基础进行判断和管理”的特点。还有一种常用的工具称为趋势图。

8. 趋势图

趋势图用于跟踪变量在一段时间内的变化，从而判断变量变化的趋势。

由图 9-8 所示的趋势图中可以看到，缺陷发生率随着时间的推移而上升，该生产系统应该引起管理者的警惕。

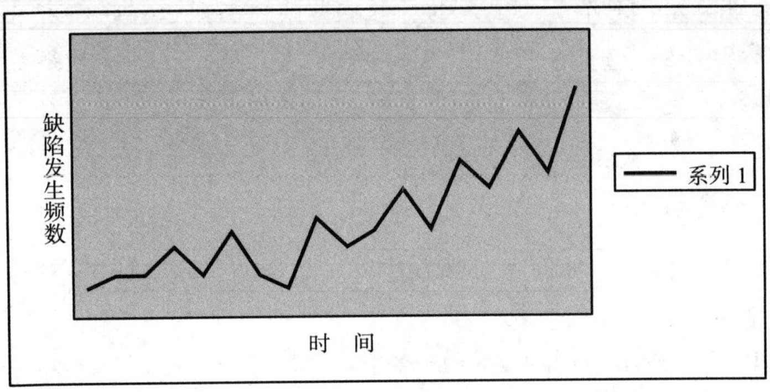

图 9-8 趋势图

全面质量管理的一般工具是那些为统计工序控制（SPC）而制定的工具。典型的生产质量控制（QC）部门有许多职能需要完成，包括在实验室和现场进行可靠性实验设计；在现场收集产品的性能数据，并即时解决问题；制定工厂的质量控制计划方案并作预算；设计和监督质量控制系统和检验程序，并运用专门的技术知识在实际中实施检验。因此，质量控制部门的工具属于统计质量控制（SQC）的范畴，它包括两个主要部分：抽样验收和工序控制。

9.3.2 持续改善

1. 持续改善的含义

持续改善（Continuous Improvement，CI）是一种管理思想，它将产品和工序改进作为一种永无休止的、不断获得进步的过程，是构成全面质量管理体系所必需的指导思想。持续改善的定义就是：根据团队成员的意见和建议，对机器、材料、人力资源及生产方法进行持续不断的改进。这种管理思想经常与传统的依靠主要技术和理论的革新而达到“巨大”改进的思想形成鲜明的对比。在对北美洲 872 名生产经理的调查中发现，大多数世界级的生产企业对持续改善都特别重视与偏爱。

在这一部分，我们将讨论有关持续改善的关键管理要素及一些与持续改善程序有关的基本工具的应用。我们还将讨论持续改善对质量提高的影响。

尽管在管理史上，制造企业已经成功地实施了持续改善，但在服务行业，持续改善的应用正方兴未艾。

管理实践

联邦快递公司的持续改善

一天，我来到联邦快递公司，与一个团队共进午餐。这些人几乎都是新员工，他们当中大多数人只有高中学历。但他们边吃饭边谈论的却是一些复杂的管理术语，如日本持续改进的艺术“改善”（Kaizen）和帕累托（一种解决问题的阶梯式工具）。有个团队成员提到，在某周例会上，质量控制部门的一个员工提出一个单据处理问题。他解释说，邮包越大，联邦快递公司收取的费用也越多。但是由于工作繁忙，工人有时忘了检查客户是否在单据上正确标明邮包重量。这意味着，联邦快递公司已经降到很低的运费也得不到保障，因而常常赔本。这个问题是由单据服务处的一个员工发现的，在联邦快递公司这样一个有 3 万人的邮递网络组织中，快递部门经常忘了校对邮包重量，他向快递部门陈述了这一问题的重要性。单据服务处的另一名工作人员建立了一个单据检查系统，以确保邮包重量得到核对。仅仅一年，这个办法就为公司节约了 210 万美元。

2. 持续改善的工具和程序

许多公司将持续改善作为一种程序，其方法有从复杂的运用统计工序控制的结构化程序到简单的依靠头脑风暴法等。

另一个工具是 PDCA 循环[计划（Plan）——执行（Do）——检查（Check）——处理（Act）]，常被称为戴明循环（见图 9-9），该工具体现了持续改善过程的顺序性和连续性特征。循环的计划阶段是对改进领域（一些时候又称为主题）和与该领域相关的特定问题的识别，这也是分析问题时的重点。另外，在进行 PDCA 循环分析时，可应用 5W2H 方法 [5W2H 代表了做什么（What）、为什么（Why）、在何处做（Where）、何时做（When）、谁来做（Who）、怎么做（How）、及花费多少（How much）]，具体如表 9-3 所示。

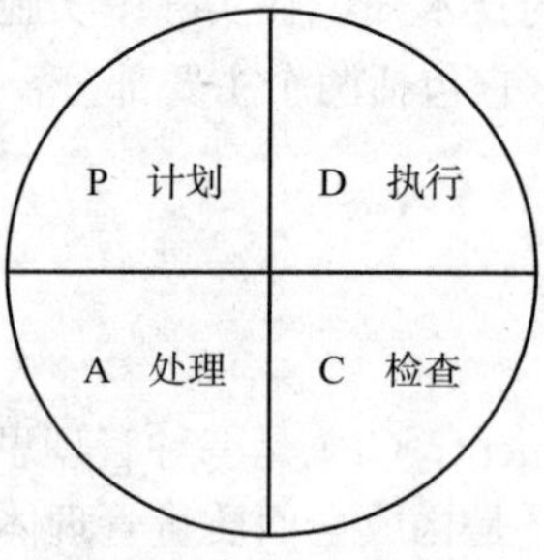

图 9-9 PDCA 循环

PDCA 循环的执行阶段进行的是实施转变。专家们通常建议，首先应在小规模范围内执行计划，而且计划中的任何改变都应文件化（表 9-3 在此处是很有用的工具）。检查阶段主要评价在实施过程中收集的数据，目的在于了解原定目标与实际结果是否相吻合。在处理阶段，改进后的东西被编制成新的标准流程，并在整个组织中的相应之处加以贯彻执行。

表 9-3 5W2H 方法

类型	5W2H	说明	对策
主题	做什么	要做的是什么？该项任务能取消吗	取消不必要的任务
目的	为什么做	为什么这项任务是必需的？澄清目的	
位置	在何处做	在哪里做这项工作？必须在那儿做吗	改变顺序或组合
顺序	何时做	什么时候是做这项工作的最佳时机？必须在那个时候做吗	
人员	谁来做	谁来做这项工作？应该让别人做吗？为什么是我做这项工作	
方法	怎么做	如何做这项工作？这是最优方案吗？还有其他方法吗	简化任务
成本	花费多少	现在的花费是多少？改进后的花费是多少	选择一种改进方案

注：人们已经制定了许多简单的指南用以帮助团队或小组创造出新的想法，并促使你从各种可以想象得到的角度对每件事情提出疑问。

企业在进行持续改善时，改善的过程常以手册的方式表示，如同写一个电影脚本。表 9-4 展示的就是像电影脚本一样的被称为"质量改进（QI）故事"的步骤总结。

表 9-4　质量改进（QI）故事

项　目	步　骤	功　能	工　具
计划	1. 选择课题	• 确定改进主题 • 了解为什么选择这个主题	"下一道工序是我们的顾客" • 标准化 • 教育 • 及时校正与预防再发生
	2. 了解当前情况	• 采集数据 • 找出主题的关键特性 • 缩小问题范围 • 划分优先次序：让主要问题在前	• 检查表 • 直方图 • 帕累托图
	3. 进行分析	• 列出最严重问题的所有可能原因 • 研究可能的原因之间及原因与问题之间的关系 • 选择一些原因并建立有关可能关系的假设 • 采集数据，研究因果关系	• 鱼骨图 • 检查表 • 散点图 • 分层技术
	4. 设计对策	• 设计对策以清除产生问题的原因	• 固有的技术 • 经验
执行		• 实施对策（试验）	
检查	5. 确认对策效果	• 收集有关对策实施效果的数据 • 进行前后对比	• SPC 工具
处理	6. 标准化对策	• 根据效果已被确认的对策修订现有标准	
	7. 识别遗留问题并评价整个流程		

资料来源：P. Lillrank and N. Kano. Continuous Improvement: Quality Control Circles in Japanese Industry (Ann Arbor: University of Michigan, Center for Japanese Studies, 1989), p. 26.

3. 持续改善中的标杆设定（Benchmarking）

到现在为止，我们所描述的持续改善方法或多或少是立足于公司内部的，它们通过详细分析公司自身当前的实际情况来寻求改进。而外在标杆设定（External Benchmarking）是走出去考察同行业竞争者及其他行业的优秀公司正在做什么。外在标杆设定的基本目的很简单，那就是寻找能够提高公司水平的最好方法，并看看你能如何运用这些方法。标杆设定已被广泛应用于整个工业领域，通常包括如下几个步骤。

（1）确认需要改进的流程。这等同于持续改善中的主题选择。

（2）识别在完成流程方面处于世界领先水平的公司。对大多数流程来说，用来比较的公司有可能不属于同一行业。例如，施乐公司在评价它的订购登记系统时，将 L.L.比恩公司（L.L.Bean）作为其标杆设定的对象；而 ICL（英国一个很大的计算机制造商）与麦克斯和斯班瑟公司（Marks and Spenser，英国一个很大的服装零售商）进行比较，以改进它的分销系统。

（3）与作为比较对象的那个公司接触，并对该公司的经理和工人进行私人拜访。许多公司从要比较的那个流程中选择一些工人组成一个标杆设定小组，并将此作为持续改进计划的一个部分。

（4）分析数据。这能够使人们看到自己公司的行为与被比较公司的行为之间的差距。这项研究包括两个方面：一个是比较实际运作中的流程；另一个是按照一套方法比较这些流程的性能。流程经常用流程图或文字说明进行描述（在有些情况下，公司允许录像。不过由于害怕泄露流程中的秘密，现在被当作标杆的公司有一种隐藏不露的倾向）。

流程比较中，典型的性能评比指标是成本、质量和服务的大幅度改进。例如，每次订购的成本、次品率和服务响应时间等。

运作经典

FPL的质量管理改善

FPL（佛罗里达电力和照明公司）致力于提供稳定的电力和照明服务。2004 年的飓风季节中，在6周内连续3次飓风袭击了佛罗里达州，这带给FPL公司前所未有的挑战。

对此，FPL制订了周到的修复重建计划，包括在飓风过去后的24小时之内在重灾区设立大量的运输点，这些运输点相当于小型物资贮备中心，旨在快速恢复照明和日常生活必需品的供应。

FPL奉行持续改善的理念，在2005年改进了灾区修复重建计划。改进的部分包括：优化从运输点到现场的人员调配；更密切地与当地紧急救援中心合作；优先修复和重建医院、学校等关键基础设施机构；为顾客提供更快、更全的修复重建信息。

为了以最快的速度为最多的顾客服务，FPL还准备与县市采购机构紧密合作，从而保证能够恢复对日常生活必需品的及时供应；此外还使用最先进的技术，实现事先预测灾情和修复重建工作的全程管理。这样即使无法预测风暴的强度，也可以为飓风季节做好充分准备。

9.3.3 六西格玛

六西格玛（Six Sigma）的概念是在 1987 年，由美国摩托罗拉公司通信业务部的乔治·费舍首先提出的，六西格玛是指企业在百万件次操作中只有 3.4 次出现了错误。当时的摩托罗拉公司虽有一些质量方针，但没有统一的质量策略。同很多美国和欧洲的其他公司一样，其业务正被来自日本的竞争对手一步一步地蚕食。为了提高产品质量的竞争力，六西格玛这一创新的改进概念在摩托罗拉全公司得到大力推广。采取六西格玛管理模式后，该公司平均每年提高生产率 12.3%。到了 20 世纪 90 年代中后期，通用电气公司的总裁杰克·韦尔奇在全公司实施六西格玛管理法并取得辉煌业绩，使得这一管理模式真正名声大振。

1. 六西格玛的目标

六西格玛法是一种管理业务和部门的系统方法。六西格玛管理定义为："获得和保持企业在经营上的成功并将其经营业绩最大化的综合管理体系和发展战略，是使企业获得快速增长的经营方式。"它把顾客放在第一位，利用事实和数据来驱动人们更好地解决问题。六西格玛法主要致力于三个方面的改善：提高顾客满意；缩短工作周期；减少缺陷。

这些方面的改善通常意味着业务费用的显著节省，留住客户机会的增加，以及提高产品和服务的声誉。

虽然六西格玛法中包含对业务过程的测量和分析，但它不仅仅是一种质量改进方案，还是一种业务改进方案。要达到六西格玛的目标需要的不仅是细微的、逐渐的改善，而且还要在各个方面实现突破性进展。

2. 实施六西格玛的途径

企业可以根据需要通过业务变革、战略改进和解决问题三个途径来决定开展六西格玛的广度和深度。

（1）业务变革。对于那些有开展六西格玛的需要、愿望和动力，并且把它当作一场全方位的变革的企业来说，该途径是一种正确的道路。一个企业采取这种激进的方案可能是因为企业正在落后、正在亏损、无力开发新产品、员工变得懒散、企业的发展带来了管理上的混乱等。采用这种业务变革途径的有通用电气、摩托罗拉、福特和 3M 等公司。

（2）战略改进。这个途径提供了最多的可能性。战略改进的努力可能被局限在一两个关键的业务需要上，同时团队和培训的目标都是应对主要的机遇和挑战。采用战略改进途径的有美国强生、西尔斯、美国运通、太阳微处理系统公司等。例如，一个大型卫生洁具生产企业通过开展六西格玛来解决制造缺陷、成本和生产率等关键问题。

（3）解决问题。企业可用这种方法来解决那些恼人的长期存在的问题，这些问题在早期就试图改进，但没有获得成功。那些受到六西格玛理论和工具综合培训的员工可以在了解事实和真正理解引起问题的原因的基础上应用六西格玛工具来分析和解决问题。

3. 精益生产

精益生产（Lean Production，LP）的提出基于日本的丰田生产方式（Toyota Production System，TPS），它最早于 20 世纪 90 年代由美国麻省理工学院数位国际汽车计划组织（IMVP）的专家提出，精益是对日本“丰田生产方式”的赞誉。精，即少而精，不投入多余的生产要素，只是在适当的时间生产必要数量的市场急需产品（或下道工序急需的产品）；益，即所有经营活动都要有益有效，具有经济性。

精益生产综合了大量生产与单件生产方式的优点，力求在大量生产中实现多品种和高质量产品的低成本生产。精益生产成为当前工业界最佳的一种生产组织体系和方式。其指导思想是，通过生产过程整体优化，改进技术，理顺物流，杜绝超量生产，消除无效劳动与浪费，有效利用资源，降低成本，改善质量，达到用最少的投入实现最大产出的目的。精益生产的主要特点是：拉动式、准时化生产、均衡生产、一个流程等。

六西格玛是一项以数据为基础，追求几乎完美的质量管理方法。从实质上讲，六西格玛管理法是一种从全面质量管理方法（TQM）演变而来的一个高度有效的企业流程设计、改善和优化技术，并提供了一系列同等地适用于设计、生产和服务的新产品开发工具。六西格玛管理法的重点是将所有的工作作为一种流程，采用量化的方法分析流程中影响质量的因素，找出最关键的因素加以改进，从而达到更高的客户满意度。从目前的实践来看，六西格玛管理主要有两种类型：六西格玛改进和六西格玛设计。现今，六西格玛已经逐步发展成为以顾客为主体来确定企业战略目标和产品开发设计的标尺，是企业追求持续进步的一种质量管理哲学。

对于处于不同的管理水准又急切寻求管理改进或突破的众多企业，究竟是采用精益生产方式，还是推行六西格玛？每种管理理念的提出和发展从来都不是孤立的，也不是静止不变的。精益生产还在发展，六西格玛理论也仍然在充实和完善，对于企业的经营改进活动，二者既有区别，又有很多相通和互为支持之处。事实上已经有一些企业（如天津的中美史克制药有限公司）在推行二者的结合，即精益西格玛（Lean Sigma）革新。精益方法追求的是将生产活动中的所有浪费（在价值流中被称为 Muda）减到最小。所谓 Muda 包括所有的有缺陷的工作，不仅仅是有缺陷的产品。时间、动作和材料的浪费也是 Muda。在实施精益生产时应用六西格玛的思考流程可以获得减少浪费的科学途径，有利于识别和减少波动，通过定量化的方式寻找产生波动和浪费的根本原因。

运作经典

丰田公司的质量管理

丰田公司生产汽车时非常注重质量和效率，这使得丰田汽车在北美洲销量最佳。每辆丰田汽车的生产流程需时仅约 20 小时，经过模具制造、冲压、车身焊接、上漆、装配、检测，最后到测试跑道。每个环节都需要检测质量是否达标，逐个环节向下推进的前提是严格控制质量已达标。

丰田奉行持续改善和 JIT 理念，其核心是及时生产管理理念——精益生产，即消除生产过程中任何时间、物料甚至动作上的浪费。精益生产综合了大量生产与单件生产方式的优点，力求在大量生产中实现多品种和高质量产品的低成本生产。精益生产成为当前工业界最佳的一种生产组织体系和方式。其指导思想是，通过生产过程整体优化，改进技术，理顺物流，杜绝超量生产，消除无效劳动与浪费，有效利用资源，降低成本，改善质量，达到用最少的投入实现最大产出的目的。精益生产的主要特点是拉动式、准时化生产等。

在持续改善的具体实施过程中，丰田授权员工在任何环节一旦发现质量问题，可立即暂停生产并讨论解决方案。这听上去可能是效率低下的，但实际上，它却提高了效率，这样做能够避免接下来的环节出现更大的质量问题，消除浪费，最终带来的是质量和效率上的改进。

引例的思考

世界经理人举行“质量管理的本质是什么”网上调查。短短一个月，企业界用户们就踊跃投出了 848 票。在总共十个选项中，获得选票最多的四个选项分别是：满足客户与市场需求、人人参与质量管理、提升产品价值、实现产品生产标准化截至 2015 年 6 月，票数已超过 1700 票，其中“满足客户与市场需求”占绝对优势。

复习与讨论题

1. 你如何理解质量的重要性？
2. 影响质量的因素有哪些？
3. 什么是全面质量管理？它有哪些特点？
4. 请列举常见的质量分析与管理工具，可用图表说明。

5．实施六西格玛的意义是什么？目前中国的制造企业实施情况如何？请举例说明。

本章阅读资料

向沃尔玛学质量管理

沃尔玛近年来一直都是企业界学习的标杆和典范。一家看似经营传统零售业务的企业，却以高效现代化的资源组织方式、高质量的购物保证和高品质的服务理念，赢得了客户的心。

"腹有诗书气自华"，沃尔玛向消费者提供的高质量产品和服务的背后，蕴藏着独有的质量管理智慧，为中国企业提供了学习的典范。

1．我有一个梦想

"帮顾客节省每分钱"，沃尔玛的创始人山姆·沃尔顿为自己也为沃尔玛确立了一个看起来简单却崇高的梦想。因为这个梦想直指客户价值，为客户节省每分钱，就是为客户尽可能地提供价廉物美的商品，这也完全符合零售行业的行业本质。

沃尔顿为了实现这个梦想，永远会全力投入一切必要的工作。他常在清晨 4 点上班，好在其他高级经理团队成员抵达公司开始工作之前，先行检视前一天的销售报告，然后深入思考。要实现梦想，必须愿意付出比常人更多的努力。

当企业领袖的个人梦想和客户价值相连，这个梦想就变得高尚而神圣了；当企业全员都为此梦想而努力，整个工作就变得明确而有意义了。在实现梦想的过程中获取利润，企业因为客户提供价值而生存、发展、壮大，企业因梦想而伟大，企业就散发出了无穷的活力，在此之上建立的企业文化也会具有无穷的魅力。

为梦想而努力，重在企业领袖的垂范和坚持。如果说企业文化是引领企业成功的圣经故事，那么创始人无疑就是这本圣经里的主人公——上帝，他的梦想和全身心投入，会在很大程度上塑造这个企业的灵魂，是企业前行力量的源泉，对企业未来发展有着持续的指引作用。当一个人心中有梦，而这个梦又对社会、对目标客户有价值、有意义，并且为了梦想而披荆斩棘的时候，那所有的资源都会向他靠拢，帮助他成功；这也就是我们国内管理界经常说的企业家精神。没有企业家精神，就不可能有伟大的企业。

梦想和投入为什么重要？我们稍微深究一下，不难发现，一个对社会、对目标客户有价值和意义的梦想一定为社会和客户创造了价值，给他人带来了正能量。这恰恰是目标客户能够买单，一个企业能够存在并逐步成长甚至伟大的关键所在。

2．分享梦想与成功

沃尔顿一向相信独木难撑大厦，团队才能胜出。因此，他从创业一开始，就设置了分红制度。分红制度让他的员工转变为表现杰出的团队，团队成员都是忠诚、积极的事业伙伴。要获得超越预期的表现，就要让所有成员都能分享胜利的丰硕成果。

在沃尔顿开始施行分红制度的 1970 年，分红的概念其实还十分新颖。不过到了后期，沃尔顿认为这项措施是公司各项措施中最高明的一项。

采取分红制度的理由有二。

第一，对公司只有好处，没有坏处。如果没有达到公司目标，就不必发放任何红利。

第二，让员工养成创业家心态。员工在收到第一份分红通知书之后，心态会突然转变，具备创业家的视野，这使得员工更乐于进行各项必要工作，促进公司成功。

沃尔顿的聪明做法在于：充分分享利润，将梦想与现实连接，将客户价值与员工个人价值连接，在大大激励员工的同时，让员工感觉到自己工作的价值和意义。中国有句老话："财聚人散，财散人聚。"要想吸引一流的人才并让他们倾其所能地为企业奋斗，就得给予相应的成长空间和回报，这是显而易见的道理。

3．发掘员工的价值

沃尔顿非常重视人性化管理。他体现了"仆人领导"的理念，觉得沃尔玛的员工不应该对他唯唯诺诺，反而认为自己的角色是要给员工提供一个当家做主，发挥自己才能的空间。他会真心去了解员工并且尊重员工，会发自内心地去维系人际关系，真诚关心沃尔玛的员工，不是只把关心当作有效的管理技巧。他十分务实，会贴近员工个人的工作、生活，用心感受他们内心的真实想法，于是员工会觉得领导真心关注自己的需求。沃尔顿曾经说过："沃尔玛业务75%是属于人力方面的，是那些非凡的员工肩负着关心顾客的使命。把员工视为最大的财富不仅是正确的，而且是自然的。"因此，在沃尔玛的整体规划中，建立企业与员工之间的伙伴关系被视为最重要的部分。沃尔玛向每位员工实施其"利润分红计划""员工折扣规定"和"奖学"，如带薪休假、节假日补助、医疗、人身保险等。可以说沃尔玛尊重公司的每个人，给员工最好的，这是通过平等相待做出来的，而不是依靠媒体吹嘘出来的。世界各地的沃尔玛人，虽然背景、肤色、信仰不同，但都受到尊重。即使沃尔顿本人，在总部办公楼前的停车场上，也没有一个固定的车位，这就是地位平等。《财富》杂志评价它"通过在培训方面花大钱和提升内部员工而赢得雇员的忠诚和热情，管理人员中有60%的人是从小时工做起的"。

在如何善待员工方面，沃尔玛要求管理层遵守如下的信条：

"永远善待员工——如果角色对调，他希望对方怎么对待自己，就会怎么对待员工。"

"经常微笑——营造亲切、心胸开阔与值得信任的氛围。当你学会经常微笑时，你周围的人也会感到轻松自在。"

沃尔顿总会十分仔细地倾听一线员工的意见，他们才是实际与顾客互动的人。他认为这些员工拥有绝佳的点子，而他的责任就是要鼓励员工建言献策，搜集并捕捉有益的点子，并使之成为组织智慧。沃尔顿以人为本的企业文化理念极大地激发了员工的积极性和创造性，员工为削减成本出谋划策，设计别出心裁的货品陈列，还发明了灵活多样的促销方式。一个员工发现沃尔玛原来的送货上门服务可以由在相同路线的沃尔玛货车代替，这一建议为公司每年节省了100多万美元。

4．永远超越顾客的期待

沃尔玛的质量管理，胜在能够准确识别顾客"价廉物美"的价值预期，并采取各种措施去满足、超越这种预期。沃尔玛的哲学就是，要让顾客在每天踏进店里时，都有超出预期的感受。沃尔顿积极鼓励所有员工实践一项标准，那就是保证让顾客满意。沃尔玛提出"帮顾客节省每分钱"的宗旨，实现了价格最便宜的承诺。沃尔玛还向顾客提供超一流服务的新享受。公司一贯坚持"服务胜人一筹、员工与众不同"的原则。走进沃尔玛，顾客便可以亲身感受到宾至如归的周到服务。再者，沃尔玛推行"一站式"购物新概念。顾客可以在最短的时间内以最快的速度购齐所有需要的商品，正是这种快捷便利的购物方式吸引了现代消费者。

所有的大型连锁超市都采取低价经营策略，沃尔玛与众不同之处在于，它想尽一切办法从进货渠道、分销方式及营销费用、行政开支等各方面节省资金。严谨的采购态度、完善的发货系统和先进的存货管理是促成沃尔玛做到成本最低、价格最便宜的关键因素。沃尔顿曾说过："我们重视每分钱的价值，因为我们服务的宗旨之一就是帮每一名进店购物的顾客省钱。每当我们省下一元钱，就赢得了顾客的一份信任。"为此，他要求每位采购人员在采购货品时态度要坚决。他告诫说："你们不是在为商店讨价还价，而是在为顾客讨价还价，我们应该为顾客争取到最好的价钱。"

沃尔玛也采用了仓储式经营，因而在商品销售成本上更充分体现出规模效益。例如，山姆会员店内装修简洁，尽量利用所有的货架空间储存、陈设商品。价格不是标在每件商品上，而是统一标于货架，只要通过扫描商品的条形码，收银机便会准确地收取价款。商品多以大包装出售，以降低单独包装的成本。

沃尔顿在整个经营事业的生涯中都在挑战传统观念。他认为，挑战传统观念，可以开拓自己的道路。他愿意去冒适度的经营风险，始终站在行业甚至整个经济发展的潮头，以免自己被滚滚向前的潮流抛弃。

沃尔玛在中国市场的开拓及在电子商务领域的积极拓展，就体现了直面挑战，不懈向前的企业内在气质。

截至 2011 年 8 月 5 日，沃尔玛已经在中国 20 个省的 101 个城市开设了 189 家商场，但是另一个不容忽视的事实却是，中国零售市场异常复杂，几乎在每个区域市场，都存在地方性龙头企业，它们在店面位置、本地供应链等领域制造门槛，抵御新的进入者。而且，中国广阔的二三线甚至四六级市场，也让沃尔玛很难依靠地面店做到全面覆盖。而电子商务在中国市场的作用之一，就是成为沃尔玛实体店的补充，通过互联网上的覆盖，开辟第二战场，打入这些沃尔玛地面店无法占领的疆域。

2011 年，沃尔玛投资 1 号店，继续涉足这一重要的电子商务市场，并为实现成为全球领先的多渠道零售商的目标而努力。2012 年，沃尔玛又出手收购 1 号店（此时已经是中国最大的网上超市），不仅可以为沃尔玛全面进入电子商务领域提供"试验田"，更为满足中国顾客的期待走出了重要一步。

资料来源：北大纵横。

思考题

1．为什么提高质量要花很长的时间？

2．提高质量是多花钱还是节省钱？

3．信息技术在质量管理中的作用是什么？

第 10 章 综合计划

本章学习目标

- 了解综合计划的含义。
- 提出两类综合计划的决策策略：生产能力选择和需求选择。
- 了解三种制订综合计划的基本策略。
- 制订综合计划并计算成本。

本章引例

宝丽来的综合生产计划

每年，坐落在美国马萨诸塞州的宝丽来胶卷厂的生产主管都要绞尽脑汁地想出最有效的办法来满足胶卷的预测销量。

从历史统计数据来看，宝丽来胶卷每年的销量都出现了季节性剧变，一般在圣诞节的前一个月销量达到顶峰，这段时间销售的胶卷主要用于毕业典礼、婚礼、度假等活动的摄影留念。

胶卷厂生产四种不同类型的胶卷，其生产实际上属于资金密集型，即固定成本很高而可变成本较低。因此，胶卷厂大约聘用了 470 名正式员工，每天安排 3 个班次，每天工作 24 小时，每周工作 5 天。此外，其中一部分员工的工作需要达到相当的技能水平才能胜任，旁人很难替代。

尽管面对诸多约束，胶卷厂的生产主管仍有几种可供选择的计划方法。第一种方法是对在星期六加班的员工支付 50%的额外加班费用，加班生产的胶卷的库存成本约占每年总成本的 20%~25%，直到销售高峰期来临。第二种方法是为了降低库存成本，在销量高峰期来临的前一个月要求员工在星期六和星期天都加班，而且在星期天加班的员工将得到双倍的工资。但是管理层担忧的是员工因此造成过度疲劳（每周工作 7 天），会给产品质量和产出率带来一定的负面影响，甚至会影响员工的士气。

生产主管面临的综合计划的决策问题也是其他运作主管需要面对的典型问题之一。通常，只要企业的产品需求是呈周期性波动的，就很难找出一个两全其美的方案，因此，管理层只能在权衡包括质量、产出率、成本和员工士气在内的各种因素之后，做出折中方案。

思考问题

1. 企业在处理供应与需求之间的不匹配时可以从哪几个角度出发来平衡？
2. 综合计划与第 6 章中介绍的能力规划有什么区别？

像空调、煤炭、燃油这样的产业，需求的季节性变化是很常见的。另外，还有一些企业的需求很不均衡。一般来说，组织或企业并不能在几个月以前就很精确地预测在某些条件下特定产品的需求数量和相应的时间。即使未来能够满足需求，它们也必须在几个月以前对自身生产能力需求（如劳动力、库存）和成本进行估算。它们是怎样做的呢？它们使用的是一个被称为综合计划的工具。综合计划的英文为 Aggregate Planning，在企业中，也常被称为综合生产计划或总体生产计划。

在一系列产品计划中，综合计划是一种针对中等生产规模的规划方式。典型的综合计划时间跨度约为 2~12 个月，尽管有些公司甚至会延长到 18 个月。在组织对季节性因素或其他波动性因素进行分析的过程中，综合计划是一种极其有用的方法。

10.1 综合计划活动概述

所谓综合计划就是部门经理通过调整生产率、劳动力水平、存货水平、超时工作及其他可控变量，来决定满足预测需求的最好生产方式的一个计划。综合计划的主要目标是按时完成能够有效使用组织资源的生产计划，满足预期需求。其他目标还有使劳动力或存货水平的波动达到最小，或者使服务达到一定的标准。

做好综合计划必须具备以下四个条件：其一，企业需要预测总的销售及产出量。其二，经理们必须在综合条件下对合理的中期计划做出一定的预测。其三，经理们必须能决定本章要讨论的所有相关成本。其四，部门经理们必须能开发出一个将这些预测和成本联系起来的模型，以更好地做出计划期的时间安排决策。

10.1.1 生产计划的层次

企业通常在三个层次上制订生产计划：长期计划、中期计划和短期计划。长期计划一般按年来制订，它着眼于 2 年或以上的时间段的运作活动。中期计划通常涵盖 6~18 个月，一般以月或季度为计量单位。短期计划则从 1 天到 6 个月都可以，一般以周为时间单位。

长期决策有产品选择（如决定向市场推出哪种产品）、设施选址及其布局设计、设备选择及其布局等。这些决策实质上对中期决策的执行定义了生产能力。而中期决策又与员工、产出、存货的一般水平有关，并转而对短期决策的制定定义了相应的生产能力限制。因此，短期决策实际上是在长、中期决策限定的范围内，为达到期望结果而决定最佳的行为方式。它包括对工作量、工人和设备的排程及其他方面。

许多企业在制订企业计划时覆盖了长期和中期计划的内容。企业计划根据组织战略和组织政策为组织建立指导方针，为组织的产品或服务预测市场需求，并为组织创建经济、市场竞争和政治等方面的有利条件。除此之外，企业计划还有一个关键性目标，即协调诸如营销、财务和运作等组织职能的中期计划之间的关系。生产计划的三个层次如图 10-1 所示。

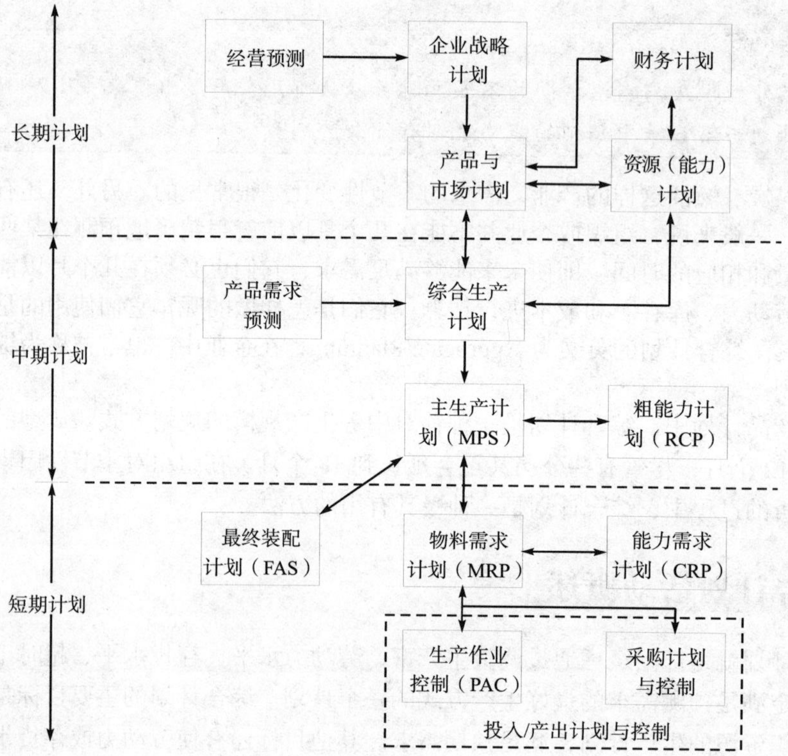

图 10-1　制造型企业的分层生产计划体系

1. 长期计划

长期计划一般是企业对 2~10 年的发展目标进行确定，它由企业战略计划、产品与市场计划、财务计划及资源（能力）计划等组成。企业战略计划需要结合企业内部能力水平和企业外部经济、技术、政治等环境进行分析，确定企业的发展总目标，即企业的产品线（产品系列）、体现企业竞争战略的产品质量和价格水平以及市场渗透目标。产品与市场计划则把企业的发展总目标转化为各个细分市场和各个产品线的发展目标，其中长期生产计划是产品与市场计划的重要组成部分（是基于对未来两年或更长时间需要产出的产品的市场需求的预测）。财务计划则是从资金需要量和投资回报等方面对企业的发展总目标的可行性和经济性进行分析。资源（能力）计划则确定为实现企业的发展总目标和战略计划所需要增加的设施、设备和人力资源需要量，通常也被称为长期能力计划。

2. 中期计划

（1）综合生产计划。如图 10-1 所示，综合生产计划是衔接长期战略计划和短期生产计划之间的纽带，要处理的是将预测的产品需求转化为企业的产品产出任务计划，计划焦点是如何有效地利用资源能力，最大限度地满足市场需求并取得最佳经济效益。综合生产计划确定了企业在未来 18 个月内，每个月或每个季度需要产出的、企业主要的产品组（产品系列）的产出总量。综合生产计划制订的主要依据来源于产品与市场计划及资源（能力）计划。综合生产计划的目标是确定在计划期内既满足产品的预测需求量，同时又使得总生产成本最小化的每个月或每个季度的产出率、劳动力水平、库存水平的最佳组合方案。

（2）产品需求预测。产品需求预测主要预测的是最终产品或备品的需求量，与综合生产计划的产出总量一起，将作为下一层次的计划——主生产计划制订的主要依据。产品需求预测信息的监控与整合的过程又称需求管理。

（3）主生产计划。主生产计划（Master Production Scheduling，MPS）确定了每一具体的最终产品在每一具体时间段内的生产数量和日期。主生产计划在短期内（一般为 6~8 周）通常是固定不变的，6~8 周以后，就会出现各种变化，而 6 个月后，主生产计划可能会发生根本性的改变。如图 10-1 所示，主生产计划制订的主要依据取决于综合生产计划的输入文件，即产品与市场计划及资源（能力）计划。

（4）粗能力计划。粗能力计划（Rough-cut or Resource Planning，RCP）又称资源能力计划，是用来检查主生产计划的可行性，从而避免主生产计划超出能力约束范围。粗能力计划包括核查现有的生产和仓储设施、机器设备、劳动力等资源的可用性，以及主要供应商是否安排好了足够的供货能力。

3. 短期计划

（1）物料需求计划。物料需求计划又称物料计划（Material Requirements Planning，MRP），主要解决的是将主生产计划所规定的最终产品需求分解成各个自制零部件的生产计划，以及原材料和采购件的采购计划，以保证主生产计划按期完成。

（2）能力需求计划。能力需求计划（Capacity Requirements Planning，CRP）用于检查物料需求计划的可行性，实际上也可以称为能力需求进度计划，因为能力需求计划根据物料需求计划所规定的计划订单或已下达的 MRP 订单，详细地安排了每个工作中心的能力负荷大小及相应的工作时间，而且能力需求计划也可以帮助进一步核查粗能力计划的有效性。

（3）最终装配计划。最终装配计划（Final Assembly Scheduling，FAS）确定了最终产品的短期产出进度计划。最终装配计划需要及时根据顾客的定制要求及产品的最终特征要求，调整总进度计划。例如，一家打印机制造厂会在最终装配计划阶段，按照顾客的定制要求来选择相应的控制面板来执行完成打印机总计划。

（4）投入/产出计划与控制。投入/产出计划与控制处理的是各种物料投产或物料采购的进度计划与控制报告和程序，以保证物料需求计划的按期执行。

（5）生产作业控制。生产作业控制（Production Activity Control，PAC）用于描述车间作业进度计划与控制。具体来说，根据物料需求计划输出的派工信息，编制车间内部的设备或加工中心的作业顺序和作业完工期。从这个意义上来说，主生产计划已经被细化为切实可行的日工作计划。

（6）采购计划与控制。采购计划与控制是根据物料需求计划输出的采购信息，编制物料采购计划，同时还需要进行物料的投入/产出计划与控制，因为通过投入/产出计划与控制，不仅可以保证供应商及时供货，而且还可以及时掌握由于各种原因而重新计划采购的物料的交货情况。

以上简要地介绍了制造型企业的整个分层生产计划体系。需要指出的是，每层计划都为了寻求企业能力（资源）需求和可用能力（资源）之间的均衡，并在动态的能力均衡过程中不断地进行计划决策。因此，一个良好的计划体系必须完整，但不一定庞大臃肿，只需从上到下保证对其用户的一致承诺。

10.1.2 综合计划在企业计划中的定位

正如“综合”这个词所表示的，一项综合计划意味着将各种相适合的资源连成一体，涉及给定需求预测、设备生产能力、总的库存水平、劳动力数量及相关投入。部门经理必须选定以后 3~18 个月的产出率。

以生产厂商为例，联想集团生产各种类型的数码产品，其产品类型包括：台式电脑、笔记本电脑、数码相机、掌上电脑、服务器、电脑外接设备。通过综合计划，联想集团可以在其各个产品需求预测的基础上，综合考虑各个产品今后 3~18 个月的产出量并安排其相应的生产计划。

综合计划是生产计划系统的一部分。因此，有必要了解综合计划与各个内外部因素之间的连接点（见图 10-2）。部门经理不仅要从市场部门的需求预测中获取信息，而且还要处理财务数据、员工、生产能力及原材料的获得量等资料。在生产环境下，主生产计划将为物料需求计划提供信息，而物料需求计划专门解决生产最终产品所需零部件或配件的购买或生产等问题。

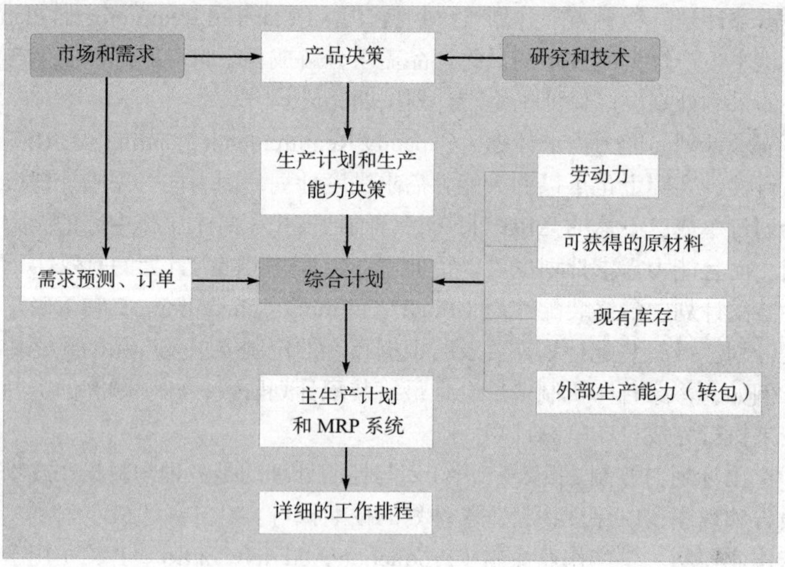

图 10-2　综合计划关系

10.2 综合计划策略

综合计划的策略选择与预测需求的数量和时间有关。如果计划期间的预期需求总量和同一期间的可利用生产能力差别很大，计划者的主要工作内容将是改变生产能力或需求，或同时改变两者，尽力使其达到平衡。另外，即使生产能力和需求与总体计划水平相符，计划者仍然可能面临处理计划期间非均匀需求的问题。一般来说，虽然成本不是唯一的考虑因素，但计划者还要使生产计划的成本最小。

10.2.1　综合计划的投入和成本

在制订综合计划时，部门经理必须回答以下几个问题。

（1）需求的变化可否通过劳动力数量的变化来平衡?

（2）是否通过转包方式来维持需求增长时的劳动力的稳定?

（3）需求变动是通过聘用非全日制雇员还是采取超时或减时工作来平衡?

（4）是否改变价格或其他因素来影响需求?

（5）库存能否用于平衡计划期内需求的变化?

对这些问题的思考有利于管理层制订有效的综合计划。制订一个有效的综合计划还需要许多重要的信息。首先，计划者必须了解计划期间的可利用资源；其次，必须要对预期需求进行预测；最后，计划者务必要重视劳动法的有关规定（例如，我国劳动法对工人的加班有严格的规定，虽然执行情况与实际的规定并不一定相符合）。综合计划的主要输入参数如表 10-1 所示。

表 10-1　综合计划投入及成本列表

投　　入	成　　本
劳动力/生产率	基本生产成本
设备设施	与生产率变化相关的成本
需求预测	—聘用/解雇成本
劳动力变化的政策状况报告	—培训成本
转包合同	转包成本
加班	
存货水平/变化	库存成本
延迟交货	延期交货成本

综合计划涉及五种相关成本，它们与生产成本本身有关，与库存和未完成订货的成本也有关，具体如下。

（1）基本生产成本。它是计划期内生产某种产品的固定成本和变动成本，包括直接和间接劳动力成本、正常工资和加班工资。

（2）与生产率变化相关的成本。这一类成本里典型的是与雇用、培训及解雇人员相关的成本。雇用临时工是一种降低这种成本的好办法。

（3）转包成本。当企业生产能力不足或企业觉得转包更加合适时，企业会转包一些生产能力给外部厂商，这就会产生转包成本。

（4）库存成本。库存占用资金的成本是其中一个主要组成部分。其他组成部分包括存储费用、保险费、税收、损坏与折旧造成的费用等。

（5）延期交货成本。通常这一类成本很难计算，它包括由于延期交货引起的赶工生产成本、企业信誉丧失和销售收入下降而造成的成本。

10.2.2 综合计划的制订策略

在“稳妥应变型”决策策略下，制订综合计划的基本策略主要有三种，这些策略必须灵活地权衡劳动力水平、工作时间、库存水平和缺货拖欠等内部因素。当企业需要按常规调整劳动力水平时，很多企业通常会保持全职员工的稳定性，而通过人才市场或职业介绍所聘用一些临时工人。如果这些临时工人在聘用期间表现得非常好的话，也可能转为全职员工，当然，前提是企业需要更多的全职员工。

1. 追逐策略

当订货发生变化时，通过聘用或解聘工人以适应需求波动。这种策略的优点是投资小，无订单拖欠；缺点是容易造成劳资关系疏远，特别当订单数量减少时，工人们会放慢生产速度，因为他们害怕一旦完成，他们就会失业。

2. 稳定劳动力水平——调整工作时间策略

通过柔性的工作进度计划或调整工作时间，进而调整产出率，即通过调整工作时间以适应需求波动。这种策略保持了稳定的劳动力水平，避免了追逐策略中聘用和解聘工人时所付出的感情代价及聘用和解聘费用，但提高了劳动力成本。

3. 平准策略

通过调节库存水平，允许订单拖欠和缺货等方法，来保持稳定的产出率和稳定的劳动力水平，以适应需求波动。这种策略的优点是人员稳定，产出均衡；缺点是降低了潜在的顾客服务水平，增加了库存投资，而且库存品可能会过时。

当企业只采用一种策略来应对需求波动时，称为单一策略。若采用两种或两种以上策略组合时，称为混合策略。实际上，企业更广泛采用的是混合策略。

10.2.3 综合计划的八种选择策略

基于以上因素，我们在进行综合计划决策时有八种选择策略，其中前五种称为生产能力选择，因其不改变需求而试图与需求的波动相平衡而得名。后三种称为需求选择，即公司通过影响需求模式以消除其在计划期内的波动。

1. 生产能力选择

企业可以利用的生产能力（供给）选择有以下几种。

（1）改变库存水平。经理可以在低需求时期增加库存水平，以满足将来某时期的高需求。使用这种策略增加了有关库存、保险、管理、过期、丢失及资本占用等费用（每年这些成本可能占到一件产品价值的 15%~50%）。然而，当公司进入需求上升期，产品短缺加上产品生产周期可能较长及服务水平可能较差，会导致销售额的锐减。

（2）通过新聘或暂时解聘来改变劳动力数量。满足需求的一种方式是新聘或解聘一批工人以使产出率与需求保持一致。但一般新的雇员需要培训，当他们进入公司时，平均产量有一段时间会下降。当然，暂时解聘或解雇工人会降低工人的有效工作时间，因而也会导致产出率的下降。

（3）通过超时或减时工作来改变产出率。经理可能改变工作时数来适应需求的变动。当需求有较大的上升时，要增加工人工作时数以提高产出。当然，这里超时多少有一个极限问题。超时工作支付的报酬会更高，而且太多的超时工作会降低包括正常工作时间在内的所有工作期内的平均产出，超时工作也意味着机器运转时间过长。另外，当需求呈下降趋势时，公司要酌减工人的工作时数——这通常是很难办的。

（4）转包。公司可通过转包一部分工做出去以应付高峰时期的需求。转包有几条局限性：第一，须花费一定的成本；第二，承担一部分顾客转而跑到竞争对手那边从而失去顾客的风险；第三，很难找到理想的承包者，保证能按时按质地提供产品。

（5）使用非全日制雇员。非全日制雇员可以满足对非技术雇员的需求（特别在服务业部门）。聘用非全日制雇员在超级市场、零售商场及餐馆里经常使用。

2. 需求选择

基本的需求选择方式有以下几种。

（1）影响需求。当需求不景气时，公司可通过广告、促销、个人推销及降价的方式来刺激需求。例如，航空公司与餐馆长期提供周末折价及淡季降价服务；电话公司夜间服务价低；电风扇在冬季买最便宜等。当然，通过广告、促销、推销等手段并不总是能保持产品供求平衡。

（2）延迟交货。所谓延迟交货是指顾客向公司（厂家）订购商品或某项服务而公司当时不能实现（有意或偶然），等待未来某时间加以兑现的买卖方式。延迟交货仅当顾客情愿等待且不减少其效用或不取消其订货的条件下才能成立，如一些汽车经销商经常采用延迟交货销售方式，但这种方式在某些消费品买卖上行不通。

（3）不同季节产品混合生产。许多公司设法混合制造可以在不同季节销售的产品，如一些公司在不同季节分别生产除草机和扫雪机，而许多商店在夏秋两季销售冷饮，在冬春两季销售麻辣烫。

3. 综合计划各种选择策略的利与弊

以上八种选择策略有其有利和不利之处，详见表 10-2。

表 10-2　综合计划各种选择策略的利与弊

选择策略	有　利	不　利	评　价
改变库存水平	人力资源变化较小或不变，没有突然的生产变动	存在库存持有成本，需求上升时，短缺导致销售受损	主要用于制造企业而不是服务企业
通过新聘或暂时解聘来改变劳动力数量	避免了其他选择所发生的成本	聘用或暂时解聘及培训成本相当可观	主要适合劳动力资源，比较容易在市场上获取
通过超时或减时工作来改变产出率	同季度变动保持一致，无须雇用及培训成本	需支付超时工作报酬，工人可能因疲劳而不能满足需求	在综合计划内有一定的弹性
转包	有一定的弹性，可以使产出与需求平衡	失去质量控制，减少利润，未来市场受损	主要用于生产部门
使用非全日制雇员	较全日制工人节省成本且更有弹性	更换率及培训成本高，质量下降，计划较难实现	有利于劳动力丰富地区的非技术工作

续表

选择策略	有　利	不　利	评　价
影响需求	可利用过剩的生产力，通过折价可以吸引更多的顾客	需求存在不确定性，很难精确保持供求平衡	是一种引导需求的创新营销策略
延迟交货	避免超时工作，使产量稳定	顾客必须愿意等待，但信誉受损	许多公司积压订单待发货
不同季节产品混合生产	可充分利用资源，保有稳定的劳动力	需要公司专业生产之外的技术和设备	要承担提供的产品或服务与需求不一致的风险

4. 混合策略

尽管上述五种生产能力选择和三种需求选择的任何一种都可提供一个有效而简捷的综合计划，但它们的组合形式或称混合策略却更为有效。混合策略包括采用两个或两个以上的可控变量的组合来制订一个可行的生产计划。例如，海尔集团在冰箱销售旺季利用了超时工作、影响需求及改变库存水平这三种策略的组合。由于组合形式多种多样，所以找出一个最佳的综合计划必须参照企业实际情况，因势利导加以实施。

混合策略的选择在服务业不同于生产企业。例如，服务业没有库存，所以库存不作为一种选择策略；另外，转包可能带来竞争等。因此，服务企业通常由员工的变化来解决综合计划问题，通常有以下几种方式：改变劳动力需求、交叉培训、工作轮换及使用非全日制雇员等。

平准时间计划指各月份日产量相同的综合计划，着眼于保持生产期内平准的生产。从某种程度上说它是上述几种选择策略的组合。在每个生产期，它保持相对稳定的劳动力数量和较低的库存，并根据需求来拉动生产。平准化生产所具有的很多好处，使得它成为 JIT 生产的支柱。其好处表现在以下几点。

（1）通过对整个系统的综合计划可以使库存和在制品最小化。

（2）由于在制品数量少，因而产品改进可以更及时。

（3）生产系统流程平稳。

（4）从供货商处订购的材料能在需要时送到，而且一般直接送到生产线上。

对于每位工人操作一定数量的机器生产一系列产品的生产系统，在使用平准化技术时，应具备如下条件。

（1）产品应该是可重复性的（装配线格式）。

（2）系统具有剩余生产能力。

（3）系统产出量在一定时间内（最好一个月）能固定。

（4）采购、营销和生产的协调性要好。

（5）库存维持成本高。

（6）设备成本低。

（7）劳动力技能丰富。

10.3　制订综合计划的技术

一些企业没有规范的综合计划制订步骤，它们年复一年地使用固有的计划，只是根据新的需求适当作一些调整。这种方法不能提供一定的弹性，一旦原始计划不是最佳的，则整个生产过程只能固定在相对较低的水平上。制订综合计划通常包括以下各步骤。

（1）确定各期需求。

（2）确定各期生产能力（正常时间、加班时间和转包合同）。

（3）明确相关公司或部门政策（如保持占需求 5% 的安全库存，保持稳定合理的劳动力水平等）。

（4）为正常时间、加班时间、转包合同、持有存货、延迟交货等确定单位成本和其他相关成本。

（5）规划可供选择的计划，并计算出各自的成本。

（6）如果出现满意的计划，选择其中最能满足目标的计划。

企业一般采用试算法来计算不同生产计划的成本，并选择最佳方案。电子表格软件有助于这一计划过程。精确的方法如线性规划法等经常在电子表格中运用。

10.3.1　试算法

试算法就是绘制简单的表格或图形，使计划者能够对计划需求和现有生产能力进行直观比较，并评价各种可选方案的总成本。

例 10-1　（改变生产以符合需求）表 10-3 显示了 9 个月的需求预测量，表中也提供了其他相关的生产和成本数据。（注意，因为这个计划不考虑增加任何库存，决定保留 10 个单位的安全库存，但不采用加班或转包方式。）求改变工人人数以使生产速度和需求匹配的与综合计划相关的成本。

表 10-3　预测、生产和成本信息

月　份	1	2	3	4	5	6	7	8	9	总数
需求预测量（件/月）	40	25	55	30	30	50	30	60	40	360

生产信息		成本信息	
现有工人数	10 人	雇用成本	600 元/人
工作时间	160 小时/月	解雇成本	500 元/人
生产单位产品的时间	40 小时/件	每人正常工作成本	30 元/人・小时
每个工人每月产量:		加班成本	45 元/小时
（160 小时/月÷40 小时/件）	4 件/月・人	转包劳动成本	50 元/小时
库存所需的安全库存	10 件	库存维持成本	35 元/件・月

解：变动工人人数相关的成本计算如表 10-4 所示。需要的工人人数首先由预测产量除以每个工人每月产量决定。已把分数值四舍五入。从现有 10 个工人开始，确定必须雇用或解雇的工

人数。然后计算下列三项成本：正常工作成本；雇用和解雇工人的成本；安全库存维持成本。三项相加得到总计划成本为470 450元。

表10-4 变动工人人数匹配需求的成本计算

月　份	1	2	3	4	5	6	7	8	9
预测产量（件/月）	40	25	55	30	30	50	30	60	40
工人人数									
需要的工人人数（人）（预测数÷4件/人·月）	10	7	14	8	8	13	8	15	10
（a）月初额外雇用人数（人）	0	0	7	0	0	5	0	7	0
（b）月初解雇人数（人）	0	3	0	6	0	0	5	0	5
成本									
正常工作成本（元）	48 000	33 600	67 200	38 400	38 400	62 400	38 400	72 000	48 000
雇用或解雇工人的成本（元）	0	1 500	4 200	3 000	0	3 000	2 500	4 200	2 500
安全库存维持成本（元）	350	350	350	350	350	350	350	350	350

计划的总成本=∑（正常工作成本）+∑（雇用或解雇工人的成本）+∑（安全库存维持成本）

=446440+20900+3150

=470450（元）

例10-2　（以恒定速度生产）用表10-3所示的需求（在8月和9月增加10件）制订一个综合计划。工厂有10名正式工人以恒定速度从事生产，以库存满足需求高峰。库存维持成本为35元/件·月。如果有必要，可以以50元/小时的劳动成本把业务转包出去。假设每月恒定的生产速度为40件。不需要安全库存，但380件的总需求必须满足。

解：以恒定速度生产和使用库存以有助于满足不均匀的需求的相关成本如表10-5所示。由于每月恒定的产量为40件，9个月共计360件，比总需求少20件。在8月和9月有超额需求——此时需求已用尽所有产量，所以这2个月中的超额需求需要被转包出去。每件转包的劳动成本为（40小时/件）（50元/小时）=2000元/件，所以，8月和9月的10件产品的转包成本为20 000元。

这种形式下的库存成本计算的第一步是决定进入（或减少）的库存数。这个量（产量减去预测）如表10-5所示。在1月，产量和预测都是40件，值为0。2月生产了40件，而需求仅为25件，所以库存增加15件。表中的期初和期末库存行显示了库存余额是如何变动的。平均库存是期初期末库存之和除以2。库存维持成本是这个平均量乘以35元/件·月的库存维持费用。

表10-5 用库存满足需求的成本计算

月　份	1	2	3	4	5	6	7	8	9
预测产量（件/月）	40	25	55	30	30	50	30	60	40
产品数据（件）									
产量：恒定产量	40	40	40	40	40	40	40	40	40
转包	—	—	—	—	—	—	—	10	10
产量－预测	0	15	−15	10	10	−10	10	−20	0

续表

库存:	0	0	15	0	10	20	10	20	0
期初	0	15	0	10	20	10	20	0	0
期末	0	7.5	7.5	5	15	15	15	10	0
平均库存									
成本（元）									
正常工作成本（10×30 元/小时×160 小时）	48 000	48 000	48 000	48 000	48 000	48 000	48 000	48 000	48 000
转包成本	—	—	—	—	—	—	—	20 000	20 000
库存维持成本（平均库存 ×35 元/件・月）	0	263	263	175	525	525	525	350	0

计划的总成本=∑（正常工作成本）+∑（转包成本）+∑（库存维持成本）

=432000+40000+2826

=474826（元）

例 10-3　密歇根制造厂生产的一种产品的需求周期为 6 个月，如表 10-6 和图 10-3 所示。生产每件产品需要 10 个小时，劳动成本为正常工作时 6 美元/小时，加班时则为 9 美元/小时。产品的总成本估计为 200 美元/件，但可以以 208 美元/件的成本转包出去。部门现有工人 20 人，额外工人的雇用和培训成本为 300 美元/人，而解雇工人的成本为 400 美元/人。公司的政策是维持每月预测需求 20%的安全库存，每个月的安全库存成为下个月的期初库存。现有库存为 50 件，每月每件产品的库存成本为 2 美元，短缺的成本为每月每件产品 20 美元。

表 10-6　预测需求

	1 月	2 月	3 月	4 月	5 月	6 月
预测需求（件/月）	300	500	400	100	200	300
工作日（天）	22	19	21	21	22	20
工作时间（小时）（按 8 小时/天计）	176	152	168	168	176	160

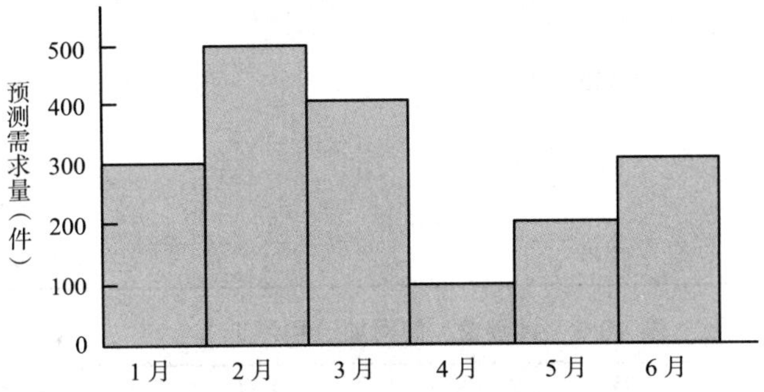

图 10-3　预测需求

试算如下三种综合计划：

- 计划 1　变动工人人数以满足需求。
- 计划 2　保持工人人数 20 人不变，用加班和停工来满足需求。
- 计划 3　保持工人人数不变，采用库存和缺货的方法。公司在 1 月初应有 50 件产品的库存。

以表格的形式比较三种计划的成本。

解：首先，我们要确定产量要求，包括下一个月预测需求的 20%的安全库存。从 1 月 50 件的库存开始，以后每个月的库存反映了预测需求和前一个月生产要求之间的差异，如表 10-7 所示。三种计划的成本分别见表 10-8、表 10-9 和表 10-10。

表 10-7　分析表

单位：件

	预测需求	累计需求	预测 20%的安全库存	期初库存	产量要求（预测+ 安全库存–期初库存）
1 月	300	300	60	50	300+60–50=310
2 月	500	800	100	60	500+100–60=540
3 月	400	1 200	80	100	400+80–100=380
4 月	100	1 300	20	80	100+20–80=40
5 月	200	1 500	40	20	200+40–20=220
6 月	300	1 800	60	40	300+60–40=320

表 10-8　计划 1（改变工人人数）

	1 月	2 月	3 月	4 月	5 月	6 月	总计
1．要求的产量（件）	310	540	380	40	220	320	
2．所需的生产时间（小时）（1 行×10 小时）	3 100	5 400	3 800	400	2 200	3 200	
3．每个工人可提供的时间（小时）（8 小时/天）	176	152	168	168	176	160	
4．需要工人人数（人）（2 行÷3 行）	18	36	23	3	13	20	
5．额外雇用的工人人数（人）	18				10	7	
6．雇用成本（$）（5 行×$300）	$5 400				$3 000	$2 100	$10 500
7．解雇的工人人数（人）	2		13	20			
8．解雇成本（$）（7 行×$400）	$800				$5 200	$8 000	$14 000

表 10-9　计划 2（使用加班和停工）

	1 月	2 月	3 月	4 月	5 月	6 月	总计
1．要求的产量（件）	310	540	380	40	220	320	
2．所需的生产时间（小时）（1 行×10 小时）	3 100	5 400	3 800	400	2 200	3 200	
3．每个工人可提供的时间（小时）							

续表

（8 小时/天）	176	152	168	168	176	160	
4．总可用时间（小时）（3 行×20 人）	3 520	3 040	3 360	3 360	3 520	3 200	
5．需要加班的小时数（小时）（2 行–4 行）		2 360	440			0	
6．加班增加的成本（$）（5 行×$3）		$7 080	$1 320		0		$8 400
7．停工时间（小时）（4 行–2 行）	420		2 960		1 320		
8．停工成本（$）（7 行×$6）	$2 520			$17 760	$7 920		$28 200

表 10-10　计划 3（在工人人数不变的基础上采用库存和缺货的方法）

	1 月	2 月	3 月	4 月	5 月	6 月	总计
1．要求的产量（件）	310	540	380	40	220	320	
2．所需的累计产量（件）	310	850	1 230	1 270	1 490	1 810	
3．20 个工人共能提供的时间（小时）	3 520	3 040	3 360	3 360	3 520	3 200	
4．生产的产量（件）	352	304	336	336	352	320	
5．累计产量（件）	352	656	992	1 328	1 680	2 000	
6．短缺量（件）（2 行–5 行）		194	238				
7．短缺成本（$）（6 行×$20）		$3 880	$4 760				$8 640
8．过剩量（件）（5 行–2 行）	42			58	190	190	
9．库存成本（$）（8 行×$2）	$84			$116	$380	$380	$960

注意，计划 3 假设如果没有按预测需求的 20%设置安全库存，那么就会产生缺货成本。实际上，公司的政策是付出安全库存成本，用安全库存为其产品提供保护。

总结：

计划 1　10500（雇用）+14000（解雇）=24500（美元）

计划 2　8400（加班）+28200（停工）=36600（美元）

计划 3　8640（缺货）+960（库存）=9600（美元）（成本最低的计划）

10.3.2　线性规划法

线性规划是指解决优化问题的一类方法，目标是通过求解 n 个非负变量的值来确定由这 n 个变量组成的线性函数的最大值或最小值。同时，这 n 个变量满足 m 个线性约束。用线性规划法求解问题的主要优点在于可以使用单纯型法快速地找到最优解。如果所有成本函数都是线性的，可以将综合计划问题写成线性规划的形式。由于线性规划问题已经可以直接用商业化的程序求解，因此大型问题的求解也很快。

1. **成本参数和已知信息**

假定以下的值都是已知的：

C_H——雇用一个工人的成本；

C_F——解雇一个工人的成本；

C_I——单位时间单位产品的库存成本；

C_R——正常工作时间内生产单位产品的成本；

C_O——加班时间内生产单位时间的增加成本；

C_U——生产单位产品的闲置成本；

C_S——转包生产单位产品成本；

n_t——t 期内的生产日；

K——一个工人一天内生产的综合产量；

I_0——期初库存；

W_0——期初工人数量；

D_t——预测的 t 期内的需求量。

这些成本参数有可能具有时间依赖性，即它们的值可能随着 t 的变化而变化。具有时间依赖性的成本参数在描述很多变量时很有用，如雇用和解雇工人的成本变化，或者生产资源缺乏引起的成本变化，或者利率变化等。

2. **问题变量**

以下是问题中用到的变量：

W_t——t 期内的工人数量；

P_t——t 期的生产量；

I_t——t 期内的库存水平；

H_t——t 期内新雇用的工人数量；

F_t——t 期内解雇的工人数量；

O_t——加班时间内的生产量；

U_t——闲置的工人生产能力；

S_t——接受从外部转包来的生产量。

加班时间和闲置时间可以通过以下方法确定：用 Kn_t 表示 t 期内一个工人的生产量，那么 Kn_tW_t 是指 t 时间内所有工人的生产量总和。但是，Kn_tW_t 并不一定等于 P_t，如果 $P_t > Kn_tW_t$，生产总量超过了工人在正常工作时间内的生产总量，则说明，两者的差额是在加班时间内生产出来的，即 $Q_t = P_t - Kn_tW_t$；如果 $P_t < Kn_tW_t$，那么工人完成的生产数量少于在正常工作时间内应该完成的数量，说明工人有闲置时间，工人闲置时间是用生产量而不是时间衡量，即 $U_t = Kn_tW_t - P_t$。

3. **问题约束**

这个线性规划问题包含了三组约束条件，用来满足恒定员工数量及恒定生产数量的条件。

（1）恒定员工数量的约束。

$$W_t = W_{t-1} + H_t - F_t\ ,\ \ 1 \leqslant t \leqslant T$$

即 t 期内工人数量 $=(t-1)$ 期内工人数量 $+t$ 期内雇用的工人数量 $-t$ 期内解雇的工人数量

（2）恒定生产数量的约束。

$$I_t = I_{t-1} + P_t + S_t - D_t\ ,\ \ 1 \leqslant t \leqslant T$$

即 t 期内库存量 $=(t-1)$ 期内库存量 $+t$ 期内生产量 $+t$ 期内转包量 $-t$ 期内的需求量

（3）生产数量与工人数量结合的约束。

$$P_t = Kn_tW_t + O_t - U_t\ ,\ \ 1 \leqslant t \leqslant T$$

即 t 期内生产量 $=t$ 期正常工作时间内生产量 $+t$ 期内加班时间生产量 $-t$ 期内闲置生产能力

除了这些约束条件，线性规划还要求所有的变量为非负数。以上这些约束及非负约束是所有问题的基本约束。注意（1）、（2）、（3）组总共有 $3T$ 个而不是 3 个约束条件，其中，T 是指预测的总时间跨度。

同时，问题还需要给出期初库存的确定值 I_0、初始工人数量 W_0，以及期末库存的值 I_T。目标函数包括之前定义的所有成本变量。线性规划的目标是通过求解变量 W_t、P_t、I_t、H_t、F_t、Q_t、U_t、S_t的值，最终得到以下优化目标：

$$\min\sum_{t=1}^{T}(C_{\mathrm{H}}H_t + C_{\mathrm{F}}F_t + C_{\mathrm{I}}I_t + C_{\mathrm{R}}P_t + C_{\mathrm{O}}O_t + C_{\mathrm{U}}U_t + C_{\mathrm{S}}S_t)$$

约束条件：

$$W_t = W_{t-1} + H_t - F_t\,,\quad 1 \leqslant t \leqslant T$$
$$P_t = Kn_tW_t + O_t - U_t\,,\quad 1 \leqslant t \leqslant T$$
$$I_t = I_{t-1} + P_t + S_t - D_t\,,\quad 1 \leqslant t \leqslant T$$
$$W_t\,,\ P_t\,,\ I_t\,,\ H_t\,,\ F_t\,,\ O_t\,,\ U_t\,,\ S_t \geqslant 0\,,\quad 1 \leqslant t \leqslant T$$

再加上其中一些约束如期初库存、期初工人数量、期末库存及其他一些常数。

4. 变量的整数化

通常，问题解出变量的最优值不是整数。但是，带有小数的变量往往无法满足现实要求，如工人的数量、每个时期新雇用的工人数量、每个时期解雇的工人数量和每个时期内的生产量（在一些问题中可以允许生产量不是整数）。解决这个问题的方法是预先假定问题中出现的所有变量只能取整数。此时，问题便成了整数规划问题。

若没有现成的求解整数规划问题的程序代码，或者求解规模太大，那么，就需要使用线性规划法来解决。但是，在用线性规划问题之前，首先需要对一些变量进行整数化。简单地对变量进行整数化很可能导致解的不可行，或者结果中的生产量或工人数量不能保持守恒。下面推荐以下保守的方法：将时间 t 内的工人数 W_t 进行整数化，取大于原值的第一个整数，确定了 W_t 后，H_t、F_t、P_t 也可以相应地得到。保守的整数化方法能使问题得到可行解，但是却很少得到最优解。一般可以通过不断验算来改进保守整数化方法的结果。但是，并不是所有问题都能用线性规划求解，最后的求解结果要代入问题的背景中进行解释。

管理实践

丰田汽车公司综合计划的秘诀

丰田汽车公司利用综合计划制订年度生产计划，确定制造和销售的汽车数量。该企业成功的秘诀之一是均衡生产。通过生产系统进行排序，总生产计划被转化为月计划和日计划。这一过程实际上就是，提前两个月确定需要生产的汽车型号和数量，提前一个月得到详细计划。这些数据及时提供给转包商和供货商，这样他们就能够安排生产以满足丰田的需求。然后将对不同型号汽车的需求转化为日生产计划。例如，某月要生产 8 000 辆 A 型号汽车、6 000 辆 B 型号汽车、4 000 辆 C 型号汽车和 2 000 辆 D 型号汽车，如果假定生产线每月运作 20 天，这样它们的日产量就分别为 400、300、200、100 辆。进一步分解，按一天两班工作制（960

分钟）计算，每 9.6 分钟的产量为 4 辆 A 型车、3 辆 B 型车、2 辆 C 型车、1 辆 D 型车。

资料来源：Richard B. Chase, Operations Management for Competitive Advantage.

引例的思考

能力规划是企业的长期能力计划，而综合计划是企业的中期能力计划。部门经理往往要通过调整生产率、劳动力水平、存货水平、超时工作及其他可控变量，来决定满足预测的需求。综合计划的目标是按时完成能够有效使用组织资源的生产计划，满足预期需求。其他目标可能是使劳动力或存货水平的波动达到最小，也有可能是为了服务达到一定的标准。宝丽来胶卷厂的生产主管都要绞尽脑汁地以最有效的办法来满足胶卷的预测销量，他们所使用的方法就是本章所介绍的综合计划方法，可以是生产能力选择的方案，也可以是需求选择的方案。

复习与讨论题

1.（混合战略：以转包保持最低工人人数不变）在例 10-3 的数据的基础上，做如下修改：工人每天工作 8 小时，生产一件产品的时间是 40 小时。正常工作时间每件产品的成本是（30 美元/小时）（40 小时/件）＝12000 美元。正常时间（最少）恒定 6 个工人工作，超额需求通过转包来满足。请用混合战略（以转包保持最低工人人数不变）来制订综合计划。

2．一个预制浴室的制造商对需求的预测如图 10-4 所示。期末库存、工人人数等要恢复期初的水平。求出和下面各种情况相关的成本。

（1）改变工人人数来满足需求。设每季度产量每变动 10 套，劳动成本增加 500 元。

（2）维持每季度生产 50 套的工人人数不变，使用加班（每套 100 元）和停工（每套 200 元）的方法。

（3）维持正常工作的工人人数不变，产能为每季度 50 套。库存维持成本以平均库存为基础，每年每套产品 240 元。假设在第 1 季度初有适当水平的库存，在第 4 季度末时也如此。

（4）每季度恒定生产 40 套产品，允许延期交货。失去的销售的成本为每套 200 元。（注：假设持续生产，延期交付产品已在生产。）

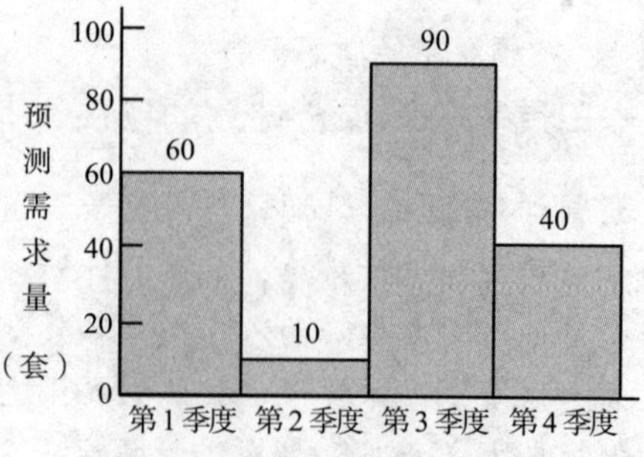

图 10-4　需求直方图

（5）每季度恒定生产 10 套产品，把超额的需求转包生产，边际成本为每套 35 元。

3．Duotronix 公司的一位综合计划制订者估计了未来工作期的需求（见表 10-11），这是一个完整的需求周期。公司持续经营，预期下个需求周期将和这个周期相似。他考虑了五个计划。

表 10-11　未来需求预测　　单位：件

期　数	预　测	期　数	预　测
1	400	6	1 200
2	400	7	600
3	600	8	200
4	800	9	200
5	1 200	10	400

计划 1：改变工人数，变动初始产能 400 件到所需的任何量以满足需求。相关数据如表 10-12 所示。

表 10-12　变动产能及相应成本

生产量（件）	变动工人数增加的成本（美元）	
	增　加	减　少
200	9 000	9 000
400	15 000	18 000
600	18 000	30 000

计划 2：维持工人人数不变，每期能生产 600 件产品，用加班满足需求，加班时每件产品成本增加 40 美元。停工成本为每件产品 60 美元。

计划 3：变动库存水平，但维持能满足平均需求产量的工人人数不变，不加班和停工。每件产品每期的维持成本为 20 美元。（公司可以无须额外成本在第 1 期前设置任何水平的库存。）

计划 4：保持每期的产量 400 件不变，当需求超过 400 件时，允许一定数量产品延期交货。失去销售额的缺货成本（利润、良好关系等）为每件产品 110 美元。

计划 5：每期恒定生产 200 件产品，把超额需求转包出去，边际利润为 40 美元/件。

用直方图的形式画出预测需求图，并分析不同计划的相关成本。你可以假设初始（第 1 期）时的工人人数不用额外成本而被设定为所需的水平。把你的答案写入表格中。比较每个计划的成本。

4．针对题 3 中的情况提出了两个混合战略。假设下一个需求周期会重复所给周期的模式。

计划 6（延期交货和有限库存）：每期恒定生产 500 件产品，库存成本为 20 美元/件・期。假设 700 件的超额需求可以通过在第 5 期延期交货，在第 8～10 期中补足的方式满足。第 1 期期初没有库存，且下一个周期期初也应没有库存。

计划 7（转包和有限库存）：每期恒定生产 300 件产品，把超额需求转包出去，边际成本为 40 美元件。第 1 期期初库存为 200 件，且下一个周期期初应有 200 件库存。每期的成本为 20 美元/件。

比较以上两个计划的成本。

5．太阳谷雪橇公司是著名的太阳牌雪橇的生产商。正常时间每副成本为 60 美元，加班成本为 70 美元。公司的生产能力和每季度的预测需求如表 10-16 所示。期初库存为 200 副，每季度的库存成本为5美元/副。不使用雇用、解雇、转包和延期交货来满足需求。正常时间停工时的成本为20美元/副。

（1）提出一个好的计划，并把解在表10-13中表示出来。

（2）计划的最低成本是多少？

表10-13　生产能力与预测需求　　单位：副

供应		需求					总可用能力
		第1季度	第2季度	第3季度	第4~5季度	不可用能力	
期初库存							200
1	正常						700
	加班						300
2	正常						700
	加班						300
3	正常						700
	加班						300
4	正常						700
	加班						300
预测需求		900	500	200	1 900	700	4 200

本章阅读资料

琴美公司的综合计划该怎么做

琴美服装有限公司是一家以夏秋季制服为主打产品的针织服装加工公司。服装类型决定了公司客户的需求旺季集中于夏秋，并且制服的时尚性不强，可以提前生产放置于仓库存储。但是，此类产品的利润率不高，为提高公司利润，公司需要提高产品的成本效率，即以尽可能低的成本来进行加工。

1. 公司综合计划

综合计划是部门经理通过调整生产率、劳动力水平、存货水平、超时工作及其他可控变量，来决定满足预测需求的最好生产方式的一个计划。其目标是按时完成能够有效利用组织资源的生产计划，满足预测需求。典型的综合计划跨度为2~12个月，而公司的夏秋服装产品具有明显的季节性和波动性，所以这对公司来说是一种极其有用的方法。

根据综合计划的四个成立条件，公司每年年初会根据前几年的需求记录来制订年度综合计划，目标是以最低的成本来完成本年度的生产任务。

2009年1月初，总经理要求各部门制订出本年度的综合计划。生产经理收集了前四年的需求记录，如表10-14所示。

表 10-14　2005—2008 年各月需求记录　　单位：100 件

2005 年		2006 年		2007 年		2008 年	
月份	需求量	月份	需求量	月份	需求量	月份	需求量
1	76	1	81	1	86	1	87
2	67	2	75	2	69	2	79
3	72	3	79	3	80	3	81
4	138	4	118	4	130	4	138
5	231	5	232	5	270	5	274
6	386	6	451	6	403	6	433
7	359	7	377	7	330	7	381
8	254	8	287	8	308	8	379
9	179	9	188	9	218	9	210
10	134	10	117	10	132	10	149
11	58	11	57	11	66	11	76
12	34	12	30	12	41	12	38

2. 综合计划的投入和成本

综合计划有几种相关成本。它们与生产成本本身相关，与库存和未完成订货的成本也有关，如表 10-15 所示。公司为了保证服装质量，暂不考虑雇用临时人员。又由于公司的生产能力计划目标是达到 95%的服务水平，所以在多种综合计划方案中均不考虑此种成本。

表 10-15　各种相关成本及生产能力增加情况

正常工作	生产成本（元）	100
加班工作	生产能力增加	20%
	生产成本（元）	125
转包	转包成本（元）	160
库存	库存容量限制（100 件）	300
	库存成本（元）	10
扩展生产能力	生产能力增加	30%
	扩展成本（元）	13 000

3. 生产能力选择

企业可以利用的生产能力（供给）选择有以下几种。

（1）改变库存水平。公司的仓库由于空间有限，提高的库存上限是最多存储 300 000 件服装。

（2）通过超时工作或减时工作来改变生产率。根据经验，公司加班可以在正常生产能力的基础上最多增加 20%，也就是说，正常上班时间内，每月可以生产 150 000 件服装，如果采取加班，每月可以增加生产 30 000 件服装。

（3）转包。公司由于有较好的合作伙伴，且合作伙伴的生产能力很大，公司假定转包的生产能力没有上限，即转包出的数量没有限制，都会准时保质地完成。

（4）一次性扩展生产能力。公司还可以采用另外一种方案，就是在年初时决定是否要一次性地扩展生产能力，如招聘新的工人并加以培训，购买新的机器设备等，当然这只需要一次性的成本支出，却可以为工厂增加30%的生产能力，即能够在正常生产能力的基础上每月多生产45 000 件服装。

思考题

根据这些数据，请为琴美公司制订年度综合计划。

第 11 章 MRP/MRP II /ERP

本章学习目标

- 简述 MRP、闭环 MRP、MRP II 和 ERP 的核心管理理念及相互之间的关系。
- 理解 MRP 的处理逻辑。
- 了解能力需求计划。
- 明确成功实施 ERP 的关键要素有哪些。

本章引例

两个 ERP 实施案例

案例一　ERP 让绿山咖啡炙烤公司马到成功

绿山咖啡炙烤公司是位于美国佛蒙特州沃特伯里的一个较小的咖啡炙烤商，拥有 4 700 万美元的销售额。其客户包括德耳塔客运公司、美国铁路客运公司等。

在使用现有的 ERP 系统之前，绿山公司曾经使用过一个自己开发的系统，该系统集成了它的财务、生产和配送系统。随着公司业务的增长，这个系统在运行了 10 年之后，开始无法适应公司规模不断扩大的需要。在经过三四个月的重新自主开发系统的尝试后，首席信息官吉姆·普莱特决定寻找一个合适的 ERP 系统。普莱特和他的团队首先提出了一个软件选择文件，概要地列出了他们的功能需要和演示要求。然后按照这个选择文件，普莱特于 1996 年 10 月，决定考虑选择人件公司。经过不到 3 个月的评估，公司认为人件公司提供的方案在产品质量、弹性及工具设计方面都很优秀，符合公司的需求。公司最终购买了人件公司提供的解决方案中的 17 个模块，包括总账、应付账款、采购、生产管理、库存管理等。

绿山咖啡炙烤公司用了不到两年的时间完成了新的 ERP 系统的实施项目。此外，人件公司收购了一个择优录用的供应商，并继续集成它的计划软件。普莱特希望人件公司的企业解决方案能够因此而得到进一步的提升。

如果一切按照计划顺利进行的话，人件公司将使绿山咖啡炙烤公司马到成功。

资料来源：改编自 Designing and Managing the Supply Chain: Concepts, Strategies and Case Studies, chapter11。

案例二 福克斯·梅亚公司的 ERP 失败

福克斯·梅亚公司曾经是美国最大的药品分销商之一，年营业收入超过 50 亿美元。为了改进竞争地位，保持快速增长，以及将公司内外根本没有联系的职能部门用计算机软件捏合在一起，以使产品的生产和输送更加高效，这家公司决定采用国际上非常流行的 ERP 系统。

由于坚信 ERP 系统的潜在效益，在一家享有盛誉的系统集成商的帮助下，梅亚公司成了早期的 ERP 系统应用者。然而，到了 1997 年，在投入了两年半的时间和 1 亿美元之后，这家公司得到的效果非常不理想，仅仅能够处理 2.4%的当天订单，而这一目标即使用手工方法也能达到，况且，就是这点儿业务也常常遭遇信息处理上的问题。最终，梅亚公司宣告破产，仅以 8 000 万美元被收购。它的托管方至今仍在控告那家 ERP 系统供应商，将公司破产的原因归结为采用了 ERP 系统。

目前，在世界范围内，ERP 系统的应用效果受到广泛质疑。采用 ERP 系统耗费的时间太长，投入太多，却没有达到它所承诺的增强竞争优势和削减成本的目标。此外，统计数据显示，70%以上的 ERP 系统应用者，无论是自我开发还是专业系统集成商代为设计，都没有达到公司预定的目标。一家专门进行计算机软件和电子商务市场调查的机构对美国年营业额在 5 亿美元以上并采用了 ERP 系统的公司进行的研究结果披露，ERP 系统采用成本超过预计成本 178%，安装时间超过预计时间的 230%，使用后公司亏损率却达到了令人惊讶的 59%。

资料来源：《中国经营报》总第 1278 期。

思考问题

1. 读了上面两个 ERP 成功和失败的案例，你对 ERP 有了什么样的初步认识？
2. 绿山咖啡炙烤公司的成功之处在哪里？
3. 什么原因使得很多像福克斯·梅亚一样的公司，在使用了 ERP 之后经历了惨痛的失败？在使用 ERP 时要注意什么？

11.1 ERP 的发展过程

ERP（Enterprise Resources Planning）理论的形成是随着产品复杂性的增加、市场竞争的加剧及信息全球化而产生的。ERP 的形成大致经历了四个阶段：MRP（Material Requirements Planning）阶段、闭环 MRP 阶段、MRPⅡ（Manufacturing Resource Planning）阶段，以及 ERP 阶段。

20 世纪 60 年代，为了为需求和订货提前期提供一个缓冲，制造业设置了安全库存量。20 世纪 70 年代，管理者们认识到真正要追求的是对订单交货日期的有效控制，因此形成了物料需求计划——MRP，对物料清单进行管理和利用。随着管理思想的不断进步，管理者们意识到 MRP 只是提供了一种自上而下的“建议”计划信息，是否可行，还要考虑企业的生产能力的约束条件，因此对 MRP 进行了调整，形成了一种自上而下又自下而上的闭环式的信息沟通和运营的思想和方式——闭环 MRP。20 世纪 80 年代，企业管理者们又意识到虽然闭环 MRP 解决了企业生产计划与控制的问题，实现了企业物料信息的集成，但是还没有说明 MRP 给企业带来的经济效益。因此，把企业的物料信息与资金信息集成起来的 MRPⅡ应运而生，使得企业的经营计划与生产计划保持一致。20 世纪 90 年代以来，随着市场竞争的不断加剧，在迅猛发展的信息技术特别是互联网技术的支持下，MRPⅡ不断发展并吸纳新的管理思想，如先进的供应链管理理论，逐渐形成了企业资源计划——ERP，合理地调配企业内部资源与外部市场资源，体现了快速响应客户需求的战略思想。

11.1.1　MRP

20 世纪 40 年代初，西方经济学家通过对库存物料随时间推移而被使用和消耗的规律的研究，提出了订货点法（Order Point，OP），并将其运用于企业的库存计划管理中。然而，订货点法存在一定的缺陷，不能有效地解决相关需求的问题，造成库存积压，使得占用资金大量增加，产品成本也随之提高，企业缺乏竞争力。为了解决传统的订货点法的缺陷，20 世纪 60 年代中期，美国 IBM 公司的管理专家约瑟夫·奥利佛博士首先提出了独立需求和相关需求的概念，将企业内的物料分成独立需求物料和相关需求物料两种类型，并在此基础上总结出了一种新的管理理论——物料需求计划（MRP），解决了物料库存控制的问题。其成熟的标志是 20 世纪 60 年代中期奥利佛的经典著作 *Material Requirements Planning: The New Way Of Life In Production And Inventory Management* 的出版发行。他提出了各种物料间相关需求的概念及分时间段来确定不同时段物料需求的思想，这就是物料需求计划——MRP 的管理思想。

MRP 按时间段来确定各种相关需求的物料（零部件与原材料）的需求数量和需求时间，从而解决了企业“产、供、销”部门物料信息的集成管理。这种理论和方法与传统的库存理论和方法有着明显的不同。其最主要的特点是：在传统的基础上引入了时间段和反映产品结构的物料清单 BOM（Bill of Materials），较好地解决了库存管理和生产控制中的难题，保证了能够按时按量地得到所需要的物料。MRP 的逻辑流程如图 11-1 所示。

1. MRP 的优点

（1）实现了对企业库存及生产信息的科学管理，有助于动态反馈和适时调整。

（2）能使在制品库存水平低。

（3）适应“以销定产”的市场经济环境，有助于实现按时交货。

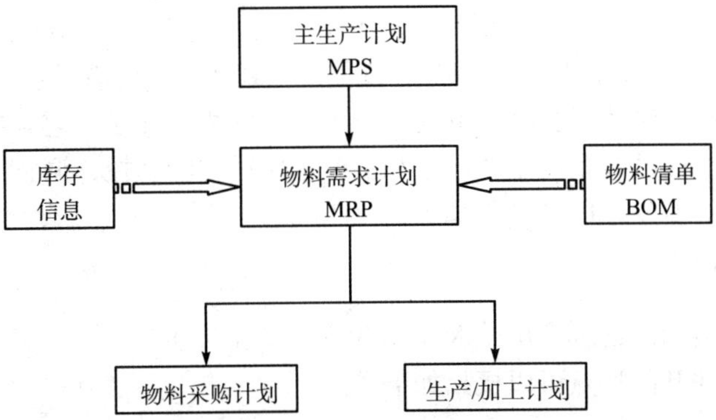

图 11-1　MRP 逻辑流程

2. 实施 MRP 的条件

（1）生产系统及相关部门具备计算机化的软、硬件条件。

（2）能完整、准确、及时地输入数据信息，包括主生产计划、物料清单、库存信息。

（3）有主要领导的参与和推动。

（4）向员工提供培训。

11.1.2 闭环 MRP

MRP 解决了为产品零部件配套服务的物料库存控制的问题，它根据市场需求和主生产计划提出物料需求的任务及零部件的采购计划或生产/加工计划，是一种自上而下的“建议”计划信息。然而，事实上，企业实际生产中的条件是不断变化的，如企业的制造工艺、生产设备等都是发展变化的；MRP 没有考虑企业能力的约束条件，MRP 制订的计划可能受到生产线的能力、供货能力或运输能力的限制而无法实现；同时，企业面临的社会环境和市场环境也不断变化，不断给企业执行 MRP 计划带来影响。因此，MRP 制订的生产计划在执行时经常产生偏离。产生这种情况的原因是，MRP 的信息处理是单向的，没有形成闭环的信息回路。随着市场的发展及 MRP 的应用与实践，20 世纪 80 年代，形成了自上而下又自下而上的闭环 MRP 理论。与 MRP 相比，闭环 MRP 把计划的稳定性和灵活性、可行性和实用性统一起来，从而形成了一个完整的生产计划与控制系统。闭环 MRP 的逻辑流程如图 11-2 所示。

从图 11-2 中我们可以看出，闭环 MRP 的特点如下。

（1）主生产计划来源于企业的生产规划与市场需求。

（2）考虑到了能力与负荷的问题，从而保证计划是可行的、可靠的。

（3）能力的执行情况最终反馈到计划制订层，整个过程是能力的不断执行与调整的过程。

11.1.3 MRPⅡ

闭环 MRP 解决了企业生产计划和控制问题，实现了企业物料信息的集成。但是，生产的运作过程，产品从原材料的投入到成品的产出过程都伴随企业资金的流通，对于这一点，MRP 无法反映。

美国著名生产管理专家奥利佛·怀特提出了一个新概念——制造资源计划（Manufacturing Resource Planning），它的简称也是 MRP，为了与传统的 MRP 有区别，并表示制造资源计划是物料需求计划的延续和发展，将其名称改为 MRPⅡ。MRPⅡ是一个围绕企业的基本经营目标，以生产计划为主线，对企业制造的各种资源进行统一计划和控制的有效系统，也是企业的物流、信息流、资金流的动态反馈系统。MRPⅡ与 MRP 的不同之处在于，它集成了与企业生产制造活动相关的管理功能。通过对企业生产成本和资金运作过程的掌控，调整反映企业的生产经营规划的生产计划，MRPⅡ生成的计划更加可行。

1. MRPⅡ的特点

MRPⅡ的功能和范围已远远超出了 MRP，包含企业全部生产资源，实现了企业内部管理系统一体化的问题。MRPⅡ的特点可以概括如下。

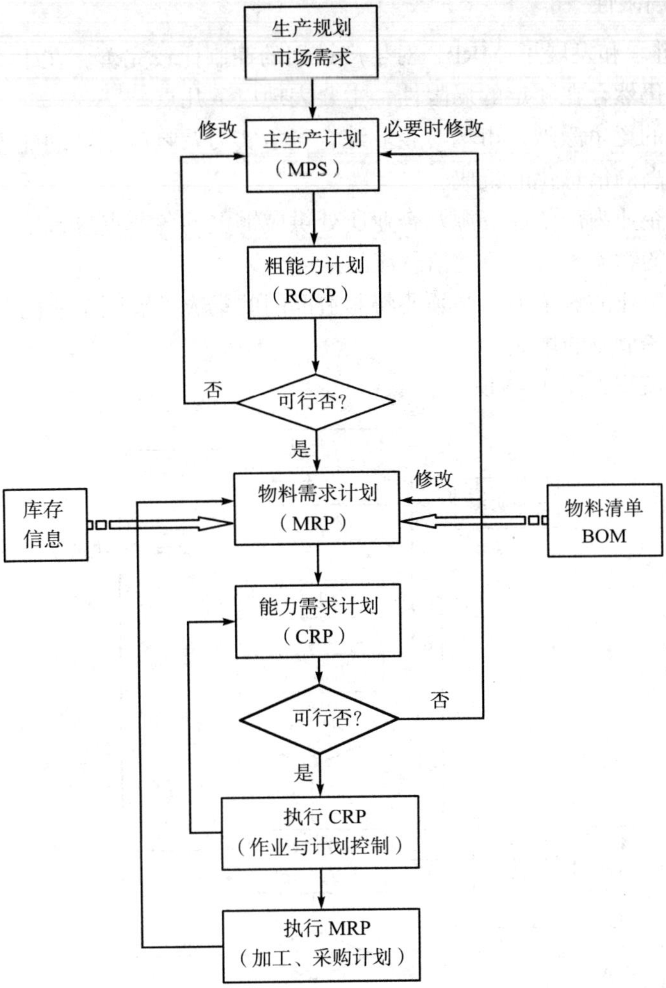

图 11-2　闭环 MRP 逻辑流程

（1）MRP Ⅱ是一种计划主导型的管理模式。通过从宏观到微观，从战略到战术，从粗到细，逐层优化，企业的经营计划与生产计划保持一致。通过对产能的控制和反馈，保证了计划的一贯性、可靠性和可执行性。

（2）MRP Ⅱ集成了企业内部管理系统。MRP Ⅱ将企业与生产经营直接相关部门的工作联结成一个有机的整体，增强了企业各部门间的协作，提高了整体效率。

（3）MRP Ⅱ实现了企业内部数据共享。通过集成企业内部各部门，将各部门的信息集中管理，形成中央数据库。各部门可以通过这个中央数据库共享信息，增强了信息的透明度。

（4）MRP Ⅱ实现了物流和资金流的统一。MRP Ⅱ与 MRP 最大的区别就是集成了成本会计和财务功能，因此，MRP Ⅱ使企业的物流和资金流达到了统一。由生产活动直接产生财务数据，即实物形态的物料流动在生产过程中直接转换为资金流动，从而保证了生产的物料数据与财务数据的一致性，有助于减少浪费，规范生产过程。

2. MRPⅡ的局限性

尽管 MRPⅡ继承和发展了 MRP，对生产计划的控制比较完善，在生产计划的领域中比较先进和实用，但是仍然存在一定的局限性，主要表现以下几点。

（1）企业面临的竞争激烈，市场对企业综合竞争实力及响应市场的能力的要求越来越高，这就要求企业有更高的信息化的集成。

（2）它要求对企业内部整体资源及企业所处供应链上的各节点进行集成，而不仅仅是对企业与制造相关部门的物流、资金流、信息流的集成。

（3）为了提高企业的竞争力，必须要将制造部门的集成扩展到企业内部所有经营活动的集成，以及供应链上各节点的集成。

MRPⅡ的逻辑流程如图 11-3 所示。

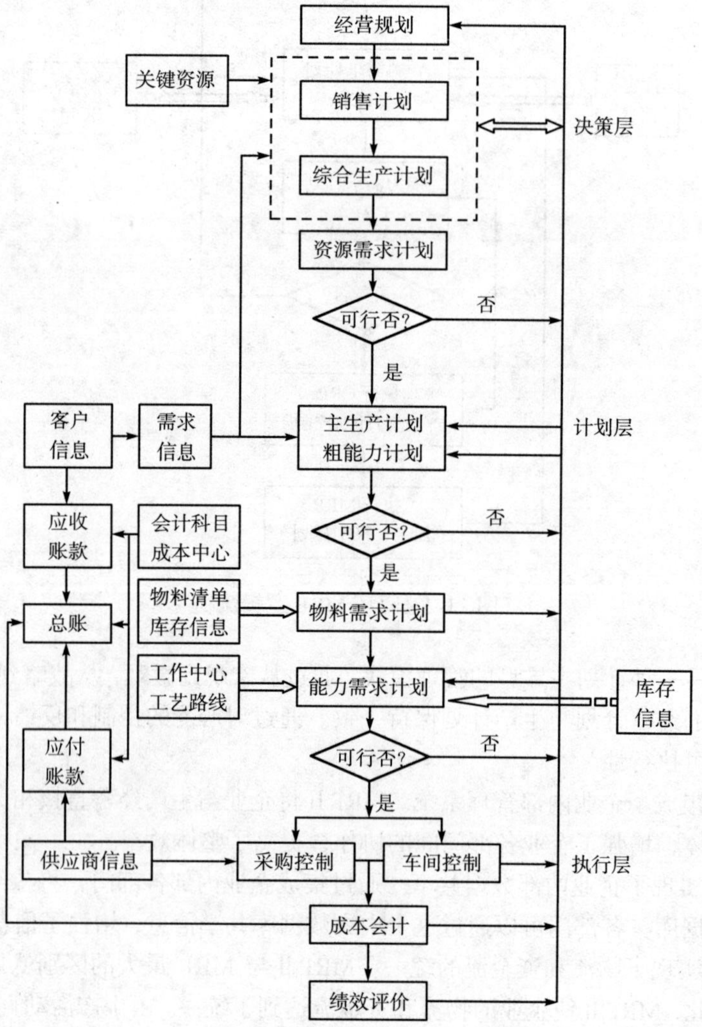

图 11-3　MRPⅡ的逻辑流程

11.1.4　ERP

进入 20 世纪 90 年代，随着现代管理思想和方法的不断提出和发展，MRP Ⅱ发展到了新的阶段——企业资源计划（ERP）。

ERP 是在现代企业管理的先进思想的基础上，以市场和客户需求为导向，以计划和控制为主线，以先进的现代信息技术，特别是网络技术为平台，全面集成了企业内、外部的所有资源信息，包括客户、市场、销售、采购、计划、生产、财务、质量、服务等，为企业提供决策、计划、控制与经营业绩评估的全方位的系统化的先进管理思想和方法。

ERP 实施的目标是通过消除企业生产经营过程中的一切浪费，实现信息流、物流和资金流、价值流和业务流的有机集成，最终提高顾客的满意度，提高企业业绩。

ERP 是对 MRP Ⅱ的继承和发展。ERP 除了继承了 MRP Ⅱ的制造、供销和财务模块，还扩展了其他管理模块，如质量管理、人力资源管理、电子通信、设备管理、电子商务等模块。ERP 是面向企业所处供应链的全面管理，将供应商、制造商、企业自身、协作商、用户甚至竞争者都纳入管理体系中，实现了企业业务流的集成，从而在很大程度上提高了企业的响应速度和能力。

我们可以将 ERP 的特点概括为以下两点。

（1）ERP 对整个供应链资源进行整合。

（2）ERP 是在 MRP Ⅱ逐步吸收、融合其他先进现代管理思想的基础上发展而来的。随着准时生产制（Just In Time，JIT）、全面质量管理（Total Quality Control，TQC）、最优化生产技术（Optimized Production Technology，OPT）、分销资源计划（Distribution Resource Planning，DRP）、制造执行系统（Manufacturing Execute System，MES）、敏捷制造（Agile Manufacturing System，AMS）、精益生产（Lean Production，LP）等先进管理思想和方法的出现，MRP Ⅱ不断吸收和融合这些先进管理思想，不断完善和发展自身的理论。在此基础上，20 世纪 90 年代，Gartner Group 公司率先提出了 ERP 的概念。ERP 的系统总流程如图 11-4 所示。

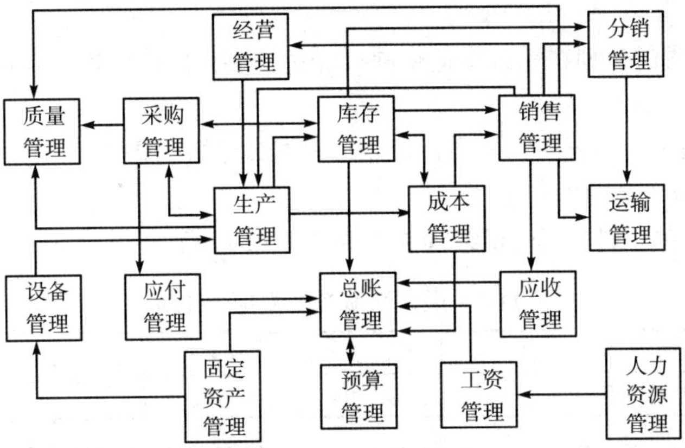

图 11-4　ERP 系统总流程

资料来源：罗鸿，王忠民著，《ERP 原理 · 设计 · 实施（第 2 版）》。

11.2 MRP的基本原理

MRP 是按时间段来确定企业各种相关需求的零部件与原材料的需求数量和需求时间的思想和技术。通过 MRP，订货、生产加工与装配过程都有了确定的时间安排，在及时完成最终产品的同时，将库存控制在合理的低水平上。由此可见，MRP 既是一种技术，也是一种理念；既是一种库存控制方法，也是一种时间进度安排方法。

11.2.1 MRP 的相关概念

1. 独立需求和相关需求

对于企业来说，如果物料的需求数量和需求时间与其他任何物料的需求无直接关系，而是由企业外部市场环境随机决定的，这类需求通常被称为独立需求（Independent Demand），如 IBM 的 PC 机、TCL 的手机、通用的汽车等。与之相反，物料的需求取决于对其他物料的需求，这类需求被称为相关需求（Dependent Demand）。例如，生产一辆汽车，需要座椅、发动机等汽车的零部件，对这些零部件的需求就是相关需求。

2. 生产计划

（1）主生产计划。主生产计划（MPS）主要标明生产哪些最终产品，何时需要，以及数量是多少等。可以说，MPS 是产、销部门的信息沟通桥梁。下面是制订 MPS 时要注意的几个问题。

1）MPS 所确定的生产总量必须等于综合计划确定的生产总量。

2）MPS 主要处理的是最终物料项，但是如果最终物料项非常大或非常昂贵，那么 MPS 也可以用来处理主要的部件或组件。

3）MPS 必须考虑企业能力、资源的约束，如设备能力、库存能力、制造能力等，要具有可行性。

4）MPS 最终形成的计划在系统中运行前要经过核实，以确保资源是可获得的，交货期是合理的。

5）在对产品进行需求展开时，要进行控制，根据具体情况调整、修改 MPS。若对 MPS 进行了修改，就要重新运行 MRP。

表 11-1 所示的是在计划期间内最终细项 X 的 MPS 的一部分。

表 11-1 最终细项 X 的主生产计划

周	1	2	3	4	5	6
数量			50			100

从表 11-1 中，我们可以看出，该细项 X，在第 3 周开始时，有 50 个单位的需求，在第 6 周开始时，又有 100 个单位的需求。

（2）时段（Time Period）。时段是编制 MRP 和 MPS 所采用的时间单位，可以是日、周、月、旬或年。划分时段是为了说明在各个时间跨度内的计划量、产出量和需求量，以固定的时间段的间隔汇总计划量、产出量和需求量，便于对比各时间段的计划，从而区分出计划需求的优先级别，以合理安排能力资源，均衡生产。

（3）时区（Time Zone）与时界（Time Fence）。产品从计划到产出经历的时间段，是产品的提前期。产品的提前期将影响计划的下达和修改。随着时间的推移，在各个时间点对计划的影响力各有不同，因此，引入了时区与时界的概念。

1）时区。时区说明某一计划的产品在某时刻处于该产品的计划跨度内的时间位置。可以将时区分为计划冻结时区（Frozen Time Zone）、计划确认时区（Firm Time Zone）和计划应变时区（Flexible Time Zone）。需要注意的是计划冻结时区的订单是已签约的订单，且已经投产，所以除非市场发生变化，一般是不会轻易改动的；计划确认时区的订单是已确认的订单，但是还没有投产，可以修改，但是必须经过 MRP 计划员的分析、调整、确认以后才能修改。

2）时界。时界是 MPS 计划展望期的分隔点。时界分为需求时界（Demand Time Fence，DTF）和计划时界（Planning Time Fence，PTF）。需求时界是冻结时区与确认时区的分界点；计划时界是确认时区与应变时区的分界点。

由此可见，时区和时界是一种时间概念，可以帮助判断 MPS 是否可以改动，从而使得 MPS 既有一定的稳定性，又有一定的灵活性。

3. 库存记录文件

库存记录文件是描述每项物料的库存状态记录，包含原材料、零部件和产成品的现有库存量和已订货量、物料出入库及报废报失等状态记录。由于库存是时刻变动的，为了保证库存信息的准确性、完整性，有必要通过计算机信息管理系统对库存进行周期性的盘点。

4. 物料清单（Bills of Materials，BOM）

物料清单是一种树形结构，因此通常又称为产品结构树或产品结构文件。BOM 是产品结构的技术性描述文件，它表明了产品组件、子件、零件直到原材料之间的结构关系（产品生产的顺序），以及每个组装件所需要的下属部件的数量。每件产成品都有自己的物料清单。BOM 是 MRP 系统的三个主要输入之一（其他两个是主生产计划和库存记录文件）。

BOM 的最高层称为零层，代表最终产品；第一层代表组成最终产品的部件；第二层代表组成第一层部件的组件……以此类推，最底层为零件和原材料。可见，BOM 详细地说明了一个最终产品是由哪些原材料、零件、组件、部件所构成的，以及这些构件之间的从属关系和数量关系。图 11-5 就是一个简单的产品 BOM 结构图。

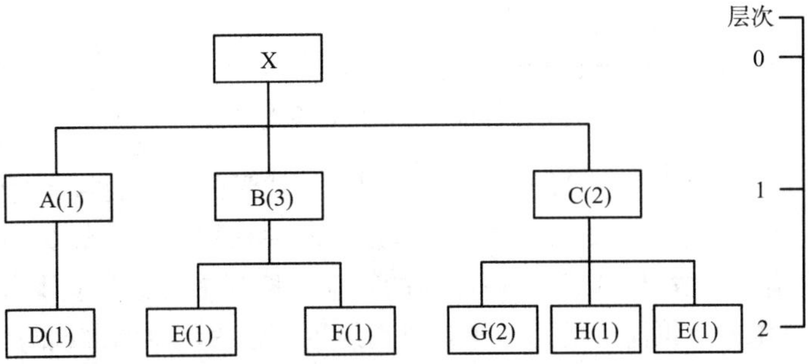

图 11-5　最终产品 X 的 BOM 结构

由图 11-5 我们可以看出，最终产品项 X 由 1 个部件 A、3 个部件 B、2 个部件 C 组成；1 个部件 A 又由 1 个零件 D 组成，1 个部件 B 由 1 个零件 E 和 1 个零件 F 组成……括号中的数字表示生产（或组装）一个父项产品所需的子项零部件的数量。

例 11-1 利用表 11-2 及图 11-6 中的信息，考虑库存量，求生产 2 个 X 对 B、C、D、E、F 的需求量。

表 11-2 相关零部件库存信息

零部件	持有数
B	1
C	2
F	40

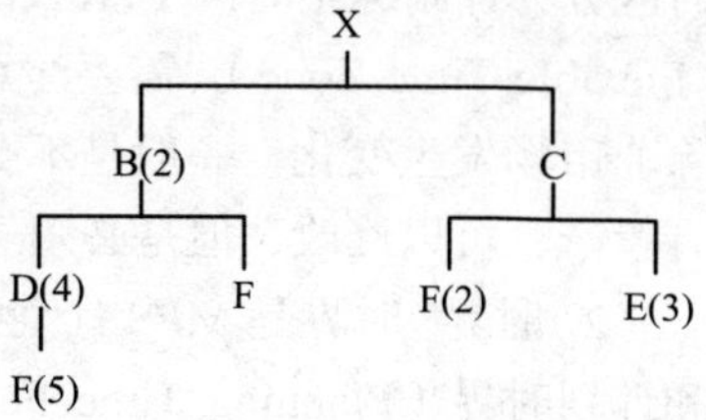

图 11-6 X 的 BOM 结构图

解：生产 2 个 X，除库存外，还需要以下数量的零部件：

第一层：B：2×2−1=3；　　　C：1×2−2=0（无需下一层次的零部件）

第二层：D：4×3=12；F：1×3=3（40−3=37，即库存此时还持有 37 个 F）；

E：3×0=0

第三层：F：5×12−37=23

因此，根据持有库存量，2 个单位的 X 需要：

B=3；C=0；D=12；E=0；F=23。

11.2.2 MRP 的输入

MRP 的输入内容有三项：主生产计划、物料清单和库存记录文件，如图 11-7 所示。

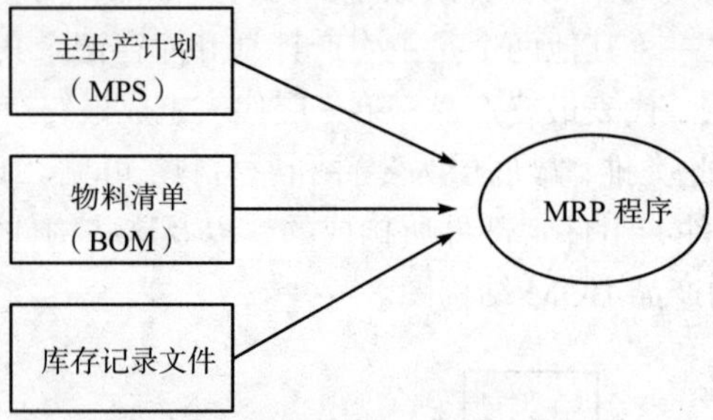

图 11-7 MRP 的输入

通过输入主生产计划，明确总进度安排，即明确产成品的需要数量和时间（需要什么）；输入物料清单，明确该产成品的主要组成成分，以及从属关系和数量关系（需要用到什么）；输入库存记录文件，明确库存情况，以利于对库存的管理和控制（已经有了什么）。

MRP 输入是 MRP 逻辑流程的第一步，显而易见，输入信息的准确与否，直接影响 MRP 的输出是否有效。因此，在输入时，务必要保证输入信息的准确性、完整性。

11.2.3　MRP 的处理逻辑

1. 毛需求与净需求概念

MRP 的主要内容之一是确定各期的需求。在介绍 MRP 的运算逻辑之前，要先明确以下两个概念。

（1）毛需求。不考虑库存持有量时，某细项或原材料在各期间的期望总需求。

（2）净需求。各期实际需要量。

净需求=总需求−现有库存

现有库存=上期末计划出产+上期现有库存−上期总需求

此外，在进行 MRP 的逻辑运算时，要注意提前期及确定订货批量的方法。

2. 订货批量的确定

在采购和生产中，都要考虑订货批量的问题，因为订货批量直接影响订购的费用和生产过程中的调整准备费用。一般来说，订货批量策略分为以下三种。

（1）直接批量法（Lot-for-lot Rule）。直接批量法是一种最简单的订货批量策略，即直接将净需求量确定为订货批量。优点是简单易操作，在实际中经常采用；缺点是不能使库存水平在满足需求的前提下尽量降低。

（2）固定订货批量法（Fixed Order Quantity）。固定订货批量法是规定一个固定的订货批量，每次根据净需求量确定一个订货批量或订货批量的整数倍。

（3）固定订货间隔期法（Fixed Order Period）。固定订货间隔期法是预先设定一个固定的订货间隔期，然后根据处于此期间的净需求的总和去订一批货。到货的时间就在期初的那一周。有的时候，订货的间隔期是随机产生的；而有的时候，间隔期是根据历史记录来确定的。

选择哪种订货策略，取决于对物料的需求的特点。有时对于同一件最终产品的不同零部件，可以采用不同的订货策略。

下面通过一个简单的例子来说明 MRP 的运算逻辑。

例 11-2　某个产成品 X 的产品结构树和主进度计划表分别如图 11-8 和表 11-3 所示。请做出 MRP 的处理过程。本例中所有物料都采用固定订货批量法。

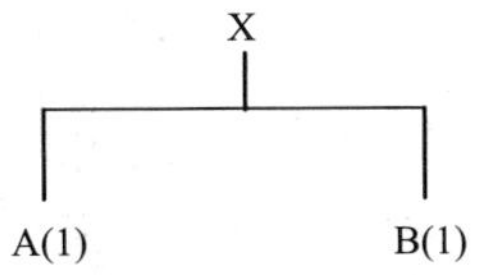

图 11-8　产成品 X 的产品结构树

表 11-3 产成品 X 的主进度计划表

项目 \ 周次	4	5	6	7	8	9	10	11	12
X						50		40	20
B			80		60				

解：以 6、7、8、9 周为例，其他月份依次类推。

X 提前期=1 周	毛需求						50			
	现有库存	40	40	40	40	40	40			
	净需求						10			
	计划出产量						10			
	计划投入量					10				
A 提前期=2 周 批量为 10	毛需求					10				
	现有库存	5	5	5	5	5				
	净需求					5				
	计划出产量					10				
	计划投入量			10						
B 提前期=1 周 批量为 30	毛需求					70				
	现有库存	30	30	30	30	30				
	净需求					40				
	计划出产量					60				
	计划投入量				60					

注：本例中，零部件 B 第 8 周的毛需求 70 是由主进度计划表中第 8 周对 B 的 60 个单位的需求（独立需求，因为不是为了满足 BOM 表中的父项产品 X 的需要而得出的）加上 X 第 8 周的计划投入量 10（相关需求）得出的。

11.2.4 MRP 的生成方式

MRP 是一个动态的文件，它的时间文件是滚动式的。同时，随着时间的推移，如果 MRP 的生成条件发生了变化，就要对计划不断地修正与更新。

MRP 按照其严密的处理逻辑，利用计算机平台，将独立需求信息转换成各种相关需求信息，这个转换过程就称为 MRP 的生成方式。MRP 有两种生成方式：再生成方式（Regenerative MRP）和净改变方式（Net Change MRP）。

1. 再生成方式

这种 MRP 生成方式会在 MRP 生成后，在一定的周期内，对库存信息重新进行计算，同时覆盖原来计划的 MRP 数据。具体的操作是：根据最新的 MPS、BOM 及库存信息，从 BOM 的最终项目需求量开始，逐级往下展开，对各级中的每项物料的需求量进行重新计算，从而生成全新的 MRP。再生成方式 MRP 一般是周期性进行的，间隔周期为一周到两周。再生成方式的计算量很大，适用于环境比较稳定的企业。

2. 净改变方式

这种 MRP 生成方式，是在 MRP 生成后，只有在制定、生成 MRP 的条件发生变化时，才会相应地更新 MRP 有关部分的记录。净改变方式的优点是计算量较小，增强了 MRP 的适应能力；缺点是要多次查询库存记录，数据处理的效率比较低，生成的时间较长，成本比较高。此外，经常更新 MRP 的记录，容易造成计算机内数据冗余、混乱。这种生成方式适用于环境变化较大的企业。

为了减少、避免两种生成方式的缺点，在实际操作中，经常综合使用两种方式，即在采用净改变方式的基础上，定期采用再生成方式。

11.2.5 MRP 的输出

通过运行 MRP 程序，MRP 系统向企业提供了很多输出信息。企业管理者可以在 MRP 提供的这些输出信息的帮助下，达成各自的既定目标。MRP 输出通常被分为主报告和二级报告（辅助报告）。

1. 主报告

主报告用于库存和生产管理。主报告通常包括生产作业计划、生产指令、订单发布、库存状态报告、计划或指令的变更通知等。生产作业计划是生产计划工作的延续，是企业年度生产运作计划的具体执行计划，是协调企业日常生产活动的中心环节。生产作业计划制订的目的在于落实生产计划。

2. 二级报告

计划报告、计划完成情况分析报告、例外报告等都属于二级报告。

（1）计划报告。用于预测库存和需求的报告。计划报告通常包括采购约定及其他用于评价未来物料需求的信息。

（2）计划完成情况分析报告。用于评价系统的运作状况。有助于帮助管理者衡量计划的完成情况，如是否偏离计划等。此外，该报告还提供用于评定成本绩效的信息。

（3）例外报告。用于给企业敲响警钟。例外报告的内容包括一些重大的差异，如过多的残品率、报告失误等。

11.3 MRPⅡ的基本原理

MRPⅡ理论从 20 世纪 80 年代初开始在企业中得到广泛的应用，给制造业带来了巨大的经济效益。MRPⅡ不但将资源计划范围扩展到包括生产能力需求的计划，还包括供销、财务等企业的其他功能区域。根据统计，在美国，80%以上的大型企业安装了 MRPⅡ系统，50%以上的中型企业安装了MRPⅡ系统，30%以上的小型企业安装了MRPⅡ系统。

管理实践

上海二纺机公司的MRPⅡ实践

上海二纺机股份有限公司是中国大型的天然纤维纺纱机和合成纤维纺纱机械生产企业。目前公司主导产品在国内市场占有率为40%左右，产品还出口印度尼西亚、巴基斯坦、泰国等东南亚国家。

自1998年上海二纺机获外贸自主权后，出口创汇逐年上升，产品销售开始从国内市场向国外转移。与国外一些厂家同类产品相比，上海二纺机的产品质量还不够稳定，外观质量差距还较大，在国际市场上的占有量十分有限。要增强在国际市场的竞争能力，必须缩短交货期，提高产品质量，加快产品的更新换代。1990年，上海二纺机被列为863/CIMS重点应用厂。生产部分应用了以MRPⅡ为核心的MIS系统。应用该系统之后的效益如下。

（1）生产管理秩序大为改观。MRP计划对物料实行从领料、投入、转部、装配到入库各环节信息进行跟踪，改变了过去按装配缺口调度生产的方式。

（2）库存资金压缩6 000万元。

（3）细纱机交货周期由3.5个月缩短到3个月。通过应用MRPⅡ，细纱机合同的技术准备周期缩短为4~7个工作日。

（4）生产管理人员比原体系减少1/3左右。

（5）自动化车间已达两班正常运行，并极大地提高了关键零件的制造质量，箱体类零件的尺寸误差和形状误差更精确地达到设计要求。

资料来源：罗鸿、王忠民著，《ERP原理·设计·实施（第2版）》。

MPS作为MRP输入的重要内容，必须是可行的，而MPS的可行与否主要取决于工作中心的负荷与生产能力是否平衡。

我们把全部工作中心的负荷平衡称为能力需求计划（Capacity Requirement Planning，CRP），或者详细能力计划；把关键工作中心的能力负荷平衡称为资源需求计划，或者粗能力计划（Rough Cut Capacity Planning，RCCP）。能力需求计划中有两个要素：能力和负荷。能力计划的输入包括 MRP 的计划订货下达、当前车间负荷、作业时间、路线信息等，输出包括各工作中心的负荷报告。图11-9是一个简单的工作中心负荷图。

从图11-9中，我们可以看出，工作中心1的负荷小于等于能力，计划可以完成；工作中心2的负荷大于能力，计划无法完成，需要进行能力平衡。造成能力与负荷不平衡的原因有很多，可能是负荷的问题，如主生产计划不当、粗能力计划不当、提前期不当、批量不当等。在出现负荷不平衡时，就需要增加或减少负荷，对负荷进行调整，如修改计划、调整生产批量、调整交货期、调整或撤销订单、交叉作业等。如果采取以上措施以后仍不能解决问题，就需要对能力进行调整，增加或降低能力，如采用加班、增加人员与设备、提高工作效率、更改工艺路线、寻找外协等办法。

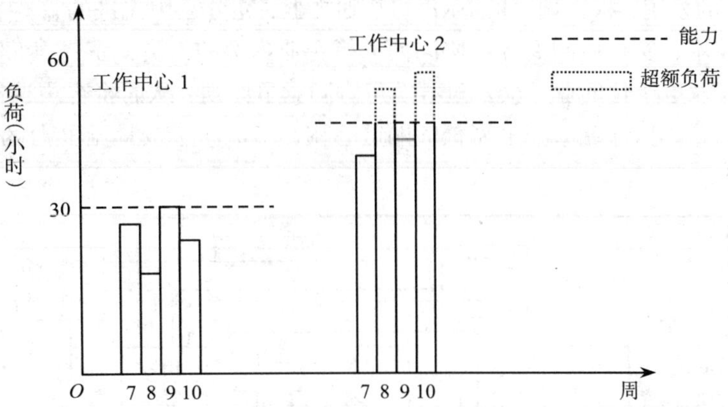

图 11-9　工作中心负荷

在经过分析和调整之后，将已经确定的调整措施中相关的修改数据重新输入相关的文件记录中。通过反复平衡和调整，在能力和负荷达到平衡时，就可以确认能力需求计划，正式下达任务单。

11.4　ERP 的基本原理

ERP 是从物料需求计划发展到制造资源计划，再从制造资源计划发展而来的新的阶段。

11.4.1　ERP 常见的模块

1. ERP 系统一般包含的模块

ERP 系统一般包含销售管理、采购管理、库存管理、经营管理、生产管理、运输管理、制造标准、主生产计划、物料需求计划、能力需求计划、车间管理、质量管理、总账管理、成本管理、应收账管理、应付账管理、预算管理、人力资源管理、销售与分销管理、设备管理、工作流管理、项目管理、JIT 管理、固定资产管理等模块。这些模块基本上覆盖了企业供应链上的各个环节，有助于企业对整体业务运营进行有效的管理和控制，有助于提高企业对外部反应的灵活性。下面对其中几个模块做简单的介绍。

（1）销售与分销管理模块包括销售计划、询价报价、订单管理、运输发货、分销网络等的管理。

（2）质量管理模块可提供质量计划、质量检测、质量控制等功能。

（3）人力资源管理模块包括薪资、差旅、工时统计、招聘、发展计划、人事成本等功能。

（4）项目管理模块具有项目计划、项目预算、资源管理、结果分析等功能。

图 11-10 表明了 ERP 中某些模块之间的关系。

2. ERP 的扩展功能

在以网络经济、知识经济和电子商务为特征的新经济环境下，为了适应新的经济环境，ERP 的功能模块有了进一步的扩展。美国生产与库存控制协会（America Production & Inventory Control Society，APICS）认为，新经济时代的 ERP 应该是一个全面企业集成（Total Enterprise

Integration，TEI）的系统，将在现有的 ERP 的基础之上，充分运用先进的管理技术、信息技术、网络技术和集成技术，实行协同商务（协同商务指企业内部的人员、贸易共同体内的业务伙伴和客户之间的协作及电子化的业务交互过程）与协同竞争原则，从而将客户、销售商、供应商、制造商和服务商的合作伙伴连成一个完整的网链结构，形成一个极具竞争力的战略联盟。其主要扩展的功能如下。

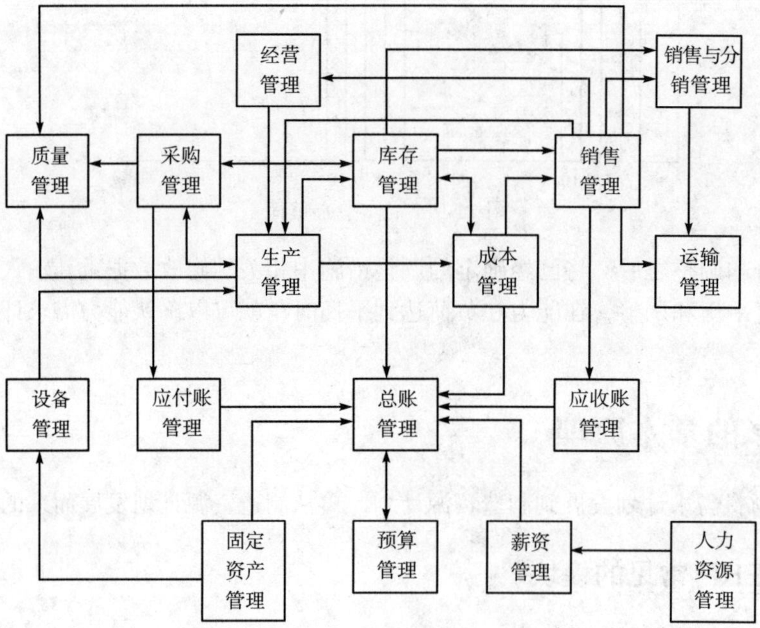

图 11-10　ERP 某些模块之间的关系

（1）支持协同商务与协同竞争原则的面向供应链管理的基本运营模式。

（2）支持集多种生产类型、多种经营方式和多种产业为一体的、跨区域的供应链管理的模式。

（3）支持市场分析、销售分析和客户关系管理。

（4）支持包括先进技术与排产技术在内的多种计划和排产优化方法。

（5）支持电子商务运营模式。

（6）支持物流和配送中心管理。

（7）支持集团的资本运营管理。

（8）支持更大范围的信息集成和系统开放。

此外，ERP 系统还日益和计算机辅助设计（Computer Aided Design，CAD）、计算机辅助制造（Computer Aided Manufacture，CAM）、计算机辅助工艺设计（Computer Aided Process Planning，CAPP）、产品数据管理（Product Data Management，PDM）、POS 系统及自动货仓等系统融合，互相传递数据。

总之，ERP 的发展趋势是：进一步运用计算机技术，继续支持与扩展企业的流程重组，扩大管理范围，扩充对供应链的管理。

11.4.2 ERP 成功实施的关键要素

ERP 是一个复杂的系统工程。从计划到安装到实施再到取得投资回报，需要花很长时间，而且投资巨大。因此，从计划安装 ERP 开始，就要注意许多方面的影响因素。影响 ERP 成功实施的关键因素有：人，培训，软、硬件，组织和数据。

1. 人的因素

实施 ERP 是对现有业务的改革和创新。ERP 在实施过程中，要实行业务流程重组，会涉及各层管理人员和员工的个人利益，这就会产生来自各方面的阻力。因此要成功实施 ERP，就需要首先从“人”的方面入手。

（1）一把手原则（或头脑原则）。ERP 常被称作“一把手工程”。这是因为，只有领导班子明确实施 ERP 的目的和战略意义，加以强有力地推动实施，ERP 才有可能顺利地实施下去。

（2）员工。ERP 的成功实施，有赖于员工的支持。软件很复杂，公司的变化也很剧烈，只有在公司员工内部大力推行 ERP 的思想，制定适当的激励机制或组织措施，才能减小实施的阻力，从而进一步支持 ERP 的实施。

2. 培训的因素

ERP 的实施，对企业各层人员来说都是一个全新的课题，因此对实施的人员提供各种相关的培训是必要的。通过培训，可以提高人员的素质、业务水平，提高业务人员的开拓精神，从而有助于员工对 ERP 的认同和理解，有助于 ERP 在企业内部的推进。

3. 软、硬件的因素

合适的软件是 ERP 成功实施的前提条件。如果没有一个具有先进的管理思想且能够适应企业实际管理需要的软件，去讨论实施 ERP 是没有意义的；如果选用的软件不当，将会使系统应用的结果偏离企业目标，造成巨大的经济损失。在选择软件时，要综合考虑以下各方面的因素。

（1）软件的功能。软件的功能是否适合企业现阶段的需求与未来一段时期的发展。

（2）软件供应商。软件供应商的维护、二次开发支持能力以及是否提供实施服务及服务的质量。

（3）软件的质量。软件的文档资料（包括安装手册、培训教材、实施手册等）的规范性和齐全性。

（4）软件的运行环境。注意企业现有的软件运行条件是否与 ERP 软件所要求的运行环境（包括操作平台、硬件及网络操作系统等）相匹配，是否容易达到 ERP 软件提出的硬件要求。

（5）软件与实施服务的价格。一般实施 ERP 项目的费用（报价）组成公式为：

$$总费用=软件费用+二次开发费用+服务支持费用+硬件费用$$

企业应通过综合考虑软件各方面的条件，比较各种备选软件，选出满意的软件。

硬件是软件的物理支持，对软件的运行质量及运行速度有重要的影响。企业要按软件的运行要求与企业的管理数据流量的要求配置硬件体系。

4. 组织的因素

为了给成功实施 ERP 提供一个适宜的组织环境，企业必须建立有效、规范的管理模式，企业的业务流程必须合理。ERP的模块跨越了传统的部门界限，企业传统的以职能划分的组织结构必须按流程进行重组，从而保证各部门共享信息、协调工作。

5. 数据的因素

ERP业界流行这样一句话："三分软件，七分组织，十二分数据。"可见数据因素对于ERP成功实施的重要性。在新的系统运行之前，系统的数据（公司的信息，如顾客和供应商记录、产品设计数据和类似数据）必须是正确、完善的。不正确的数据必将导致无效甚至负效的运行系统和结果。

此外，数据从旧系统向新系统转化的成本会很高，企业不能低估这一部分的成本。

引例的思考

本章已经介绍了软件的选择在ERP实施中的重要性。绿山咖啡炙烤公司的成功之处就在于在选择软件时，结合公司的具体实际，果断地做出了是要自制还是外购、是择优购买然后整合还是直接选择一个ERP供应商的决策。

之所以有很多公司在选择了应用ERP以后走上了破产的道路，乃至形成业界流传的"不上ERP等死，上了ERP找死"的局面，原因可能主要有以下两点。

（1）只重技术，不重管理，认为拥有ERP软件系统就是实施了ERP。ERP是企业管理的最新技术，是现代管理技术与计算机技术相结合的产物。企业要想成功实施这一管理思想和技术，必须首先改变管理理念，即首先解放思想，进行ERP概念、理论的宣传和培训，之后进行需求分析、业务流程重组、再造，最后才是研究技术上如何实现。

（2）对ERP期望过高，风险意识较弱。很多企业在上ERP之前没有做好充分的调研和思想准备，没有充分考虑企业是否能承担得起ERP成本（人力、物力、财力）高、实施周期长、见效慢、效益很难定量估算的风险。特别对效益不好的企业来说，实施ERP有可能会使企业背上包袱，甚至被拖垮。

复习与讨论题

1．某产品X的产品结构树如图11-11所示，求组装50件该产品所需构件的数量。

2．一家电视机厂期望在第1周交货40台，第4周交货60台，第6周交货60台，第8周交货50台。假设一台电视机分别需要2件零件A，1件零件B，1件零件C（见图11-12）。在第1周开始时订货量、提前期和现有库存如表11-4所示。请做出MRP的处理逻辑。

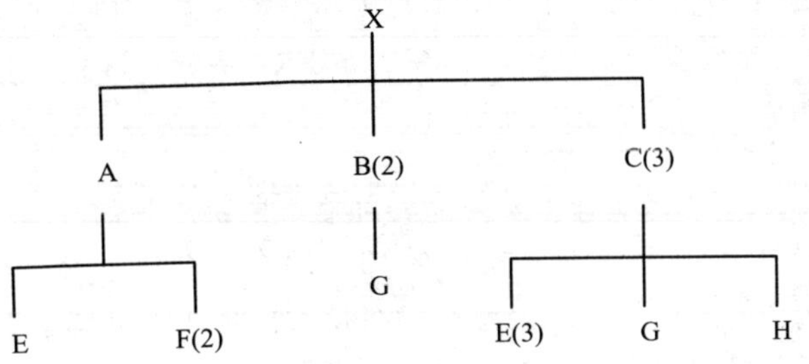

图 11-11　X 的产品结构树

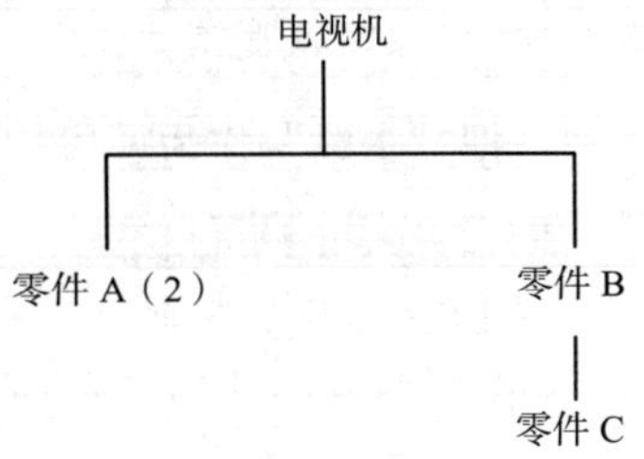

图 11-12　电视机结构树

表 11-4　电视机的 BOM 和库存数据　　单位：件

零　件	订 货 量	提 前 期	现有库存
A	300	2 周	100
B	200	3 周	230
C	400	1 周	50

3．物料清单的主要功能是什么？

4．为什么物料清单和库存记录文件中的数据记录的准确性对物料需求计划来说是至关重要的？

5．在小型企业中实施 ERP 会遇到什么困难？造成这些困难的主要原因是什么？

6．MRP/MRP Ⅱ/ERP 的核心管理理念有什么联系和区别？

7．为什么说 ERP 是一场管理变革？在实施 ERP 前要考虑的风险和收益是什么？ERP 的实施有哪些误区？

本章阅读资料

造成 ERP 项目失败的祸首往往另有其人

执行一个大型的 ERP 项目，其难度无异于攀登珠穆朗玛峰。许多无法逾越的障碍常常使得项目无疾而终。舆论认为大部分 ERP 项目的结果与预期大相径庭，这些项目或者不能达到可衡量的商业利益；或者更糟糕，有可能威胁到公司的经济实力。

把 ERP 项目与登山相类比是否有些夸张了？也许如此，但是它强调了 ERP 项目实施过程中存在巨大障碍。正是这些障碍，在很大程度上使企业用 ERP 项目有效整合业务流程的愿望化为泡影，而最终换来的结果是昂贵的支出和心灰意冷。尽管人们总是把问题归咎于技术的缺陷，但说实话，造成问题的祸首往往另有其人，如应用 ERP 程序的人对系统的功能和运行一知半解。

诚然，正如攀登珠峰一样，困难无所不在，但是 ERP 项目的成功给公司带来的甜头让人们对这个艰苦的旅程仍然充满期待。ERP 系统是企业的支柱——无论是公司内部还是外部。从内部财务信息和业务表现数据的有效整合，到未来的延伸型企业和协同商务平台，这些都是企业长远发展的根基。

咨询公司通过多年实践摸索出来的经验教训，也许能提供一些有益的借鉴，帮助企业排除导致 ERP 项目失败的重重阻力。没有一本 ERP 教科书可以让每个项目完美无缺，但是听一听“老兵”的经验之谈是有百益而无一害的。下面按照严重性大小倒序列举 ERP 失败的 10 大祸首。

1. 把“上线”作为项目的结束

ERP 的实施绝不仅仅是一个简单的项目，“上线”并不是终点，而是一个新旅程的开始。一般来说，ERP 项目的先期投资非常大，而期望的应用生命周期也在 10～20 年。企业组织起一个团队，用了 15～30 个月的时间终于完成了项目的“上线”，怎么能在投入使用 1 个月后就散伙呢？想象一下，一个历时 3 年、花费数百万美元建成的大型化工厂，在开工不久就把工程师们遣散回家。这是绝对不行的！在未来的岁月里，工厂还要仰仗这些工程师来不断发展。保留 ERP 项目实施小组的主要人员——包括业务和技术人员，可以保障 ERP 的应用，处理应用中的瓶颈问题，改进系统，并且继续寻找提高生产力的方式。

2. 对系统启用后暂时的低潮表现出缺乏心理准备

大部分 ERP 项目对企业构架的改变是革命性的，有时候企业一半以上的后台交易系统被替代，从而影响 90%的业务流量。这不仅仅是技术转型，它很大程度上改变了一个企业的业务流程、企业文化、企业知识及工作环境。因此，项目上线后随之而来的适应期是不可避免的。研究表明，甚至那些在实施阶段非常顺利的项目，也无法避免新系统启动后的适应期。例如，交易处理效率可能从 98%下降到 90%，处理销售订单或货品入库的速度都有可能减慢。

企业必须通过详细计划、试点试用、内部教育和风险分析等一系列手段，来减少这种情况发生的可能性。但是，企业必须充分认识到项目上线最初的这段适应期的存在。如果执行得当，那么这种负效果可以降低到最小，而且可以在最短的时间内消除。

3. 难以平衡业务整合需要和对短期绩效的追求

如今，每个 CEO 都必须尽快做出成绩来，而不是在一年半载之后。由于实施一个完整的 ERP 项目所面临的巨大挑战，他们很难向董事会承诺 ERP 项目实施后的 2～3 年内可能节省的具体费用，董事会要的是即时的回报。

因此，ERP 项目实施面临的挑战是：如何规划好项目的规模和实施顺序，从而迅速地获得最大限度的商业回报，同时不危及 ERP 整合的最佳效果。

4. 与数据有关的各项工作启动太晚

数据的一致性和准确性至关重要。ERP 项目的投资巨大，但要记住的是，系统的有效使用依赖于原始输入数据的准确性。问题往往就出在这里。调查显示，绝大部分公司在意识到数据的质量和准确性的重要性时都为时已晚。

在项目刚开始时就应该考虑数据的问题，而不要留到系统上线的前 2 个月才如梦初醒。要决定采用何种新的数据标准，清理和转移现有数据也需要大量的时间。这将保证有关客户、供应商和账目的重要信息与未来的业务发展保持一致。

5. 核心团队缺乏顶尖业务人员和技术人员

这可能成为一个巨大的挑战。你的项目需要顶尖高手的参与——不仅仅是技术明星，更需要业务好手。即使你必须牺牲某方面的质量，也不能放弃业务尖子。相反，也许你可以牺牲技术专才，因为你保留的咨询顾问可以带来熟练的技术人员。

这些高手应该比任何团队中的其他成员更紧密地围绕在项目经理周围，千万不要因为张三或李四无所事事而将他们纳入团队中。这样做可能很困难，因为你最好的下属无疑正忙于其他事务，而有些大型的 ERP 项目需要 200～300 人的参与。可是，你必须将你最好的一些下属从日常事务中解放出来，加入 ERP 项目组。

6. 项目起步了，却没有高级管理小组的支持

任何一个大型 ERP 项目都会涉及庞杂的业务流程、角色、职责、标准及数据和定义，而这些工作无法自下而上地开展。一个有效的管理小组就显得格外重要。管理小组可以每个月碰头 1 个小时，勉励项目经理，或者也可以花更多的时间了解和指导项目进程，做出重要的决定，规划公司的未来。一位高级行政人员进行积极有效的领导也同样关键。因为 ERP 项目会触发一些困难的、有时甚至是恶性的问题，而承担责任的这位高级管理人员就可以及时处理。

7. 忽视强有力的系统整合团队的建议

公司经常花费大量的时间和金钱选择一个强有力的系统整合（System Integrator，SI）团队，却在项目进程中处处与之为敌，这实在匪夷所思。如果总是质疑 SI，或者认为它的建议只是为了简单地获得更多收入，那为什么还要为了咨询顾问的专才花费巨资呢？SI 应该成为你的左膀右臂，因为 ERP 对你而言有可能只是第一次或第二次接触，而 SI 也许已经数十次或上百次经历过类似案例。那么为什么还要对 SI 百般猜疑呢？

相互尊重和伙伴关系是项目成功的关键，包括对每位伙伴及软件供应商的尊重。同样，SI 也不能先入为主地认为客户百般刁难而不愿提供有力的咨询意见。在选择 SI 时，首先，公司应该考虑兼容性。你是希望咨询公司从天而降替你完成所有工作，还是和你携手工作解决困难呢？有些 SI 公司偏好“携手合作”的态度，而其他公司则喜欢对你说：“这是给你的指令，这是未来的景象，我们开始工作吧。”其次，你可以根据公司文化决定选用哪种工作方式。再次，仔细审查 SI 的工作记录。除去 SI 的包装，和软件供应商及业内分析人士交流，听取他们的意见。最后，花时间考察将与你并肩工作的每位团队成员，记住在合同中规定，在项目进行过程中，项目领导和伙伴应始终在你左右。

8. 试图创造与公司文化不相容的解决方案

调研发现，20 世纪 90 年代许多进行 ERP 项目的公司都视 ERP 为排除万难的灵丹妙药，即使解决方案的“风格”与公司的文化传统并不相容。在沃尔玛公司，其全球总部拥有不可置疑的权力和纪律。然而，如果你公司的文化崇尚分权式的创业精神，那么沃尔玛式的风格并不适合你。你无法运用技术强行改变公司的文化，因此如果公司的结构十分离散，那最好选择安装分权式的 ERP 应用程序，或者直面将要来临的巨大变革。

假如你准备将 93 个仓库合并成 5 个或 6 个，别指望 ERP 程序帮你完成。从技术上来讲，ERP 能够做到，但这不是一个简单的技术流程，而是业务/人员流程。如果人不改变态度，整个公司不理解也不支持这样的合并，你的项目将付诸东流。

9. 没有充分发挥全新的整合信息的威力

请不要误解，ERP 技术是切实可行的，但 ERP 项目 30%的挑战来自技术层面，而剩余的

70%则来自人员和流程。很少会有人由衷地喜欢变革，然而当公司转向实施ERP时，变革无法避免。新兴技术统摄一切，信息随手可得。例如，当原材料到达公司仓库并被扫描进入系统时，任何人都能获得此项信息并加以利用。当产品生产完成，被自动或手动输入系统时，就立即成为可销售的产品，员工不用等到第二天就能获得这条信息。

实时整合和精确数据改变了人们的工作。一个传统的订单操作员可以成为全能的客户服务代表。例如，有了进入整合ERP主系统的网上通路，客户服务代表可以马上检索客户的历史记录及其他重要内容，还能够查阅在所有仓库（而不仅是当地仓库）的实时库存及未来生产计划，根据客户需求在生产计划中冻结部分产品向该客户供应。

10. ERP商业计划没有生命力

毫无疑问，ERP项目通常需要12～36个月的时间才能付诸实施，而且通常耗资500万～5 000万美元不等，持续能力至关重要。所以，你必须确认开展ERP项目的理由，即准备一个扎实的商业计划。

很多时候，一个企业实施ERP项目并不仅仅为了减少技术成本，因为ERP实施后总的技术成本往往会明显上升。ERP项目的实施常常出于更宽泛的业务目的，如果大家对项目实施的目的一知半解，而且没有事先获得对项目内容和投入资金的批准，就不可能得到高级管理层的全力支持。

一个ERP商业计划是具有生命力的，并且随着项目的进行而不断地更新。它应该设定如何去跟踪ERP应用所带来的效益。它必须为CEO提供参考，把成本降低和收益增长分列到公司每年的运营预算中去，并以此作为每个副总的业绩指标。它必须明确中高层的管理人员对达成目标担负相应的责任，以保证实现预期的底线利益。这种做法现在还相当少，部分原因是许多管理人员都会有“在项目结束时，我可能早就不在这里工作了”这样的想法。

仅有技术是不可能帮助你达成商业目标的。ERP项目的成功离不开一个设计周全、久经考验的商业计划。

回想1953年举世瞩目的那一天，新西兰人埃德蒙·希拉里爵士和尼泊尔人登津·诺尔盖成功地登上了珠穆朗玛峰，成为世界最高峰的第一批造访者。他们的成功是否给了你灵感和启示？他们登上顶峰靠的不是新奇的技术，他们的装备其实相当简陋。他们之所以成功是因为他们从登山先驱们的失败中学到了如何成功避免致命的错误。成功地实施ERP项目也许无法与登上世界第一高峰相提并论，但它的失败会给公司的业务带来可怕的打击。请学会避免以上10个错误，使你的ERP项目一路顺风。

资料来源：根据AMTEAM网站的资料改编，更多相关资料请访问：www.amteam.org。

思考题

1．列举ERP失败的10大祸首。

2．把ERP项目与登山相类比是否有些夸张？

3．你是如何理解ERP项目30%的挑战来自技术层面，而剩余的70%则来自人员和流程的？

第 12 章

准时生产制与大规模定制

本章学习目标

- 了解准时生产制（JIT）的基本思想。
- 描述 JIT 的特征。
- 掌握看板管理的原理。
- 描述大规模定制与大规模生产的区别。
- 了解大规模定制的策略。

本章引例

个性化定制，如何卖得更快、更多

“客户渴望个性化和定制服务。”布鲁克林定制产品公司 Caseable 的两位创始人马文·安贝格和克劳斯·韦格纳向《福布斯》杂志介绍。得益于各类技术平台，大规模定制变成了现实，这让从 T 恤到咖啡杯的各类产品的合作设计变得更加简单、价格低廉，有些品牌还争先恐后地让消费者把他们的创意印记放在产品上。

安贝格和韦格纳表示，这样做的缺点就是，五花八门的选项数量很快变成了天文数字。例如，Caseable 公司只提供两种不同类型的笔记本电脑收纳包，但是可能出现的样式和颜色组合高达 2 万多种。他们解释：“这还是在实际设计过程开始前的数字。客户不希望面对太多的选择。事实上，他们通常会感到不堪重负、筋疲力尽，无法做出任何决定。”

为了让这种商业模式奏效，安贝格和韦格纳把重点放在印刷和品质方面，同时限制客户定制选项的范围，如彩色拉链或添加肩带和把手等要求。韦格纳和安贝格断言：“我们的主要差异化战略是，为市场上选择广泛的便携式电子产品提供定制服务。”

从营收的角度来看，哪怕只是多几个产品选项似乎都会让一家成长中的初创企业不堪生产重负。不过按照订单一次生产一件产品，如此一来就不必批量采购和储存数百件非个性化产品，然后期待着能讨得顾客欢喜，进而也就省下了采购和储存大量产品带来的成本。这家公司最近与大规模定制生产的先驱 Zazzle 公司也进行了不错的合作。

Zazzle 公司的杰夫·比弗称 Zazzle 和 Caseable 的合作关系“极为特殊”，因为 Zazzle 公司在位于加利福尼亚州圣何塞的制造厂里印制面料，然后 Caseable 公司的员工在布鲁克林缝制 iPad 平板电脑的保护套，制做出成品。Caseable 的联合创始人表示，由于分析到位，他们能够快速响应客户的需求。他们说：“我们会考虑顾客的购买模式和购物经验，更好地了解客户的需求，以及导致需求波动的原因，如季节性因素。作为按需生产的公司，这对我们来说至关重要，因为我们的业务会在假日季节出现百分之几百的增长。”

迄今为止，这种做法都很奏效。仅通过 Zazzle 的合作，Caseable 目前已经售出超过 1.3 万个 iPad 保护套。两位创始人预计今年的销售额将比 2012 年增长 200%～300%。“我们的稳定增长归功于现有 B2C 市场的强大定位，尤其在欧洲和新市场，如俄罗斯和澳大利亚，以及良好的战略合作关系，如和 Zazzle 公司的合作。”

安贝格和韦格纳说，他们正在对生产技术和基础设施进行投资。他们最近在德国中部开设了一家工厂，并且把 Caseable 公司在布鲁克林区的生产面积扩充了一倍，以满足客户的需求。

在 Zazzle 公司方面，比弗说，他们重新改造了整个网站，着重于响应式网页设计：“我们看到来自所有移动形式因素的流量大幅增加，预计这种趋势将持续到假日季节。”

资料来源：福布斯中文网，2013 年 10 月 29 日。

思考问题

1. Zazzle 实施大规模定制的背景是什么？
2. Zazzle 公司采用的大规模定制战略的关键在哪里？
3. 大规模定制如何帮助 Caseable 公司获得竞争优势？

12.1 准时生产制

12.1.1 准时生产制的基本思想

准时生产制，又称准时化生产（Just-in-time，JIT），是涉及产品设计、工艺设计、设备选择、物料管理、质量管理、岗位设计等一组活动的集合。生产系统中的产品制造时间与供应商的交货时间经过科学的安排，在作业过程中的每一步，下一批都恰在前一批刚结束时到达。20 世纪 70 年代初，以日本丰田汽车制造公司为代表的日本制造业，发展并形成了 JIT 这种以消除制造过程中一切浪费为宗旨的准时生产制造管理理念。JIT 的本质就在于科学地安排前后环节的生产和供货，从而缩短提前期，减少浪费。其目的在于实现原材料、在制品及产成品在保持最小库存的情况下进行大批量生产。这种系统能够以相对于传统重复系统更少的浪费、更少的资源、更低的成本、更高的生产率，但更具柔性的方式获得大量的产出。由于 JIT 方式的有关技术主要是在大量重复制造行业发展起来的，因此，有的批评家认为，JIT 仅仅适用于大量重复制造环境。然而，无论是在西方还是在日本，采用 JIT 管理方式的企业都发现，JIT 更适用于小批量生产类型的企业。小批量生产、小批量传送是 JIT 的特征之一。这是因为，当生产设备按成组技术组成生产单元时，小批量生产过程也就非常类似重复制造环境了。

管理实践

丰田汽车的 JIT

多年来，汽车制造商大多根据对客户需求的预测进行生产。这样做的结果是，多数顾客的需求没有得到满足或没有得到及时满足；同时，汽车制造商的仓库中积压了大量的库存。

20 世纪 70 年代，以日本丰田汽车制造公司为代表的日本制造业发动了一场管理变革，JIT 的管理思想开始在世界范围内大放异彩。丰田公司的大野耐一用 JIT 方法把丰田汽车推上了交货时间和产品质量的世界头把交椅。20 世纪末，日本丰田公司宣布，它将在 5 天内生产出客户所订购的佳丽·索拉（Camry Solara）轿车，并在同年实现对其他车型订购需求的快速响应和交付。

资料来源：根据《财富》中文版 2004 年 4/5 月刊报道改编。

1. 消除浪费

日本丰田汽车制造公司的藤尾长将“浪费”定义为“除生产不可缺少的最少数量的设备、原材料、零部件和工人（工作时间）外的任何东西”。藤尾长将可被消除的浪费主要划分为七种类型：过量生产的浪费；等待时间的浪费；运输的浪费；库存的浪费；工序的浪费；动作的浪费；产品缺陷的浪费。消除了这七种浪费，安全库存就不再有存在的必要。具体来说，JIT 消除浪费的最终目标就是实现零废品、零准备时间、零库存。但是，“零”只是一种追求的理想情况，现实情况是通过消除浪费，实现废品量最低、库存量最少、生产提前期最短、准备时间最短。

可用于消除浪费的方法主要有成组技术、看板管理、均衡生产、JIT 生产、全面质量管理等，本节将具体介绍其中的两种方法。

2. JIT 与 MRP 的比较

MRP 是一个比较完善的计划方法，其核心思想是“推动式”的计划方式。所谓“推动式”，是指计划部门根据主生产计划的要求，确定每个零部件的投入产出计划，并按计划发出生产指令，每道工序按照计划执行，并将加工完的零部件“推动”到下一道工序。零部件在相邻两个工作地之间的运动是由上游工作地决定的。JIT 的核心思想是通过“拉动式”计划方式要求只有在下道工序有需求时才开始“按需——不多不少”地准时生产和供货。可见，“拉动式”是根据市场需求制订主生产计划和总装配计划，从产品总装配出发，各道工序按照对零部件的需要程度，向前一道工序提出要求，发出工作指令（一般采用看板的方式），前一道工序则完全按照这些指令进行生产，通过工作指令（看板）控制系统，逐级“拉动”前面工序的生产。除了物流运动方式不同，JIT 与 MRP 在运营目标、库存管理、质量管理、提前期和人员管理等方面也有不同之处，如表 12-1 所示。

表 12-1　MRP 与 JIT 的比较

	物流运动方式	运营目标	库存管理	质量管理	提 前 期	人员管理
MRP	推动式	对企业资源进行有效的计划和控制	允许具有一定的库存	允许具有一定的废品率	提前期是期量标准，必须严格执行	严格执行各项期量标准
JIT	拉动式	消除一切浪费	认为库存是一种浪费，追求零库存	实施全面质量管理，在生产过程中消除一切浪费，追求零废品	通过工作指令（看板）调解	交叉培训员工，充分发挥人员的能动性

3. JIT 的特征

（1）拉动式生产。根据市场需求，用最后一道装配工序调节整个生产过程，后道工序的生产拉动前道工序的生产。通过拉动式的生产，形成一条准时的生产线，消除过量、过早生产，减少不必要的浪费。

（2）小批量生产，小批量传送。JIT 生产的终极目标是“只生产一件，只传送一件”，即 JIT 追求生产系统中的任何工序都要精确地按需生产，不得生产额外的份额。这个要求对减少在制品、产成品库存，降低资金占用，提高资金周转率，降低库存费用及提高对市场变化的反应速度等各方面都起到了重要的作用。JIT 小批量生产与大批量生产的比较如表 12-2 所示。

表 12-2　JIT 小批量生产与大批量生产的比较

	JIT 小批量生产	大批量生产
第 1~5 天	AAA BB CCCC	AAAAAAAAAAA
第 6~10 天	AAA BB CCCC	BBBBBBB
第 11~15 天	AAA BB CCCC	CCCCCCCCCCCCCCCCC
第 16~20 天	AAA BB CCCC	AAAAAAAAAAA
……	……	……

（3）减少重置时间。小批量生产和传送的特点决定了 JIT 生产系统要减少重置时间，这就要求生产系统必须合理制订计划，采用具有柔性的设备和人员，减少重置时间。

（4）有多个制造单元。有多个制造单元是 JIT 系统的另一个显著特征。每个制造单元都有一系列的机器设备和工具，用于成组地加工制造相似的零部件。制造单元的概念已经在前面的章节中做过介绍，本节不再详细介绍。

（5）生产具有柔性。因为 JIT 系统面临的是多品种小批量生产的状况，这就必然要求生产系统具有柔性。JIT 系统的柔性体现在设备、人员、流程、产品等各方面。

1）设备。具有柔性的设备包括数控机床、柔性制造单元等，它们能够在生产的产品发生转换时，帮助缩短设备的调整时间。

2）人员。人员的柔性是指通过对员工进行多面手的培训，使员工掌握操作多种设备、从事多种工种的技能，一旦生产过程中出现瓶颈，就可以通过调配多面手的员工到瓶颈工序，帮助解决瓶颈难题。

3）流程。流程的柔性是指 JIT 的系统布置，通常采用具有柔性的 U 形布置，有助于实现生产线（装配线）的平衡。

4）产品。产品的柔性主要体现在产品的设计方面。在 JIT 生产系统中，在尽量保证工艺过程不增加的前提下，通常设计易于生产和装配的通用的、模块化的产品零部件，在不同的环节按照需要进行装配和交付，从而实现在低成本的前提下，增加产品适用范围，提高产品的柔性。

（6）全面质量管理。全面质量管理体现了这样一种思想：制造工艺中的每步都要确保产品质量，而不是通过检验来确保质量。它要求员工对自己的工作质量完全负责。

零废品是 JIT 追求的终极目标之一。生产环节中出现的任何质量问题，都会影响生产的准时性，并带来浪费（生产中断、返工带来的人力和物力上的浪费等）。因此，可以说，质量是成功实施 JIT 的重要保障。

JIT 和全面质量管理无论是在理论是上还是在实践中，都紧密地结合在一起。在 JIT 系统中，运用全面质量管理的方法，通过监控生产过程中各个环节（不合格的零部件不能进入下一道工序），在质量问题出现之前将其解决，从而实现零废品的目标。

（7）零库存。在 JIT 的理念中，库存意味着浪费。以存货作为缓冲必然会增加库存成本，同时也掩盖了一些问题。这些问题包括管理、时间安排、设备、供应商等，涉及生产的各个方面。有一个形象的比喻：将企业比喻成正在大海中航行的轮船，将各种问题比喻成暗藏于大海中的礁石，将库存量比喻成水位。水位高，轮船远离礁石，问题被忽视，永远得不到解决。而一旦水位降低，最大的礁石就会首先显露出来，当水位慢慢降低，其他的问题也会一一显露。这就会迫使企业采取措施，移走礁石，解决问题。因此，减少库存有利于帮助企业发现并改善管理和生产中的各个环节。此外，降低库存，追求零库存的目的，能够降低库存持有成本和风险，减少库存的空间需求，提高资金周转率。但是，持有最少量的库存也有一定的风险，如果运作不当，会导致生产中断，丧失销售机会。

（8）密切的供应商合作关系。供应商对 JIT 系统十分重要。在 JIT 方式下，生产企业要实现准时生产，就必须实现准时采购，这就要求供应商按照 JIT 的要求，小批量、多批次、多品种、高质量地供应原材料或零部件。理想的情况是，供应商自己已经在实行 JIT，否则，在操作中，供应商准时供货这一方面往往就是一个障碍，因为传统的供应商可能出于种种原因进行抵制（小批量往往很难做到，对质量提出了更高的要求，而且还涉及转化生产系统）。此时，买方通常要根据自己的实力和经验，选择、要求并帮助（如技术支持）供应商转换到 JIT 系统，与之形成良好的长期合作伙伴关系，从而将供应商准时供货纳入自己的 JIT 系统。

管理实践

优衣库：从 JIT 到构建快速供应链

从 T 台到店铺，Zara 只要 30 天左右的时间，堪称业界典范。对于不跟 T 台风的优衣库来说，从一个 idea 的产生，到最终铺货，最快也可以做到 1 个月。优衣库甚少向媒体透露有关供应链管理方面的信息，《好奇心日报》此次联系采访，被告知涉及太多“商业秘密”。

根据市场研究公司 Gartner 公布的 2014 年供应链管理公司 Top 25 榜单（The Gartner Supply Chain Top 25），Zara 母公司 Inditex 和 H&M 分别位居第 11、13 位。优衣库并未进入此榜单，而单就“库存周转”这个单一要素来看，Inditex 和 H&M 分别为 90 天和 100 天。优衣库财报披露的这个数据只有 83.72 天。

优衣库门店的快速调整是业界少有的。优衣库门店店长有很大权力，店长可以根据门店的位置、客源，自行决定和调整订货量、商品陈列、店铺运营方式，甚至连广告宣传单的内容等也可以自主决策。

一个典型的案例是，每当发现门店有滞销品时，店长便会向总部要求申请变价。当天提出的需求，下午就能收到反馈，第二天就能以变更后的价格进行销售。这也是消费者觉得“优衣库似乎经常有降价活动，但又说不好什么时候降价”的原因。

12.1.2 JIT 的基本原理

1. 看板管理

看板控制系统通过看板控制物流，是实行准时生产制的基础，是 JIT 系统的重要手段。看板是一种传递信息的工具，又称传票卡、信号卡等。它可以是一种卡片、一种告示牌或一种信号。在生产物流领域，看板可以分为传递（取货、领料、移动）看板和生产看板。前者用于指挥零部件在工序之间的移动；后者用于指挥工作地的生产，规定了工序应该生产的零件种类及其数量。

传递看板一般在零部件的上道工序的出口存放处与下道工序的入口存放处之间往返运动。信息内容通常包括零件号、看板号、供方工作地号、供方工作地出口存放处号、需方工作地号、需方工作地入口存放处号、容器容量等内容。典型的传递看板如图 12-1 所示。

生产看板只在每道工序（工作地）和其出口存放处之间往返，通常包括所要生产的零件号、容器容量、看板号、供方工作地号、供方工作地出口存放处号、所需物料、简明材料清单、供给零件的出口存放处位置、所需工具等内容。典型的生产看板如图 12-2 所示。

<table>
<tr><td>从供方工作地：
20# 木材</td><td rowspan="2">零件号：A530 椅背
容器：1 型（黄色）
容器容量：30 件
看板号：2 号（共发出 5 张）</td><td>到需方工作地：
3# 装配</td></tr>
<tr><td>出口存放处号：
No.20-3</td><td>入口存放处号：
No.3-1</td></tr>
<tr><td></td><td></td><td></td></tr>
</table>

图 12-1　典型的传递看板

工作地号：20# 木材
零件号：A530 椅背
放于出口存放处号：No.20-3
所需物料：5# 木材，褐色
容器容量：30 件
放于 3 号车间储藏室

图 12-2　典型的生产看板

（1）看板控制系统的运行。看板的运动过程如图 12-3 所示。当后道工序发生需求，需要补充零部件时，传递看板就被送到前道工序的出口存放处相应的容器上，并取下该容器上的生产看板，放到生产看板盒中，向上一道工序发出生产指令。同时，容器被送到后道工序的入口存放处。当后一道工序开始使用其入口存放处容器中的零件时，就要将该容器上的传递看板取下来，放到看板盒中。而前一道工序的工人从生产看板盒中取出生产看板，并按照生产看板的顺序及其具体要求，从其入口存放处取出需要使用的物料，进行生产加工。加工完毕之后，将零件装入容器，将生产看板附在容器上，并将容器运往出口存放处，等待下一道工序前来取货。在操作中需特别注意以下几点。

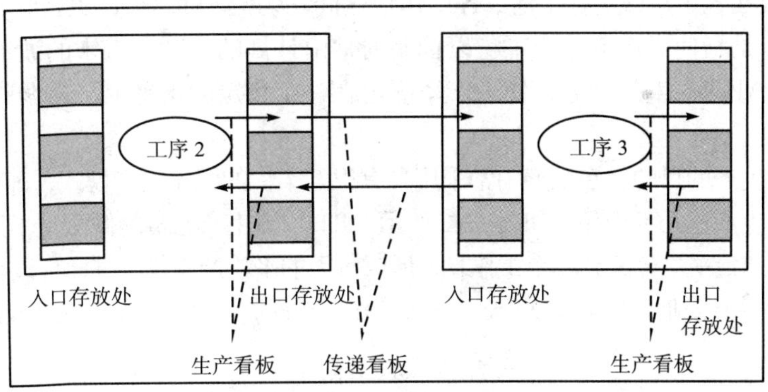

图 12-3　看板的运动过程

1）看板必须附在装有零件的容器上。

2）没有传递看板不能传送零部件，禁止不带看板取料。

3）前道工序严格按照生产看板要求的数量进行生产。

4）使用标准化容器，每次生产时，只生产一个标准容器所容纳数量的零件。

5）尽量减少看板数量，降低库存，提高看板管理水平。

（2）看板数量的确定。准确地计算和确定看板数量，是看板管理中的重要一步。看板卡数代表了装载在前后两道工序间往来搬运的容器数（每个容器一张卡片），每个容器代表前道工序的最小生产批量，因此看板数量直接决定了看板管理系统中在制品的库存数量。

需要的看板数量可以由下面的公式计算出来：

$$N = D \times L(1+S)/C$$

式中　N——看板卡数；

D——平均零件需求量；

L——补充零件的平均等待时间加上一个容器零件的平均生产时间；

S——安全库存系数（为持有富余量与所需量的百分比。越接近零，系统越有效）；

C——一个标准容器的容量（应该不超过日使用量的10%）。

例 12-1 某企业采用看板管理的方法来控制物料在生产系统中的流动。假设某道工序的日消耗量为1000个零件，每个标准容器的容量为40个零件，每个容器从收到看板卡开始到再次变空，平均需要0.2天。如果S为0.15，计算所需要的看板数量。

解：

D=1000 个/天

L=0.2 天

S=0.15

C=40 个/容器

$N=D\times L(1+S)/C=1000\times 0.2\times(1+0.15)/40=5.75\approx 6$（个）

因此，需要6个看板。

2. 均衡生产

为了达到物流在各生产线、各工序、各工作地之间均匀流动的目的，JIT系统采用均衡生产的方式。均衡生产是指使生产流趋于平稳以抑制通常由计划的变动所带来的波动。为了实现均衡生产，需要为企业建立生产计划，使生产率固定在一个稳定的水平上，使调整量及频度尽可能小。

为了达到均衡生产的目的，在生产中常采用具有很好柔性的混流生产模式，即确定产品组合，在一定时间内同时生产这几种产品，如表12-2所示。JIT均衡生产通常的做法是，预测产品组合的月需求量，然后将产量平均分配到每个工作日，形成每天的平均产出量，继而可以继续细化到每小时的工作量。假设一个企业每月工作20天，每天工作8小时，其JIT计划如表12-3所示。

表 12-3 JIT 计划

单位：件

产 品	月需求计划	日需求计划	每小时产出量
A	1 120	56	7
B	480	24	3
C	1 440	72	9

传统的计划方式通常是先生产1 120件A，然后生产480件B，最后再生产1 440件C，这时，很可能出现的情况是：在该月的上旬，只生产A，而对C有需求时，就出现了缺货，在下旬，又很可能出现对A的积压；而JIT采用均衡生产，通过逐步细化到每小时的产出量，保证每天对产品组合中的每个产品都有生产，最后的情况是：每小时生产7件A、3件B、9件C，这样，每天就分别有56件A、24件B、72件C产出，提高了系统满足市场多样化需求的柔性。

12.1.3 服务业的JIT

由于服务不能储存，就使得以降低库存为目标的JIT在服务业中有了发挥的空间。JIT在服务业中的核心就是保证在产生需求时，服务企业能够准时、高质量地提高服务。联邦快递公司是服务业实施 JIT 的最典型的一个例子。为了提高全球快递服务的速度和质量，美国联邦快递公司将原来始点至终点的空运方式改为始点至汇总分发站，在汇总分发站里将不同的邮件转移到飞往相应目的地的飞机上，这种方式直接提高了快递服务的速度。而在餐饮业，麦当劳的标准化、快速化的服务是 JIT 应用的另一个典范。

12.2　大规模定制

约瑟夫·派恩二世在其《大规模定制》(*Mass Customization*) 一书中，提出了一个被越来越多的企业重视的概念——大规模定制。大规模定制是指以较低的成本，快速、高效地向顾客提供各种定制化的产品和服务。大规模定制同时具备了大规模生产和单件定制的优点，在满足客户的个性化需求的同时，产品的价格也非常具有竞争力。

12.2.1　大规模定制的发展

大规模定制是从 20 世纪盛行的两个生产模式——作坊单件定制和大规模生产中演化而来的。

作坊定制对工人的技艺和灵活性要求极高。在作坊定制中，能够生产高度差异化、独具特色的产品，但是成本极高，生产效率很低，组织也很难控制和管理。

大规模生产方式源于 19 世纪末 20 世纪初的美国，那时候美国社会中的等级差别不大，收入水平平均，这使得市场上的需求趋于一致与稳定。在这种统一的市场环境下，大规模生产方式应运而生。大规模生产是指对少数几种产品进行大批量生产，强调生产的机械化、自动化，追求大规模生产所带来的低成本和高利润。

美国统一的市场在 20 世纪 50 年代开始发生了分化，市场越来越多元化。到了 20 世纪 80 年代，市场进一步分化，以产定销的大规模生产方式已不能满足市场多样化的、不稳定的需求。市场环境的变化拉动了大规模生产向大规模定制的转变。表 12-4 是对作坊定制、大规模生产和大规模定制三种方式的比较。

表 12-4　作坊定制、大规模生产和大规模定制方式的比较

项　目	作坊定制	大规模生产	大规模定制
生产安排与采购计划	按实际订单	按预测	按实际订单
市场需求	需求稳定，需大于供，缺乏竞争	需求相对稳定，竞争加剧，主要是成本上的竞争，价格战	需求多变且难以预测，竞争进一步加剧，由单一的成本竞争转变为成本和差异化的共同竞争
产品	产品多样化，成本极高	产品品种单一，成本低，产品生命周期长	产品多样化，成本低，产品生命周期短
存货	因为生产率低，所以存货少	因为无法准确预测市场需求，所以持有大量的存货	因为销售发生在产品之前，无须备货，并且具有大规模生产高效率的优点，所以存货水平极低
信息	信息闭塞，小范围交易	信息不充分	市场高度透明

12.2.2 大规模定制的优势

通过大规模定制，企业以大规模的成本，为顾客提供定制化的产品和服务，全面提高了顾客的满意度。大规模定制的优势主要体现在以下几方面。

1. 生产者和消费者双赢

大规模生产的目标市场是一般客户，向一般的客户提供低价的、单一品种的产品。然而通过成本领先取得的竞争优势是有限的，因为单一产品根本无法满足差异化的需求。大规模定制的模式则能够同时为企业带来成本领先和差异化战略的优势，同时，其差异化和低价格的产品和服务也更能够符合顾客的需求。

2. 分销渠道的低存货水平大大提高了资金的使用效率

一方面，降低分销渠道中的存货水平能减少整个供应链中的资金占用，从而提高资金的使用效率；另一方面，存货水平的降低，缩减了存货管理的成本，降低了由于产品过剩而打折销售的跌价风险及被市场淘汰的风险。戴尔公司就是一个以降低存货水平来缩减成本的典型。可以说，戴尔的成本优势并不仅仅来自它的直销战略，很大一部分还来自它的低存货水平。戴尔的低存货使利润增长了 6%。

3. 提高对市场机会的洞察能力及企业的定价能力

为了按照顾客要求生产个性化的产品，大规模定制厂家加强了与客户的沟通。定制化的产品更符合客户需求，减少了顾客购买前的选择成本和购买后的改装成本，顾客愿意花更多的钱去购买为自己量身定做的产品。为了持续向顾客提供个性化的产品和服务，企业与顾客不断沟通，并持有每位顾客的资料和订单记录，这些信息都会提高企业对市场机会的洞察能力。

12.2.3 成功应用大规模定制的必备条件

约瑟夫·派恩二世指出，实施大规模定制的关键是必须具备员工条件、技术条件（先进制造技术、流程和模块单元），以及灵活的供应和分销网络。只有具备了这些条件，管理者才能够通过对标准模块的重新配置和协调，满足顾客具体的需求。

1. 员工条件

高素质的员工是企业实施大规模定制的动力源泉。大规模定制对员工素质提出了更高、更新的要求：高技能、多面手、创新意识强、学习能力强。因为随着企业内部的分工界限逐渐模糊，员工的工作范围越来越广。只有企业内的员工具备了上述素质，才能够支持企业的大规模定制模式。

2. 技术条件

如果说员工条件是企业实施大规模定制的软件保证，那么技术条件就是企业的硬件支持。现代信息技术、先进制造技术、产品设计技术和标准化的模块技术都是企业大规模定制的必备条件。

（1）现代信息技术。互联网的发展和普及促进了企业和顾客之间的信息沟通，不但使顾客获得满意的个性化的产品和服务，还能使企业增强洞察市场的能力，有助于更好地开发、提供产品和服务。

（2）先进制造技术。以敏捷制造为代表的先进制造系统能够在同一生产设备上快速、有效地生产出任意批量的不同产品。

（3）产品设计技术和标准化的模块技术。通过精心设计产品，使多样化的产品能够由一些标准化的、独立的、易于组装的模块组装而成，其直接为企业带来的效益是降低了产品差异化的成本。

管理实践

国美“蜂巢变革”：大规模定制的组织基因

我们处在一个竞争最激烈、市场最透彻、商业环境日新月异的行业。在这个纷繁复杂、瞬息万变的多元零售时代，没有任何一种业态、模式可以永远领跑，可以高枕无忧，只有紧跟时代脉搏，不断地创新、变革、推陈出新、以变应变的企业，才能引领潮流。

当来自哈佛商学院、沃顿商学院的专家和教授仍在探讨什么才是“大规模定制”的可靠路径的时候，在中国，一向以“稳健性创新”而著称的零售业巨头国美，却正实践着大规模定制的成功案例。

“大规模定制”在满足用户个性化需求的“定制”（C2B）和实现有效成本控制的“大规模”之间的平衡问题一度令人困惑，即便市场上很多正在尝试将“定制权”交给用户的企业，也一再犹疑是否能够将“定制商品”凑够一定数量。改革势在必行，但如何获得成功，业界充满茫然。

然而，国美在采购形式上的率先改革却意外地成就了“大规模定制”在国内发展的雏形。目前，国美现在销售的商品中有 32%由国美完全主导其选型、订单和定价，未来，到 2016 年，差异化商品在国美总商品中的占比有望提升到 50%以上。

事实证明，差异化商品的经营能力已成为国美的核心竞争力。这个核心竞争力在国美内部叫作“低价格、高毛利”，低价格是客户需求，而高毛利是企业持续健康发展的需求。国美商品结构的有效组合，成了国美利润的重要源泉。2015 年 1 月 22 日，在国美电器发布的 2014 财年盈利公告中，国美电器上市公司部分的综合毛利率预计将超过 18%，净利润率预期将超过 2%，预期净利润将同比增长约 40%。

资料来源：根据 2015 年 3 月 18 日《商学院》相关文章改编。

3. 灵活的供应和分销网络

大规模定制的生产模式就意味着企业必须重新审视传统的供应链体系，使生产厂商与其上游和下游更加紧密合作，实现整个供应链的最优化，实现整个供应链上各环节的物流、信息流和资金流的畅通与统一。具有柔性的供应和分销网络是成功实施大规模定制的必备条件。

12.2.4 大规模定制的策略

当今企业面对日益动荡的市场环境，面对客户需求的不断个性化和多样化，面对产品生命周期的不断缩短和技术的日新月异，采用大规模定制是极其有效的手段之一。为了实现大规模定制，确保个性化定制产品和服务的低成本生产，企业可以根据自身的情况，在价值链的相应环节（如开发、生产、销售、交付等环节）选择相应的策略并加以实施。

1. 模块化设计

模块化设计是指把产品和服务设计成相互独立的模块，各模块可以很容易地装配成不同形式的、个性化的产品和服务。模块化设计和制造能够帮助企业发挥规模经济和范围经济优势。

2. 延迟策略

企业的生产过程一般可以分为设计、制造、装配和销售环节，定制可以在模块化的基础上，根据需要，发生在各个环节。设计定制是指根据顾客具体要求，设计能够满足客户特殊要求的产品和服务；制造定制是指接到顾客订单之后，在已有的标准化的模块基础上进行变形的制造；装配定制是指在接到订单之后，将各模块进行个性化的装配。延迟策略是指把产品和服务的定制活动推移到供应链的下游进行，以减少供应链各环节的不确定性，减少库存和风险。模块化设计为延迟策略提供了基础。

只有将模块化设计的策略与延迟策略相结合，才能充分发挥大规模定制的成本优势和差异化优势，使企业以最小的成本和库存，高效地满足客户的需求。

引例的思考

Zazzle公司创立于2005年，以“飞快的速度”不断增长，目前提供超过9 500万种产品，囊括120多个产品系列。Zazzle业务的优点在于每件产品都是量身定制的。Zazzle考虑顾客的购买模式和购物经验，更好地了解客户的需求，以及导致需求波动的原因，如季节性因素。作为按需生产的公司，这对他们来说至关重要。从供应链的角度来看，Zazzle没有任何浪费，因为他们制作的产品都被顾客买走了。而在与之截然相反的目前流行零售模式下，公司要提前为购物旺季的到来备货，而此时离实际购买还有很长时间。

Zazzle公司在大规模定制上的能力帮助Caseable公司获得了竞争优势。由于对客户的需求做出了快速和个性化的响应，Caseable公司的销售业绩取得了大幅度的提高。

复习与讨论题

1．实行JIT，是否还需要计划？为什么？

2．什么是看板系统？请分析看板管理的原理。

3．简述大规模定制的优势及实施大规模定制的必备条件。

4．一家计量仪器组件供应商使用看板系统控制其物流。计量仪器盒的标准容量是10件仪器，生产中心大约每小时生产20件仪器，装满仪器盒大约要2小时。此外，管理者规定，安全库存为所需数量的20%。请计算需要多少个看板。

5．某企业采用看板管理的方法来控制物料在生产系统中的流动。假设某道工序的日消耗量为 1 500 个零件，每个标准容器的容量为 40 个零件，每个容器从收到看板卡开始到再次变空，平均需要 120 分钟。如果实际使用的看板数量为 10 个，计算该系统的安全库存 S，并分析该系统设计是否合理。

6．通过本章的学习，结合自己对 JIT 的了解，试分析 JIT 系统应该由哪些部分组成。

本章阅读资料

技术如何撬动规模化定制潮

美国福特公司的 T 型车问世时，它只是黑色的。自那个时代以后，消费者的选择逐渐增多。各个消费者细分市场出现了相应的标准规格，如不同尺寸和颜色的服装。过去 10 年间，我们看到定制产品和服务逐渐流行，如专属的汽车、个人计算机或智能手机。这类提供可选配置的大规模定制化，必将大大增加产品制造的复杂性。不仅如此，完全个性化的定制也指日可待。为每名顾客提供独一无二的产品（如定制的礼服和裙装），规模化定制浪潮已现端倪，但规模化定制要实现盈利仍然很难。成功的案例通常发生在初创企业或成熟企业的小众产品，损失惨重的失败案例很多。

无论是针对每位顾客独一无二的定制，还是顾客根据自身需求选择的多种配置，针对产品及服务的规模化定制要获得利润，需要在两个领域取得成效。

首先，明确定制化可为消费者创造哪些方面的价值，同时对消费者和制造商而言，整套流程都应该是顺畅、快捷和价格实惠的。其次，即使生产环节复杂程度不断提高，厂商的成本水平和成本结构也要可控。我们认为，广泛的、可盈利的规模化定制时代必将到来，因为技术升级或技术创新能够清除成本障碍，从而更精确地响应消费者的具体需求。例如，在线配置技术能便捷和低成本地收集顾客的各项偏好，可预先看到最终产品的 3D 数字建模技术也趋于廉价和规模化。在制造业领域，动态的可编程机器人系统可在各模型和变量之间自由切换，而且几乎不影响效率。

其他趋势也表明规模化定制值得投资。近年来，已有数百家初创企业开创了成功的商业模式，虽然定制化规模还有待提高。此外，伴随着互联网长大的一代人，以及网络消费信息和建议的个性化推送，都可能需要技术驱动型个性化产品。

成功公司的示范效应非常鼓舞人心，对于一些拥有全球性品牌的大公司来说更是如此。他们正苦苦挣扎以应对经济危机后客户忠诚度下降的窘境，竭力避免陷入残酷的商战红海并滑入成本曲线的底端。规模化定制可帮助企业创收，获取竞争优势，改善现金流，并通过订单化生产减少浪费。规模化定制还可以形成有价值的客户数据，将其用于标准化产品开发及在线营销和公共关系维护。

我们发现，七项技术可以帮助企业实现规模化定制，提高其实用性，并很快推动技术进步。与前述两大成功要素相对应，我们将这些技术划分为两大类：一类能更加便利地为消费者创造价值；一类能为厂商控制成本，以应对生产的复杂化。

1．社交技术

社交媒体和众包业务绝非新生事物，但厂商可以借助这些手段分析消费者如何看待现有产品或假定的虚拟产品中既有或推荐的选配，从而提供更好的选配方案。星巴克通过社交网站“frappuccino.com”让用户制作专属的虚拟星冰乐，原料包括山莓味成分和蛋白粉。这帮助星巴克测算出不同原料受欢迎的程度，了解受欢迎的原料组合（如焦糖和奶油），然后再应用于现实的工艺流程或实体门店的原料调整。

2．在线互动产品选配

在线选配工具是规模化定制的核心要素，它可以在方便用户的同时快速收集定制化偏好。虽然此类工具存在多年，但在过去，用户互动仅限于在表格中填写少数几项配置选项，所有的高级配置方案不仅麻烦，而且成本很高，往往需要一名销售人员与顾客当面讨论选配方案并确定最终的选择。而现在，产品可视化的进步加上配置软件速度和适用性的提高，使得产品配置具备了吸引力，许多消费者将其视为“有趣的体验”。

3．3D扫描和建模

现实世界中的物品可以通过3D扫描仪进行分析、收集相关数据，用于搭建3D数字模型。这些扫描仪可以更加容易地测算针对某个事物（如人体）进行个性化设计的产品匹配度。已经有几家公司设计了扫描软件，可在几秒或几分钟内收集准确的身体指标，然后将其输入一个在线的个性化3D模型。过去这类技术的成本很高，安装和大规模推广的难度很大。现在，Styku这类开展扫描业务的公司应用现成的技术（如Kinect摄像机和Windows 8平板电脑），将硬件总成本控制在3 000美元以内。由于测算结果的精度往往优于人工测算，Styku向全美零售商售出了大量3D测算终端。

4．推荐引擎

多年以来，电子商务软件始终根据用户的历史选择推荐相关产品。现在，通过帮助客户配置产品，推荐引擎正在向定制化过渡。例如，Chocri公司推出“createmychocolate.com”网站，提供在线定制和派送巧克力棒，顾客可在4种基本类型的巧克力和100种配料的基础上配制专属的巧克力棒。该网站会告诉顾客，哪些香料与之前选择的基础巧克力和主料搭配起来味道更好。以牛奶巧克力配草莓为例，该网站推荐肉桂、烤杏仁、榛子碎粒和可食用金箔。推荐选项以用户的主流选择为基础，该公司再对口味进行编辑，以降低消费者订购新品的风险。Chocri估计，推荐引擎使得客户转化率提升了30%以上（转化率为线上实际下单的客户与自助配料的客户的比例）。

5．动态定价的智能算法

按需定制的订单常常使需求意想不到地激增，造成等货时间过长，最终可能导致退订，这给公司带来了新难题。有些公司通过智能算法和优化的数据加工能力管理需求，从而实现动态定价，以减少等待时间。美国一家比萨饼连锁店为顾客提供自主选配服务（非提供少数几种口味组合），但发现有些馅料放在比萨饼底上需要花较长的时间，如切片馅料需要一片一片地放，而与之相比，芝士则可以人工一次性撒完。于是，当需要定制的比萨饼大量积压时，网站定价就进行动态调整：智能算法降低了可快速配料的比萨饼价格，其他馅料的比萨饼价格提高，以鼓励顾客选择配料更快的。这一做法减少了顾客的等待时间，提高了客户满意度。

控制生产成本技术已经并将继续显著提升制造生产率和灵活性。产品设计的模块化、高级后台软件及灵活的生产技术足以降低规模化定制的成本。

6．企业和生产软件

传统的 ERP 和 SCM 技术通常用来销售和管理采用几种预定义零部件的产品。要将客户的个性化订单转化为定制化的领料单及仓库和生产工人的装配作业指导书，是严峻挑战。目前，像 Just in Time Business Consulting 和 Configurc One 这类公司已经开发出软件套装，能够跟踪客户订单中的个性化设计特征，将其转化为采购指令和生产指令。这些工具在前端将配置参数与生产和 SCM 系统连接起来。这不仅意味着生产人员知道组装什么，还意味着公司对客户承诺可行的发货时间和进度更新，以确保他们不会选择没有库存的组件。于是，这些后台软件的变化就可以实现高定制化水平下的平稳生产。

7．柔性生产系统

柔性制造系统对小批次规模定制生产实现盈利至关重要。汽车行业走在了前列。福特和通用投资开发了动态可编程的机器人，配备的可替换工具能够在各模型和变量间灵活转换且不影响其效率。其他行业也在采用这类技术。例如，Caterpillar 公司的生产系统中采用了一套自动化、计算机控制的切割机，可以根据客户需要的规格切割鞋型。

我们相信会有更多的创新理念和工艺繁荣发展，加快实现低成本的定制化产品生产。

使规模化定制成为可能的多种技术平台的集合可以激发沉寂的市场需求，帮助企业尝试新的市场机遇，以实现较高的增长和利润。

不仅如此，在可预见的未来，制造、供应链及物流都将受益于数字感应器和智能标记的普遍应用，这将使可视性、灵活性、产品模块控制及可提升产品价值的任务自动化方面具备更大的潜力。其总体趋势就是走向物联网——集合了传感器、基于标准的网络及智能分析功能，以推动新的用来优化生产的信息架构。设想产品能够根据用户的习惯和使用情况进行调整，或利用预测性分析确保组件/模块在使用寿命即将结束时及时被替换。目前这类技术主要应用于昂贵的设备如大型涡轮机，但随着成本的下降和越发先进的互联传感器驱动系统，未来将应用于生活消费品。的确，模块设计配合新的制造链和物流链，可帮助企业破解产品种类和生产成本之间此消彼长的传统矛盾。

使规模化定制成为可能的技术平台的集合可以激发市场活力，帮助企业抓住新机会以实现高增长和高利润率。但要从根本上影响下一波规模化定制，企业领导人必须与各业务单元、IT 及其他职能的管理者紧密合作，形成一套新的业务整合模式，驾驭新技术，以低成本的方式精确满足消费者需求。虽然很多企业开始时需要通过试点才能印证其发展潜力，但这一转型意味着企业要下定决心，打破诸多既有的成见。我们相信，能够引领这一变革的企业必将获得丰厚回报。

资料来源：根据麦肯锡季刊相关文章改编。

思考题

1．新技术在大规模定制时代的作用是什么？

2．如何理解柔性生产系统？

3．你是如何理解服务业中的大规模定制的？

第 13 章

作业计划

本章学习目标

- 理解什么是作业计划及其意义。
- 了解制造业作业计划在大量、中量和少量生产系统中的应用。
- 掌握优先调度规则和方法。
- 了解甘特图在生产作业控制中的应用。
- 阐述服务业的作业计划。

本章引例

"洋快递""土快递"割据中国快递市场

受中国巨大的快递市场的诱惑，两家国际快递市场的巨无霸——美国联邦快递（FedEx）和联合包裹（UPS）公司纷纷加大在中国市场的投资力度，抢夺远程快递市场份额；与此同时，中国国内众多的小型快递企业也不甘示弱，试图以"打游击"的方式在同城快递市场中占据一定份额。

1. "洋快递"

在中国的远程快递市场上，形成了联邦快递和联合包裹独占鳌头的局面。截至 2000 年，美国联邦快递取得中国快递市场 10%~15%的占有率，联合包裹则占有 5%。

据不完全统计，全球规模最大的快递运输公司——美国联邦快递已经为中国大约 200 个城市的客户提供快递服务，而且，该公司计划在不久的将来把联邦快递的服务扩展到越来越多的中国其他城市。在 21 世纪初，美国联邦快递又向中国内地客户提供了一项更方便、更迅速的快递服务——亚洲一日达及北美一日达业务。通过这项新的服务，位于北京、上海、广州、深圳及周边城市的客户的快件将可于下一个工作日被送达 15 个亚洲城市和美国及加拿大的主要城市。这使联邦快递成为唯一一家向中国内地客户提供此项服务的快递公司。

2. “土快递”与“绿快递”

与“洋快递”相比，“绿快递”和“土快递”则根本无法在远程快递市场上立足。2000 年 9 月，中国国家邮政局宣布，国内各类邮件的传递速度全面提升，全程传递时限比以往缩短 1~2 天。就是这样，由于种种原因（运输设备、作业计划安排等），邮件的快递速度仍然太慢。很明显，以火车和汽车为主要运输工具的“绿快递”是无法与以飞机为运输工具的“洋快递”相抗衡的。

由于同城快递业不需要太大的资金、技术和人力投入，而且业务范围仅在城内，就造成“土快递”的急剧膨胀。目前，“土快递”的规模都不大，最大的快递公司几十个人，中等的十几个人，小一点的几个人，还有一部分是非法经营的。他们通过电话承揽业务，使用自行车作为主要的运输工具。与所有的服务业一样，要想在行业内生存下来，人员素质是至关重要的。由于快递业是顶烈日、冒风雨、抢时间的苦差事，很少有人愿意打这份工，因此目前的快递业从业人员素质确实不高。然而，从另一个角度看，这个行业对员工的要求又相当高。因为一件看似简单的投递物品，对顾客而言却是相当重要的，像支票、合同这类重要文件，如果在安全方面出现差错，轻则导致快递公司名誉受损，重则要高价赔偿客户损失，这对于生命力尚且脆弱的“土快递”来说几乎是灭顶之灾。

资料来源：《中国经营报》总第 1287 期。

思考问题

1. “土快递”的瓶颈是什么？是否与其作业计划有关？
2. 试为“土快递”提供一些改进服务水平，提高与“洋快递”相比的竞争力的建议。

作业计划是指在企业或组织内部对各项资源的使用进行时间上的选择，是建立在其他已确定的决策（如选址、设备选择、系统能力、产品与服务设计等）的约束范围之内的，位于决策等级的最后。不管是制造业还是服务业，一切组织都要有作业计划。制造业要做生产计划，即为工人工作、设备运行、维修等问题做出时间安排。服务业也要做作业计划，如大学必须对教室、学生、教室、课程做出时间安排；航空公司必须为航班、各中心与机场需要的空中和地面服务人员做出时间安排。

有效的作业计划有助于提高制造业的生产率、设备和人员的利用率；有助于提高服务业的服务水平，节约成本，提高竞争力。例如，在医院，有效的作业计划能够帮助医院更好、更及时地提供服务，挽救病人的生命。

本章将从制造业的作业计划、作业排序、优先调度规则和方法及生产作业控制、服务业的作业计划几方面，对作业计划做一个简单的介绍。

13.1　制造业的作业计划

按照作业的多少，我们可以将生产系统分为大量、中量和小量生产系统。大量生产系统所需的作业计划的方法与小量生产系统作业计划的方法有着明显的、本质上的不同。本节按照大量、中量、少量生产系统的顺序，介绍作业计划。

13.1.1 大量生产系统的作业计划

大量生产系统的产品需求量一般很大，市场比较稳定，因此一般都采用流水线生产模式，用专业化的设备和活动，重复性地、高效率地生产标准化的产品。大量生产系统作业计划的内容包括各工作中心的工作量，以及各工序的加工顺序等。大量生产的最典型的产品就是汽车，此外，计算机、电视机、玩具、器械等都采用大量生产。

流水线生产模式是按照产品原则布置的，因此，生产线/装配线平衡是大量生产系统的关键问题。生产线平衡的目标是使分配到各个工作地的作业所需要的时间大致相等，从而使生产线上各活动同步进行，实现工人和设备的最大利用。关于生产线平衡问题，以及重复性生产的优、缺点已经在第 7 章作过探讨，本章不再介绍。

大量生产系统具有重复性生产的特征，早在系统设计阶段就已经做出了大半的工作量和排序决策，而且，几乎所有物品都将按照完全一样的作业顺序流动。然而，除了单一对象流水线（Single-product Line），实际中还有很多是多对象流水线（Multi-product Line）；即使单一对象流水线，也可能要面对各种各样的规格和型号的零部件的生产加工。这就需要根据不同的生产对象，做出很多不同的进度安排，协调好物料流和工作流，合理地安排采购、输入、加工和输出，使得生产线平滑运作。单一对象流水线只固定生产一种产品或零件，品种是固定不变的，又称不变流水线；多对象流水线生产两种或两种以上的产品或零件，又称混合型流水线。

其他关于大量生产系统的进度安排问题还出现在期望产出与实际产出出现偏离时。当期望产出低于实际的正常产出时，为了控制库存的水平，避免过多的存货，就要减缓产出率。而实际的情况是，系统的运转速率不可能改变，只能采取减少工作时间或减少劳动人员等方法。相反的情况是，由于某种原因，如某一环节的设备出现了故障，生产出现了中断，实际产出小于期望产出，此时也要做出一定的进度安排，如将差额部分外包出去、增加劳动人数，或者进行加班，增加劳动时间等。

为了避免上述问题的出现，影响生产的连续性，除了要加强产品和流程的控制、对设备的预防性维修以外，还要提高供应的可靠性，避免供应中断。体现在作业计划上，就是要认真预测需求，制订可靠的供应进度安排。

13.1.2 中量生产系统的作业计划

中量生产系统一般采用批量生产/加工的工艺类型，产量处于标准化的大规模生产和单件小批生产之间。批量生产的特点是有一定的间断性，如报纸、杂志的印刷，化妆品的生产等。

中量生产系统的产品的种类比大量生产系统的产品的种类要多一些。因此，在生产两种不同的产品时，就会产生一定的转换成本。在中量生产系统中涉及的问题主要是如何通过适当的作业计划，减少转换的成本。例如，在作业计划中，按照衣服的颜色进行排序，这样可以缩短转换的次数；而通过安排离线准备，可以使转换时的停工期更短。

此外，从事组装生产的企业可以通过 MRP 方法确定构件的数量和时间选择。

13.1.3 少量生产系统的作业计划

少量生产系统与大量、中量生产系统有相当大的差异。作业计划要解决如何分配各工作地的工作量、如何安排作业顺序等问题。少量生产系统的产品根据订单生产，品种多，数量少。不同订单必然有截然不同的加工需求、加工时间和加工方式，这使得少量生产系统的作业计划变得非常复杂。

13.2 作业排序的基本要素

13.2.1 作业排序的概念

决定在某些机器或某些工作中心上先开始哪个作业的过程称为作业排序（Sequencing），又称优先调度排序。作业排序要解决的问题是：通过组织具体的生产活动，以最小的成本按期完成各项订单任务。其中包括如何安排作业顺序，如何及时反馈信息，如何对生产活动进行控制和调整，使得各种资源得到合理的利用。

作业排序关心的是确定作业处理顺序的问题，作业排序就是要安排不同工件在同一设备上的加工顺序、不同工件在整个生产过程中的加工顺序及设备和员工等资源的分配问题。

作业排序对提高整个加工过程或服务过程的效率，缩短工件或客户的等待时间是至关重要的。不同的作业排序可能会导致差别很大的结果。

例 13-1 某服装厂的成衣组装车间中，有三种款式的服装要进行成衣组装。这三种款式的服装在组装之前，需要经过部件生产，各种型号的产品在两道工序的定额工时如表 13-1 所示。

请问采用不同的加工顺序，任务完工时间各为多少？

表 13-1 三种款式的成衣部件生产、组装定额工时 单位：小时

款 式	成衣部件生产定额工时	成衣组装定额工时
A	15	5
B	8	10
C	12	7

解：当加工顺序为 A、B、C 时，这两道工序的加工时间为 42 小时，如表 13-2（a）所示；当加工顺序为 B、C、A 时，两道工序的加工时间为 40 小时，如表 13-2（b）所示；当加工顺序为 C、A、B 时，两道工序的加工时间为 45 小时，如表 13-2（c）所示。

表 13-2（a） 第 1 种加工顺序耗时 单位：小时

<table>
<tr><td>部件生产</td><td>A（15）</td><td colspan="2">B（8）</td><td colspan="2">C（12）</td><td></td><td>合计</td></tr>
<tr><td>成衣组装</td><td></td><td>A（5）</td><td></td><td>B（10）</td><td></td><td>C（7）</td><td></td></tr>
<tr><td>耗 时</td><td>15</td><td colspan="2">8</td><td colspan="2">12</td><td>7</td><td>42</td></tr>
</table>

表 13-2（b） 第 2 种加工顺序耗时 单位：小时

<table>
<tr><td>部件生产</td><td>B（8）</td><td colspan="2">C（12）</td><td colspan="2">A（15）</td><td></td><td>合计</td></tr>
<tr><td>成衣组装</td><td></td><td>B（10）</td><td></td><td>C（7）</td><td></td><td>A（5）</td><td></td></tr>
<tr><td>耗 时</td><td>8</td><td colspan="2">12</td><td colspan="2">15</td><td>5</td><td>40</td></tr>
</table>

表 13-2（c） 第 3 种加工顺序耗时

单位：小时

部件生产	C（12）	A（15）	B（8）		合计
成衣组装		C（7）	A（5）	B（10）	
耗　　时	12	15	8	10	45

由此可见，不同的加工顺序产生了不同的加工时间。为了缩短总加工时间，通常的做法是将加工工序时间最短的作业安排到最后。有效的作业排序，对于缩短总加工时间，有效利用设备和人员，满足交货期的需求具有十分重要的意义。

在企业的实践中，一般使用作业计划软件，如 ERP 系统，它可自动生成排产计划，不需要人工进行复杂的计算与排序。

13.2.2 作业排序系统的方法

1. 有限负荷（Infinite Loading）和无限负荷（Finite Loading）

一个作业排序系统区别于另一个作业排序系统的特征是：在决定排序时，生产能力是如何考虑的。

（1）有限负荷。有限负荷的方法是根据每个订单所需的调整和运行时间，对每种资源进行详细的排序。有限负荷系统明确地规定了在工作日的每时每刻，每种资源（设备、人员等）要做的工作。

（2）无限负荷。无限负荷的方法是指当工作分配到工作中心时，只考虑它需要多少时间，以及检查关键资源是否超负荷，而不直接考虑总体的资源是否有能力满足这个工作的要求，也不考虑资源在完成这项工作时的实际顺序。当使用无限负荷方法时，提前期是由期望作业时间（调整和运行时间）加上由于材料运输及等待订单执行所引起的期望排队延时而估算出来的。

2. 前向排序（Forward Scheduling）和后向排序（Backward Scheduling）

（1）前向排序。前向排序指系统接受一个订单后，对完成订单所需要的作业按从前向后的顺序进行排序。

（2）后向排序。后向排序指系统在接受一个订单后，将作业从后向前进行排序。排序的起始点可能是交货日期，也可能是未来的某个时期。后向排序的一个简单的例子就是 MRP 系统。MRP 将完成各个订单的时间进行后向排序，来计算零部件的需求情况。

可见，前向排序的方法可以确定订单完成的最早时间；后向排序的方法在保证某个时期完工的前提下，告诉我们最晚的开工时间。

不同的工艺类型适合不同的作业排序方法。例如，大批量生产多使用自动化的专用装备，按产品原则布置，其典型的排序方法是有限负荷、前向排序；而小批量生产的自动化程度比较低，产品种类丰富，按工艺原则布置，其典型的排序方法是无限负荷、前向排序。

此外，计算机技术为作业排序提供了帮助。应用计算机技术可以进行非常详细的作业排序。例如，马萨诸塞州剑桥 Optimax 系统公司开发的 Optimax 系统就是排序系统中的典型。

13.3　优先调度规则和方法

作业排序有一定的优先级规则（Priority Rules），即优先调度规则。下面几个优先调度规则是比较常用的排序规则。

（1）先到先服务。按照订单到达的先后顺序进行加工，先到的先加工。这个规则对服务对象是最公平的。

（2）最短作业时间。首先加工所需时间最短的作业，其次是第二短的，以此类推。

（3）最早交货期。首先加工要最早交货的作业。

（4）剩余松弛时间。这是指计算交货期前的剩余时间和剩余的加工时间的差值。首先加工剩余松弛时间最短的作业。

（5）关键比例。关键比例=交货日期与当前日期的差值/剩余的工作日数。首先加工关键比例最小的订单。

（6）排队比例。通过计划中剩余松弛时间除以计划剩余排队时间计算出来。排队比例最小的订单先加工。

（7）后到先服务。后到的订单放在先到的上面，先加工上面的订单。这种规则的应用反映在现实生活中就是乘坐电梯时，一般是后进入电梯的人最先走出电梯。

（8）最多工作量原则。优先选择余下加工时间最长的工件。

（9）随机排序或随意处置。这种规则是指由管理者或操作员随意选择最先进行的加工或者服务。

据不完全统计，现在优先调度规则已达几百种，企业在具体排序时采用哪一种，应该根据不同的目标和情况确定。排序的目标主要有以下几种。

（1）满足交货期的要求，保证按时交货。

（2）流程时间最短，从而使得在制品库存最少。

（3）设备和劳动力的利用率最高，闲置时间最少。

作业排序面临的情况有很多种，包括 n 个作业单机床排序、n 个作业 2 台机床排序、n 个作业 n 台机床排序，以及 n 个作业 m 台机床排序等。本节按照这个顺序进行简单的介绍。

13.3.1　n 个作业单机床排序

n 个作业单机床排序是指一台机器上有 n 个作业要加工，简称“$n/1$”。下面的例子对几个优先调度规则进行了对比。

例 13-2　某厂同时接到了 4 个订单，所有订单的作业都要使用同一台设备，详细的排序数据如表 13-3 所示。

表 13-3　排序数据　　单位：天

作业（按到达顺序）	加工时间	交货日期（从接到订单起天数）
A	4	6
B	5	7
C	3	8
D	7	10

试决定4个订单的加工顺序，目标是使流程时间最短。

解： 方案一　先到先服务规则（见表13-4）

表13-4　先到先服务排序　　单位：天

作业顺序	加工时间	交货日期	流程时间
A	4	6	0+4=4
B	5	7	4+5=9
C	3	8	9+3=12
D	7	10	12+7=19

总流程时间=4+9+12+19=44（天）

平均流程时间=44/4=11（天）

交货期问题：只有A能够准时交货。作业B、C、D将分别延迟2、4、9天。平均每个作业延迟（0+2+4+9）/4=3.75（天）。

方案二　最短作业时间规则（见表13-5）

表13-5　最短作业时间排序　　单位：天

作业顺序	加工时间	交货日期	流程时间
C	3	8	0+3=3
A	4	6	3+4=7
B	5	7	7+5=12
D	7	10	12+7=19

总流程时间=3+7+12+19=41（天）

平均流程时间=41/4=10.25（天）

交货期问题：C可以满足交货期的要求。作业A、B、D将分别延迟交货1、5、9天。平均每个作业延迟（0+1+5+9）/4=3.75（天）。

方案三　最早交货期规则（见表13-6）

表13-6　最早交货期排序　　单位：天

作业顺序	加工时间	交货日期	流程时间
A	4	6	0+4=4
B	5	7	4+5=9
C	3	8	9+3=12
D	7	10	12+7=19

总流程时间、平均流程时间及交货期问题与方案一结果相同。这只是本例题的一个巧合，在实际中，往往两种规则的结果是不同的。

方案四　后到先服务规则（见表13-7）

表13-7　后到先服务排序　　单位：天

作业顺序	加工时间	交货日期	流程时间
D	7	10	0+7=7
C	3	8	7+3=10

续表

作业顺序	加工时间	交货日期	流程时间
B	5	7	10+5=15
A	4	6	15+4=19

总流程时间=7+10+15+19=51（天）

平均流程时间=51/4=12.75（天）

交货期问题：D 能满足交货期的要求。其他作业 C、B、A 的延迟期分别为 2、8、13 天。平均每个作业延迟（0+2+8+13）/4=5.75（天）。

方案五　剩余松弛时间规则（见表 13-8）

表 13-8　剩余松弛时间排序　　单位：天

作业顺序	加工时间	交货日期	流程时间
A	4	6	0+4=4
B	5	7	4+5=9
D	7	10	9+7=16
C	3	8	16+3=19

总流程时间=4+9+16+19=48（天）

平均流程时间=48/4=12（天）

交货期问题：A 能满足交货期的要求。其他作业 B、D、C 的延迟期分别为 2、6、11 天。平均每个作业延迟 (0+2+6+11)/4=4.75（天）。

很明显，最短作业时间规则方案是最优的，总流程时间最少，从而平均流程时间也最少，平均每个作业的延迟时间也是最短的。

13.3.2　*n* 个作业 2 台机床排序

n 个作业 2 台机床是指 2 个或更多的作业必须在 2 台机器上以共同的工序进行加工。有一种叫作约翰逊方法（Johnson's Method）的排序规则，可以使从第一个作业开始到最后一个作业结束的总流程时间最短，也可以使得 2 台机器同时加工的时间最长，设备利用率最高。约翰逊规则包括以下两个步骤。

（1）列出每个作业在每台设备上的加工时间。

（2）选择最短的时间。如果最短的加工时间来自第一台机器，那么将这个作业排在最前面；如果来自第二台机器，那么这个作业排在最后面……以此类推，直到排完所有作业为止。注意：已经排过次序的作业不再参与以后的对比，其位置一经固定，不再改变。

例 13-3　假设有 5 个作业，要在 2 台机器上以相同的工序进行加工，试将表 13-9 中这 5 个作业进行排序。

表 13-9　排序数据

单位：天

作　业	在机器 1 上的加工时间	在机器 2 上的加工时间
A	4	6
B	5	8
C	3	5
D	10	7
E	2	1

解：步骤如下所示。

（1）列出加工时间。

（2）选出最短加工时间，即作业 E 在机器 2 上的加工时间最短，为 1 天，首先进行指派，最后加工，排在末位。

（3）作业 C 在机器 1 上的加工时间次短，为 3 天，因此放在首位，最先加工。

（4）作业 A 在机器 1 上的加工时间在剩余的加工时间中最短，为 4 天，因此放在作业 C 的后面加工。

（5）作业 B 在机器 1 上的加工时间是剩下的时间中最短的，为 5 天，因此放在作业 A 后面加工。

（6）剩下的只有 D，它在机器 2 上的加工时间比在机器 1 上的加工时间短，因此排在作业 E 的前面，位于倒数第 2 个。

排序结果：C、A、B、D、E（见图 13-1）

总流程时间=3+4+5+10+2+5+1=30（天）

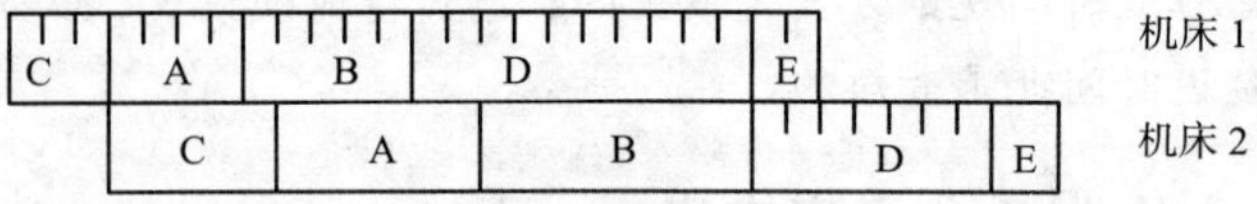

图 13-1　排序结果

13.3.3　*n* 个作业 *n* 台机床排序

n 个作业 *n* 台机床排序与前面的排序问题略有不同。在这里，要解决的不是确定由哪个作业先开始加工，而是要确定将哪个作业安排到哪台机器上为最佳。有一个排序规则可以帮助我们达到目标——指派方法（Assignment Method）。当衡量排序优劣的指标只有一个时，指派方法用于将 *n* 个作业分配到 *n* 台机器上，而且一台机器上只能分配到一个作业。

指派方法的步骤如下。

（1）列出每个作业在每台机器上加工成本的分配表。

（2）将表里每行数字减去这一行最小的数字。

（3）将表里每列数字减去这一列最小的数字。

（4）用直线覆盖包含 0 的行和列。

（5）统计覆盖所有 0 的直线数量，若直线数量等于 *n*，则得到最优解，否则，进入第 6 步。

（6）找出所有未被覆盖的数字中的最小者，并将这些数字减去这个最小值，同时，将两直线交叉处的数字加上这个最小值，重复第 5 步，直到覆盖所有 0 的直线的数量等于 *n*。

这一方法可以由 Excel 求解，所以在这里不再举例。

13.3.4　*n* 个作业 *m* 台机床排序

n 个作业 *m* 台机床排序是指有 *n* 个作业要在 *m* 台机床上进行加工，并且所有的作业要经过所有的机器来加工，那么就有（$n!$）^{m} 种可选的作业排序。在这种情况下，排序的工作是十分复杂的，可以采用的排序方法有约翰逊规则的扩展法、关键零件法（Key Parts Model）或计算机模拟方法，通过计算机模拟，可以确定不同的优先准则的相对价值。

前面介绍了很多排序的优先调度规则和方法，最新的也是更合理的排序方法是把人工和模拟结合起来进行排序。

13.4　生产作业控制

在执行作业计划的过程中，由于存在一些随机的因素和不确定的因素，如机器故障、工人旷工等，会产生实际与计划偏离的情况。下面介绍两种方法，用于生产作业控制，调整实际与计划的偏差。

13.4.1　甘特图

甘特图（有时又称条形图）是作业排序与控制最常用的一种直观工具。甘特图按照时间绘制任务，图中的内容既显示了作业所需要的时间，又显示了作业执行的顺序。这个图是以亨利 · L · 甘特（Henry L. Gantt）的名字命名的，他于 20 世纪初首先把图表用于企业进度安排中。在第一次世界大战期间，由于他把甘特图应用于造船上而获得了总统嘉奖。现在，许多企业的车间都采用甘特图来制订计划和跟踪作业的完成情况。图 13-2 是一个简单的甘特图。

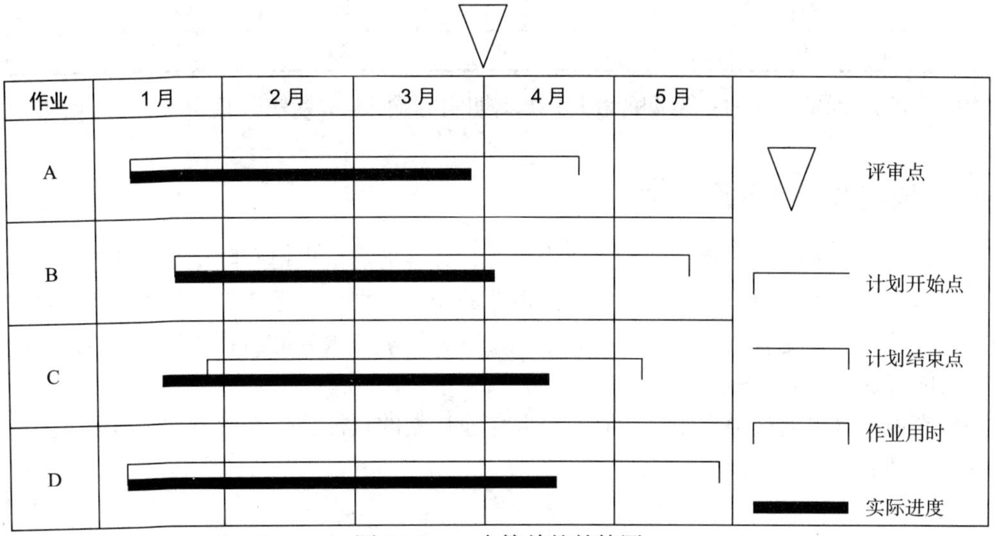

图 13-2　一个简单的甘特图

从图 13-2 中，可以了解到其评审时间为 3 月末，作业 A 的完成情况滞后于计划，作业 B 按计划完成，作业 C 提前于计划开始，并且完成情况超前于计划，作业 D 按计划时间开始，但是完成情况超前于计划。

有了这张作业进度甘特图，作业人员就可以监控每个作业具体的完成情况，对于超前于计划的作业，宜适当减慢作业速度；对于滞后于计划的作业，要适当加快，保证各个作业都能够在计划日期内完成，从而保证满足交货期的要求。

13.4.2 输入/输出控制

输入/输出控制（Input/Output Control，I/O）是指对工作中心的作业流和序列程度进行控制，是制造计划和控制系统的一个主要特征。它的主要原则是，工作中心的输入永远不能超过工作中心的输出。否则，工作中心就会超负荷，就会产生积压，作业的效率也会下降，下游工作中心的工作也会受到影响。I/O 控制的目的就是分析输入与输出之间的差异，找到问题的来源，采取适当的控制措施，从而有效地控制生产作业，使工作中心的输入和输出达到完美的平衡，最终使得工作中心的负荷能力充分利用，而且也没有超负荷运转，保证作业顺利完成。表 13-10 是一个输入/输出报告。

表 13-10 输入/输出报告

		1	2	3	4	5
输入	计划	130	130	130	100	120
	实际	150	125	120	98	127
	偏差	+20	−5	−10	−2	+7
	累计	+20	+15	+5	+3	+10
输出	计划	140	140	140	100	145
	实际	140	135	135	104	146
	偏差	0	−5	−5	+4	+1
	累计	0	−5	−10	−6	−5
积压	40	50	40	25	19	0

表中，偏差=实际−计划；每期的积压=（本期实际输入−本期实际输出）+上期积压

13.5 服务业的作业计划

服务业通过员工的劳动直接为顾客提供服务，顾客的需求也更有随机性，并且服务是不能储存的，这使得服务业的作业计划不同于制造业的作业计划。服务业作业计划的目标就是要通过服务系统的排程，更有效地利用现有容量，使顾客需求与服务能力相匹配，减少顾客的等待时间，为顾客提供更满意的服务。

一般来说，可以通过两个途径达到服务业作业计划的目标：一是影响顾客需求，二是服务系统能力管理。

管理实践

排队论在中国移动客服呼叫中心排班系统的应用

随着我国服务行业的快速发展，客服中心已成为服务行业重要的后台支撑和服务平台，其健康度较大地影响客户对公司的满意度评价。而如何高效、稳定地运营和管理客服中心，已成为客服中心的管理者越来越关心的问题。对客服中心的管理，不仅仅要靠经验，更要靠数字化指标。排队论就是对客服中心进行数字化管理的一个有力工具。

客服中心最大的成本是人力成本

一个先进的客服中心系统成本是非常高昂的，其日后的运营成本则更高。一项全国性的调查显示：客服中心系统成本约占总成本的 19%，通信传输费用的 32%，人员成本的 49%。因此，在系统投入运营之后，如何充分利用客服中心的人力，以尽可能低的成本获取最大的效益，成为客服中心管理人员非常关心的问题。

客服中心的排队论模型

将客户从外部拨入客服中心—等待服务—接受服务—离开客服中心的过程建立排队论模型。

排队系统由三部分组成：呼叫到达过程、排队等候服务过程、接受服务离开系统过程。其中，λ 为电话呼叫到达的强度（单位时间内的呼叫量），μ 为 CSR（客户服务代表）为客户呼叫提供服务的平均速率（单位时间内服务完毕的量），m 为客服中心同时在线提供服务的 CSR 数量，$\rho=\lambda/m\mu$ 被称为通信负载。

根据排队理论，电话在客服中心的过程可以构建为一个 M/M/m（第一个 M 代表呼叫泊松到达、第二个 M 代表服务时长为负指数分布、m 代表客服中心有 m 个 CSR）的排队系统。

排队论在 10086 号 CSR 人员配备与接通率考核中的应用

HCR 对中国移动某客服中心 10086 进行了计算和分析（该客服中心 10086 号忙时话务量约为 1 200 次/小时，平均通话时长约为 90 秒）。该 10086 号在此时段内最少要配备 31 名 CSR 接听电话。随着 CSR 从 31 人开始增加，呼叫平均等待时间从 71.9 秒开始迅速缩短，15 秒内接通率也从 32.4%开始迅速提高，CSR 利用率则从 96.8%逐渐降低。当 CSR 增加到 34 人时，15 秒内接通比例提高到 80.7%，此时呼叫等待平均时长为 8.5 秒，CSR 利用率为 88.2%。如果将 15 秒内接通率提高到 90%以上，则需要 CSR 36 人，此时呼叫等待平均时长为 3.2 秒，CSR 利用率为 83.3%，降低了 4.9%（对于一个有 100 名 CSR 的客服中心来说，相当于减少了 5 个人）。

由以上分析，我们可以得出以下结论。

（1）合理设定人工接通率指标，不能一味地追求高接通率。高接通率意味着比较低的 CSR 利用率，意味着公司在花钱让 CSR 坐在计算机前等待用户来电。

（2）细化 CSR 排班粒度，落实“精确管理”理念。客服中心 1 个坐席的增减就能引起接通率的显著变化。因此，客服中心一定要将 CSR 的排班细化，根据话务量变化曲线安排当班人数，实现“精确管理”。

（3）降低平均通话时长能够有效改善接通率，降低人工成本。如果将平均通话时长从90秒缩短到80秒，呼入量不变，则15秒内人工接通率不低于90%的CSR人数将从36人减少到32人，能节省4人。因此，客服中心一定要做好知识库的整理和CSR的培训工作，在保证客户满意度的条件下，尽量缩短平均通话时长。

（4）降低呼叫量强度能够有效改善接通率，减少人工成本。

（5）排队论在如何发挥客服中心规模效应中的应用。当客服中心的坐席数达到一定规模时，可以比小规模的客服中心的效率高很多。麦肯锡公司的调查统计数据也反映了这一点：当坐席数量为300～600个时，客服中心每CSR人均成本会降到最低。

资料来源：中国信息产业网，2013年7月24日

13.5.1 影响顾客需求——顾客排程

1. 预约系统

预约系统是通过预约，控制顾客到达的时间，即控制顾客到达率，从而有效地利用服务能力。预约系统的应用在现实生活中是很常见的，如到医院看病的预约等。然而，预约系统并不能保证完全有效地控制顾客到达时间，因为顾客可能因为其他的原因取消预约，或者晚到。为了减少意外状况给服务系统带来的影响，方便调整，在进行预约时，最好采用按照顾客特殊的需求安排特定的预约时间的方法，而不是采用固定时间间隔的预约方法。

2. 预订系统

预订系统在现实中的例子也有很多，如到饭店吃饭的预订、机票的预订等。通过预订系统，能够使系统对特定期间的服务需求做出比较精确的估计，管理者也能够依此更好地使需求与服务能力相匹配，从而降低顾客由于长时间等待而产生的不满情绪。

13.5.2 服务系统能力管理——服务系统排程

在这里，服务系统排程主要是指对服务系统内的服务人员进行排序，以适当安排服务人员的服务时间和数量，调整服务能力，从而使顾客需求与服务能力相匹配。

服务人员排序的方法有很多，这里主要介绍最简单的保证员工有连续2天休息日的排序方法。具体步骤如下。

（1）确定每周对员工的需求量，找出员工需求量总和最少的连续2天，作为员工1的休息日。

（2）员工1休息的2天中的需求量不变，将员工1工作的5天中的需求量各减去1，再找出员工需求量总和最少的连续2天，作为员工2的休息日。

（3）重复进行上面的步骤，直至所有的员工休息日确定完毕。

注意：如果有两组连续日期的需求总和是最小的，就根据排程的原则选择，否则，任选一组。例如，想要尽量安排在周末休息，而如果周二和周三、周五和周六的需求都是最小的，那么根据排程的原则，就选择在周五和周六休息。

例 13-4　假设某快餐店有 8 名员工，快餐店根据历史记录和经验，估计每天员工的需求量如表 13-11 所示。试为这个快餐店安排员工的工作和休息时间。

表 13-11　员工需求量

日　期	星期一	星期二	星期三	星期四	星期五	星期六	星期日
所需员工（人）	3	4	2	5	5	6	6

解： 应用上述排序步骤，得到结果如表 13-12 所示，方框所在的日期即为该员工的休息日。

表 13-12　员工休息日排序结果

日　期	星期一	星期二	星期三	星期四	星期五	星期六	星期日
员工 1	3	4	2	5	5	6	6
员工 2	2	4	2	4	4	5	5
员工 3	2	4	1	3	3	4	4
员工 4	1	3	1	3	2	3	3
员工 5	0	2	1	3	1	2	2
员工 6	0	1	0	2	0	1	2
员工 7	0	0	0	1	0	1	1
员工 8	0	0	0	0	0	1	0

员工工作日就是未被框住的非零值所对应的日期，每天工作的员工数量是未被框住的非零值的员工数量之和。例如，员工 6 在周二、周四和周日工作，周一工作人数为 3 人。而员工 8 虽然在周一和周二休息，但是只在周六有工作，其他时间都是空闲时间。

员工排程总人数结果如表 13-13 所示。

表 13-13　员工排程总人数结果　　单位：人

日　期	星期一	星期二	星期三	星期四	星期五	星期六	星期日
所需员工	3	4	2	5	5	6	6
实际人数	3	4	2	5	5	6	6

上面分析的只是针对一天工作 8 小时，一周 7 天工作日的单班次的人员排序问题，员工的工作大多是重复性的，在此基础上进行轮班。在实际中，还有很多更复杂的排序问题，如多班次排序、小时工作制下的人员排序等。在此不详细介绍。

引例的思考

"土快递"的问题主要存于运输设备、人员素质、管理的规范化程度、规模等方面。在运输设备方面，自行车和火车显然不能与"洋快递"的飞机抗衡，因此，无法涉足远程快递市场；在人员素质方面，"土快递"员工素质不高，无法提供高质量服务；在管理的规范化程度方面，很多企业从事非法的业务，即使是正规的快递公司，管理也不尽规范，没有有效的作业计划，导致"土快递"不能快速、及时地提供服务，最有效地利用资源，从而使其业务缺乏与"洋快递"相比的竞争力，这直接体现在知名度和信誉度上；在规模方面，由于资金和技术投入不够，规模普遍偏小，难以实现规模优势，难以为顾客提供低成本、高质量的服务。

“土快递”可以从以下几方面提高竞争力。

第一，对组织结构、服务流程进行适当重组，制订有效的作业计划，从而释放组织潜力，提高资源利用率，提高服务质量和速度，减少顾客等待时间。

第二，雇用具有一定素质的员工，保证服务质量。

第三，在现有资金水平的基础上，适当提高运输工具的质量。

复习与讨论题

1．工作中心作业排序的目的是什么？

2．在期末考试中，你使用什么优先原则来安排每门课程的复习时间？如何具体安排？

3．什么性质的作业适宜按照最短作业时间优先规则，什么性质的作业适宜按照最多工作量优先规则进行排序？

4．服务业排序与制造业排序有什么联系和区别？

5．有 5 项待加工作业要在同一台机器上加工，各作业时间与交货日期如表 13-14 所示。

分别使用先到先服务、后到先服务、最短作业时间、最早交货期和随机排序的优先规则，对各作业进行排序；同时，比较在不同加工顺序下的总流程时间、准时交货情况及平均每个作业的延迟时间。

表 13-14　排序数据

单位：天

作业（按到达顺序）	作业时间	交货日期（从现在起天数）
A	2	7
B	5	8
C	8	15
D	4	6
E	10	18

6．有 7 个作业，要在 2 台机器上以相同的工序进行加工，试将这 7 个作业进行排序，使得总流程时间最短。每个作业在 2 台机器上的加工时间如表 13-15 所示。

表 13-15　作业加工时间数据

单位：天

作　　业	在机器 1 上的加工时间	在机器 2 上的加工时间
A	6	6
B	2	10
C	9	5
D	4	11
E	8	16
F	2	12
G	7	3

7．某银行有 10 名员工，根据历史记录，银行每天对工作人员的需求量如表 13-16 所示。

试用本章介绍的算法为该银行安排员工的工作时间和休息时间，保证每个员工每周都有连续 2 天的休息日。

表 13-16　员工需求量　　单位：人

日　期	星期一	星期二	星期三	星期四	星期五	星期六	星期日
所需员工	8	4	4	5	8	6	6

本章阅读资料

为什么你总是排在最慢的队伍

为了赶紧买到一件商品，你跑进了百货商店。你匆匆忙忙地选好想要的商品，朝商店前方走去。在迅速瞄了一眼收银处排的队伍之后，你选择了看上去最快的那列队伍。

你的选择大错特错。那些在你选择了队伍之后才在其他队伍排队的人已经付完账去停车场了，而你还在焦急地等待。为什么遇到这种事情的总是你？为什么这个残酷的世界会允许这种事情发生？这不公平！

其实，这只是数学在碍着你的事罢了。

当你在百货商店里的不同队伍中踌躇时，机会并非对你有利。很有可能，别的队伍实际上更快一些。研究排队现象的数学家被称为排队论学家，他们有大量的数据来证明这一点。他们的模型也是研究一系列多样化的现代问题的基础，这些问题包括交通工程、厂房设计，以及互联网基础设施。与此同时，排队理论为商店的收银提供了一个更为公平合理的模式。唯一的问题就是其不为许多顾客所喜欢。

在探究这一问题之前，我们需要先去了解一个有些出乎大家意料的地方：哥本哈根电话局。20 世纪早期，年轻的工程师 Agner Krarup Erlang 就试图计算出哥本哈根接线总机的电话线路的最优数量。这要追溯到运营商还处于人工接线，并将拨片连到线路中才能接通电话的年代。

为了节约人力成本和基础设施，Erlang 想要搞清楚能够确保每个人的电话都被接通的必要线路的数量。一个成本很低的总机可能就只有一条线路。但这样的话，打电话这件事就会让用户备受折磨，其他人想要打电话的同时你也想打电话，你就只能乖乖跟在后面等。而要是给这个城市的几千部电话机每部都配上一条线路，也是没有实际意义的。

让我们看一个简化版的例子。如果哥本哈根接线总机每小时平均接通两个电话的话，你也许觉得两条线路就够了。但是这没把实际情况考虑进去，实际情况是可能有些时间段电话多一些，有些时间段少一些。繁忙时段时，总机可能会收到五个接线要求，但两条线路也就只能为两个用户接通电话，其他用户则会占线。如果丹麦人都特别话唠的话，电话可能要讲一个小时，这就意味着会有更多的电话在同一时间处于等待状态，然后整个电话系统就都堵了。

Erlang 构建了一个关于特定的某一小时内电话的平均数量及每通电话平均花费的时间的方程。将他的方程代入上述的例子中，哥本哈根电话局会发现他们需要七条线路以保证 99%的电话能够即时接通。1909 年，Erlang 针对他的研究发表了一篇论文，开创了一门新的数学分支学科——排队论。

现在，排队论的研究在诸多不同的领域都有所应用。例如，拥有客服中心的公司经常运用排队论来处理客户反馈的问题。一些基本的、普遍的问题由相对来说技能要求较低但人数众多的业务代表来处理。稍复杂的问题则由一些受了较多培训的员工解决。客服中心可以使用 Erlang 的研究成果来确定每种类型的业务代表的最优数量，而并不是如大众所想的那样，是个由撒旦定下的随机数字。

让我们回过头看看那些超市里在你之前结账的人。排队论解释了为什么你总是没法处于那条最快的队伍中。一个百货商店设法在收银台配备足够的收银员让所有顾客以最快速度完成付款，但有时，例如说周日下午，收银员就会超级忙。因为大多数百货商店没有足够的物理空间来再增加一个收银队伍，他们的收银系统不堪重负。一些小杂事——一次价格速查、一个特别能侃的顾客——都会引起下游效应，让其身后的队伍停滞不前。

如果一家店里排了三条队伍，这种延迟可能会随机地发生在不同的收银台前。想一想发生的概率。你所在的队伍成为最快的队伍的机会只有 1/3，这也意味着你有 2/3 的概率不处于那条最快的队伍中。所以说这可不仅仅由你决定：可能另一条队伍比你的队伍更快。

现在，排队论学家已经想出了一个解决这一问题的好办法：让所有顾客排成一条长长的蛇形队伍，也称蛇形队，每个处在队伍最前端的顾客去下一个空闲的收银台前。如果有三个收银台，这种方法比传统方法平均快三倍。这种方法在大多数银行、Trader Joe's 连锁商店及一些快餐店中已经开始使用。在蛇形队中，一个收银台前的拖延不会影响后面排着队的无辜者，相反，这会耽误所有人的时间。

那么为什么许多地方却不鼓励排蛇形队呢？此时，我们就要从消费心理学入手了。我们人类倾向于认为，如果有机会，我们能控制我们的生活，钻规章制度的空子。研究人员指出一些消费者拒绝接受蛇形队，因为蛇形队比普通队伍排得更长，他们更喜欢那种在多条队伍中走好运排到较快队伍中的机会。

排队论不仅仅在数学方面得到发展，它也结合了心理学层面。电梯大堂里通常都装有落地镜，这有助于缓和人们在等待下班电梯时的厌烦心理。诸如在迪士尼等游乐场里排队的队伍也与各种各样的娱乐活动相结合，如排队时的背景变换、队伍要穿过不同的房间、经过不同的大屏幕——在让游客等待两小时只为玩五分钟的同时，也让游客全神贯注，感觉好像在为了一个目标奋进一样。智能手机可能是赐予现代的排队者们的最好的奖赏，几乎每个人在等待的同时都能靠玩游戏、刷社交网络或浏览网页来打发时间。

最后，为了证明最理性的选择并非总是最优选择，还有一个关于麻省理工学院的杰出的排队论学家 Richard Larson 的搞笑逸闻。在一次关于排队论的研讨会上，Larson 说有一次一个宾馆大厅因为人多，阻塞了排队论学家们的登记入住。这群数学家们决定自力更生，自发形成了一个蛇形队以控制速度。

但是，正如 Larson 2012 年对《Slate》杂志所说的那样："大厅的设计并不适宜蛇形队，蛇形队看上去乱哄哄的，宾馆经理的脸色也很不好看。如果我们在前台分散排成六个平行队伍，那么等待的时间会更短些，混乱程度也少一些。但是，公平性也就会少一些。"

资料来源：《连线》杂志，2014 年 7 月 24 日。

思考题

1．Erlang 是如何研究排队问题的？

2．为什么在很多环境中都不鼓励蛇形排队？

第 14 章

供应链管理

本章学习目标

- 描述什么是供应链。
- 了解供应链设计的相关内容。
- 了解采购与供应商选择的相关内容。
- 描述牛鞭效应的概念、成因和解决对策。

本章引例

华为公司与供应商建立合作伙伴关系

深圳华为公司与供应商建立合作伙伴关系和传统的做法在许多方面有很大的不同。在伙伴式关系中，价格不是最重要的。即使一个供应商没有最低的价格，但是如果它能够满足使公司综合成本下降的准则，它也可以被选择。这些准则包括：竞争力和技术、生产能力和弹性、履行质量和交货的能力、非常愿意接受改善和采用 JIT/TQM 等程序和技术。

持续性产品改善的一个重要方面是产品的组件和部件的改善。传统的客户—供应商关系钝化了这样的改进。例如，因为部件是由客户设计的，所以供应商只是按照客户的设计来生产。部件的设计是否低劣、是否很难生产等诸如此类的想法都被置之不理。在伙伴式的关系中，供应商要意识到在设计和制造方面的竞争力。客户提出需求和规格，然后期待供应商为此做全部和部分的设计。

华为公司在确定供应商数量上与传统的采购方式不同，它将供应商减至最少、最好的几个，最终的目标是将供应商的数量减少至一个或唯一货源，即选择一个被认为最适合供应某一特定部件的供应商。

华为公司与供应商签订的协议类型与传统的短期采购协议不同，协议在范围上可能相当广。例如，它可能申明供应商能够持续改善它的质量、服务、产量，以及减少库存和交货延迟等。协议的重点应该放在工作关系上，而不是针对具体采购订单。协议条款覆盖时间范围和关于价格、质量、交货和下单的预期。在时间跨度上，协议是长期的，一般是 3~5 年。

资料来源：华为通讯，2005 年 4 月。

思考问题

为什么华为公司要与供应商建立合作伙伴关系？

随着社会经济的发展，买方市场基本形成，以生产和产品为中心的管理模式已经不能适应现代市场竞争的需要，取而代之的是以顾客为中心的供应链管理。相应地，企业之间的竞争也变为供应链之间的竞争。谁的供应链能够更快地对顾客的需求做出反应，提供高质量、个性化的产品及优质的服务，谁就能够在这场竞争中获胜。因此，供应链管理也就成为当今企业的热门话题之一。

每个商业组织至少是一个供应链的一部分，大多数商业组织是多个供应链的一部分。供应链中，组织的数量和类型是由供应链是生产导向还是服务导向决定的。典型的供应链是由不同的商业组织组成的，而不仅仅是一个单独的组织。另外，每个组织的供应链都由两个部分组成：供应部分和需求部分。供应部分从供应链的开端开始，到组织的内部运作结束。而需求部分从组织的成品向顾客运输开始，到运输到最终顾客结束。

所有的组织，不论处在供应链的何种位置，都必须处理供应和需求业务。供应链管理的目标就是连接供应链的所有部分，使得整个供应链可以最有效率地满足市场的需求。这就要求供应链上每个环节的供应与需求相符合。值得注意的是，除了刚开始的供应商和最终顾客，供应链中的所有组织既是顾客也是供应商。

14.1　供应链管理的定义

供应链是围绕核心企业，通过信息流、物流、资金流将供应商、分销商、零售商直到最终用户连成一个整体的功能网链结构模式，链中的成员称为供应链的节点。更确切地说，供应链是描述商品“需—产—供”过程中各实体和活动及其相互关系动态变化的网络。

在一条典型的供应链中，厂商先进行原材料的采购，然后在一家或多家工厂进行产品的生产，把产成品运往仓库暂时储存，最后把产品运往零售商或顾客。因此，供应链又称物流网络，包括供应商、制造商、仓库或配送中心和零售商，以及在各机构之间流动的原材料、在制品库存和产成品。图 14-1 是一个典型的供应链网络。

供应链管理是在满足服务水平要求的同时，为了使系统成本达到最低而采用的将供应商、制造商、仓库和商店有效地结合成一体来生产商品，并把正确数量的商品在正确时间配送到正确地点的一套管理方法。这个定义包括三个含义。

（1）供应链管理的管理范围与传统的企业管理有着巨大的差别。传统的企业管理将管理的范围局限于企业内部各部门的管理及部门之间的集成管理，供应链管理则需要分析研究在产品满足顾客需求的过程中对成本有影响的所有机构，包括供应商、制造工厂、仓库、配送中心、零售商和商店。有时还有必要考虑供应商的供应商及顾客的顾客，因为他们对供应链的绩效都会产生影响。也就是说，供应链管理在管理范围方面对传统的企业管理进行了前后拓展，使传统的企业向扩展型企业（Extended Enterprise）发展。

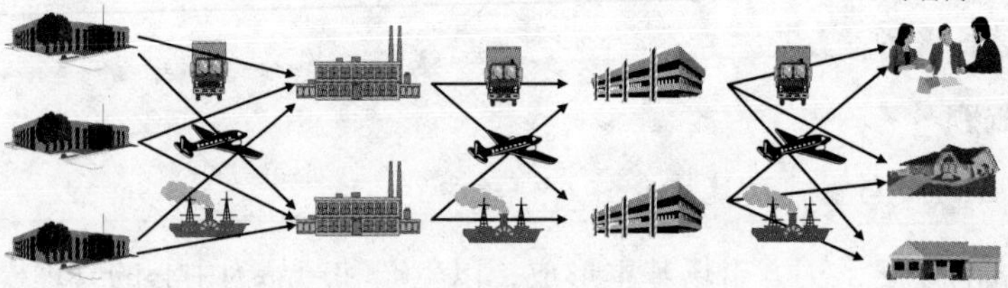

图 14-1　供应链网络

（2）供应链管理的目的与传统的企业管理不同。传统的企业管理其目的在于追求单个企业的利润最大化或成本最低，而供应链管理的目的在于追求整个供应链系统的效率和经济性，使系统总成本达到最小。系统的总成本包括运输和配送成本及原材料、在制品和产成品的库存成本。因此，供应链管理的重点在于采用系统分析方法来降低整个供应链的成本，而不在于简单地使运输成本达到最小或减少库存。

（3）供应链管理包括公司战略层次、战术层次和作业层次上的活动。供应链管理不仅涉及公司战略层次方面的决策，如供应链网络的设计、战略合作伙伴的选择等，还包括一些战术层次与作业层次上的活动，如运输路线、库存策略、车辆调度、采购策略的确定等。

供应链管理是在 20 世纪 80 年代初期提出的一种新的管理理论。最初的供应链管理是指企业内部市场、销售、计划和采购、制造等部门之间的协调管理。后来，供应链管理发展到企业与其供应商之间的供需管理，以及从原材料供应商、制造商、销售商到客户的链式管理。目前的供应链管理则强调一种网络式的管理，即对从原材料供应开始，经过产品制造环节到销售网络的将供应商、制造商、分销商、零售商直到最终用户连成一体的功能网络结构进行计划、协调与控制的管理模式，确保在正确的时间内，将正确的产品送到正确地点、正确客户的手中。

管理实践

东芝笔记本电脑售后维修的供应链

物流企业只能提供简单的运输服务吗？它们只能简简单单地将商品从位置 1 移动到位置 2 吗？答案显然是否定的。事实上，如果一家物流企业只能提供如此服务，其发展空间将是非常小的。全球著名的物流企业，或者说物流服务提供商，如 UPS、DHL 等都在进行服务创新，提供传统运输服务之外的回收管理、服务部件物流、现场（安装、维修等）技术支持等服务。通过引入物流企业的这些服务，制造商能够改善其供应链流程，提高其客户服务水平，最终将使企业获得更多的客户。东芝就是个例子。

东芝的主营业务之一是笔记本电脑。笔记本电脑市场竞争是相当激烈的，如何在竞争中生存和发展呢？2004 年，东芝开始与 UPS 合作，以寻求供应链解决方案。合作的主要目标之一是降低其笔记本电脑维修所需要的周转时间。通常情况下，笔记本电脑维修多达 20 步，包括 7 次空运，覆盖几个大洲，需要与技术人员进行正确的部件连接。在没有引入 UPS 的服务之前，东芝笔记本电脑维修整个过程需要耗时 10 天。引入 UPS 的服务之后，东芝的顾客可以将他们的笔记本电脑送到 UPS 的 3 300 家分店中的任何一家分店。UPS 有专门从事高科技维修的员工，可以在 4 天或更短的时间内修好送回。东芝将其整个维修流程外包给 UPS，使得从取货、运输到维修部件、笔记本电脑送回顾客手中的时间减半。这种一站式维修模式设定了一个效率和速度的新标准，该标准在不断变化的笔记本电脑行业中使东芝竞争者面临挑战。

通过将维修服务外包，东芝在市场上拥有效率最高的维修流程。新的流程不仅能使东芝节省上百万美元，同时也降低了顾客的不满情绪——笔记本电脑损坏可不是件愉快的事情。

资料来源：Bob Violino. What can Logisitcs Do for You? Global Services. 2006.6.

14.2　供应链管理的要素

供应链管理包括协调整个供应链的活动。这样做是为了掌握顾客需求，并且在供应链的每个阶段将这种需求转化为相应的活动。

表 14-1 列出了供应链管理的关键要素。其中，第一个要素是顾客，这也是驱动因素。营销负责识别顾客需求，并预测出顾客需求的时间和数量。产品设计必须使运作能力同顾客需求相符合。

表 14-1　供应链管理的要素

要　　素	典型问题
顾客	决定顾客需要的产品是什么
预测	预测顾客对产品需求的数量和时间
设计	综合考虑顾客、需求、制造能力和投入市场的时间
制订生产能力计划	供给与需求相符合
加工	控制质量，安排工作进度
库存	满足需求的同时管理持有成本
采购	选择供应商、实施采购策略
供应	管理供应商的产品质量、及时传送性和柔性；保持同供应商的良好关系
选址	决定机构的位置
物流	决定如何最好地移动和存储原材料

制订生产能力计划的主要目的是使得企业的供应能够与客户的需求相一致。

加工在供应链的每个部分都会出现，也是每个企业的核心。加工主要出现在为最终顾客提供产品的组织中。对供应链的内部和外部来说，加工的主要内容是工作进度安排。

库存是大多数供应链的主要产品，平衡库存则是供应链管理的主要目标，因为库存太少会导致交货延迟，并打乱进度安排；而库存过多会增加不必要的成本。

联结企业和供应商的是采购。采购主要是获得能为顾客提供产品的原材料或半成品。采购要选择供应商、就合同进行谈判、建立联盟及在供应商和不同的内部部门之间采取同步行动。

供应链上的供应部分由一个或更多的供应商组成，它们都由供应链连接起来，每个供应商都对供应链的有效性或无效性产生影响。另外，对供应商及其供应链上所有的需求部分之间的协调进行仔细的计划和执行是完全有必要的。

选址是很关键的一个因素。供应商位置的选择很重要，同样，加工机构的选址也很重要。靠近市场或靠近供应源，或者两方面都靠近是至关重要的。同样，运输时间和成本也常常受选址影响。

物流是指对原料进行规划使得其以最好的方式进行移动和存储。

14.3 供应链设计

供应链设计是供应链管理中的一个重要的战略决策问题，它直接影响供应链的运行效果。有效的供应链设计可以改善客户服务水平，降低系统成本，提高竞争力；而无效的供应链设计则会导致浪费和低效。虽然一些管理比较先进的企业通过规划新的渠道/供应链，并运用供应链管理策略来改进现有的网络，但大多数企业的供应链并没有经过科学的规划和设计。

14.3.1 供应链设计的步骤

企业在考虑引进新产品时，或者当现有供应链达不到绩效目标时，管理者应该考虑对供应链进行重新设计。供应链的设计过程一般包含以下步骤。

（1）明确供应链的目标。

（2）制定供应链的策略。

（3）设计并提供供应链结构的候选方案。

（4）评价供应链结构的各种候选方案。

（5）选择供应链结构。

（6）决定单个供应链成员的候选企业。

（7）评价并选择单个供应链成员。

（8）衡量和评价供应链的绩效。

（9）当绩效目标未达到或有新的具吸引力的选择存在时，评价供应链的候选方案。

根据供应链成员的相对市场影响力、财务实力，制造商、批发商或零售商都有可能在设计过程中起主导作用。

当客户对产品具有强烈的需求欲望时，制造商就具有了市场影响力。这种情况下，零售商、批发商愿意销售制造商的现有产品和新产品，因为这些产品将会吸引客户。随着制造商、批发商和零售商在国内市场和全球市场上的扩展，供应链的影响力有向零售商转移的趋势，因为零售商能够接触大量的客户。

对于缺乏品牌知名度的厂商来说，通过所提供的现有产品和新产品吸引供应链成员是很困难的，这种制造商在参与供应链谈判时缺乏市场影响力。此外，财务实力决定了制造商的营销能力，小制造商通常不能够直接与零售商或地理位置上分散的客户进行交易，因此必须依靠批发商。批发商使有效率地提供产品的时间效用和地点效用成为可能。从经济角度来看，批发商的存在是合理的，因为它们通过“化整为零”、建立商品分类及为零售商或工业客户提供融资，提高了配送效率。

当零售商订购的产品较少，或者当制造商的财务实力不够强大时，批发商的市场影响力会相对更大一些。对于某些产品来说，单件产品的价格和利润可能已经高到足够支持制造商直接销售给零售商。但对于低价值或低利润的产品，如烟草和一些食品产品，制造商可能发现即便每个零售商会大批量地订购，但通过批发商销售会更有利可图。

批发商和分销商的财务实力决定了它们所能提供的服务类型。每种服务代表了一种获利机会，同时也代表了相关的风险和成本。市场上是否存在提供类似服务的其他企业，会影响单个批发商的市场影响力。

零售商的存在是因为它在某个特定的地理市场中提供了方便的产品分类、供货、价格和形象。零售商在一个特定区域所能获得的客户的偏爱程度（由于客户服务和价格/价值绩效而产生的忠诚度）直接影响它协调供应链关系的能力。零售商的财务能力和规模也同样决定了它对其他供应链成员的影响程度。

14.3.2 供应链设计应考虑的因素

管理者在建立供应链时必须考虑的因素包括市场覆盖范围目标、产品特性和客户服务目标等。

1. 市场覆盖范围目标

为了建立市场覆盖范围目标，管理者必须考虑顾客购买行为、分销类型、供应链成员及取得成功所必需的控制。

（1）顾客购买行为。为了设计一个能够最有效运作的供应链，必须事先确定潜在细分市场顾客的购买动机。这一分析使设计者能够确定最能达到目标市场的零售市场的细分。营销人员还必须识别出潜在用户，并确定这些用户如何制定采购决策。

（2）分销类型。分销方式基本上有三种类型：密集分销、选择性分销和独家分销。

1）在密集分销方式下，产品被销售给尽可能多的合适的零售商或批发商。密集分销适用于如饮料、面包、方便面、洗发水和烟草等产品，对这些产品而言，影响采购决策的首要因素是方便性。

2）在选择性分销方式下，销售某种产品的门店数量是有限的，但还没有达到独家专卖的地步。通过选择合适的批发商和零售商，制造商能够将管理的注意力集中在有赢利潜力的客户，并与之建立起牢固的关系以确保产品能够被适当地销售。如果产品要求有专门的服务和销售支持的话，生产者还可能限制零售门店的数量。选择性分销可能用于如服装、电器、电视机、音响设备、家具和体育设备等产品。

3）当单个门店被授予在某个地理区域销售产品的独家特许权时，这种安排被称作独家分销。当客户愿意克服距离的不便以获得某种商品时，如特种汽车、某些重要的电器、某些品牌的家具及某些品牌服装等享有很高的品牌忠诚度的产品，以独家专卖的方式进行分销是比较合适的。

（3）供应链成员。有了客户需求和确定的分销类型，管理层必须为供应链的进货和发货选择供应链成员。选择供应链成员时所考虑的因素包括财务实力、产能、业务发展的潜力以及供应链竞争力。

（4）控制。在许多情况下，企业可能需要对供应链的其他成员施加某种控制，确保产品质量或售后服务。之所以需要这种控制，原因在于管理层希望保护企业的长期赢利能力。

2. 产品特性

产品特性是供应链设计中的一个主要考虑事项。在分析产品的特性时，应考虑以下几方面：产品的价值，产品的技术性，市场接受的程度，可替代程度，产品大小，产品易变质性，市场集中程度，季节性，产品系列的宽度和深度。

3. 客户服务目标

客户服务代表营销组合 4P 中的地点（Place）要素。客户服务可以用来使产品脱颖而出或影响市场价格——如果客户愿意为更好的服务付出更多。另外，供应链的结构将会决定提供某个特定水平客户服务的成本。

客户服务的衡量通常可从以下三方面来评价。

（1）产品的可供性。

（2）客户订货提前期的速度和一致性。

（3）销售方和客户之间的信息沟通。

管理人员应该在仔细研究客户需求后再确定应达到什么样的客户服务水平。

14.3.3 基于产品的供应链设计

费歇尔（Fisher，1997）认为供应链的设计要以产品为中心，要充分考虑产品类型与供应链结构之间的匹配性。供应链的设计首先要明白客户对企业产品的需求特征是什么，是满足其基本需求，还是满足其个性化需求或时尚需求？产品的生命周期、需求预测、产品多样性、提前期和服务的市场惯例等都是供应链设计所需要考虑的重要问题。供应链设计的最终目的在于使产品与供应链相匹配。

1. 产品类型

不同的产品类型对供应链设计有不同的要求。按照产品的需求特征，可将产品分为功能型产品和创新型产品。一般来说，功能型产品是那些满足客户基本需要的产品，这些产品的边际利润比较低，需求比较稳定，如牙膏、方便面、大米等；创新型产品是指那些满足客户个性化需求或时尚需求的产品，这些产品的边际利润很高，但需求极不稳定，如流行服装。表 14-2 比较了两种不同类型的产品之间的主要区别。

表 14-2 功能型产品与创新型产品在需求上的比较

产品特征	功能型产品	创新型产品
产品生命周期	>2 年	1 ~ 3 年
产品的多样化程度	较低	很高
边际贡献	5% ~ 20%	20% ~ 60%
预测的误差率	10%	40% ~ 60%
平均缺货率	1% ~ 2%	10% ~ 40%
季末降价率	0	10% ~ 25%
按订单生产所需的提前期	较长，6 个月 ~ 1 年	较快，1 ~ 2 天

2. 供应链结构

从供应链角度来分析，主要存在两种不同类型的供应链结构：效率型供应链（Efficient Supply Chain）和反应型供应链（Responsive Supply Chain）。效率型供应链主要体现供应链的物理功能，即以最低的成本将原材料转化成零部件、半成品、产品，以及在供应链中进行有效的运输等；而反应型供应链主要体现供应链的市场中介功能，即把产品配送到满足用户需求的市场，对未预知的需求做出快速反应等。对这两种类型供应链的比较如表 14-3 所示。

表 14-3　反应型供应链与效率型供应链的比较

特　征	反应型供应链	效率型供应链
追求的目标	迅速地对不可预测的需求做出有效反应，使缺货、降价、废弃库存达到最小化	以最低的成本供应可预测的需求
管理核心	配置充足的缓冲库存	保持较高的平均利用率
库存策略	部署好零部件和成品的缓冲库存，应付不稳定的需求	降低整个供应链的库存
提前期	大量投资于提前期的缩短	在保持稳定的条件下尽可能缩短提前期（在不增加成本的前提下）
供应商的选择指标	以速度、柔性、质量为核心	以成本和质量为核心
产品设计策略	采用模块化设计，在模块的基础上进行变型设计	采用标准化产品设计

3. 基于产品类型的供应链设计策略

了解了产品和供应链的特性后，就可以设计出与产品需求一致的供应链，设计策略如图 14-2 所示。矩阵中四个象限分别代表四种不同的产品和供应链的组合。在这四种组合中，只有当针对功能型产品采用效率型供应链和针对创新型产品采用反应型供应链时，产品与供应链才是相匹配的，而当功能型产品采用反应型供应链或者创新型产品采用效率型供应链时，产品与供应链是不匹配的，结果将不能很好地满足市场需求，供应链也缺乏市场竞争力。

	功能型产品	创新型产品
效率型供应链	匹配	不匹配
反应型供应链	不匹配	匹配

图 14-2　供应链结构与产品类型匹配矩阵

14.4　采购

采购是供应链管理中的一个重要环节，传统的采购观念正在受到挑战。传统观念认为多货源采购可以保证物料供应的安全性，而在现代供应链管理中，这一观念已经受到单一货源趋势的挑战；采购者与供应商之间的关系正在由不友好向更亲密的合作关系转变；同招标相比，谈判正受到越来越多的重视；长期的采购合同正在取代短期的采购策略。有效的采购可以为企业的成功运作做出巨大贡献。

14.4.1　采购界面

作为一项服务职能，采购与其他许多职能区域及外部供应商都存在界面（Interface）。采购是联结组织及其供应商的重要纽带，供应商和各职能区域的信息可通过它相互交流。采购与其他区域的相互作用如图 14-3 所示。

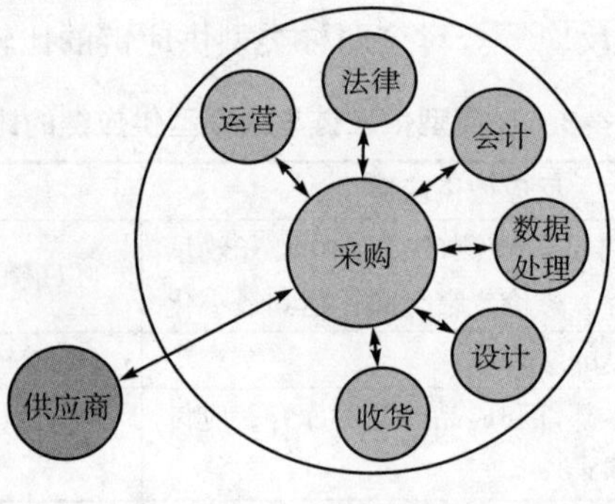

图 14-3　采购界面

14.4.2　自制与外购决策

企业是否自己加工某种零部件？企业是否应该自己建立仓库、购买卡车组建运输车队？企业是否应该拥有自己经营的餐厅？自制与外购是任何一个企业都会面临的战略性决策问题，自制与外购决策在很大程度上决定了企业的生产率和竞争力，直接影响组织的整体运作水平。

随着全球竞争的日益加剧，降低成本的压力越来越大，企业对自身核心能力日益关注，对自制与外购决策问题的看法在最近几年中发生了明显变化。在过去，许多企业追求"大而全、小而全"的组织形式，多数企业实行后向集成一体化并拥有大量的制造与装配设施及各项服务，外购的范围主要限于原材料，然后自己对原材料进行加工。目前的发展趋势是外购或寻找合适的供应商提供原来由企业自己生产的产品或服务。许多企业已经将零部件加工、职工培训、仓储运输等物流服务这些非核心业务外包给了专业的供应商，从而将更多资金、人力放在核心能力的发展上。

当企业面临自制与外购决策的时候，该怎么办？对于该问题，必须针对具体企业的具体决策问题展开分析。

（1）企业进行自制的原因。

1）质量要求极高或很独特，需要特殊的加工过程，目前没有供应商能够提供该产品。

2）避免因对供应商的依赖而引起的制约，使供应更有保障，供需更加协调。

3）在某些情况下，自制成本更低。

4）避免泄露公司的信息，如财务实力、技术秘密等。

5）有利于充分利用企业的设备与人力，避免资源的闲置。

（2）企业选择外购的原因。

1）企业缺乏管理或技术经验，无法自制产品或自行提供所需服务。

2）资源有限，市场竞争要求企业集中资源开发核心专长。

3）精简组织结构，增强市场应变能力，提高效率。

4）可以灵活地选择供应源与替代产品。

5）缩短产品开发与生产周期。

6）市场上存在能够供应所需产品或服务的供应商，并且外购的成本低于自制的成本。

关于是自制还是外购零部件的决策涉及经济和非经济因素。从经济上来说，如果企业有足够的生产能力，零部件的价值足够高，可以补偿生产的可变成本加上固定成本，那么企业自己生产也是一个选择。如果要用的零部件的批量较小，则应该选择外购，因为这样就可以承担较少甚至是零固定成本，如图 14-4 所示。

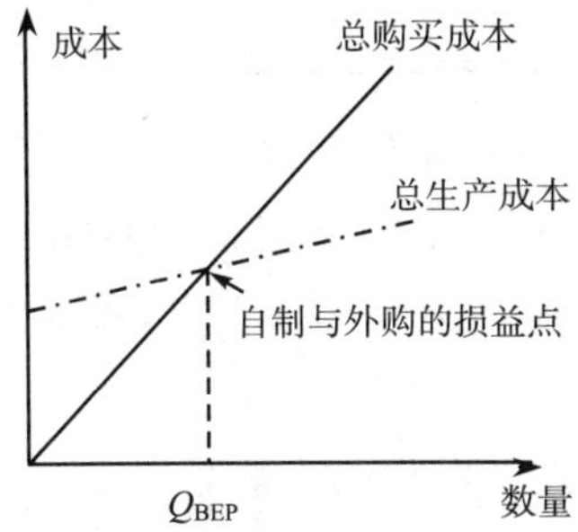

图 14-4　经济和非经济因素对自制或外购决策的影响

而非经济因素则要考虑企业自己投入的能力、生产过程的特点和产出的影响。在企业的投入上，企业要考虑可用的资金和技术人员、外部供应的可得性和数量及对可选供应资源的具体要求。生产过程的特点包括企业雇员的偏好和生产稳定性的考虑、开发研发设备的要求、控制产品的生产秘密、扩展新的产品线的需求、需要控制交货提前期及是否会影响生产的柔性。至于产品的产出方面，则主要考虑控制产品的质量和可靠性及所外购的产品对顾客的影响。

例 14-1　奥本机器公司生产销往全国的零件。它可以选择自己生产塑料包装箱，而如果采购，目前的单价是 0.70 元。每年的需求很大程度上取决于经济状况，但是长期的估计如表 14-4 所示。

如果公司自己生产，它必须改建现有的工作区域，还要采购一台机器，这样下来每年的固定成本是 8 000 元。工人、物料和管理成本等可变成本估计是每件 0.50 元。（a）奥本机器公司应该自制还是外购这种包装箱？（b）在什么批量下生产，自制比向外部供应商采购更经济？

表 14-4　包装箱的需求估计量

需求（件）	可能性（%）
20 000	10
30 000	30
40 000	40
50 000	15
60 000	5

解：（a）首先，将可能性看作经验概率，计算期望需求量。这样，期望需求 $E(D)=D\times P(D)$

=37 500（件），如表 14-5 所示。

表 14-5 分析表

单位：件

需求 D	可能性 $P(D)$	期望需求 $E(D)=D\times P(D)$
20 000	0.10	2 000
30 000	0.30	9 000
40 000	0.40	16 000
50 000	0.15	7 500
60 000	0.05	3 000
合 计		37 500

其次，如果期望的生产成本低于期望的采购成本，奥本机器公司应该自己生产包装箱。

期望生产成本=8000 元+(0.50 元/件)(37500 件)=26750（元）

期望采购成本=(0.70 元/件)(37500 件)=26250（元）

结论：应该采购包装箱。

（b）损益平衡点（见图 14-5）是自制总成本等于采购总成本时的生产量（设产品数量为 V）：

期望生产总成本=期望外购总成本

8000 元+(0.50 元/件)V=(0.70 元/件)V

0.20 元 V=8000 元

V=40000（件）

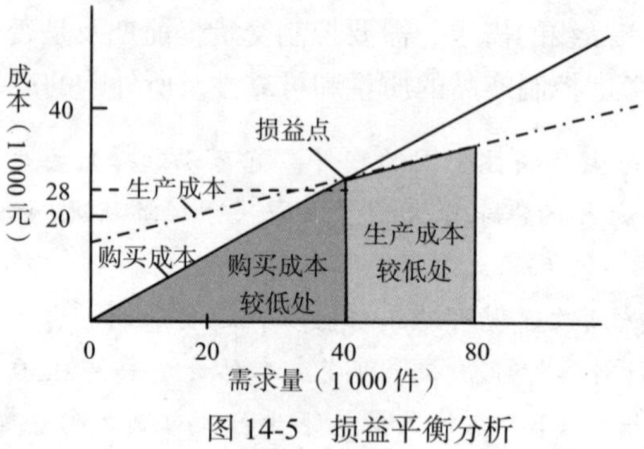

图 14-5 损益平衡分析

所以，数量超过 40 000 件时，自制包装箱更经济。

14.4.3 JIT 采购

JIT 采购，即准时采购，是 JIT 生产系统中一个重要部分。JIT 采购的基本思想是：在恰当的时间、恰当的地点，以恰当的数量、恰当的质量提供恰当的物料。因此采购方必须与供应商签订在需要的时候提供需要数量的原材料的协议。这意味着可能一天一次、一天两次，甚至每小时几次提供物料。这种方法与传统的早在生产之前就把采购物料大批量送到的方法形成了鲜明的对比。

（1）JIT 采购的核心要素。

1）减小批量。

2）频繁而可靠地交货。

3）缩短提前期。

4）提供高质量的物料。

其实质在于消除库存和不必要的浪费。

（2）JIT 采购的益处。JIT 采购的最终目标是为每种物料或几种物料建立单一可靠的供应渠道，其结果是从总体上大大减少供应商的数量，从而使采购的公司可以获得以下好处。

1）保持质量的一致性。在产品设计的早期阶段，供应商的参与保证了供应商提供一致的高质量产品。

2）节约资源。减少交易的供应商数目，采购方可以大大减少在时间、人力、出差等方面的费用。

3）降低成本。向同一供应商采购的物料数量越多，最终成本越低。

4）得到供应商的特别关注。因为采购方的采购额占供应商交易额的较大比例，供应商会更加关注采购方的需要。

5）维持长期的合作关系。与供应商建立长期的合作关系能够鼓励供应商对采购方保持忠诚，减少买方物料供应中断的风险。

（3）JIT 采购的措施。采购部门实施 JIT 采购策略时采取的关键措施如下。

1）减少供应商的数量，寻找最佳的供应商，与其建立伙伴关系。

2）让供应商就近设厂，可以缩短交货期，并且可以对客户的需求做出快速的反应；另外也使得小批量、多批次供货成为可能。

14.5 供应商选择

与供应商建立起战略性合作伙伴关系是现代供应链管理的一项重要内容。选择合适的供应商对于增强供应链的竞争力、提高对最终客户需求的反应能力具有重要的意义。

14.5.1 供应商选择的指标体系

在传统的供应链管理中，供应链各成员处于一种对立竞争的局面，供需双方进行零和博弈。因此，传统的供应商选择指标主要侧重于成本。一般在众多供应商参与竞标的情况下，中标的往往是报价最低的供应商。企业在选择供应商时只注重成本的短期行为，往往会引起供需双方的敌对关系，从而导致产品质量的下降和交货期限的拖延。现代供应链管理强调从战略性角度选择合适的供应商，与供应商建立起长期的合作伙伴关系。

供应商选择问题一直是供应链管理研究的一项重要内容。供应商选择是一个复杂的多目标选优问题，需要考虑多方面的因素，而且不同的供应链涉及的指标也不同，因此很难建立起一个普遍适用的供应商选择指标体系。Dickson 建立的供应商选择指标体系包括质量、交货、历史记录、生产设施和能力、价格、技术能力、财务状况、态度、通信系统等 23 个指标。

在很多方面，选择供应商的考虑因素包括同进行重要采购（如一辆车或一台音箱）相同的考虑因素，公司要考虑价格、质量、供应商的声誉、过去同供应商的交往及售后服务等。表 14-6 详细列出了公司在选择供应商时应考虑的主要因素。

表 14-6　选择供应商的考虑因素

因　素	内　容
质量与数量保证	• 供应商用什么程序进行质量控制和质量保证 • 质量问题及纠正措施是否有文件证明
柔性	• 供应商面临数量、交付时间与产品改变时，灵活性有多大
位置	• 供应商是否就在附近
价格	• 供应商对既定商品组合的报价是否合理 • 供应商是否愿意协商价格 • 供应商是否愿意联合起来共同降低成本（与价格）
产品改变	• 当产品改变时，供应商提前多久预先通知 • 关于变化，买方需要投入到什么程度
信誉与财务状况稳定性	• 供应商信誉如何 • 供应商财务状况如何
生产提前期与交付的及时性	• 供应商能提供的生产提前期是多少 • 供应商有什么确保按时运送的程序 • 供应商有什么证明和纠正运送问题的程序
其他	• 供应商是否严重依赖其他买主，使我们承担为了优先满足其他买主的需要而可能带来的风险

因为不同条件下因素的重要程度各不同，因此首先应根据情况决定每个因素的重要性（给每个因素不同的权重），然后根据表 14-6 的各项内容来衡量潜在供应商，这个过程就叫供应商评价。对供应商的评价可以分期执行，也可以在不同因素的权重发生重大变化时执行。

14.5.2　供应商选择的步骤

供应链中供应商的选择一般可采取如图 14-6 所示的三个步骤。

以下对各步骤进行具体的解释。

第一步，设计供应商选择的指标体系。设计评价指标时，会涉及定性和定量的指标，评价指标体系的设计要遵循全面性、相关性、定性与定量相结合等原则。

第二步，对候选供应商进行初步筛选。根据供应链战略应达到的基本要求及各指标的基本约束，如必须具备某种生产设备，或者必须位于某地域范围内等，剔除一些不合格的供应商。

第三步，综合选优，在通过第一轮筛选的供应商中选择最佳的供应商。首先确定指标权重，利用多因素优选法，将备选供应商进行综合比较，按评价值大小排序，以便确定最佳的合作伙伴。

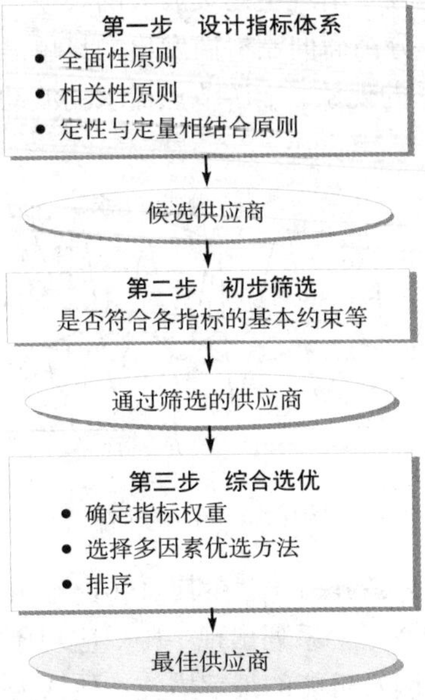

图 14-6　供应商选择的三个步骤

14.6　供应链中的牛鞭效应

供应链中普遍存在牛鞭效应，即上游企业面临的需求波动程度要大于下游企业面临的需求波动程度。这种需求信息的严重歪曲给有效管理供应链带来了许多困难。现代供应链管理强调供应链各成员之间的相互合作，降低不确定性因素，以更低的成本更好地满足客户的需求。识别牛鞭效应产生的原因，并采取相应的缓解措施，对于提高供应链管理的效率具有重要意义。

14.6.1　供应链与牛鞭效应

供应链是由供应商到制造商、分销商、零售商乃至最终用户所形成的网链结构（见图 14-7），网链结构中的成员称为供应链的节点，上一节点与下一节点形成上下游的关系。例如，分销商是制造商的下游，同时又是零售商的上游。在供应链上下游各成员之间发生着物流与信息流的传递。如图 14-7 所示，物流从上游节点流向下游节点，需求信息则从下游节点流向上游节点。因此，物流与信息流是供应链管理的两大重要内容。

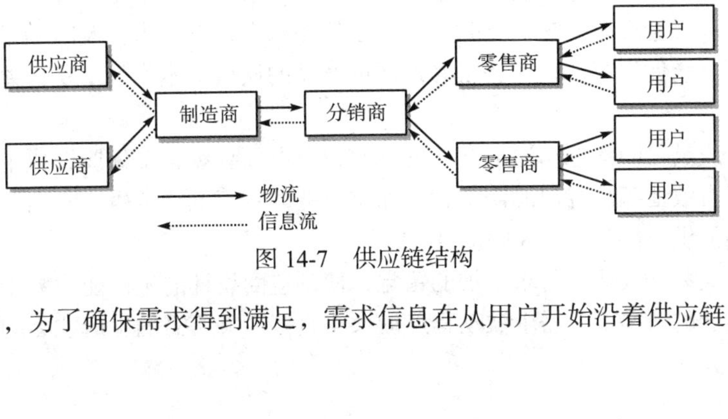

图 14-7　供应链结构

在供应链中，为了确保需求得到满足，需求信息在从用户开始沿着供应链向零售商、分销商、制造商乃至供应商的传递过程中出现了逐级放大的现象，也即零售商向分销商发出的订单需求大于最终用户的实际需求，分销商向制造商发出的订单需求大于零售商的订单需求。以此类推，结果出现了如图 14-8 所示的现象，上游节点需求的波动程度大于下游节点需求的波动程度，这就是所谓的牛鞭效应。

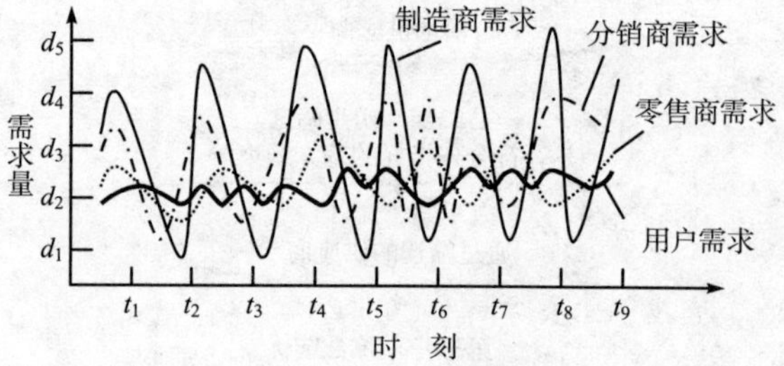

图 14-8 牛鞭效应

最早提出牛鞭效应现象的是 Forrester。在其 1961 年出版的《工业动态学》（*Industrial Dynamics*）一书中，Forrester 列举了一系列出现牛鞭效应现象的例子，并从工业动态学的角度讨论和分析了牛鞭效应产生的原因及可能的缓解措施。他认为牛鞭效应是工业动态学或工业组织随时间变化的行为的结果，也就是说，一个组织所采用的基本形式和政策导致了供应链中的牛鞭效应。

14.6.2 牛鞭效应对供应链的影响

通常来说，牛鞭效应在很大程度上归因于供应链各成员之间的信息沟通不畅、合作不紧密。现代市场中企业与企业之间的竞争已经开始转向企业供应链与供应链之间的竞争，因此供应链各成员能否相互合作，共同消除供应链中不必要的库存和浪费，提高整个供应链对于顾客需求的反应力，已经成为决定供应链竞争优势的决定性因素。

牛鞭效应的存在说明供应链管理还未能得到优化，供应链管理中还存在许多无效的活动。牛鞭效应的负面效应如下：

（1）物流从供应链上游节点流向下游节点的过程中出现逐级缩小的现象，各节点储存了许多 不必要的库存。这类库存完全是由于需求信息传递过程中的信息噪声干扰所引起的，并不起需求缓冲的作用。牛鞭效应所引起的大量库存，一方面积压了大量资金；另一方面又由于顾客需求的不断变化而面临库存陈旧的风险。

（2）由于存在牛鞭效应，制造商面临的需求波动性很大，这给生产计划带来许多问题，从而使制造商的生产平稳性差。它们有时生产处于停顿状态，有时为了及时满足突然增加的需求又必须加班加点、仓促生产，这无法很好地保证产品的质量。生产的平稳性差还将导致生产成本的增加。

（3）供应链成员之间信息沟通上存在的障碍，一方面导致整个供应链成本高、效益低；另一方面导致不能有效地满足客户的需求，因而供应链的效率低、竞争力不高，在竞争激烈的市场中，面临被其他供应链替代的风险。

（4）牛鞭效应易给人造成需求增加的错觉，使制造商设计的生产能力大于实际的需求。在平均需求保持不变的情况下，需求波动程度的大小直接影响所需的生产能力的大小。牛鞭效应歪曲了需求信息，使需求的波动程度加大，从而使制造商盲目扩大生产能力，结果是生产能力利用率不高。牛鞭效应也是市场上对某一行业热门产品进行盲目投资和重复建设的原因之一。

14.6.3　牛鞭效应的成因分析

牛鞭效应的产生，一方面在于供应链上下游节点之间需求沟通方面存在着障碍，它是在信息不充分的条件下，决策者追求优化决策的结果；另一方面在于供应链的固有属性，如存在较长的交货提前期，流通环节多，具有较高的固定订货成本等。具体来说，引起牛鞭效应的主要原因有需求预测、库存策略、交货提前期、流通环节、促销策略及短缺博弈行为等。

（1）需求预测。在供应链中，上游节点主要依赖下游节点的订单作为需求预测的依据。利用下游节点的订单来预测需求是导致牛鞭效应的主要原因之一。当下游节点发出订单时，上游节点以此作为未来需求的信号，根据这一信息，上游节点调整其需求预测并向其上游节点发出订单。在供应链中，各节点企业采用简单的移动平均法或指数平滑法来预测需求，都会导致需求信息沿着供应链往上游逐级放大。

（2）库存策略。在供应链中，需求方一般采用批量订货的策略，这主要因为存在固定的订货成本及通过大量采购可节约运输成本。企业一般采用（s，S）型库存策略，即当库存水平低于订货点 s 时，企业会补充库存至 S。批量订货意味着下游节点的订单并没有真实体现客户的实际需求。

（3）交货提前期。交货提前期也是引起牛鞭效应的一个重要因素。交货提前期越长，供应链中的不确定性也越大，供应链节点为了防止缺货现象的发生，会提高安全库存水平。在采用（s，S）库存策略时，一般订货点 s 采用如下的计算方法：

$$s = L \times \overline{D} + z \times \sigma_D \times \sqrt{L}$$

式中，L 为提前期；$\overline{D}$ 为平均的每期需求；σ_D 为需求的标准差；z 为统计变量，表示在给定的服务水平条件下不发生缺货的概率；其中安全库存为 $z \times \sigma_D \times \sqrt{L}$。因此，提前期 L 越长，安全库存也越大。提前期越长，牛鞭效应也越大。

当提前期变动时，假设提前期的均值为 $\overline{L}$，标准差为 σ_L，则：

$$\text{安全库存} = z\sqrt{\overline{L}\sigma_D^2 + \overline{D}\sigma_L^2}$$

提前期不稳定导致了安全库存的进一步增大。

（4）流通环节。当供应链中各节点之间缺乏沟通，并且流通环节增多时，牛鞭效应会增大。从图 14-7 中可看出这种结果，牛鞭效应具有逐层增大的现象，多一个流通环节，牛鞭效应就放大一次。因此，流通环节对牛鞭效应具有乘数效应。

（5）促销策略。在实际运作中，许多企业为了提高市场份额，增加销售数量，经常会采用诸如价格折扣、数量折扣等促销手段来刺激顾客的购买欲望。而正是这些促销策略在促使客户大量购买的同时产生大量库存。在商品促销期间，客户会购买比实际需要多得多的商品，以备以后使用；在商品价格回复到正常水平时，客户将减少或停止购买行为，直到库存耗尽。因此，促销策略使购买行为与实际需求相脱节，客户的购买数量无法反映实际的需求数量，并且购买数量的变化程度远远大于客户实际需求的变化程度，从而导致牛鞭效应。而且某种商品的需求价格弹性越大，牛鞭效应也越严重。

（6）短缺博弈行为。当需求大于供给时，供应商常会根据客户的订单需求进行比例分配。客户为了使自己获取更多的商品，达到利润最大化，就会进行博弈，增大订货量。在众多客户博弈达到均衡时，所有客户的订货量都将是实际需求的某个倍数，从而引起牛鞭效应。在这种情况下，所有客户都夸大了其真正的需求，使供应商无法准确地了解真实的需求信息。

14.6.4 缓解牛鞭效应的措施

牛鞭效应与供应链成员之间的信息沟通和合作态度及供应链的结构属性有关，因此，缓解牛鞭效应的措施也应从这些角度去考虑。

（1）提高最终用户需求信息的透明度。在需求信息沟通不畅的供应链中，上游节点只了解其直接下游节点发出的订单，而对最终用户的需求一无所知。如果上游节点能够掌握最终用户的需求信息，那么可以利用最终用户的需求信息作为需求预测的依据，从而可大大减小牛鞭效应。提高最终用户需求信息的透明度，可采用销售点数据（POS）系统，这样可以使上游节点及时、准确地了解产品的最终市场需求，过滤掉中间环节预测所带来的信息干扰。

（2）减少供应链的流通环节。供应链的流通环节越多，将导致整个供应链所需的安全库存越多，产品从制造商到最终用户所需要的流通时间和流通费用越多，牛鞭效应也越大。减少流通环节可以减少需求信息的放大程度，同时也可以更好地对客户的需求做出反应。采用基于互联网的 B2B 和 B2C 电子商务或与客户面对面的交易方式，可以大大减少中间的流通环节。另外，还可采用配送中心取代流通过程中的一级、二级批发商。

（3）缩短提前期。Stalk 和 Hout 发现，如果提前期缩短 50%，那么预测误差也将减小 50%。订货提前期是指发出订单到收到货物之间所需的时间，又可细分为信息提前期、决策时间、制造时间、运输时间及各过程中存在的等待时间。

1）信息提前期。供应商接收和处理订单所需要的时间。

2）决策时间。供应商制订生产计划和运输计划所需的时间。

3）制造时间。当供应商没有库存或在 JIT 生产方式或定制生产方式下生产订货产品所需的时间。

4）运输时间。挑选、装卸和运输产品所需的时间。

5）等待时间。各个过程中的空闲时间。

针对订货提前期的不同组成部分，可采用如下不同的措施来缩短时间。

1）采用 EDI 等现代信息技术来缩短信息提前期。

2）使用决策支持系统，如 MRPⅡ、ERP、DRP 来加速决策制定过程。

3）通过加强生产管理、利用现代先进的制造技术、采用平行工程及对现有产品结构和生产流程重新优化设计等措施来缩短产品制造时间。

4）采用现代集成化物流管理技术及第三方物流来缩短物流运输时间。

5）通过协调各成员的活动、加强管理来缩短各过程之间的等待时间。

（4）减少价格的波动。供应商可采用“天天低价”策略来减小促销所导致的价格波动带来的客户需求的波动。通过消除价格促销，供应商可以消除伴随促销同步产生的需求的急骤变化。因此，天天低价策略能够产生更稳定的、变动性更小的顾客需求模式。

（5）建设战略性伙伴关系。在供应链中实施战略性伙伴关系可以减小甚至消除牛鞭效应。

战略性伙伴关系可以改变信息共享和库存管理的方式。在供应商管理库存（VMI）中，供应商直接管理零售商的库存，由供应商来确定零售商的安全库存和补充数量，供应商并不依赖零售商的订单进行决策，因而彻底避免了牛鞭效应。当供应链各成员能够相互合作、充分共享信息时，可以减少需求方的短缺博弈行为，从而可以减少由于短缺博弈所造成的牛鞭效应。另外，供应链可以采用第三方物流伙伴，通过实施小批量、多批次的补充策略，一方面减少需求方的库存费用，另一方面平稳供应商的生产，因此是一种多赢的策略。当整个供应链能够进行集成化管理，形成一个扩展型企业（Extended Enterprise）时，供应链各成员好比一个企业的各个部门，从而可以步调一致地对最终用户的需求做出快速、有效的反应。

管理实践

牛鞭效应控制供应链波动

在供应链上，需求的微小变化，会从零售商到制造商、供应商逐级放大，这种现象就叫牛鞭效应。牛鞭效应根深蒂固，是影响供应链的一个根本性问题，在供应链设计和管理上要特别关注。

假定全球消费者对计算机的需求预测轻微增长 2%，转化到联想（制造商）时就可能成了 5%，传递到英特尔（一级供应商）时则可能是 10%，而到了英特尔的设备商（次级供应商）时则可能变为 20%。简言之，越是处于供应链的后端，需求变化幅度越大。这像西部牛仔挥舞的牛鞭，手腕轻轻一抖，鞭梢便会大幅度抖动，画出一道美丽的圆弧，这或许就是“牛鞭效应”名称的来历。

这种现象在 2000 年前后的电子行业得到充分体现，整条供应链都深受其害，积压了大量库存和生产能力，思科就是一个典型例子。2005 年、2006 年前后，全球原材料短缺，大家拼命多下订单，希望冶炼厂能多分配些产能，客观上造成了冶炼厂产能的过度膨胀。2008 年金融危机以后，很多企业预计需求低迷会持续很久，就大幅度减产，以消耗现有的库存。全球很多经济体很快触底反弹，从 2009 年第二季度开始，部分电子产品短缺，造成市场上类似的过激反应，掀起新一轮的产能、库存膨胀。

资料来源：根据世界经理人网站相关文章改编。

引例的思考

几乎每个企业在致力进行改进时都受到其供应商的制约。公司成本、提前期的缩短和质量的改善，很容易就被供应商的成本、提前期和缺陷增加所抵消。供应链的实施使越来越多的企业认识到，改善不能仅局限在企业内部，必须扩展到它的供应商。而企业外部的改善要求管理者以一种新的眼光来看待与供应商的关系。

传统的与供应商的关系是缺乏诚意和信任的。事实上，传统的选择供应商最重要的准则是价格。为了维持低价格，每种采购件有几家供应商。如果一个供应商不能满足交货、质量或价格需求，公司就简单地转换到另一个供应商。尽管这种方式确实使部件的价格降低，但是它导致了库存、采购和检验成本增加，以及经常变换供应商。受低价挤压的供应商没有能力去提供超过最低质量、交货及服务的任何东西，当然也就没有能力去改善现有部件、服务质量和交货的准时性。

复习与讨论题

1．如果你是当地一家小型零售商店的老板，你将采用哪些标准来为店里储存的货物选择供应商？请走访当地三家商店，询问它们是如何选择供应商的。这些答案与你原来的看法有何不同？

2．采购部门与公司其他部门之间交换的主要信息是什么？

3．某公司存在额外的生产能力，可以用来生产公司现在以每件10元采购的齿轮零件。如果公司生产齿轮，它将会发生每件3元的材料成本、4元的劳动成本和1元的变动常用开支。如果自己生产，每年为此要另花费固定成本8 000元。下一年的需求估计是4 000件。公司自己生产齿轮能否盈利？

4．一家运动商品公司能够以15元的单价采购保暖运动服，或者也可以自己生产（固定成本FC=45 000元，可变成本VC=10元/件）。管理层估计需求是4 000件的可能性是70%，而需求是6 000件的可能性是30%。公司是采购还是自制这种运动服更加经济呢？

本章阅读资料

中国将引领全球供应链变革？

2014年12月11日，第二届全球供应链高峰论坛在深圳举行。论坛正式对外发布的《全球互联网供应链创新观察报告》（以下简称《报告》）称，根据市场预测，2020年中国供应链金融市场规模将接近15万亿元，物流及供应链市场价值将达3.2万亿美元。中国二三线城市、农村等底层供应链平台将迎来商机，而深圳拥有全国80%以上的供应链管理公司总部，并有前海政策优势，无疑将抢占先机，引领供应链革命。中国供应链龙头企业怡亚通在论坛上正式对外发布了全球首个互联网供应链平台，推介其“两天两地一平台”战略。

此次论坛由深圳市前海管理局、深圳市怡亚通供应链股份有限公司和《福布斯》中文版联合主办，其主题为“互联网供应链改变未来”。共有100余家世界500强企业的高管及国内400余家大中型企业参会。

论坛期间，中国物流与采购联合会专家委主任、著名流通经济学家丁俊发做了《中国供应链未来发展之路》的主题演讲，著名经济学家曹远征教授，雀巢、菲仕兰等世界500强企业高管和中国供应链龙头企业怡亚通董事长周国辉等国内外行业领军人士也登台演讲与对话，做了《中国是会否引领“全球供应链变革十年”》等分析。

中国有望成全球供应链动力源

论坛期间，由美国供应链管理专业协会中国分会及深圳市怡亚通供应链股份有限公司联合对外公布的全球首份《报告》分析认为，随着企业的聚集，未来将持续推动深圳前海地区成为

“亚太供应链管理中心”。全国 80%以上的供应链管理公司总部聚集在深圳，供应链企业近 16 000 余家，深圳事实上是全国供应链的风向标和总部基地。为此，专家认为前海“亚太供应链管理中心”的定位有必要升级为“亚太供应链总部服务平台”这一更具想象力的概念。

此外，《报告》对中国的供应链发展前景研究也有非常惊人的发现。《报告》研究认为，物流、互联网、供应链、金融各种因素互相结合，不断创新发展，将全力助推中国供应链产业转型升级。基于中国互联网和移动互联网用户的快速增长，中国快递量破 100 亿件。未来，中国将取代美欧成为世界最大物流与供应链中心，同时，互联网供应链时代降临，传统供应链模式正在进行重大创新探索。

《报告》指出，O2O 商业模式的推广将打造供应链升级版：“数据显示，在电子商务最发达的美国，美国线上消费只占 8%，线下消费的比例依旧高达 92%。而中国的这一比例，分别仅为 3%和 97%。可以预见，O2O 在中国打开的将是一个万亿元级别的市场。”作为移动互联网时代电商的新战略，O2O 对物流和供应链管理的要求更高，企业必须对供应链管理能力进行升级，实现线上线下物流、信息流、资金流的畅通与整合，才能给客户以更完美的消费体验。

此外，《报告》还指出：“随着 C2B 模式的日渐成熟，以消费者为中心的互联网定制模式将替代工业时代的大生产模式，颠覆产品的研发、生产与供应链各个环节，最后将诞生出以用户定制为中心的敏捷供应链。”

《报告》同时关注供应链金融的发展前景，指出：“中国 P2P 在 2 年时间里增长了 8 倍，互联网供应链金融大有作为。随着行业的迅猛发展，在细分领域内的垂直 P2P 网贷平台开始出现。其中，供应链金融搭档网贷越来越盛行，形成了独特的互联网供应链金融模式。供应链金融嫁接到互联网之后，衍生出很多种新模式，如产业集团模式、P2P 平台模式等。而 P2P 平台模式可以对接保理、票据、融资租赁等业务，有大量的创新机会。”

《报告》分析认为，2020 年中国供应链金融市场规模将接近 15 万亿元。随着 P2P、众筹、互联网基金销售、第三方支付等业态和创新不断涌现，供应链金融与互联网、移动互联、云计算、大数据结合得更加紧密，供应链金融运作的方式也将面临变革，逐步走向互联网供应链金融模式。

《报告》预测判断，2020 年物流供应链行业增加值将从 2013 年的 3.9 万亿元上升至 6.7 万亿元，接近翻倍。物流、互联网、供应链、金融各种因素互相结合，不断创新发展，也将全力助推中国供应链产业转型升级。其中，由中国推出的“一带一路”战略，是推动全球互联互通的“中国模式”，将贯穿欧亚连接全球供应链，中国由此将成为全球供应链动力源。据中国物流与采购联合会数据，未来 5 年中国物流及供应链服务市场价值的复合增长率将保持在 15%左右，到 2020 年，中国物流及供应链服务市场价值将达 3.2 万亿美元。

怡亚通发布全球首个互联网供应链平台

面对中国供应链产业转型升级的巨大前景，在此次论坛上，中国供应链龙头公司怡亚通也对外公布了全球首个互联网供应链平台——“两天两地一平台”，详细介绍公司未来布局和发展战略。

据怡亚通董事长周国辉介绍，怡亚通一直在关注和思考互联网对供应链管理的渗透与推动。在各行各业日益拥抱互联网的当下，怡亚通充分发挥了其线下资源优势，通过打造“两天两地网”“一平台”实施互联网供应链战略，实现了行业新的突破。

"两天网"即怡亚通打造的两大互联网平台——B2B"宇商网"和B2C"和乐网"；"两地网"即怡亚通打造的两大渠道下沉供应链平台——"深度380分销平台"与"和乐生活加盟连锁超市"；"一平台"即怡亚通打造的全国物流主干网。

其中，宇商网致力于搭建上下游合作伙伴共享平台，基于线下市场，以怡亚通合作客户为目标用户，打造互联网全程供应链，为上游品牌商、下游客户零售商构建一个全新的B2B交易沟通平台，提供包括商品交易、信息交换、物流配送、供应链金融、市场咨询等一系列增值服务。而和乐网致力于实现"B2C+O2O全渠道营销"。

此外，和乐生活超市将成为线下交易的前台，消费者在线上和乐网筛选商品与服务，之后交由线下完成交易。怡亚通的380分销平台则打造了一个覆盖全中国广袤流通市场的服务平台。未来"380平台"将连接中国超过500万个实体终端，覆盖人口超过10亿人，帮助品牌企业高效分销、快速直供中国所有终端网点。

据介绍，怡亚通自有的全国物流体系是"两天网""两地网"运转的动脉，为上下游客户提供深入一至五线城市的配送服务。目前，怡亚通在全国已建立了超过30个省级B2C物流分拨中心，遍布全国200多个城市（3年内将达到380个），为各品牌商建立全国共享物流网络，实现快速响应配送服务，全方位提供互联网供应链服务。

资料来源：福布斯中文网，2014年12月17日。

思考题

1．你如何看待互联网对供应链的影响？

2．你认为中国是否会引领供应链变革？

第 15 章 库存管理

本章学习目标

- 了解库存的概念，知晓与库存管理相关的各种成本。
- 掌握基本的库存模型的定义及其适用的条件。
- 阐述如何确定各种库存模型的经济订货批量。
- 描述 ABC 分类法并说明其用途。

本章引例

阿尔法数字公司的苦恼

阿尔法数字公司的高层主管每年都要对上一年度的工作进行总结回顾，同时讨论下一年度的主要问题。像往年一样，公司回顾活动安排在远离公司大楼、位于宾夕法尼亚州东部的一个风景区内的宾馆中举行。

第一天的会议进展得很顺利，晚餐之后，库存控制和上一年度的缺货统计开始进入议题。采购副主管提出可以通过在年初安排所有的项目需求物料的采购，以解决库存短缺问题。

生产副主管马上驳斥这个建议，他敲着办公桌大声说道："库存是万恶之源！"他随后转身对高层主管说："主管先生，如果我们采取这个建议，就需要额外增加 25 000 平方英尺的仓库来存储这些采购物料，您有这么大的仓库吗？"高层主管摇了摇头。"那么您，财务副主管，就需要额外增加 5 000 000 美元来采购这些物料，您同意吗？"财务副主管也同样摇了摇头。"还有您，市场副主管，能否给出下一年度需求的准确预测？"市场副主管说："当然不可以，那是不可能的。"然后他又转向设计副主管说："您能否在下一年度对产品设计不做任何改变？"设计副主管说："那是不太现实的。"所有的人都抬头看着站在桌边的生产副主管说："我们理解您的意思了，库存的确是万恶之源！"

思考问题

你如何理解库存是万恶之源？

好的库存管理是绝大多数企业及其供应链成功运作的关键。运作、营销和财务都注重库存管理。拙劣的库存管理会阻碍运作，降低顾客的满意度，还会增加运作成本和风险。

有一些企业的库存管理极其优秀，很多组织的库存管理令人满意，然而，太多组织的库存管理都不能令人满意，有时候这正是管理者认识不到库存重要性的征兆。更为常见的是，企业尽管对此有所认识，但对需要做什么和怎样做仍缺乏了解。

库存是制造业和服务业都经常遇到的问题，库存控制是生产管理的一个主要内容。究竟什么是库存？库存的作用是什么？什么是库存系统？库存有哪些基本模型？模型又如何应用？这些都是本章将要回答的问题。

15.1 库存管理概述

库存（Inventory）是指一个组织所储备的所有物品和资源。库存系统（Inventory System）是指用来监控库存水平、确定应维持的库存水平、决定库存补充的时间及订购量大小的整套制度和控制手段。

传统上，制造性库存（Manufacturing Inventory）是指对公司产品有贡献或是产品组成的一部分的物资。制造性库存一般可分为原材料（Raw Materials）、产成品（Finished Products）、零部件（Component Parts）、低值易耗品（Supplies）及在制品（Work-in-process）。在服务行业，库存一般指用于销售的有形商品及用于管理该服务的耗用品。

在制造业和仓储保管业中，库存分析的目的是规范以下两个问题：应该什么时候进行订购？订购量应该为多少？

许多公司都努力与供应商建立长期供需关系，以便该供应商能为企业全年的需求提供服务。这样一来，问题就从“何时”与“订多少”转化为“何时”与“运送多少”。

15.1.1 库存的作用

所有的公司（包括JIT方式下的公司）都要保持一定的库存，其原因如下。

（1）保持生产运作的独立性。作业中心只有保持一定量原材料才能使该中心具有生产运作的柔性。例如，因为每次新的生产准备都要耗费一定的成本，而库存能减少生产准备次数。

装配线上各个工作站的独立性也是非常重要的。即使同样的操作，在不同的零件上所花的时间也不同。因此，有必要在工作站上持有一些零件作为缓冲。这样，作业时间长的操作就可以由作业时间短的操作来补偿，进而使平均产量平稳化。

（2）满足产品需求的变化。如果能够精确地知道产品的需求，就有可能（虽然这样未必经济）只生产恰好满足需求的产品。但是，需求通常是不能完全预知的，所以必须持有安全库存或缓冲量，以防需求的变化。

（3）增强生产计划的柔性。库存储备能减轻生产系统要尽早生产出产品的压力。也就是说，生产提前期宽松了，在制订生产计划时，就可以通过加大生产批量使生产流程更加有条不紊，并降低生产运营成本。例如，较高的生产准备成本就要求一旦准备工作完成后就采用比较大的生产批量进行生产。

（4）为克服原料交货的延迟提供一定保障。在向供应商订购原材料时，有许多原因都将导致原材料交货延误：常见的发运时间的变化；供应商原材料短缺而导致订单积压；供应商工厂或运输公司发生意外的工人罢工；订单丢失及材料误送或送达的原料有缺陷等。

（5）利用经济订购批量的好处。签订一份订单的成本包括人员工资、电话费、打字费、邮费等。所以，每份订单的订货量越大，所要签订的订单数则越少。同时，大订单对降低运输费用也有好处——运送的数量越多，单位运输成本越小。

考虑以上任一种原因（尤其第 3 ~ 5 条）时，我们都应意识到维持库存需要付出高昂的代价，而且高库存一般是没有必要的，因为它会导致过长的生产周期，这也是应该避免的。

15.1.2 与库存管理相关的成本

在进行有关库存规模的决策时，应考虑如下成本。

（1）持有成本。该类成本的范围相当广泛，包括存储设施的成本、搬运费、保险费、盗窃损失、破损、过时损失、折旧费、税金及资金的机会成本。很明显，存储成本高，则要求保持低库存量并经常补充库存。

（2）生产准备（或生产变化）成本。每生产一种不同的产品都要做以下工作：取得所需原材料，安排所需设备的调试，填写物料单，确定装卸时间和材料，以及运来库存中原有的材料。

如果从生产一种产品转到另一种产品不产生成本或没有时间损失，则可以采用小批量多次数的生产方法，这将降低库存水平，并最终达到节约成本的目的。目前，一个挑战性的目标是尽量降低生产准备成本以满足较小的生产批量要求（这就是 JIT 的目标）。

（3）订购成本。该类成本是指准备购买订单或生产订单所引起的管理和办公成本。订购成本包括订货的所有细节工作产生的成本，如盘点库存和计算订货量所产生的成本都属于订购成本。该类成本也包括有关维护订单跟踪系统的成本。

（4）缺货成本。当某一物资的储备耗尽时，对该物资的需求或者被取消，或者必须等到再次补充库存后才能得到满足。这就涉及权衡为满足需求而持有库存的成本与缺货引起的成本的大小。这种平衡经常是难以达到的，因为损失的利润、失去顾客的影响及延误损失可能难以估计。虽然通常可以把短缺成本限定在一个大概范围内，但这种假设的短缺成本往往还只限于猜测。

确定向供应商订货的数量或要求生产部门生产的批量时，应该尽量使由以上四种单项成本引起的综合总成本达到最小。当然，订购时机也是影响库存成本的关键因素。

15.1.3 独立需求与非独立需求

在库存管理中，有必要弄清楚独立需求与非独立需求之间的区别。这是因为库存系统决策的基础依赖于区分需求是来自最终产品还是与该产品本身有关。

简单说来，独立需求与非独立需求（Independent and Dependent Demand）之间的区别是：独立需求中各物资的需求是互不相关的。例如，一个工作站可以生产相互无关的许多零件，用来满足一些外部需求。而非独立需求则是指对任一物资的需求常常是对其他物资的需求的直接结果。通常，该物资是其高层次物资的一个部件。

从概念上说，非独立需求是相对直接的计算上的问题。在求得使用该物资的高层次物资需求数量的基础上，该物资的需求量可以简单地计算出来。例如，如果一家汽车公司计划每天生产 500 辆汽车，那么很显然它将需要 2 000 个轮子和轮胎（加上备用轮胎）。在生产上，轮子与轮胎的需求是非独立的。而另外，汽车的需求是独立的——它来自汽车公司外部的需求，与其他产品的需求无关。

为了确定独立需求物资的生产数量，公司经常依赖销售和市场研究部门。它们使用的技术多种多样，这些我们都已在第 11 章预测中讨论过了。由于非独立需求是不确定的，所以库存中必须备有额外的产品作为缓冲。后文将讲述用于确定订购数量的各种模型，以及为避免出现库存短缺而需持有的额外库存量的大小。

15.2 库存系统

库存系统为库存货品的管理和控制提供了组织机构和运营策略。该系统负责货品的订购和接收：决定订购时机，并跟踪“订购什么”“订购多少”和“向谁订购”等事项。该系统必须回答以下问题：供应商收到订单了吗？货物已经发出了吗？日期正确吗？是否建立了再订货及退还不必要商品的程序？以下着重介绍库存系统中的模型。

15.2.1 模型分类

库存两种基本的模型是定量订货模型（Fixed-order Quantity Model）（又称经济订购批量、EOQ 或 Q 模型）和定期订货模型（Fixed-time Period Model）（又称定期系统、定期盘点系统、固定订货间隔期系统及 P 模型）。

这两者的基本区别是，定量订货模型是“事件驱动”，而定期订货模型是“时间驱动”。也就是说，在定量订货模型中，当到达规定的再订货水平这一事件发生后，才引发订货行为。这一事件有可能随时发生，主要取决于对该物资的需求情况。与之相对的是，定期订货模型只限于在预定时期期末进行订货，模型中唯一的驱动原因是时间的变化。

运用定量订货模型时（当库存量降低到预先设定的再订购点 R 时，就进行订货），必须连续监控剩余库存量。因此，定量订货模型是一种永续盘存（Perpetual）系统，它要求每次从库存里取出货物或往库存里增添货物时，必须刷新记录以确认是否已达到再订购点。而在定期订货模型中，库存盘点只在盘点期发生。

影响选择这两种系统的其他区别因素如下。

（1）定期订货模型平均库存较大，因为要预防在盘点期（T）发生缺货情况；定量订货模型没有盘点期。

（2）因为平均库存量较低，所以定量订货模型有利于贵重或重要物资的库存。因为该模型对库存的监控更加密切，这样可以对潜在的缺货更快地做出反应。

（3）由于每次补充库存或货物出库都要进行记录，维持定量订货模型需要的时间更长。

图 15-1 与表 15-1 分别显示了两种模型的流程及差别。

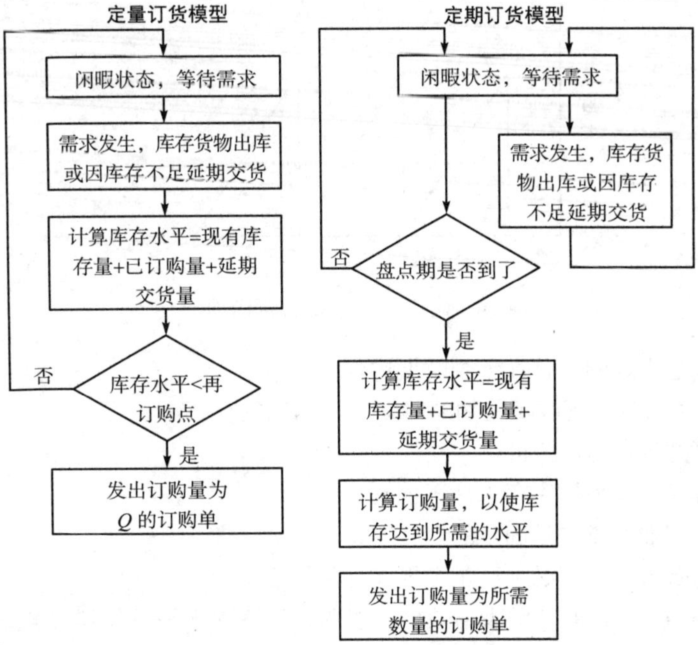

图 15-1 定量订货模型与定期订货模型的流程

表 15-1 定量订货模型与定期订货模型的差别

特 征	定量订货模型	定期订货模型
订货量	固定（每次订购量相同）	变化（每次的订购量不同）
下达订单的时间	在库存降低到再订购点时	在盘点期到来时
库存记录维护	每次出库或入库都做记录	只在盘点期记录
库存规模	小	大
维持所需时间	长	短
物资类型	昂贵、关键或重要的物资	一般物资

15.2.2 定量订货模型

定量订货模型的目标是确定特定的一个点 R，当库存水平降到这一点时就应当进行订购，以及订单的订购量 Q。订购点 R 往往是一个既定的数。库存水平（Inventory Position）可定义为目前库存量加已订购量减去延期交货量。定量订货模型的求解可规范地表示如下：当库存降低到 36 单位时，再订购 57 单位。

这类模型中最简单的是所有的条件都确定的情况。如果对某产品的年需求量是 1 000 单位，那就是指确切的 1 000——而不是 1 000±10%。对于生产准备成本和存储成本也是一样的，即数字非常精确。虽然在实际中完全确定的情况几乎是不可能的，但这一假设却为我们对库存模型的研究提供了很好的基础。

图 15-2 及对求解最优订购量的讨论都基于如下一些模型特征。这些假设与现实有些不符，但它们为我们提供了一个研究的起点，并使问题简单化。

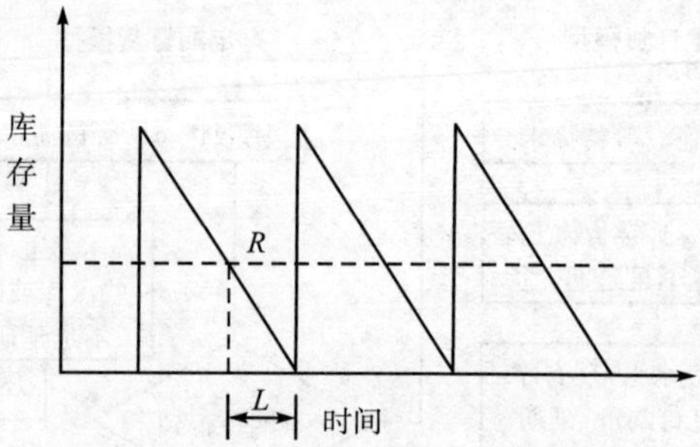

图 15-2　基本定量订货模型

（1）产品需求是固定的，且在整个时期内保持一致。

（2）提前期 L（从订购到收到货物的时间）是固定的。

（3）单位产品的价格是固定的。

（4）库存持有成本以平均库存为计算依据。

（5）订购或生产准备成本是固定的。

（6）对产品的所有需求都必须满足（不允许延期交货）。

图 15-2 中关于 Q 与 R 的“锯齿形效果”表明，当库存水平下降到 R 点时，就应进行再订购。订购的货物将在提前期 L 的期末收到，且 L 在这个模型中保持不变。

建立任何库存模型时，首先应在感兴趣的变量与效益指标之间建立函数关系。本例中，我们关心的是成本，下面是有关的等式：

年总成本=年采购成本+年订购成本+年持有成本

即

$$\mathrm{TC} = DC + \frac{D}{Q}S + \frac{Q}{2}H$$

式中　TC——年总成本；

S——生产准备成本或订购成本；

D——需求量（每年）；

Q——订购批量（最佳批量称为经济订购批量 EOQ 或 Q_{opt}）；

C——单位产品成本；

H——平均库存水平下单位产品的年持有和存储成本（通常，持有成本以该产品单价的百分比表示，如 $H=iC$，式中 i 是持有成本的百分比）。

上述各成本之间的关系如图 15-3 所示。

建立模型的第二步是确定经济订购批量 Q_{opt} 以使总成本最小。在图 15-3 中，总成本最小的点出现在曲线上斜率为零的地方。利用微积分，我们将总成本对 Q 求导数，并令其等于零。对于我们所考虑的基本模型，具体计算过程如下：

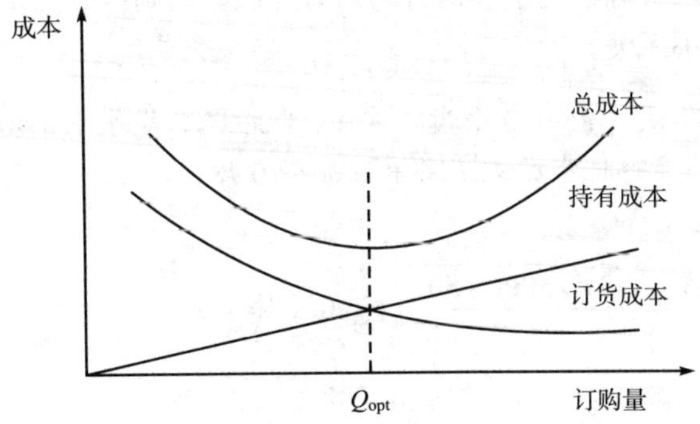

图 15-3　基于经济订购批量的年产品成本曲线

$$TC = DC + \frac{D}{Q}S + \frac{Q}{2}H$$

$$Q_{opt} = \sqrt{\frac{2DS}{H}}$$

因为该模型假定需求和提前期都不变，即无须安全库存，则再订购点 R 可简单表示为：

$$R = \bar{d}L$$

式中　$\bar{d}$——日平均需求量（常数）；

L——用天表示的提前期（常数）。

例 15-1　已知：

年需求量（D）= 1000 单位　　订购成本（S）=5 元/次

持有成本（H）= 每单位每年 1.25 元/单位 · 次　　提前期（L）=5 天

单价（C）=12.50 元/单位　　问该订购多大批量？再订购点为多少？

解：最优订购批量为：

$$Q_{opt} = \sqrt{\frac{2DS}{H}} = \sqrt{\frac{2\times1000\times5}{1.25}} = \sqrt{8000} = 89.4 \text{（单位）}$$

再订购点为：

$$R = \bar{d}L = \frac{1000}{365}\times5 = 13.7 \text{（单位）}$$

通过取近似数，可制定如下库存政策：当库存水平降至 14 单位，则应再订购 89 单位的产品。

年总成本为：

$$\begin{aligned}TC &= DC + \frac{D}{Q}S + \frac{Q}{2}H \\ &= 1000\times12.50 + \frac{1000}{89}\times5 + \frac{89}{2}\times1.25 \\ &= 12611.81 \text{（元）}\end{aligned}$$

注意在这个例子中，求解订购批量和再订购点时并没有用到产品的采购成本，因为该成本是固定的，与订购批量大小无关。

例 15-2 某公司每年使用25 000个齿轮零件，采购成本是每件3.40元。公司处理和接收每次订单的成本是50元，库存持有成本是每单位每年0.78元。（a）公司一次应该采购多少零件？（b）公司每年采购几次？

解：（a）$EOQ=\sqrt{\frac{2DS}{H}}=\sqrt{\frac{2\times25000\times50}{0.78}}=1790$（件）

（b）每年的订购次数$=\frac{D}{Q}=\frac{25000}{1790}\approx14$（次）

15.2.3 定期订货模型

在定期订货系统中，库存只在特定的时间进行盘点，如每周一次或每月一次。供应商定期走访顾客并提供其所有产品供顾客订购，或买方为了节约运输费用而将他们的订单合在一起下达的情况下，采用定期进行库存盘点和订购就较为理想。另外一些公司实行定期订货系统是为了方便安排库存的盘点。例如，销售商X每两周打来一次电话，则员工就明白所有销售商X的产品都应进行盘点了。

在定期订货系统中，每期的订购量不尽相同，订购量的大小主要取决于各个时期的库存使用率。由于它仅在确定的盘点期进行库存盘点，有可能在刚订完货时就有大量的需求而使库存降至零，而这种情况只有在下一个盘点期才会被发现，而新的订货还需要一段时间才能到达。这样，有可能在整个盘点期T和提前期L内都会发生缺货。所以安全库存应当保证在盘点期内和从发出订单到收到货物的提前期内都不发生缺货。

1. **使用安全库存的定期订货模型**

在定期订货系统中，安全库存必须为：

$$安全库存=z\sigma_{T+L}$$

在盘点周期为T，固定提前期为L的定期订货系统中，需求是随机分布的，且均值为$\overline{d}$，则：

订购量=此空缺期内的平均需求量+安全库存−现有库存量（如果有的话，还要加上已订购量）

$$q=\overline{d}(T+L)+z\sigma_{T+L}-I$$

式中 q —— 订购量；

L —— 提前期的天数（下订单与收到货物之间的时段）；

z —— 特定服务水平概率下的标准差倍数；

T —— 两次盘点的间隔天数；

$\overline{d}$ —— 预测的日平均需求量；

σ_{T+L} —— 盘点周期与提前期期间需求的标准差；

I —— 现有库存水平（包括已订购而尚未到达的）。

注意：需求量、提前期、盘点期等可以使用日、周、年等任意时间单位，只要整个公式中的单位保持一致就行。

在该模型中，需求量（$\bar{d}$）可以采用预测值，如果需要，可以在每个盘点周期加以修改。或者，如果合适的话，也可以使用年度平均值。我们假定需求是服从正态分布的，则 z 值的大小依赖于缺货发生的概率，并且可以使用 Excel 的 NORMSINV 函数求得。

例 15-3　某一产品的日需求量为 10 单位，标准差为 3 单位。盘点周期为 30 天，提前期为 14 天。管理部门已经制定的需求政策是要满足 98%的对库存物品的需求。在盘点周期开始时，库存中有 150 单位产品。求订购量应该是多少？

解：

$$
\begin{aligned}
q &= \bar{d}(T+L) + z\sigma_{T+L} - I \\
&= 10\times(30+14) + z\sigma_{T+L} - 150
\end{aligned}
$$

在计算这个式子之前，我们先得求 σ_{T+L} 和 z 的值。σ_{T+L} 的值可以按照前面的方法求得，即一系列独立随机变量的总标准差等于方差之和的平方根。所以 $T+L$ 期间的需求标准差等于各天需求方差之和的平方根：

$$\sigma_{T+L} = \sqrt{\sum_{i=1}^{T+L} \sigma_{d_i}^2}$$

因为每日需求是独立的且 σ_d 是固定的，所以：

$$\sigma_{T+L} = \sqrt{(T+L)\sigma_d^2} = \sqrt{(30+14)\times 3^2} = 19.90$$

对应于需求满足率 P=0.98 的 z 值为 2.05。

因此，订购量为：

$$q = \bar{d}(T+L) + z\sigma_{T+L} - I = 10\times(30+14) + 2.05\times 19.90 - 150 = 331 \text{（单位）}$$

所以，要满足 98%不出现缺货的概率，应当在该盘点期订购 331 单位产品。

2. 批量折扣

批量折扣是大批量采购时提供给买方的较低采购单价。将价格 P 作为采购量 Q 的函数，从而使得总成本成为不连续函数。

在批量折扣情况下，用以下方法可以获得最优采购量。

（1）在没有批量折扣的基础上求取 EOQ。

（2）比较 EOQ 点的总成本和在较高采购量时价格折扣点的总成本。

（3）如果 EOQ 恰好落在批量折扣区域内，使用批量折扣价格重新计算成本，然后检查修正的 EOQ 或价格折扣点是否有更低的总成本。

例 15-4　一家摄影器材制造商从一家供应商那里以 100 元的单价采购镜头。制造商每年需要 125 个镜头，每次订货的成本是 18 元。每个镜头的年保管成本（基于平均库存）估计为 20 元。当一次采购量超过 50 个时，供应商提供 6%的折扣，超过 100 个时，折扣为 8%。每次订货的最优采购量是多少？

解：不考虑批量折扣时：

$$\mathrm{EOQ}=\sqrt{\frac{2DS}{H}}=\sqrt{\frac{2\times125\times18}{20}}=15\text{（个）}$$

这一 EOQ 点相对应的年度总成本是：

$$\begin{aligned}\mathrm{TC}&=\text{订货成本}+\text{保管成本}+\text{购置成本}\\&=\frac{D}{Q}S+\frac{Q}{2}H+PD\\&=\frac{125}{15}\times18+\frac{15}{2}\times20+100\times125=12800\text{（元）}\end{aligned}$$

对于 50 个镜头的订货量，采购成本扣除 100 元中 6%的折扣，即 6 元。假设订货成本和购置成本保持不变，每次采购 50 个时的年度总成本是：

$$\mathrm{TC}=\frac{125}{50}\times18+\frac{50}{2}\times20+(100-6)\times125=12295\text{（元）}$$

同理，每次采购 100 个时的年度总成本是：

$$\mathrm{TC}=\frac{125}{100}\times18+\frac{100}{2}\times20+(100-8)\times125=12522\text{（元）}$$

50 个的采购量可以获得最低的年度总成本。尽管每次采购 100 个时每个的采购价格更低，但保管成本却超过了这一单价降低的节余。成本比较如表 15-2 所示。

表 15-2 成本比较

单位：元

采购量（个）	订货成本	+	保管成本	+	购置成本	=	总成本
15	150		150		12 500		12 800
50	45↓		500↑		11 750↓		12 295↓
100	22↓		1 000↑		11 500↓		12 522

例题中假设了一个年保管成本 20 元。如果保管成本给定为价格 P 的一个百分比，那么如同较大数量的折扣起作用一样，较小但适当比例的数量也可以降低持有成本。

15.3 ABC 分类法

通过不断盘点、发放订单、接收订货等工作来维持库存要耗费大量的时间和资金。当这些资源有限时，企业很自然地就会试图采用最好的方式充分利用有限的资源来对库存进行控制。换句话说，此时重点应该集中于重要物资的库存。

19 世纪，维尔福瑞多·帕累托（Villefredo Pareto）在研究米兰的财富分布时发现，20%的人口控制了 80%的财富。这种少数具有重要的地位、多数居于次要地位的哲理广泛应用于许多方面，被称为帕累托原理。帕累托原理适用于我们的日常生活（日常生活中我们的大部分决策不怎么重要，而少数决策却影响了我们的未来），在库存系统中也同样正确（少量库存物资占用了我们的大量投资）。

任何一个库存系统必须指明对某种物品何时发出订单，订购数量为多少。然而大多数库存系统要订购的物资种类非常繁多，以至于对每种物资进行模型分析并仔细控制有些不切实际。为了有效地解决这一问题，可用 ABC 分类法把物资分成三类：占用资金多的物资；占用资金中等的物资；占用资金较少的物资。占用资金的大小是衡量物资重要程度的尺度。

当我们根据物资占用资金的大小对库存中每年使用的物资进行排队的时候，通常会发现少数物资占用了大量的资金，而大多数物资占用的资金却很少。这个关系可以从表 15-3 中明显地看到。

表 15-3 库存物资的年耗用价值

物资编号	年资金利用量（元）	占资金的百分比（%）
22	95 000	40.8
68	75 000	32.1
27	25 000	10.7
03	15 000	6.4
82	13 000	5.6
54	7 500	3.2
36	1 500	0.6
19	800	0.3
23	425	0.2
41	225	0.1
合计	233 450	100.0

ABC 分类法把物资按价值分成三类：A 类物资的品种数量约为库存物资中资金占用量最高的 15%，B 类为接下来的 35%，C 类为最少的 50%。观察表 13-5 就会发现，表中的 A 类物资占 20%（10 种物资里有 2 种物资属于 A 类物资），B 类物资占 30%，C 类物资占 50%。这些数字很清楚地划分了各类的区别。以上分析的过程和结果在表 15-4 中清楚地表示出来。

表 15-4 物资的 ABC 分类

分 类	物资编号	年资金使用量（元）	占总数的百分比（%）
A	22，68	170 000	72.9
B	27，03，82	53 000	22.7
C	54，36，19，23，41	10 450	4.4
合计		233 450	100.0

ABC 分类的结果并不是唯一的。分类目标只是把重要的物资与不重要的物资分离开来。实际的划分标准取决于具体的库存问题及有多少人力和时间可以用来对库存进行管理（时间多的话，企业可以适当增加 A 或 B 两类物资的种类）。

将物资进行 ABC 分类，其目的在于根据分类结果对每类物资采取适宜的控制措施。例如，从订货周期来考虑的话，A 类物资可以控制得紧些，每周订购一次；B 类物资可以 2 周订购一次；C 类物资则可以每月或每两个月订购一次。值得注意的是，ABC 分类与物资单价无关。占用资金很多的 A 类物资可能是单价不高但用量极大的组合，也可能是用量不多但单价很高的组合。与此相类似，C 类物资占用资金少可能是因为用量很少，也可能是价格很低。对于一个汽车服务站而言，汽油属于 A 类物资，应该每日或每周进行补充；轮胎、蓄电池、各类润滑油及液压传动油可能属于 B 类物资，可以每 2 ~ 4 周订购一次；C 类物资可能包括阀门杆、挡风屏用雨刷、水箱盖、软管盖、风扇皮带、汽油添加剂、汽车上光蜡等。C 类物资可以每 2 个月或每 3 个月订购一次，甚至等用光后再订购也不迟，因为它缺货造成的损失并不严重。

有时某种物资对于系统而言至关重要，一旦短缺会给系统造成重大损失。在这种情况下，不管该物资属于哪一类，均应保持较大的存储量以防短缺。为了保证对该种物资进行比较严格的控制，可以强迫将其归为 A 类或 B 类，而不管它的资金耗用量是否有资格归属为这两类。

管理实践

解读亚马逊仓库管理之随机存储制度

仓库随机存储即对于新入库的商品直接上架到就近或随机的可用货架位上，见缝插针式地随意存放。乍一看，这样操作会使得仓库管理杂乱无章，而事实却并非如此，亚马逊的经验表明随机存储的平均出错率远低于普通固定存储系统。

相对于固定存储，仓库随机存储具有以下优势。

第一，更加灵活便捷。通过随机存储，可以更加及时、高效地进行上架操作；能更加灵活地应对各种突发的临时性存货变动。

第二，更为合理地利用仓库存储空间。随机存储可以充分利用可用的存储空间，而在固定存储模式下，往往产生部分存储空间空置而部分商品存储空间不足的情况。

第三，提高仓库的工作效率。对于仓库操作人员而言，不仅在入库上架时更为方便及时，在出库拣货时也能做到拣货的效率最大化。拣货单上直接给出需拣货商品的存储位置，并且对于批次订单中商品的存储位置进行智能排序，使得拣货路径最短。

第四，仓库员工操作更容易上手。仓库操作人员无须完全记住仓库的布局规划、不需要熟记商品的具体存放位置，可以降低对仓库操作人员的经验素质要求，尤其新员工可以更快上手，可以有效应对人员流动，降低培训成本。

仓库随机存储制度相对于固定位置存储有着卓越的优势，不过要使得这一制度达到最终落实，还需要完善的数据及流程设计做支撑。

仓库随机存储制度对数据和流程的要求如下。

第一，数据方面，商品和存储货架位都需要有专门的条码系统支持。商品的条码就是常说的 sku 码，对于商品 sku 码的编写要求是对于最小库存单位都有唯一的 sku 码，不重复、最小化；对于存储货架位，要求细化到最小的存储空间，并且清晰、准确地体现方位和空间。

第二，流程方面，需要商品和存储空间进行可视化的关联。目前，这方面流程都由 sellertool 这类高效仓储管理系统来体现和执行，在入库时记录随机存储的商品数量与对应的货架位信息；出库拣货时根据先进先出原则自动调取相应货架位的库存，并且对批量订单的拣货路径智能分组排列，最优化拣货路径。

随机存储并不意味着绝对的任意存放。对于部分会相互影响品质、性状的商品，需要分开存储，在此前提下进行合理的随机存储。在随机存储的管理系统中，数据是仓库稳定运转的保障，应选用 sellertool 一类在线云端系统，以避免因为系统故障或崩溃导致的仓库运转中断；同时作为管理者，不管身在何处，也可以实时了解公司的运转状态。

引例的思考

传统的库存控制思想基于对库存的如下认识，即库存对企业极为必要，保持一定数量的库存有助于使企业的生产效率更高。而日本人却认为，库存从某种角度看是一种浪费，同时也为掩盖管理工作的失误提供了方便，甚至认为库存是万恶之源，因而在 JIT 零库存的概念。JIT 目标就是要彻底消除无效劳动与浪费。因此，实施 JIT 生产方式的企业在加强质量管理与计划控制的同时，特别注重库存控制，并采用以保持各类库存量稳定为特点之一的拉动式计划控制方法，将库存控制有机地融入企业管理的整体战略中，取得显著的效果。采用 JIT 方式后，日本丰田汽车公司的原材料库存降为原库存的 10%，成品库存降为原库存的 25%左右。

复习与讨论题

1．某物资的年需求量是 1 000 件，订购成本为每件 10 元，单件年持有成本为 2 元。

（1）该物资的订购量应该为多少？

（2）假设订购量等于或超过 500 件时每次订购可享受折扣 100 元，你应该订购 500 件还是维持在（1）中所做的决策？

2．一家分销商以 80 元的单价采购一种电子开关，这种开关的年需求是 4 000 件。其订货成本估计为每次订货花费 20 元，而保管成本估计是 20%。对于这一产品的经济订货批量是多少？

3．某工厂分别向两个不同的供应商购买生产系统所需的两种零件 T 和 W，全年 52 个星期都需要这两种零件。零件 T 的需求相对稳定，当库存水平降至再订购点时订购。零件 W 的供应商每 3 周拜访生产厂家并取走订单。两种产品的有关数据如表 15-5 所示。

表 15-5　两种产品的有关数据

项　　目	T	W
年需求（件）	10 000	5 000
持有成本（占货品成本的百分比）	20%	20%
准备成本或订购成本（元）	150.00	25.00
提前期（周）	4	1
安全库存（件）	55	5
货品成本（元）	10.00	2.00

（1）零件 T 的库存控制系统是怎样的？也就是说，再订购量与再订购点各是多少？

（2）零件 W 的库存控制系统是怎样的？

4．X 是某公司零部件库存中的一个标准部件。随机而言，该公司每年对 X 的使用量为 2 000 件，它的成本为每件 25 元，在平均库存量下，每件年存储成本（包括保险费、资金成本）为 5 元，订购成本每次为 10 元。

（1）标准件 X 的订购批量应为多大？

（2）标准件 X 的年订购成本为多少？

（3）标准件 X 的年存储成本为多少？

5．向 A 公司订购某种原料有三种价格，这取决于订购量：

订购量	单价
少于 100 公斤	每公斤 20 美元
100~999 公斤	每公斤 19 美元
超过 999 公斤	每公斤 18 美元

B 公司订购成本为 40 美元，年需求量为 3 000 公斤，每公斤的年持有成本为单价的 25%。该原料每次的经济订购批量为多少？

6．某物流公司每年使用 80 000 个集装箱，采购量超过 10 000 的任何数量都可以获得 0.10 元的单价。订货成本是 30.00 元，利息成本是平均库存水平时每个集装箱价格的 20%。保管成本是最大库存水平时每个集装箱每年 0.02 元。批量折扣成本如表 15-6 所示。

表 15-6　订货量与单价

订货量（个）	20 000	40 000	60 000	80 000
每个集装箱的单价（元）	0.07	0.05	0.048	0.046

假设公司的采购量 Q=40 000 件，库存的订货成本、利息成本、储存成本、采购成本和每年总成本是多少？

本章阅读资料

宝马 60 亿元补贴：如何解决汽车“库存”难题？

2014 年年底，宝马 60 亿元补贴事件让整个汽车行业一片震惊。

2014 年 11 月底，包括永达、正通、宝信、润东在内的宝马大经销商联合在一起，根据 2013 年宝马中国 2 000 亿元销售收入的 3%计算，向宝马中国索要共计 60 亿元人民币的补贴。

宝马中国区总裁安格意识到问题的严重性，立即与德国总部进行了沟通。12 月 8 日，宝马中国与宝马经销商针对这次补贴事件达成初步共识，最终以高额补贴达成和解。

“宝马 60 亿元补贴”事件从传出到初步和解，经历了 10 天左右的时间，业内评论不一。但是可以肯定的是，能让宝马经销商空前团结，足以说明经销商新车销售的赢利水平已经触底，而整车厂与经销商之间的关系也到了打破重构的时候。

不少业内分析师将汽车经销商与汽车厂商之间的这一矛盾归结于不合理的“库存”。这背后存在库龄折损及库龄折让的问题。正如宝马“60 亿元补贴”事件中，经销商提出的是宝马中国销售目标须与经销商共同协商，不能以 KPI 考核为由，变相提出增加批售数量或搭售滞销车型等要求。

相关专家表示，车企制定过高的销售目标，将会转化为经销商的高库存。而库存数量的增加，库存时间的延长，就会造成特约店运营困难，大面积亏损，同时厂家利润也不断下降。

2015 年，大部分车企将销量目标增长率定为高于 8%。而来自中国汽车流通协会的数据显示，宝马“60 亿元补贴”事件发生当月（2014 年 11 月），汽车经销商库存预警指数为 65.7%，比 10 月上升了 10.7 个百分点，达到了 2014 年库存预警的新高。

最理想的库存情况是汽车生产出来，就能够找到相匹配的消费者。因此，减少生产与销售的差距，设立合适的库存，就成为汽车行业努力的方向。在最终订单形成后，车企按照订单生产，生产完成后按照订单交付，完成购买过程，这样才能够达到供需的完全匹配，不再产生库存。

这也是特斯拉商业模式的成败关键。和苹果倡导的概念相似，消费者可以亲临一家体验店去看、去摸、去感知特斯拉。若觉得满意，可以在网上下单订车。下单之后，特斯拉会将汽车直接从厂家寄到消费者家中。

但是这种模式，客户需要忍受一段较长的订单等待时间。等待时间的长短，取决于订单从客户终端生成，传送到电子订单生产端，再到整车厂调配物资，最后再将整车运输至客户手中的这一系列流程的顺畅程度。而根据顾客心理调查显示，几乎所有的顾客都更愿意在现有库存中直接选择汽车，同时享受一定的折扣。他们不愿意花费数个月等待自己订购的汽车送到家门口。

2013 年，特斯拉将其 2014 年的产量目标从 35 000 辆下调至 33 000 辆，并且再度推后了 Model X 的交付日期。艾伦·马斯克在与分析师们谈话时表示："人们不了解制造某样东西会有多难！你必须让整个供应链按照同样的步调前进。"

时间就是汽车零部件供应链的生命线。缺乏充分的计划、只注重产量的做法早已过时。互相依赖的供应链、日益增长的需求、上涨的存货成本，再加上产品多为大件或重货，这些都使得汽车制造业面临着越来越复杂的挑战。

该如何进行仓储管理，减少库存成本？又该如何缩短从订单响应到汽车生产的时间消耗？如何能确保货件及时到达全球生产线？以上这些疑问正是汽车行业目前所面临的困境。

如果无法保证供应链精准无误，那么汽车企业的发展可能会极大地受阻。但是，拥有相应的解决方案，则可以顺利地化挑战为机遇。

针对上述问题，汽车企业可以从以下方面着手寻求答案。

首先，在入场物料管理上，保持递送服务灵活稳定。这样汽车企业才可以根据产量需求调整入厂物料的用量，使用指定时间和日期的服务来满足标准化的生产计划。在需求量激增时，则可以选择使用空运服务，按需求运送物料。运输整车时，可以选择与第三方物流企业合作，管理各种不同类型汽车的运输，从多种运输方案中得出最优解，尽可能地缩短客户的等待时间。

其次，可视化解决方案，帮助企业控制进口货物并提供相关的详细物流信息，以便计划生产事宜。

最后，汽车产业加速走向全球化，意味着企业对国际运输解决方案的要求也将不断提高。寻找一家经验丰富的第三方物流企业，它能将报关与运输服务结合，确保及时完成清关，这样就能在加快货物运输速度的同时降低延迟和处罚的风险。

资料来源：福布斯中文网，2015 年 4 月 8 日。

思考题

1．库存为什么容易成为车市降价促销的一个重要动力源？

2．汽车制造企业如何处理供应链渠道中的库存问题？

3．生产—库存—降价促销—开足马力再生产是否将演变成汽车业内的主流运作模式？

第 16 章

项目管理

本章学习目标

- 了解项目和项目管理的基本概念。
- 掌握项目管理的组织结构和团队建设。
- 描述网络计划技术，采用 CPM 和 PERT 方法进行问题分析。
- 用时间—费用模型解决典型问题。

本章引例

日常使用的项目管理信息系统

20 世纪 90 年代，在项目管理领域掀起了一股项目管理技术和概念与项目管理软件的供应同步增长的热潮。几年以前，还只有很少几个基于计算机技术的项目管理软件包。现在，已经有 100 多个这样的项目管理信息系统，这些工具的应用正以指数形式增长。在 MBA 项目管理班中，大约有一半的学生曾经参加过这类软件的开发；而其余的人也都至少熟悉一种软件，并见过几种其他的软件，如 Microsoft Project for Windows，Primavera Project Planner，Time Line，Project Scheduler，Milestone，Schedule Publisher，Texim Project 等。

其中，Microsoft Project 程序有一个十分出色的现场指导功能，这也是它能够在中等规模的项目管理中占有绝对优势的一个原因。该软件可辅助计划、分配、平衡资源及控制成本和生成质量图与报告。

如果项目开始的重点是计划，则 Milestone 等软件可以生成能够显示活动间依赖关系的甘特图。因为项目的展开和计划需要不断修正，故甘特图上的开始与结束时间需要能够十分容易地修改。

对于管理大项目，或者由几个项目组成的计划活动，最常用的软件应该是 Primavera Project Planner。如果感兴趣的话，可以在普里马沃软件公司的网址（http://www.Primavera.com）

上查询该公司软件产品的最新信息。

资料来源：http://www.amanet.org。

思考问题

软件公司为什么开发了这么多的项目管理软件？

许多企业，尤其一些高科技企业，通过不断地推出最新技术的新产品战略来维持竞争优势。美国英特尔公司在老一代计算机芯片仍然具有旺盛的需求时，就推出了新一代的芯片，这种做法值得同行借鉴。对这类企业来说，推出新产品的速度往往是关系其成败的关键。

新产品的设计、开发或推出常常被看成一个项目。企业推出和提供新产品的速度，在很大程度上取决于企业在所有所需的活动中——通常是相关的活动中，理解和应用项目管理理念的能力。

项目管理技术对于环境复杂、费用高、进度要求严格的复杂生产系统非常重要，因为这类复杂生产系统的产品提前期比较长，尤其生产的重复性较低，甚至是一次性的，像建筑、造船、飞机制造和人造卫星的制造等。

项目管理包括两部分主要内容，其中一部分非常强调组织和人的行为；另一部分则侧重于技术方法（确定开始和完成时间，找出关键路径）。在本章中，虽然我们侧重于项目管理的技术方法的学习，而把“人”的管理问题留到相关的管理和组织行为学课程中学习，但我们必须强调的是，项目管理的成功离不开人的管理，离不开项目团队的共同努力。

16.1　项目管理概述

企业中通常会有多种运作，其中有些是例行的、重复性的活动，有些则是非常规活动。我们把后者称为项目。项目的范例包括建造一个购物中心、两个公司进行合并、制作一部电影及计划举办一场聚会活动等。商业组织的项目范例包括新产品设计、广告设计、信息系统设计、流程再造、数据库设计、软件开发和网页设计等。

16.1.1　项目

1. 项目的概念

项目是一种一次性的工作，它应当在规定的时间内，在明确的目标和可利用资源的约束下，由专门组织起来的人员运用多种学科知识来完成。美国项目管理协会（Project Management Institute，PMI）对项目的定义是：项目是为创造独特的产品、服务或成果而进行的临时性工作。项目的定义多种多样，但一般定义包括以下四个基本的要素。

（1）项目实质上由一系列工作组成。

（2）项目是一个临时性、一次性的过程。

（3）项目都有一个特定的目标。

（4）项目受资金、时间和资源等多种条件的约束。

项目可以是一项建设工程，如建造一座桥梁、一个生活小区、一个物流配送中心；也可以是某些研究课题，如研制新产品、开发系统软件。无论是哪一种类型的项目，都是一次性的任务，并且需要在一定的时间约束和费用约束下，获得预期的结果。

2. 项目的特点

项目的特点可概括如下。

（1）有明确的目的性。通常为了实现某种目的才组织项目。

（2）项目通常需要多方参与。它是一个跨越多个组织、部门的任务，需要来自多个职能部门的人员同时协助。因此，在项目中可能会与职能部门为了资源和人员而发生冲突。

（3）有时间和费用的约束。项目的时间期限一般很严格，同时有明确的费用预算。

（4）单一性。项目是一次性的任务，这是项目区别于一般的重复性的常规活动或任务的基本标志。

3. 项目的分类

在社会、企业中，项目普遍存在，根据不同的标准，可将项目分成以下几种类型。

1）按项目的规模，可以将项目划分为巨大型项目、大型项目、中型项目、小型项目。这种划分通常是以项目所需投入的人力、资金和项目的持续时间等指标为依据的。巨大型、大型项目一般需要投入大量的人力、物力和时间，如著名的美国阿波罗登月计划是一个巨大型的项目，该项目从1961年持续到1972年，参与这个项目的有2万多家公司、120个企业和大学的研究机构，共涉及42万名科技人员，耗资300亿美元。一般来说，小型项目所需的人力、物力要少得多，而且所需的时间也一般较短。

2）按项目的复杂程度，可以将项目划分为复杂项目和简单项目。复杂项目涉及的任务比较复杂，有较大的难度，涉及的技术水平较高，组织关系和人员关系复杂；而简单项目涉及的任务较为简单或有以往的经验可以参考，所需的技术水平不太高，在项目组织方面也较为容易。

3）按项目所属的行业，可以将项目划分为农业项目、工业项目、教育项目、社会项目等。农业项目，如农业机械化的实施项目、水稻改良品种的研制、农场建造等；工业项目，如大型制造设施的建设、生产线的建造、工厂的扩建等。在现代工业企业中，项目管理的方法得到了广泛的应用，尤其在新产品的开发、企业信息系统的建设、设备的大修工程、新市场的开拓等方面发挥了重要的作用。

16.1.2 项目管理

项目管理是指将知识、技能、工具与技术应用于项目活动，以满足项目的需求。它对项目进行计划、组织、协调和控制，旨在实现项目的特定目标。项目管理是一种管理体系，这种管理体系体现了系统性和复杂性。在这个管理体系中，项目管理的对象是由一系列任务所组成的整体系统，而不是这个整体的某个部分或几个部分。在项目的实施过程中，由于项目的各项任务分别由不同的人员执行，所以项目管理要求项目经理从系统的观点来管理项目，在各项任务和人员之间进行有效的协调。

1. 项目管理的基本特点

（1）项目管理是一项复杂的工作。项目管理与一般的职能管理有着很大的区别。在项目管理中，项目一般由多个部分组成，涉及多种领域的专业知识；参与项目的人员来自多个组织或职能部门，这些人员有着不同的经历；同时，项目任务是临时性的或一次性的，也就是说项目完成之后，人员又会重新回到原来的组织、职能部门中去，因此，对于项目管理来说，就面临着如何协调任务和人员的问题。另外，由于项目的单一性特点，在项目的实施过程中存在许多不确定因素。所有这些因素决定了项目管理是一项非常复杂的工作。

（2）项目管理是一项创造性的工作。由于项目管理是一次性的管理，又缺乏以往的经验，因此，对于项目经理来说，项目管理是一项创造性的工作。由于项目管理复杂，而且存在许多不确定因素，因此，项目管理具有很高的风险，其失败的概率也很高。

（3）项目管理是一项临时性的工作。项目管理的本质是计划、组织和控制一次性的工作，在规定的期限内完成预期的目标。一旦目标实现，项目管理的任务就结束了，项目小组就会解散。因此，项目管理是一项临时性的工作，有着预定的时间周期。在这个时间周期内，通常存在明确的阶段顺序，即立项、计划、执行和完工。

（4）项目经理在项目管理中起着重要的领导作用。项目经理在项目管理中负责按时、按质、按量地完成整个项目的目标，有权独立进行计划、资源分配、指挥和控制。以往的项目经理主要是专业技术人员，但现代项目管理更加强调项目经理的管理能力。项目经理必须运用他的专业项目管理技能有效地组织一支能够默契配合的项目小组，在项目实施过程中协调好各方的关系，控制好项目的进度和费用预算。

2. 项目管理的目标

项目管理通常涉及三个主要目标，即质量、费用和进度。以较低的费用、较短的工期完成高质量的项目是任何项目管理的目标。

（1）质量。质量是项目的生命。通常来说，大型项目都需要延续很长的时间，具有很广泛的影响力，如果项目的质量差，就会造成巨大的经济损失，而且还会给社会带来很多危害，甚至祸及后世。实际生活中，“豆腐渣工程”给社会造成了惨重的损失，包括经济损失和人身安全损失等。因此，项目的质量管理必须贯穿于项目管理的全方位、全过程和全员。

项目的全方位质量管理是指在项目的每个子项目、每项任务中，都需要保证质量，才能确保整个工程的质量。

项目的全过程质量管理是指从项目的立项、可行性研究、决策、规划设计、项目采购、施工、调试、试运转，到正式投产的整个项目管理过程中，都要保证质量第一。

项目的全员质量管理是指参与项目建设的每个人，从项目经理到专业技术人员和普通人员，都要对本岗位及整个项目的工作质量负责。

（2）费用。项目的费用包括直接费用和间接费用。项目经理的一项重要工作是通过合理组织项目的实施，控制各项费用支出，使整个项目的各项费用支出之和不超过项目的预算。由于大型项目需要的资金巨大，在进行项目费用预算时应尽量考虑全面。由于没有很好地进行预算或在项目实施过程中没有很好地进行费用控制，导致资金缺位问题，通常会影响整个项目的按期完成，造成巨大损失。

（3）进度。项目的进度控制是项目管理的核心内容。项目的完工期限一旦确定下来，项目经理的任务就是要以此为目标，通过控制各项活动的进度，确保整个项目按期完成。在进行项目的进度控制时，项目经理需要采用网络计划技术，进行科学管理。

质量、费用和进度对所有项目都很重要，但在不同的情况下，在不同的项目阶段和子系统中，目标会有所侧重，项目的质量、进度和费用常常会发生冲突。在处理这三者的关系时，要以质量为中心，通过科学的计划统筹，实现三大目标之间的优化组合。

3. 现代项目管理知识体系

现代项目管理知识体系、现代项目管理工作与职能体系及现代项目管理工具方法体系，被称为现代项目管理的三大基础体系。现代项目管理按照其特征，可以归纳为三个层次：技术方法层，主要是一些相对独立的技术和方法；系统方法层，强调的是一种综合集成型的方法和技术的有机集合；哲理层，强调的是一种思想、一种理念。三个层次上不同知识的关系是相互包含的，即技术方法是系统方法的基础，而哲理又是系统方法的灵魂。

现代项目管理知识体系是根据美国项目管理协会制定的《项目管理知识体系指南》(*A Guide to the Project Management Body of Knowledge*)而不断完善的关于项目管理专业的知识结构体系，现已成为项目管理从业人员专业资质培训认证的主要内容，可以对项目管理从业人员的知识能力进行评估。它主要包括十大知识领域、五个过程组，如表16-1所示。表16-2是项目管理的总览。

表16-1 项目管理过程组与知识领域

知识领域	项目管理过程组				
	启动过程组	规划过程组	执行过程组	监控过程组	收尾过程组
4. 项目整合管理	4.1 制定项目章程	4.2 制定项目管理计划	4.3 指导与管理项目工作	4.4 监控项目工作 4.5 实施整体变更控制	4.6 结束项目或阶段
5. 项目范围管理		5.1 规划范围管理 5.2 收集需求 5.3 定义范围 5.4 创建工作分解结构		5.5 确认范围 5.6 控制范围	
6. 项目时间管理		6.1 规划进度管理 6.2 定义活动 6.3 排列活动顺序 6.4 估算活动资源 6.5 估算活动持续时间 6.6 制定进度计划		6.7 控制进度	
7. 项目成本管理		7.1 规划成本管理 7.2 估算成本 7.3 制定预算		7.4 控制成本	
8. 项目质量管理		8.1 规划质量管理	8.2 实施质量保证	8.3 控制质量	
9. 项目人力资源管理		9.1 规划人力资源管理	9.2 组建项目团队 9.3 建设项目团队 9.4 管理项目团队		

续表

知识领域	项目管理过程组				
	启动过程组	规划过程组	执行过程组	监控过程组	收尾过程组
10. 项目沟通管理		10.1 规划沟通管理	10.2 管理沟通	10.3 控制沟通	
11. 项目风险管理		11.1 规划风险管理 11.2 识别风险 11.3 实施定性风险分析 11.4 实施定量风险分析 11.5 规划风险应对		11.6 控制风险	
12. 项目采购管理		12.1 规划采购管理	12.2 实施采购	12.3 控制采购	12.4 结束采购
13. 项目干系人管理	13.1 识别干系人	13.2 规划干系人管理	13.3 管理干系人参与	13.4 控制干系人参与	

资料来源：（美）项目管理协会著，《项目管理知识体系指南（第 5 版）》。

表 16-2 项目管理总览

什么是项目管理？

以团队为基础来管理项目

它与通常的运营管理有何不同？

1）有时间限制

2）重点突出，有特定的目标

3）较少的层级

为什么要使用它？

1）具有一些职能式管理无法实现的特殊需求

2）承受着开发或改进产品、削减成本的压力

关键评估标准是什么？

1）时间

2）成本

3）绩效目标

成功的关键因素是什么？

1）自下而上的承诺

2）受尊重的、有能力的项目经理

3）有充足的时间来规划

4）细致的跟踪和控制

5）良好的沟通

主要的管理问题是什么？

1）行政职责

续表

• 项目的选择 • 项目经理的选择 • 组织结构（项目经理应该向谁汇报） 2）组织方案 • 在职能部门中进行管理 • 任命一位协调人 • 与项目领导者一起使用矩阵式组织 **主要的工具有哪些?** 1）工作分解结构：一种用于形成活动列表、活动序列和具体预算的初始计划工具 2）网络图：图片式的可视化工具，用来估计项目持续时间，识别出对于及时完成项目非常关键的活动，识别出哪里存在松弛时间，制定出活动时间表 3）甘特图：用来计划、监控单个活动的可视化工具 4）风险管理：分析潜在失败或问题，评估它们发生的概率和结果，提出应对计划

16.2 项目管理的组织结构

在项目开始以前，高层管理者必须要先确定采用何种组织结构，以便能将该项目的活动与企业的经营活动紧密联系。组织结构的主要类型有纯项目、职能项目和矩阵制。如果选择了矩阵制，不同的项目（矩阵的行）都需要向职能区域（矩阵的列）领取资源。高层管理者必须决定采用哪种形式：弱式、平衡式还是强式。不同的形式决定了项目经理同他们要与之进行资源谈判的职能管理者相比所具有的权力大小。同时，管理者还必须考虑项目经理的特点。接下来，我们将讨论三种主要组织结构的优点和缺点。

16.2.1 纯项目

汤姆·彼得斯（Tom Peters）曾预测："世界上绝大多数工作都将变为'脑力劳动'，这些劳动由按项目划分的半永久性小组来完成，每个小组都是相对独立的工作机构；那里对速度和灵活性的需求决定了我们和我们祖先所一直沿用的层次型管理结构要像渡渡鸟一样被时代淘汰。"因此，在这三种基本项目组织结构中，彼得斯尤其钟爱纯项目这种形式。在该形式中，由一个装备齐全的项目小组负责该项目的全部工作，如图 16-1 所示。纯项目的组织结构的优缺点如表 16-3 所示。

16.2.2 职能项目

与纯项目相对的组织结构是职能项目。职能项目在职能区域里为项目提供了一个"家"，如图 16-2 所示。其优缺点如表 16-4 所示。

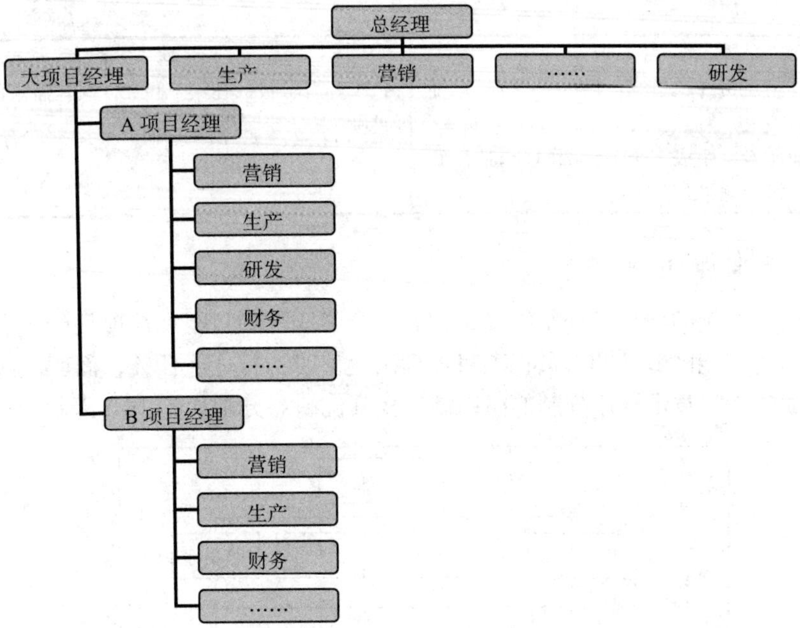

图 16-1　纯项目的组织结构

表 16-3　纯项目的优缺点分析

优　　点	缺　　点
• 项目经理对项目拥有充足的权力 • 小组成员只向一个上司汇报。他们不必担心必须分出部分精力向职能区域的管理者负责 • 联系线路缩短，可以迅速做出决策 • 小组成员的自豪感、士气及信誉度都很高	• 资源重复配置，设备和人员都不能跨部门共享 • 忽视了组织目标和企业政策，小组成员无论是在精神上还是在实质上都与组织发生了偏离 • 由于削弱了职能区域的权力而使组织在新技术和新知识方面落后 • 因为小组成员没有职能领域的“家”，因此他们缺乏安全感，会为项目结束后的生计而担忧，并且由此导致项目结束时间的延迟

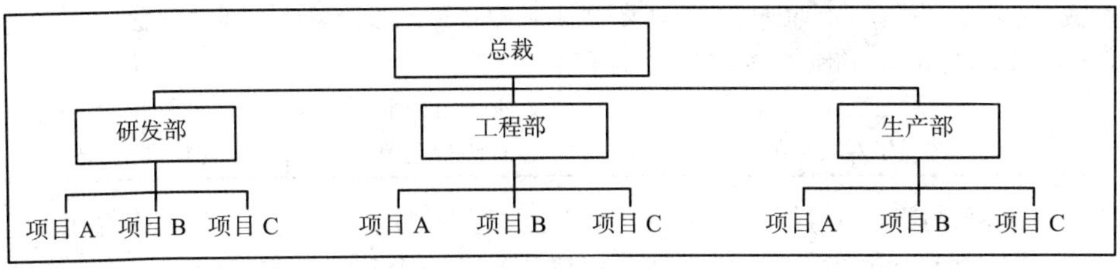

图 16-2　职能项目的组织结构

表 16-4　职能项目的优缺点分析

优　　点	缺　　点
• 每个小组成员都可以参加几个项目 • 即使技术专家离开了项目或组织，他们也继续留在职能区域里	• 与职能区域不直接相关的项目各部分缺乏必要的变革 • 小组成员的士气经常变得很低落

续表

优　点	缺　点
• 职能区域是小组成员在项目结束后的“家”，职能专家可以垂直发展 • 特殊领域的职能专家组成一个关键部门，以协同解决项目存在的技术问题	• 顾客需求被放在第二位，对顾客需求的反应速度减慢

16.2.3　矩阵制

矩阵制是最专业化的项目管理组织结构，它综合了职能项目组和纯项目的优点。每个项目执行时可从不同的职能区域抽调人员；项目经理决定何时执行什么任务，而职能区域管理者则控制可以使用哪些人或技术。矩阵制的组织结构及其优缺点分别如图16-3及表16-5所示。

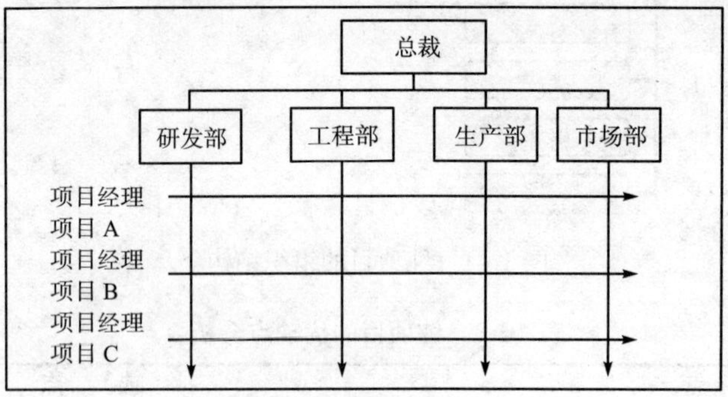

图16-3　矩阵制的组织结构

表16-5　矩阵制的优缺点分析

优　点	缺　点
• 加强了不同职能区域间的联系 • 项目经理对项目的成功负责 • 实现资源的重复配置最小化 • 项目完成后小组成员还有一个职能部门的“家”。因此与纯项目形式相比，小组成员减少了项目完成后“无家可归”的后顾之忧 • 遵循了企业政策，增强了对项目的支持	• 存在两个以上的上司，经常出现职能管理者的命令比项目经理的命令优先执行的情况。那么到底谁是真正的上司呢 • 除非项目经理具有很强的谈判能力，否则项目注定要失败 • 本位主义乘虚而入。经常出现项目经理为自己的项目囤积资源的现象，并由此损害了其他项目的利益

请注意，无论采用哪种组织形式（结构），与顾客接触的最主要的人员都只能是项目经理。当项目经理对一个项目的成功完成负责时，项目的沟通能力和柔性都极大地加强了。

16.2.4　高效的项目团队

在现今复杂而成熟的技术环境中，重新构建项目团队是非常重要的。项目团队的特性和最终绩效都依赖于人力资源和组织结构等多种因素。虽然每个组织都有自己的绩效标准，但项目经理普遍认为，有一些因素对建立成功的项目团队很关键，它们可分为以下四个范畴。

（1）任务相关变量。是衡量任务执行好坏的直接标准，包括在预算内按时高质量生产的能力，创新及变化的能力。

（2）人员相关变量。影响团队内部的工作，包括良好的沟通、高度的参与、解决冲突的能力、相互信任及对项目目标的奉献度。

（3）领导变量，主要与项目团队内各个领导职位有关。这些职位可能是通过传统的方式（如由项目经理或任务领导指派）产生的，也可能是通过对个人专长、信任、尊重、可信度、友谊和领悟能力及工作中表现出来的个人开发能力等方面的考察，由民主选举产生的。典型的领导特征包括组织和指挥任务的能力，促进集体决策、激励、调解冲突、解决问题、营造舒适的工作环境及满足成员需求的能力。

（4）组织变量。包括组织的整体氛围、“指挥—控制—职权”结构、方针、程序、规章制度、地区文化、价值观和经济条件等。

值得指出的是，项目经理们在描述一个高效团队的特性时，不仅关心与任务相关的能在预算内按时高质地完成任务的技术，同时也关心团队和领导力量。

16.3　网络计划技术

网络计划技术是项目计划管理和控制的一种科学管理方法。项目的主要特点之一在于有严格的时间期限要求，因此，项目进度计划在项目管理中具有重要的作用。网络计划技术是项目进度计划的有力工具，能够有效地控制项目的时间和节约时间。

16.3.1　网络计划技术概述

网络计划技术是项目计划管理的重要方法，是伴随建设和管理庞大、复杂的项目的需要而产生的。由于项目具有任务繁多、协作面广的特点，常常需要动用大量的人力、物力和财力，因此，如何合理而有效地组织项目的各项具体任务，使之相互协调，在有限的资源约束条件下，以最短的工期和最少的费用，最佳地完成整个项目，是项目管理者所面临的一个重要问题。网络计划技术就是在这种背景下产生的。其中，关键路径法（Critical Path Method，CPM）和计划评审技术（Program Evaluation and Review Technique，PERT）是两种主要的网络计划技术。

1. 关键路径法

关键路径法产生于美国杜邦公司。1956—1957 年，美国杜邦公司在新建生产线时，为了使该项目能够及时竣工投产，请兰德咨询公司研究出了一种新的计划管理方法，即关键路径法。实施这种计划方法，使杜邦公司的新生产线的工期比原计划缩短了两个月。随后，公司又将这一方法应用于维修，使原来因大修要停工 125 小时的工程缩短为 78 小时。关键路径法是一套用于计划和控制项目实施的图形技术。在任何给定的项目中，项目管理者需要考虑三个因素：工期、成本和资源可用性。关键路径法已经发展到既可以单个处理，也可以综合处理各因素的阶段。关键路径法用图形描述出一项工程的全貌，并强调将注意力集中在关键路径上，因为关键路径决定了项目的最终完成时间。

关键路径法最适用于具有以下特点的项目。

（1）工作或任务可以明确定义。

（2）工作或任务互相独立，即可分别开始、结束和实施。

（3）工作或任务必须按一定的顺序依次完成。

建筑业、飞机制造业及造船业都符合以上要求，因此关键路径法在这些行业中得到了广泛应用。在波音公司，关键路径法发挥着重要的作用。波音 777 飞机的 20%的零部件在日本生产，其他辅助零件则分别在澳大利亚（制造机身）、北爱尔兰和新加坡（制造机头装置）、韩国（制造机翼）等国家生产。有效的项目计划技术无论是对装配波音 777 飞机，还是对其进行计划和生产都是十分重要的。

2. 计划评审技术

计划评审技术由美国海军特殊项目办公室（US Navy Special Projects Office）创造。1958 年美国海军特殊项目办公室启动研制北极星导弹系统项目，参加该项目研制的主要承包商有 200 多家，加上转包商，共 10 000 多家。通过应用计划评审技术，美国海军特殊项目办公室把由这么多厂商参加的如此复杂的工程项目有效地组织起来，加强了工程的进度管理，并使工程比预定计划提前两年完成。

3. 关键路径法和计划评审技术的区别

关键路径法和计划评审技术在初期发展阶段的主要区别在于以下三点。

（1）计划评审技术用箭线表示活动，而关键路径法则用节点表示活动。

（2）关键路径法假设每项活动的作业时间是确定的，只使用最可能的估计时间，而计划评审技术中的作业时间是不确定的，对完成活动所需时间采用三种估计——乐观时间、悲观时间和最可能时间。

（3）关键路径法不仅考虑时间，还考虑费用，重点在于费用和成本的控制，而计划评审技术则考虑了大量不确定性因素，重点在于时间控制。

因此，在产生初期，关键路径法主要用于例行性的或已有先例的工程项目的计划，这类项目的特点是不确定性程度小。而计划评审技术主要用于研究与开发型项目，这些项目的主要特点是具有很大的不确定性。随着这两种计划技术的发展，它们之间的差异也变得越来越小。

尽管这两种计划方法存在一定的差异，但是其基本原理是一致的，即用网络图来表示项目中各项活动的进度及其相互关系，并在此基础上进行网络分析，计算网络中的各项时间参数，确定关键活动与关键路径，利用时差不断地调整与优化网络，以求得最短的工期。因为这两种方法都通过网络图和相应的计算来反映整个项目，因此统称其为网络计划技术。在本书中，我们将关键路径法和计划评审技术看作同一种技术，即网络计划技术。

4. 网络计划技术的优点

网络计划技术和传统的计划安排方法相比，具有如下优点。

（1）网络图不仅反映了每道工序的进度，而且还反映了各工序的先后执行顺序和相互关系。因此，通过网络图，整个项目及其各组成部分之间的关系一目了然。

（2）可使参加项目的各单位和有关人员了解他们各自的工作及其在项目中的地位和作用。

（3）网络图指出项目的关键路径，便于项目管理抓住关键环节。

（4）用网络计划技术编制计划的过程，不仅是一个能力平衡和进度安排的过程，而且也是一个最优规划过程。

16.3.2　CPM 与 PERT 方法

例 16-1　欲用最小成本铺设一条从 A 经一些山区地段到配送中心（F）的石油管道，如图 16-4 所示。可供选择的路径和建设成本（单位为百万美元）都标示在图上。问：最小成本路径是哪条？

解：可供选择的路径及各自的成本为：

A–B–E–F=2+4+3=9

A–C–E–F=1+5+3=9

A–C–F=1+7=8　　←最小成本路径

A–D–F=6+5=11

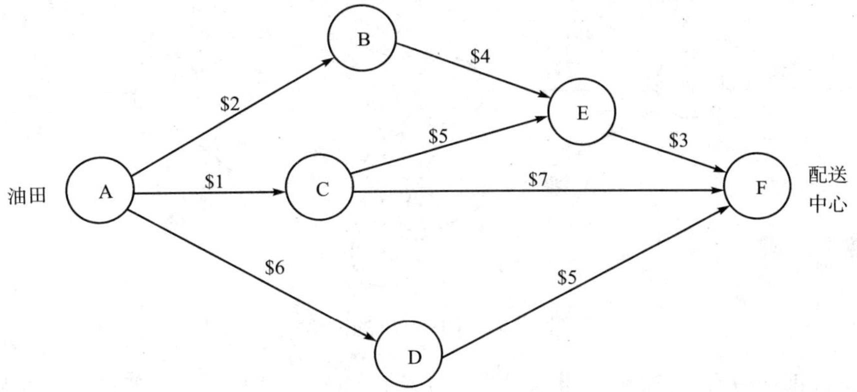

图 16-4　铺设路径

1. AOA 和 AON 规则

虽然 CPM 和 PERT 方法在它们早期的发展过程中有很大的不同，但现在这二者都吸取了对方的有益特征，已经不再有很清晰的界定。当提到二者或二者之一时，一些分析家使用了 CPM/PERT 这样的称谓。

两种方法所剩的区别仅为描述活动关系时的图形表示不同。但这两种方法都可以用节点–活动（与 CPM 更相关）和箭头–活动（与 PERT 更相关）表示。

（1）节点–活动（AON）图表使用圆圈（或矩形）代表项目活动，用箭头代表应有的顺序。AON 网络较为容易构造，因为它避免了某种连接（虚拟的）活动需要。但 AON 图表中每个活动的时间跨度用节点表示，这样就比用时间间隔（箭头）表示要缺少直观感。

（2）箭头–活动（AOA）图表使用箭头（或弧线）代表活动，用节点（或圆圈）代表事件。在这种模型中，活动是需要耗费时间来完成的组成部分。AOA 也会用弧线–活动来表示。

2. 网络标记

为了解释 CPM/PERT 的形成过程和使用方法，我们须遵循 AO A 规则。AO A 规则把活动视为耗费时间的子任务，并用箭头（←）表示。事件是时间点，表明已完成的活动和该开始的活动。它们是节点，并用圈（○）表示。

图 16-5 表明建造一个电厂（目标）所必需的且显示在一个网络图中的工作活动。箭头和圆圈表明了优先关系。例如，工厂设计（1—2）必须在其他所有的活动开始以前进行。选址、供应商选择和人员选择可以同时进行。安装发电机（5—7）在厂址准备（3—5）和制造发电机（4—5）就绪后才可以开始。注意图中事实上有 4 条从事件 1 到事件 8 的路径。厂址准备（3—5）和制造发电机在不同的路径上，在事件 5 它们相交，其中任何一个延误都会影响发电机的安装。

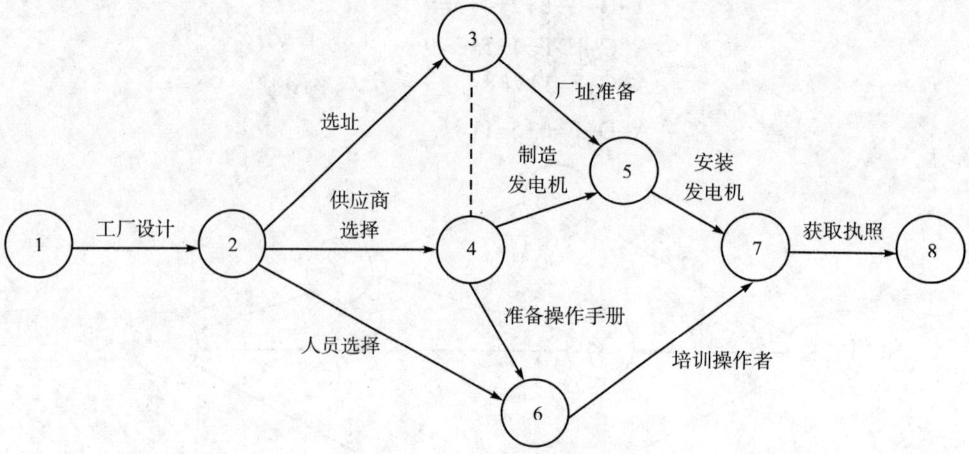

图 16-5　建造电厂的网络

有时候活动即使没有耗费时间，也需要优先关系。例如，图 16-6 中，假设厂址准备（3—5）直到供应商确定后才可以进行。这就意味着供应商选择（2—4）必须在活动（3—5）开始之前完成。我们可以通过“虚活动”的方法来表明这种优先关系，在图中表现为从事件 4 到事件 3 的虚线，其时间耗费为零。这种虚活动将会产生另一条特殊的有序路径（1—2—4—3—5—7—8）。

3. 求关键路径

网络路径是一个项目从开始到结束的有顺序的一系列活动。关键路径是一系列确定项目完成日期计算值的任务，也就是说，当关键路径上的最后一个任务完成时，整个项目也就随之完成，因此关键路径是网络中完工时间最长的路径。下面是确定关键路径的步骤。

（1）识别项目活动和事件。

（2）活动排序并构建网络图。

（3）估计每个活动的时间并标明在网络图上。

（4）计算网络中每条路径需要的时间。

（5）把估计完成时间最长的路径作为关键路径。

在关键路径上的所有活动的时间对项目的完工时间来说都是关键的。这些活动时间的总和就是关键路径的预计平均时间（T_E）。其他路径将有剩余的（或松弛）时间，任何路径的松弛时间是 T_E 和给定路径的时间之差。

例 16-2　图 16-6 是在图 16-5 的基础上显示的一个工厂建造项目的完工时间网络图（单位：月）。(a) 求关键路径。(b) 包含操作准备的路径 C 的松弛时间是多少？

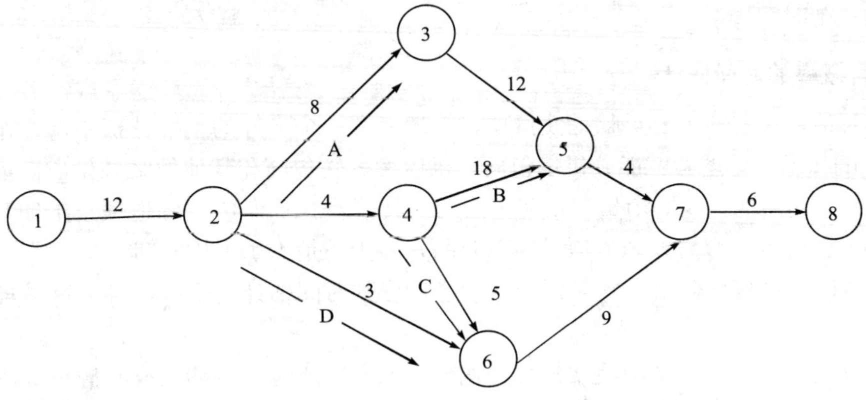

图 16-6　建厂的网络图

解： 计算各路径需要的时间，结果如表 16-6 所示。

表 16-6　各路径需要的时间　　单位：月

路　径	时　间
A: 1—2—3—5—7—8	12+8+12+4+6=22
B: 1—2—4—5—7—8	12+4+18+4+6=44
C: 1—2—4—6—7—8	12+4+5+9+6=36
D: 1—2—6—7—8	12+3+9+6=30

（a）路径 B 需要时间最长，为关键路径，总共需要 44 个月的时间。

（b）路径 C 的松弛时间=关键路径 B 时间–路径 C 时间

=44 – 36 = 8（月）

路径 C 的松弛时间说明，当其他条件相同时，在不影响项目的完成时间下，准备操作手册（活动 4—6）可以拖延 8 个月。

4. 最早和最迟活动时间

管理一个项目的活动时，知道一个既定活动在不影响项目总规划时间的前提下，最早或最晚开始或结束的时间是有用的。为表明最早或最晚活动时间，通常使用以下四个时间值。

（1）ES。活动可以开始的最早可能时间。假定所有的先前活动都在其最早的可能时间开始。

（2）EF。活动可以结束的最早可能时间。假定活动都在 ES 开始，该活动需 t 时间，那么，EF=ES+t。

（3）LF。在不影响项目工期的情况下活动的最晚完成时间。假定连续的活动都按预计的时间完成。

（4）LS。在不影响项目工期的情况下活动的最迟开始时间。LS=LF–t。

计算时，ES 和 EF 遵循从左到右的次序（又称正序）。活动的 ES 是路径中所有该活动的先前活动时间总和。当两条路径在一个节点相交时，以最长时间路径为准。

最晚时间用相反的方法计算。由关键时间或结束时间 T_E 开始，减去每个先前活动，直到指定的活动。如果两个或更多路径在一个事件上相交，以有最短总时间的路径为准，因为这条路径有最少的松弛时间。

5. 包含概率的时间估计

PERT 对项目规划的主要贡献是使得项目管理者在一个良好的系统分析中考虑不确定性。使用 PERT 的技术，管理者就能分析承包商、供应商、转包商和其他的服务供应商的不确定的时间。这个信息还使他们能够衡量项目完工时间及其偏差（标准差）。知道项目工期分布的平均值和标准差后，就可以容易地知道项目完工时间是多于还是少于平均时间。

PERT 方法包含概率分析，它对每个活动进行三种时间估计而不是一种。这三种估计分别如下。

（1）乐观时间（a）。当每项活动都无一例外地顺利完成时，活动完成的最小可能时间。这种可能性很小，仅设定为 1%。

（2）最可能时间（m）。这是完工时间的最佳估计，又称期望值。

（3）悲观时间（b）。当每项活动都未能顺利进行时，活动完成的可预计的最大可能时间。这种可能性也很小，仅设定为 1%。

每项活动的期望时间（t_e）和偏差（σ^2）的计算公式为：

$$t_e = \frac{a+4m+b}{6} \qquad \sigma^2 = \left(\frac{b-a}{6}\right)^2$$

把每条路径上的每个独立活动的时间相加，得到的最长时间的路径即为关键路径。然后把关键路径上活动时间的方差相加，最终的时间分别应当近似地和完成时间 T_E 及标准差 σ^2 相等：

$$T_E = \sum t_e \qquad \sigma = \sqrt{\sum \sigma_{cp}^2}$$

其中 σ_{cp}^2 为关键路径上活动的方差。

给定分布的平均值和方差，就可以由正态分布计算不同完成时间的概率，求出项目工期超过时间 T_X 的概率。计算公式为：

$$Z = \frac{T_X - T_E}{\sigma}$$

然后就在正态分布表中找到概率值为 Z 的正态分布值，再用 0.500 0 减去该值。

例 16-3 项目计划者向工程师、承包商和不同的供应商征询了意见，并对工厂建造（见图 16-6）的工期（见表 16-7）进行了估计。(a) 求关键路径。(b) 项目在 4 年内完成的概率是多少？(c) 完成项目的时间超过 55 个月的概率是多少？

表 16-7　各活动需要时间

单位：月

活动		估计时间		
描述	编号	a	m	b
工厂设计	1—2	10	12	16
选址	2—3	2	8	36
供应商选择	2—4	1	4	5

续表

活动		估计时间		
描　述	编　号	a	m	b
人员选择	2—6	2	3	4
厂址准备	3—5	8	12	20
制造发电机	4—5	15	18	30
准备操作手册	4—6	3	5	8
安装发电机	5—7	2	4	8
培训操作者	6—7	6	9	12
获取执照	7—8	4	6	14

表 16-8　t_e 与 σ_{cp}^2 的计算值

$t_e=\dfrac{a+4m+b}{6}$	$\sigma_{cp}^2=\left(\dfrac{b-a}{6}\right)^2$
12.33	1.00
11.67	32.11
3.67	0.44
3.00	0.11
12.67	4.00
19.50	6.25
5.17	0.69
4.33	1.00
9.00	1.00
7.00	2.78

表 16-9　各路径需要时间　　单位：月

路　径	时　间
A：1—2—3—5—7—8	12.33 + 11.67 + 12.67 + 4.33 + 7.00 = 48.00*
B：1—2—4—5—7—8	12.33 + 3.67 + 19.50 + 4.33 + 7.00 = 46.83
C：1—2—4—6—7—8	12.33 + 3.67 + 5.17 + 9.00 + 7.00 = 37.17
D：1—2—6—7—8	12.33 + 3.00 + 9.00 + 7.00 = 31.33

*关键路径

解：（a）不同活动的 t_e 值和 σ_{cp}^2 值都在表 16-8 中列出。表 16-9 已显示关键路径为 A。

（b）最佳估计时间 T_E =48.0 月，所以有 50%的可能该项目在 4 年内完成。

（c）欲求出其他完工时间的概率，必须计算关键路径完成时间分布的方差，把它们相加，然后求出σ。

$$\sigma=\sqrt{\sum\sigma_{cp}^2}=\sqrt{1.00+32.11+4.00+1.00+2.78}=6.4\text{（月）}$$

$$Z=\frac{T_X-T_E}{\sigma}=\frac{55.0-48.0}{6.4}=1.09$$

$$P(X>T_X)=0.500\,0-0.362\,1=0.137\,9$$

所以，所求概率 $P\approx 0.14$。

16.4 时间—费用模型

时间—费用优化问题是指综合考虑项目的工期与费用两者之间的关系，实现在工期尽可能短的同时，使项目费用也尽可能少。项目费用一般可以分为直接费用和间接费用两部分，这两部分费用随工期变化而变化的趋势是不同的。直接费用是指直接人工、材料、能源等与各项活动有直接关系的费用。一般来说，直接费用随工期的缩短而增加。间接费用是指与整个项目有关，不能或不适合直接分摊给某一活动的费用，包括项目管理费用、拖延工期所引起的罚款、占用资金所引起的应付利息等。一般来说，间接费用与工期成正比关系，即工期越长，间接费用也越高。因此，工期与项目的直接费用和间接费用之间存在如图16-7所示的关系。

在编制网络计划时，需要计算项目的不同完工时间所对应的项目费用。如何找出一个缩短项目周期的赶工方案，使完成项目任务所需的总费用最低，这是时间—费用模型所要解决的问题。进行时间—费用优化的基本步骤如下。

（1）找出关键活动（关键路径上的任何进度活动）。

（2）选择赶工的直接费用变化率最小的活动，在可赶工的时间范围内进行赶工。

（3）重复（1）和（2），直到找到最优的方案。

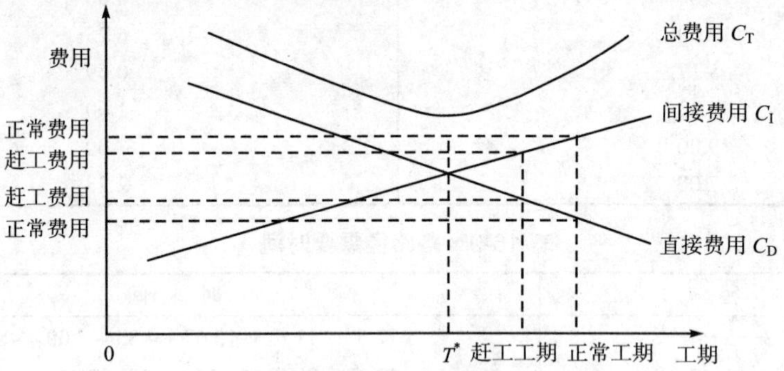

图16-7 费用与工期的关系

例16-4 某项目的网络计划图如图16-8所示。该项目的各项活动的正常时间、正常直接费用、赶工时间和赶工直接费用列于表16-10中。该项目的单位时间的间接费用为4 500元，按合同要求，工期为18周，每超过1周，罚款5 000元。请为该项目找出最低费用下的工期。

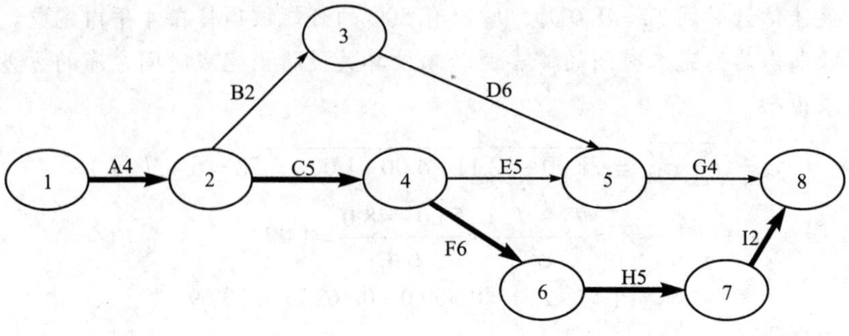

图16-8 某项目的网络计划图

表 16-10　费用率计算

活　动	正常情况		赶工情况		直接费用变化率（元/周）
	时间（周）	直接费用（元）	时间（周）	直接费用（元）	
A	4	20 000	3	24 000	4 000
B	2	18 000	1	23 000	5 000
C	5	15 000	4	22 000	7 000
D	6	24 000	4	32 000	4 000
E	5	22 000	4	29 000	7 000
F	6	25 000	4	33 000	4 000
G	4	16 000	3	20 000	4 000
H	5	20 000	4	26 000	7 000
I	2	15 000	—	—	—

首先根据以上信息，求得该网络图的关键路径（见图 16-8 的粗箭线），其中活动 A、C、F、H、I 为关键活动。这五项活动中，活动 A 和 F 两项活动的直接费用变化率最小，因此，优先考虑对 A 进行赶工。对活动 A 进行赶工后，直接费用增加 4 000 元；由于工期缩短 1 周，间接费用减少 4 500 元；同时工期拖后 3 周，罚款为 15 000 元，总费用变化为 14 500 元。接着考虑对 F 进行赶工，计算相应的费用。对 F 进行赶工后，需要重新找出网络图中的关键活动。按以上方法进行分析，最后的计算结果如表 16-11 所示。总费用增加最少的方案是将工期压缩到 18 周，具体为将活动 A 压缩 1 周，将活动 F 压缩 2 周，将活动压缩 1 周，将活动 H 压缩 1 周。

表 16-11　赶工方案　　单位：元

工　期	22 周	21 周	19 周	18 周	17 周
赶工活动	无	A	A，F	A，F，C	A，F，C，H
ΔC_T	0	4 000	12 000	19 000	26 000
ΔC_I	0	−4 500	−13 500	−18 000	−22 500
$\Delta C_T+\Delta C_I$	0	−500	−1 500	1 000	3 500
罚款	20 000	15 000	5 000	0	0
总费用变化	20 000	14 500	3 500	1 000	3 500

管理实践

巧开碰头会，团队更专注

不论是情侣之间，还是与 1 000 名下属之间，沟通问题在任何关系当中都是最大的挑战。公司所有人对公司业务关键的优先级别、问题和指标都非常清楚，但如果领导者未能通过正确的方式与他们进行沟通，这些问题就有可能变成一团乱麻。

每家公司都必须保持有规律的沟通，如每天、每周、每月、每季度和每年，借此确保员工与公司保持步调一致。大多数公司每月、每季度和每年都会召开管理团队的战略会议，甚至每周召开一次。但他们却忽视了最关键的一种会议：日常碰头会。他们认为自己没有时间，因为其他会议已经占用了他们大量的时间。

相信我：只要保证会议简短且重点突出，日常碰头会不但不会浪费你的时间，反而能够节省你的时间。每天在相同的时间安排 5～15 分钟与领导团队的现场会议或电话会议。讨论一下接下来 24 小时将要发生的事情，设定优先级别，讨论大家遇到的各种障碍，同时清除这些障碍。这样一来，就可以把团队成员每天给彼此抄送邮件的 1.5 小时节省下来。

此外，要求团队提供对公司业务至关重要的最新关键绩效指标。根据公司所处的行业，这些指标可能是已入账的销售额、已收取的发票、已交付的包裹等。

日常碰头会的目的是避免细微的失误。日常碰头会能提醒你在未来 24 小时内需要解决的问题，以免这些问题进一步恶化。据美国项目管理协会 2013 年的调查结果，在约 56%的失败项目中，糟糕的沟通是罪魁祸首。

日常碰头会还可以让你抓住意料之外的机会，帮助推动关键项目的发展。例如，在会议中，可能一位员工提到他与客户共进午餐，其他人可能会建议："下次你们一起吃饭的时候，能否让他们……"

把日常碰头会变成所有人的日常惯例，可以节省大家通过反复发送电子邮件来确定其他会议的时间。他们都很清楚，开完现场碰头会之后，在回到办公室的路上还能谈两句，也可以在电话碰头会结束后，马上再通过电话找到某位同事。

要重视主持会议的方式，以免会议拖沓冗长。准时开始，可以考虑站着开会，让所有人保持专注。不要让会议跑题，变成讨论三周前发生的事情。要求员工针对个别项目在线下召开问题讨论会。

你宣布日常碰头会的决定时，员工可能会因为又要多开一个会而产生抗拒心理，但不要放弃。一旦他们发现，有了日常碰头会，每周的会议不再拖长两三个小时，而且他们也可以早点回家，他们肯定能准时出席。

资料来源：财富中文网，2013 年 12 月 26 日。

引例的思考

市场上出现这么多的项目管理软件说明了项目管理在各行各业都有很普遍的应用。美国建筑业普遍认为，"没有一种管理技术像项目管理技术那样对建筑业产生如此大的影响"。一些国家的经验表明，应用网络计划技术，可节约投资的 10%~15%，缩短工期时长 15%~20%，而编制网络计划所需要的费用仅为总费用的 0.11%。但直至 20 世纪 80 年代，项目管理的使用还仅限于建筑、国防、航天等少数几个行业。而 20 世纪 90 年代以来，由于项目管理的方式在运作中从根本上改进了管理人员的工作效率，其应用领域扩展到电子、通信、计算机、软件开发、制药业、金融业等行业乃至政府机关，并开始发挥越来越大的作用。项目管理人员也不再被认为仅仅是项目的执行者，而是被要求能胜任更为复杂的工作，参与需求确定、项目选择、项目计划直至项目收尾的全过程，在时间、成本、质量、风险、合同、采购、人力资源等各个方面对项目进行全方位管理，并且和客户一起高效率地工作。

复习与讨论题

1．研究开发设计部计划向某一大项目投标，该项目是开发商用飞机的新型联络系统。表 16-12 给出了相关数据。

表 16-12 项目的活动及相关数据

活 动	紧前活动	时间（周）
A	—	3
B	A	2
C	A	4
D	A	4
E	B	6
F	C，D	6
G	D，F	2
H	D	3
I	E，G，H	3

（1）画出网络图。

（2）关键路径是什么？

（3）假定要尽可能地缩短完工时间，可以选择的活动是 B、C、D、G，它们都可以缩短两周，你将选择哪个？

（4）新的关键路径是什么？最早完工时间是多少？

2．一项活动的乐观、最可能和悲观时间估计分别为 12 周、15 周和 24 周。求（a）期望平均时间；（b）该活动的方差。

3．一个制造企业有如下一些必要活动（见表 16-13）以完成一个建造新工厂的合同。请画出恰当的网络图。

表 16-13 建厂的网络图

活动描述	紧前活动	活动时间（周）		
		乐 观	最 可 能	悲 观
A—B 可行性研究	无	4	6	10
B—C 获得厂址	A—B	2	8	24
B—D 准备计划	A—B	10	12	16
B—F 市场战略	A—B	4	5	10
C—D 土壤测试	B—C	1	2	3
D—E 法律批准	C—D 和 B—D	6	8	30
D—F 贷款申请	C—D 和 B—D	2	3	4
E—F 核实材料	D—E	0	0	0
E—G 获得投标	D—E	6	6	6
F—G 寻求经费	D—F 和 B—F	2	6	12
G—H 签订合同	E—G 和 F—G	2	2	3

4．一家电子公司使用PERT给电厂控制板进行配线。估计装配操作遵循90%的学习曲线。由工人、电工和监管者共同组成的项目组认为第一次装配最可能在14天内完成，但也有可能需要24天；如果每项活动都进行得很顺利的话，甚至能够在10天内完成。装配第四个控制板的预计时间为多少？

5．图16-19显示了表16-14列出的时间和直接费用。时间—成本为累积值；也就是说，可以把活动1—2减少2周，费用$16000–$12000=$4000或$2000/周。

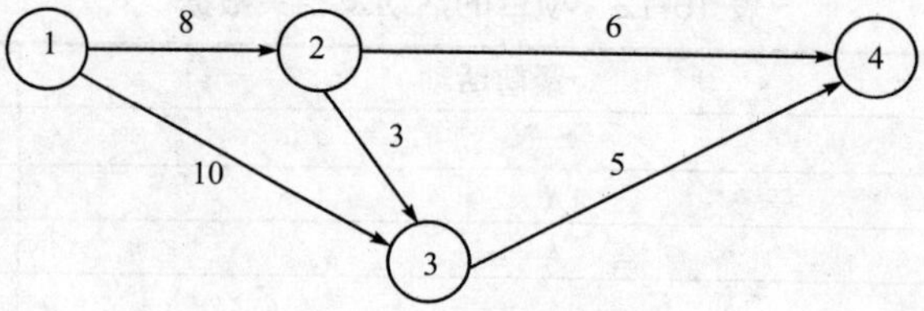

图16-9　网络图

表16-14　活动相关数据

活　　动	正常时间（周）	正常费用（$）	赶工时间（周）	赶工费用（$）
1—2	8	12 000	6	13 600
1—3	10	6 000	7	10 000
2—4	6	8 000	4	10 000
2—3	3	14 000	2	17 000
3—4	5	7 000	2	9 700
		47 000		

（1）分别计算在16周、15周、14周、13周、12周或11周内完成项目的直接费用。

（2）表16-15列出了项目的间接费用。算出总项目费用（直接和间接），并确定最小费用的完工时间。

表16-15　项目费用

项目持续期（周）	16	15	14	13	12	11
间接费用（$）	23 000	19 100	17 200	14 400	13 700	13 200

本章阅读资料

项目管理方法：从疲于奔命中解脱出来

时常遇到朋友在问：我的工作属不属于项目？那我们就先来看看什么是项目。在所谓的六管（生产、销售、人力资源、研发、财务、信息）中，有些作业属于例行性的作业，如人事出勤、会计入账等，可是其他大部分的工作都要求在一定时间、一定费用预算内完成，如组织调整、人事招聘、新产品开发、产品生产、系统建置等，所以这些在一定时间、一定费用内，按预先设定的目标而进行的工作，我们就称之为项目。很明显，公司几乎100%的获利就来源于这些项目。

对于执行项目的人来说，最痛苦的事有两件：没有办法按照进度执行及执行期间变化太多。没有办法按照进度执行，带来的是期末沉重的压力；项目变化太多，会使项目人员从上到下都疲于奔命，去应付那些变化所带来的连带变化。

1. 项目管理人员的痛苦

有一个项目管理界的笑话，说的是一位西方的项目经理完成了亚洲某国家耗资 10 亿美元的项目。在庆功宴上，当大家纷纷恭贺他完成了这个大型项目时，他放下了手中的酒杯，悠悠地说："这个项目原先的预算只有 6 亿美元。"这个笑话其实影射了一个很严肃的问题——这个受过正统项目管理训练，取得项目管理师认证的项目经理，在不太重视按纪律工作的环境中，没有一个能力够强的项目团队支持，也是没有办法的。他所遇到的项目管理上的问题，其实就是企业的问题。以下我们就分别从个人层面及企业层面来看项目应如何进行管理。

2. 项目经理的角色

项目经理是项目的灵魂。目前以国内的企业而言，项目经理有的由业务人员担任，有的由工程技术人员担任；有的是管理背景，有的是工程技术背景；有的只负责执行，有的从规划到执行到收尾全部负责；有的只管过程，有的也管成本控制。林林总总，其实没有对与错，只在于他有没有管理项目的能力。

项目其实是一种集成性的作业，包括从公司决定要进行这个项目，到需求的确认、规格的确定、时间及成本的规划、执行的控管和最后收尾的管理，是从战略面往下展开至计划面及执行面的全面性活动。企业首先应该正确定位项目经理。传统的企业观念中，项目经理不是一个很重要的角色，他只负责画画图（有的企业甚至不用做这一项工作），然后按照指示，将工作做完就是了。他没有主导权力，只有项目成败责任（多少项目经理就是这样被换掉了）。所以他只是一个执行者，只是代理真正的管理者去督促项目成员按时完成工作而已。以这种角度来看，如果公司 100%的获利都依赖于项目的执行，对于企业来说是很危险的。举例而言，在国内某企业首次召开的收尾会议中，项目经理们按要求拿出了好不容易整理出来的项目资料，提报此项目延误了 4 个月，项目总成本开支为 400 万元，产品交付之后还有后续研修的部分。追问之下，发现此项目的合约款只有 300 万元。以机会成本的角度来看，可以发现这个项目的亏损绝对不是只有 100 万元，而这个情况项目经理事前竟一无所知。

近几年来，部分企业或个人开始重视项目经理能力的提升。其实在大部分企业里，项目经理大多由公司内部技术能力卓越的人员担任。从技术发展的角度来看，项目经理可以辅导项目成员处理技术上的问题。可是，既名为"经理"，就要做管理的工作，需要完成规划、组织、领导、控制四大管理职能。PMI 所制定的"项目管理知识体系"，就明确界定了一个项目管理人员应该掌握的项目管理职能。

3. 企业的角色

国内整体的项目管理运作环境其实是不成熟的。大部分的从业人员完成项目管理训练后，虽然熟悉了项目管理技能，但是回到企业后，却发现整体环境无法配合，倍感沮丧。项目管理绝对不只是项目经理的事。试想，项目经理固然了解客户需求会影响后续产品的设计及开展，但如果客户协调永远是业务人员的事情，项目经理无法介入与客户的协商与需求确认，执行时必然问题重重；再试想，在工作规划时，项目经理固然具备了相关的知识及技能，但其他配合人员没有这些知识及技能，项目经理将要花费更多的时间在沟通协调及教育上，项目经理再怎么有心也会感到无力。

企业要执行项目，这个项目就一定是全公司上下的事。从公司决策及管理阶层的支持，到权力及责任的赋予，再到公司其他同人的配合，这些是整体一致的。简言之，也就是要建立项目管理文化。

要营造一个协同式项目管理环境并不难，重点在于企业有没有决心。以下提供几点建议。

（1）项目经理能力的培养。项目经理并不是只要技术强即可，他必须具备企业管理组织、规划、领导、控制的技能，更需具备项目管理范围、集成、时间、成本、品质、人力资源、风险、采购、沟通九个方面的知识、技术与能力。企业可以通过外训或内训的方式，协助项目经理完整地具备这些能力。

（2）重视项目经理的专业。目前在国内的企业中，已完成国内或国外项目管理师认证的从业人员已小有规模，但是很多企业并没有重用这些具备管理专业技能的人员。除了外资企业，很少有企业将项目管理师认证资格作为升职及薪资调整的参考。如果由另一个角度来看，如果你是企业主管，这些项目管理师其实是帮你达成年度营运目标的最主要资源，在这种情况下，你会忽视他们吗？

（3）建立项目管理导向企业。当商场上的竞争日趋激烈，每个企业无不摩拳擦掌，储备实力，以迎战未来时，技术能力的培养固然重要，但不应忽视有效管理所能带来的效应。企业应该转变成项目管理导向的企业，将项目管理重视时间、成本及质量的精神，应用到每个内、外部的项目。当企业成为以项目为导向的组织，企业每个人都使用共同的项目管理语言，绩效考评以项目执行成效为指标时，项目的成败将自然成为企业每个同人的责任。

（4）项目管理共识的普及。项目经理有其必备之技能，同样，项目成员（或工程师）在项目中，也有其项目管理的责任。对于这些项目成员，也许不必像项目经理那样具备全面管理能力，但是最起码的时间管理、工作规划等能力，仍然需要具备。企业可以引入经过认证的项目管理师，定期实施内部教育训练，以使全公司上下有一致的共识及能力。

（5）决策阶层的积极参与。项目管理不只是项目经理的事，而是整个企业的事。管理高层的重视，虽然已是老生常谈，但仍然还要强调。以笔者所看过的数次内训课程而言，总经理在场，全员到场；总经理一离开，人员也开始陆续离席，培训有何成效不言而喻。

4. 项目管理是战略性的问题

以现有大部分企业的组织架构来看，项目管理往往在执行层面存在较多问题。反正项目有人负责，有人执行即可。可是，从策略方向规划、年度营运目标制定，到部门目标制定，再展开到项目的设计、规划与执行，这些工作是一贯的，由上而下展开，再由下而上支持，任何一环均不可缺失。由此来看，项目的责任绝对不是只在项目经理身上，企业必须从战略层面整体考虑如何提升项目的价值，也就是进行项目管理的导入。如此才能在最近这股项目管理的风潮中，实现项目管理的真正价值，从而实现企业的真正价值。

资料来源：财富时报，2005年10月26日。

思考题

1．对于执行项目的人来说，最痛苦的两件事是什么？
2．项目管理中项目经理的角色是什么？
3．项目管理中企业的角色是什么？
4．为什么项目管理是战略性问题？

参考文献

[1] Airport Checkpoints Moves to Help Speed Travelers on Their Way. Minneapolis-St. Paul Star Tribune, 1995, 13:1B

[2] Baxter M. Product Design. Chapman and Hall, 1995

[3] De Lurgio S. Forecasting Principles and Applications. New York: Irwin/McGraw-Hill, 1998

[4] Devaus S A. Total Project Control: A Manager's Guide to Intergrated Project Planning Measuring and Tracking. New York : Wiley, 1999

[5] Diebold F X. Elements of Forecasting. Cincinnati, Ohio: South-Western College Publishing, 1998

[6] Hall R W. Attaining Manufacturing Excellence. Dow Jones-Irwin, 1987

[7] Hanke J E and Reitsch A G. Business Forecasting. Upper Saddle River, N. J.: Prentice Hall, 1998

[8] Harland C M, Lamming R C and Cousins P. Developing the Concept of Supply Strategy. International Journal of Operations and Production Management, 1999, 19(7)

[9] Joseph G. Monks. 运营管理学习指南与习题集. 任建标，译. 北京：机械工业出版社，2005

[10] Kerzner H. Project Management: A Systems Approach to Planning Scheduling and Controlling (6th ed). New York : Wiley, 1998

[11] Krishnan V S, Eppinger D, and Whitnewy D E. A Model-based Framework to Overlap Product Development Activities. Management Science, 1997, 43(4):37~51

[12] Libertore, Matthew J. Selection and Evaluation of Advanced Manufacturing Technologies. New York: Springerverlag, 1990, pp. 231~256

[13] Makridakis S, Wheelwright S C and Hyndman R J. Forecasting: Methods for Management. New York: John Wiley & Sons, 1998

[14] Mikel H J. Abatement of Business Risk Is Key to Six Sigma: A Closer Link To Executive Thinking. Quality Progress, 2000

[15] Poirier C C and Reiter S E. Supply Chain Optimization. Berrett-Koehler, 1996

[16] Rao Ashok Carr L P et al. Total Quality Management: A Cross Functional Perspective. New

York: John Wiley & Sons, 1996

[17] Silver E A and Peterson R. Decision Systems for Inventory Management and Production Planning (2nd ed). New York: John Wiley & Sons, 1985

[18] Silver E, Pyke D and Peterson R. Decision Systems for Inventory Management and Production Planning and Control, 3rd ed. New York: Wiley, 1997

[19] Thomas R J. New Product Success Stories. John Wiley, 1995

[20] Vollmann T E, Berry W L and Whybark D C. Manufacturing Planning and Control Systems. New York: Irwin, 1998

[21] Vollmann T E, Berry W L, and Whybark D C. Management Planning and Control Systems (3rd ed). Homewood, IL: Richard D. Rrwin, 1992

[22] Zipkin P H. *Foundations of Inventory Management.* Chicago: Irwin/McGraw-Hill, 2000

[23] 陈福军. 运营管理. 大连：东北财经大学出版社，2002

[24] 陈荣秋，马士华. 生产运作管理. 北京：机械工业出版社，2004

[25] 大卫・辛奇–利维，菲利普・卡明斯基，伊迪丝・辛奇–利维. 供应链设计与管理——概念、战略与案例研究（第 3 版）.季建华，邵晓峰，译. 北京：中国人民大学出版社，2010

[26] 季建华. 运营管理（第 2 版）. 上海：上海人民出版社，2010

[27] 杰拉德・卡桑. 运营管理：供需匹配的观点（第 2 版）. 任建标，译. 北京：中国人民大学出版社，2013

[28] 杰伊・海泽，巴里・雷德. 生产与作业管理教程（第 4 版）. 北京：华夏出版社，1991

[29] 理查德・B・蔡斯，尼古拉斯・J・阿奎拉诺，F・罗伯特・雅各布斯. 运营管理（原书第 13 版）. 任建标，译. 北京：机械工业出版社，2011

[30] 罗鸿，王忠民. ERP 原理・设计・实施（第 2 版）. 北京：电子工业出版社，2003

[31] 马克・M・戴维斯，尼古拉斯・J・阿奎拉诺，理查德・B・蔡斯. 运营管理基础. 汪蓉，译. 北京：机械工业出版社，2004

[32] 任建标. 战略运营管理. 北京：清华大学出版社，2004

[33] 王世良. 生产运作管理. 北京：华文出版社，2001

[34] 威廉・J・史蒂文森. 运营管理（原书第 8 版）.张群，等译. 北京：机械工业出版社，2005

[35] 周志文. 生产与运作管理. 北京：石油工业出版社，2001

反侵权盗版声明

举报电话：（010）88254396；（010）88258888

传　　真：（010）88254397

E-mail:　　dbqq@phei.com.cn

通信地址：北京市万寿路 173 信箱

　　　　　电子工业出版社总编办公室

邮　　编：100036